電気自動車の
モーションコントロールと走行中ワイヤレス給電

Motion Control and Dynamic Wireless Power Transfer
for Electric Vehicles

監修 ■ 堀 洋一　横井行雄

NTS

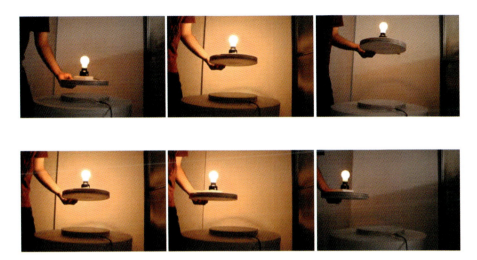

図3 磁界共振結合によるワイヤレス電力伝送(p.6)
(長ギャップ,横ずれに対してロバスト)

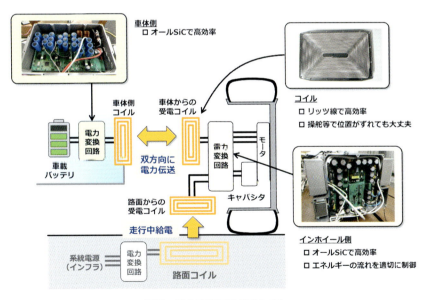

図7 電力変換回路構成(p.11)

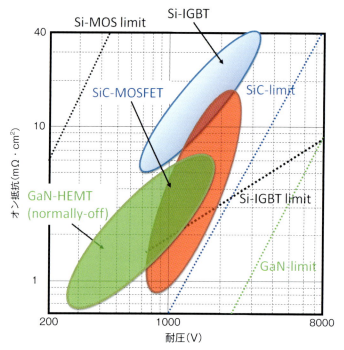

図9 パワーデバイスの耐圧とオン抵抗の関係(p.19)
(楕円は,市販,開発中のレベルを示す)

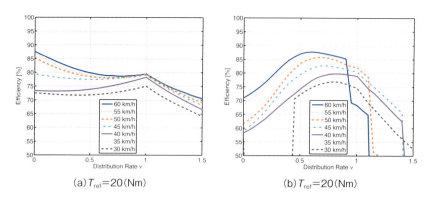

図4 Torque distribution results to total torque reference (p.26)

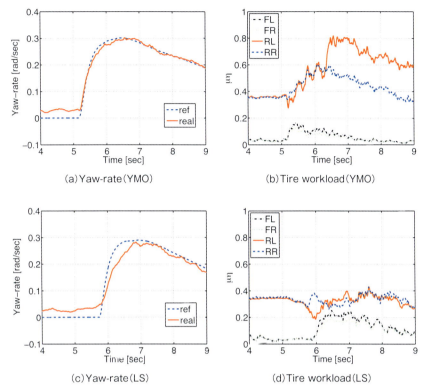

図16 Experimental results of yaw-rate control with least squaressolution(p.37)

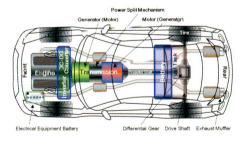

図3 ハイブリッド自動車のパワートレイン（FR）(p.48)

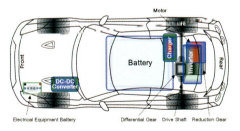

図4 電気自動車のパワートレイン（RR）(p.48)

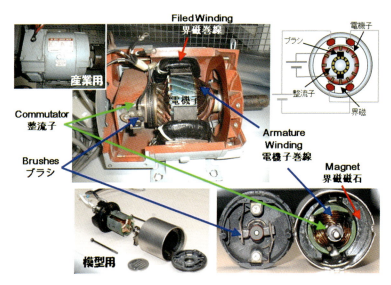

図8 直流モータの内部構造(p.50)

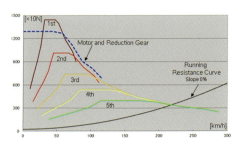

図14 内燃機関＋トランスミッションの走行曲線とモータ＋
リダクションギア(定出力制御)による走行曲線(p.54)

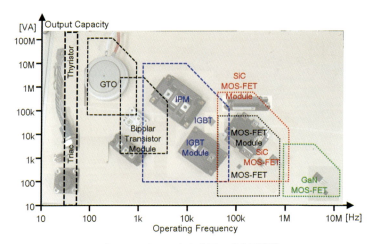

図15 各パワー素子の出力容量と動作周波数(p.55)

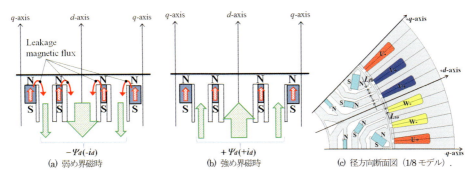

図2 d軸電機子磁束による可変漏れ磁束特性と当該モータの径方向断面図(p.76)

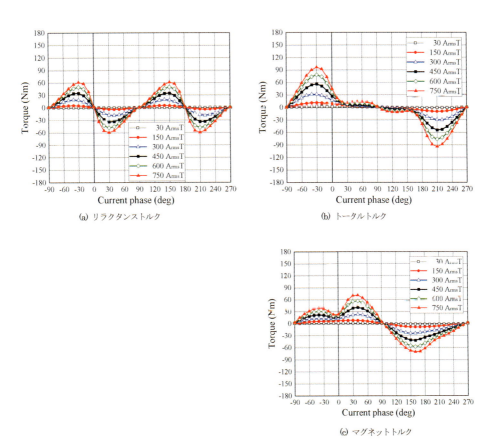

図5 試作機の実機駆動特性(p.78)

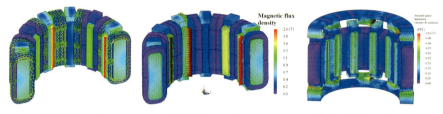

(a) 電機子電流ベクトル　　(b) 電機子磁束ベクトル　　(c) 第2次空間高調波分布

図7　集中巻トロイダルステータの電機子磁束ベクトルと第2次空間高調波磁束（p.79）

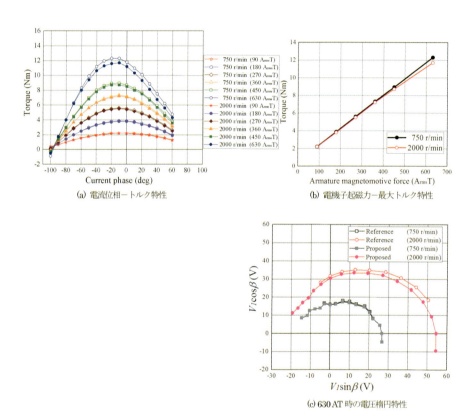

(a) 電流位相－トルク特性

(b) 電機子起磁力－最大トルク特性

(c) 630 AT時の電圧楕円特性

図9　試作機の実機駆動特性（p.80）

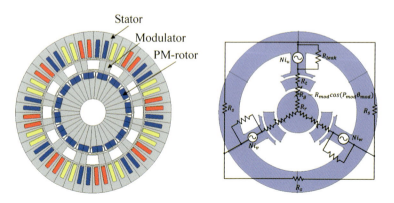

図1　磁気変調形モータの構造と磁気回路（p.84）

ロ-6

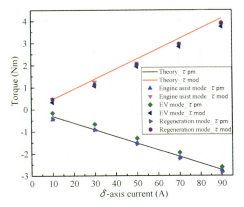

図7 各運転モードでの電流-トルク特性(p.88)

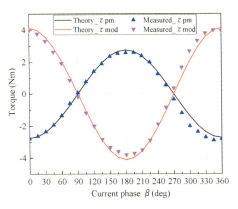

図8 エンジンアシストモードでの
トルク-電流位相特性(p.88)

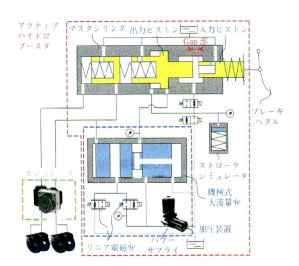

図6 電子制御ブレーキシステム(p.100)

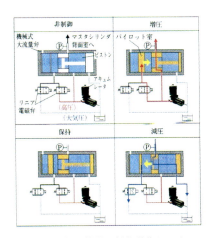

図7 加圧装置の制御動作(p.100)

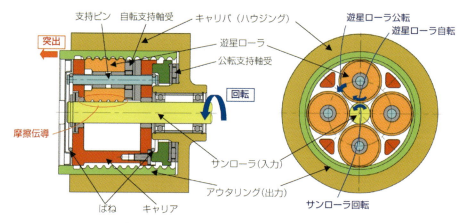

図11 直動機構による回転トルクから軸力への変換機構(p.104)

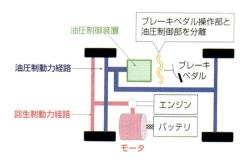

図1 回生制動力と油圧制動力の車両への作用状態(p.109)

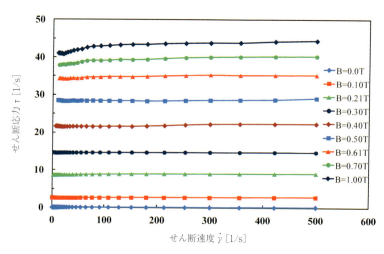

図2 MR流体のせん断速度$\dot{\gamma}$—せん断応力τ曲線(印加磁束密度B変化)(p.118)

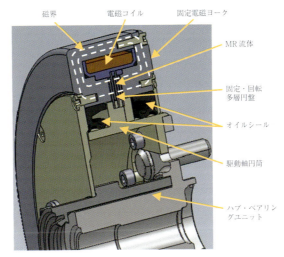

(a) 多層円盤型MR流体ブレーキ

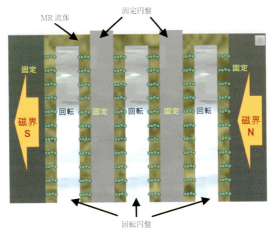

(b) 固定・回転円盤間のMR流体中の鎖状粒子クラスターの形成

図3 開発した車両用MR流体ブレーキの構造と作動原理(p.120)

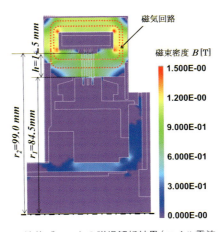

図5 開発したMR流体ブレーキの磁場解析結果(コイル電流 $I=2$ A))(p.122)

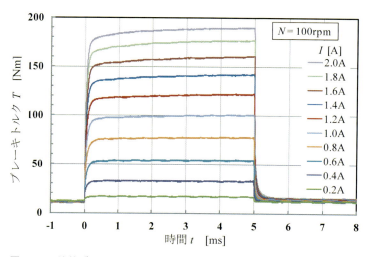

図6 MR流体ブレーキの矩形波入力電流に対する制動トルクの応答(p.122)

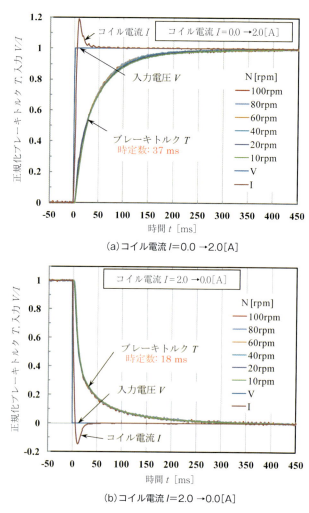

(a)コイル電流 I=0.0→2.0[A]

(b)コイル電流 I=2.0→0.0[A]

図8 MR流体ブレーキの制動トルクのステップ応答特性(p.123)

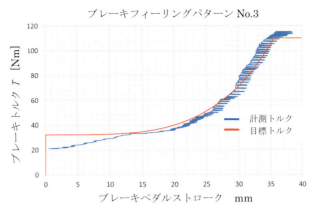

図15　ブレーキフィーリング制御結果の一例(p.127)
ブレーキペダル・ストロークと制動トルク(目標値,実測値)との関係
(欧州ラグジュアリ車のフィーリング)

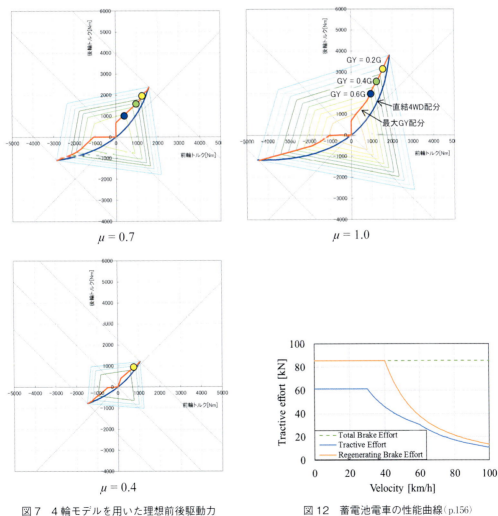

$\mu = 0.7$

$\mu = 1.0$

$\mu = 0.4$

図7　4輪モデルを用いた理想前後駆動力配分線(p.137)

図12　蓄電池電車の性能曲線(p.156)

ロ-11

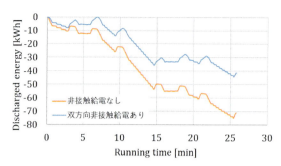

図14　蓄電池の放電エネルギー（p.157）

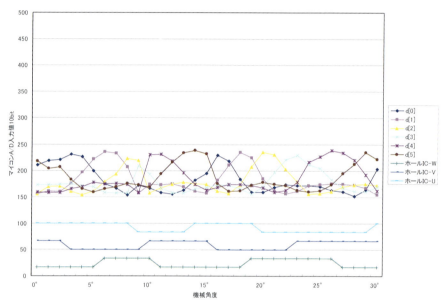

図1　テスト電流通電パターン①[テスト電流通電時間 150 uS]測定結果（p.161）
（BIDEWEN 社モータース）

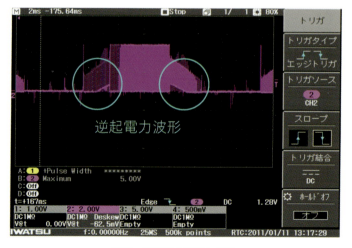

図2　逆起電力波形（p.162）

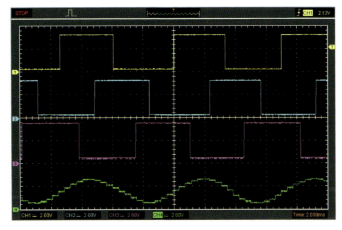

図7　ホールセンサ信号とPWM変調（ベクトル制御）波形（p.165）

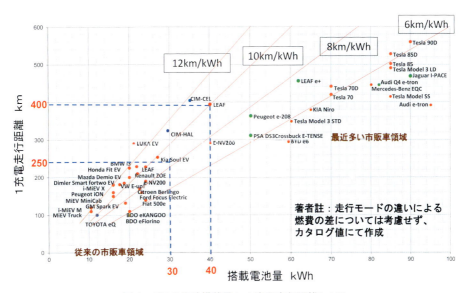

図1　EVの電池搭載量と1充電走行距離（p.169）

図12　英国のElectric Highways構想図（p.178）

口-13

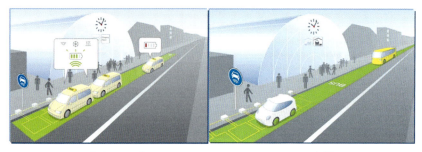

(A)EV タクシープール　　　　　　　(B)e-Bus 走行レーン

図17　IAV の 2050 年ビジョン(p.182)

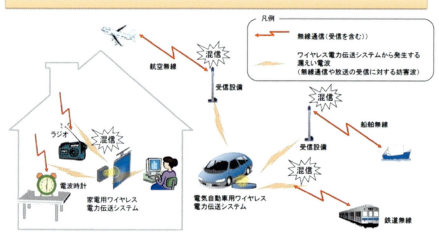

図2　ワイヤレス給電システムの課題(p.188)

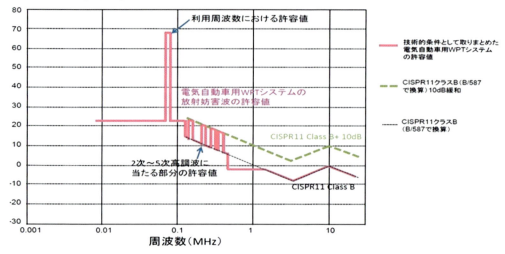

図4　EV 向け WPT の漏えい磁界の条件(p.190)

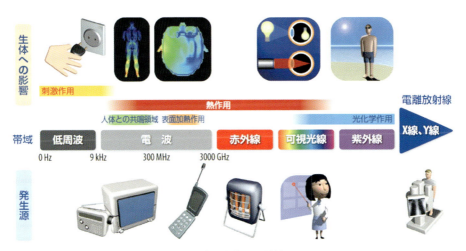

図13　電波の生体への影響（p.198）

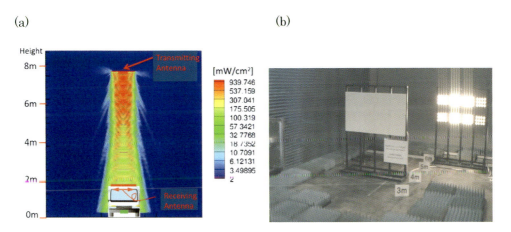

図5　中長距離マイクロ波 EV ワイヤレス充電の研究例（p.216）
　　（a）電磁界シミュレーションによるマイクロ波ビーム
　　（b）2.45 GHz-10 kW マイクロ波送受電実験

(a)

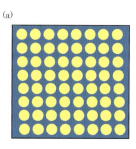

(b) Same phases of radio waves from different antennas

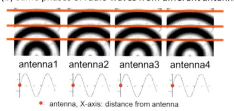

(c) Different phases of radio waves from different antennas

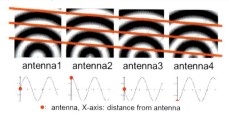

図6　（a）フェーズドアレーアンテナ（それぞれの丸がアンテナ）
（b）（c）各アンテナからの位相を制御して干渉により電波ビームの方向を制御する（p.217）

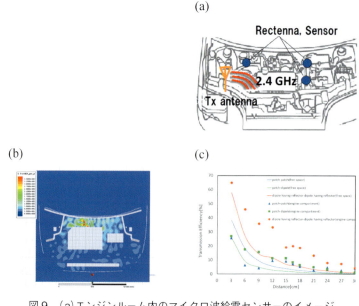

図9　（a）エンジンルーム内のマイクロ波給電センサーのイメージ
　　　（b）電磁界シミュレーションによるエンジンルーム内のマイクロ波伝搬
　　　（c）エンジンルーム内での距離と送受電効率の関係（p.219）

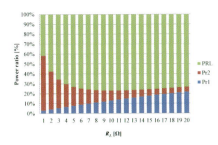

図24 S-SのR_Lに関する損失分離(p.242)

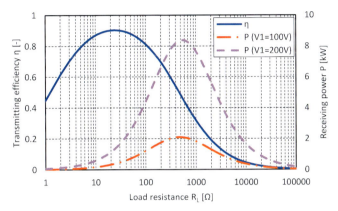

図3 S/S方式の磁界共振結合によるワイヤレス電力伝送の伝送効率(p.270)

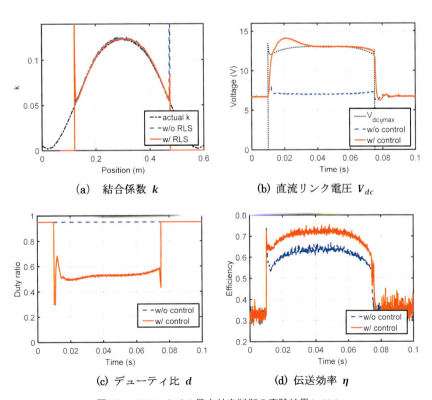

(a) 結合係数 k (b) 直流リンク電圧 V_{dc}

(c) デューティ比 d (d) 伝送効率 η

図13 リアルタイム最大効率制御の実験結果(p.284)

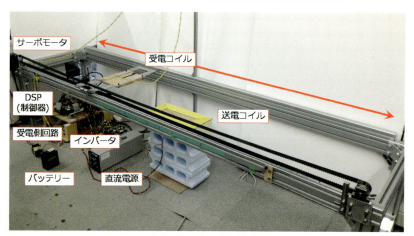

(a) 受電コイルの可動装置

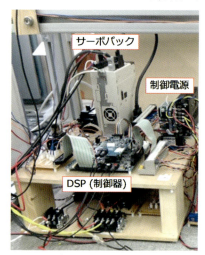

(b) 制御器とサーボパック

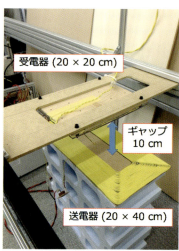

(c) 送受電コイル

(d) SiC インバータ(送電側)

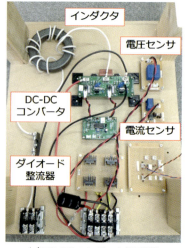

(e) DC-DC コンバータ(受電側)

図11　走行中ワイヤレス給電の模擬システム (p.282)

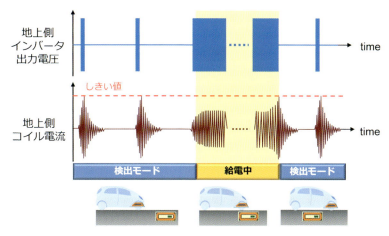

図10 走行中給電の車両検出・給電制御方法の概要（p.293）

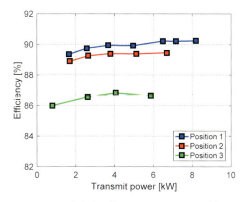

図13 ベンチ試験結果（伝送電力 v.s. 給電効率）（p.294）

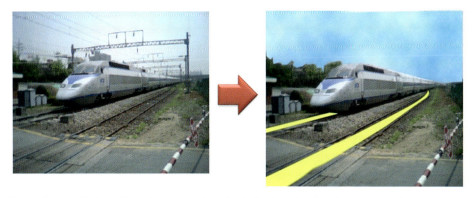

Figure 6 Application of wireless power transfer technology to electric railway system to remove the overhead power line and pantograph system（p.304）

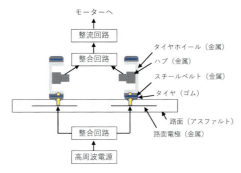

図1　V-WPTの概念図（電力伝送経路）(p.306)

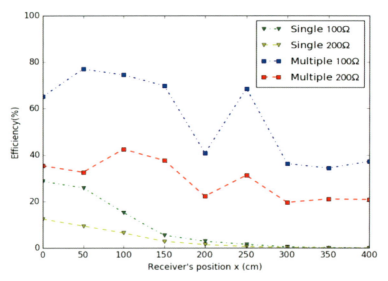

図9　セグメント化平行2線伝送線路による電力伝送効率改善効果(p.320)

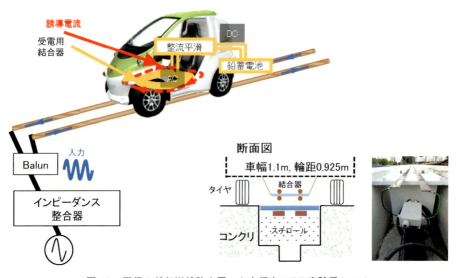

図10　平行2線伝送線路を用いた走行中WPT実験系(p.321)

口-20

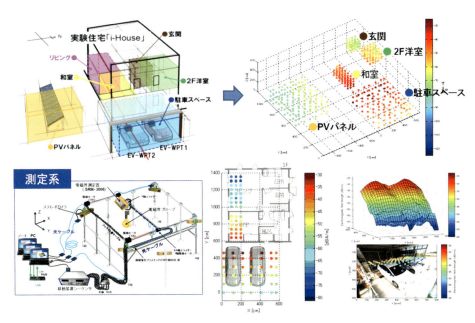

図3　85 kHz，受電電力3 kWのEV用WPTからの漏えい磁界測定系と可視化した測定結果(p.336)

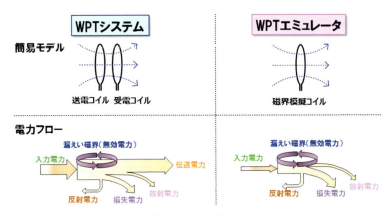

図5　漏えい磁界の模式図(p.338)

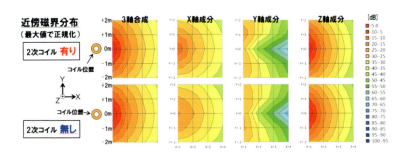

図6　2次コイル有無による漏えい磁界比較＠85 kHz(p.339)

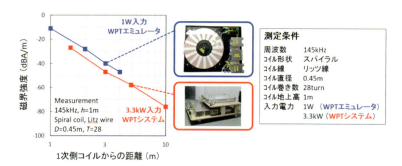

図13　漏えい磁界強度比較（p.341）

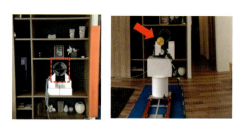

(a)WPTエミュレータ　　　(b)プローブ

図15　漏えい磁界測定の様子（p.341）

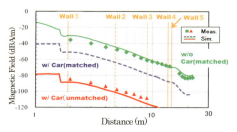

図19　WPTエミュレータからの漏えい比較（p.343）

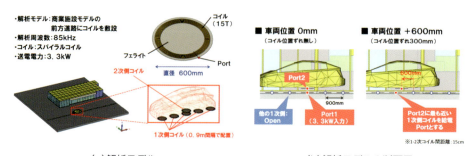

(a)解析モデル　　　　　　(b)解析モデルの断面図

図25　走行中WPTの解析条件（p.345）

ロ-22

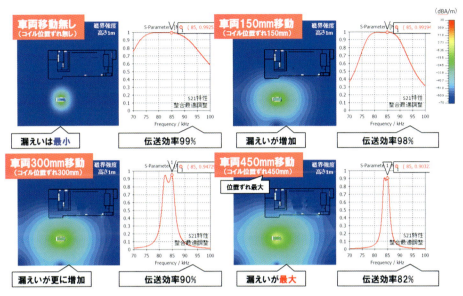

図26　走行中WPTでの解析結果(p.345)

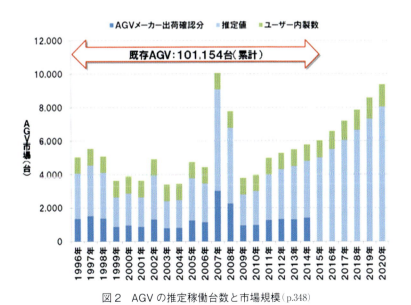

図2　AGVの推定稼働台数と市場規模(p.348)

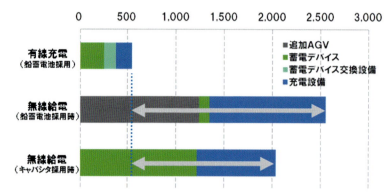

図4 初期投資額の比較(単位：万円)(p.352)

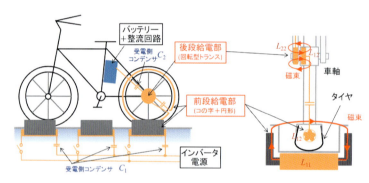

図1 二段式非接触給電システム(p.357)

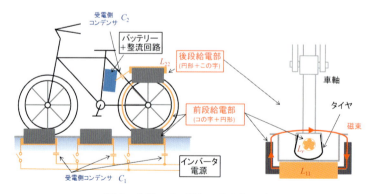

図2 中継コイル型システム(p.357)

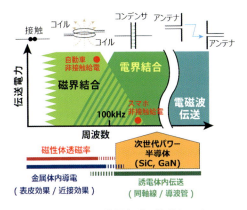

図2　4つの送電方式の比較(p.367)

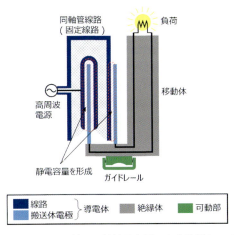

図9　スリット付き同軸線路を用いた実施例(p.372)

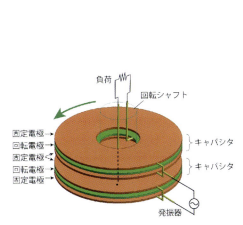

図18　電界結合方式(p.378)

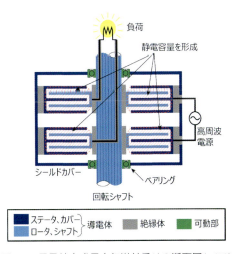

図19　電界結合式電力伝送軸受けの断面図(p.378)

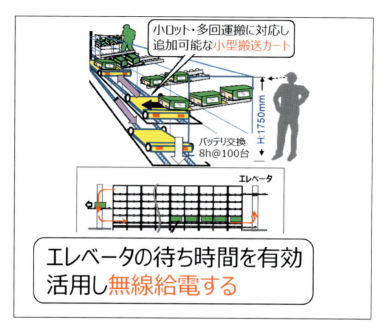

搬送機:～5台
最大電力:最大300W
周波数:6.78MHz±15kHz
給電区間:5m(5台の場合)

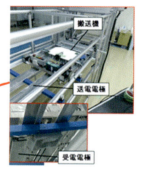

図2　工場保管庫内搬送用ロボット(p.386)

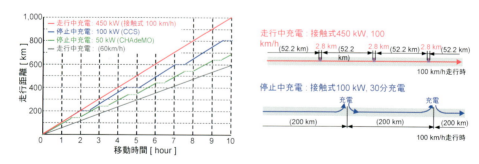

図2　EVの走行距離と移動時間(p.389)

表 1 走行中給電方式の優劣比較（p.391）

給電方式		非接触式			接触式		
		上	下	横	上	下	横
イメージ		マイクロ波	電磁誘導/磁気共鳴	電磁誘導	擦り板	擦り板	回転式
主要開発国		日本	韓国　他	日本	ドイツ、スウェーデン	スウェーデン、フランス	日本
基本性能	給電電力・効率	M	L	L	H	H	H
	車速	L	M	L	H	M	H
	レーン拘束時間	M	L	M	L	H	H
レイアウト性	軽〜大型対応	M	H	M	L	H	H
	コンパクト性	L	M	L	L	M	H
	Body対応	M	M	L	M	M	H
安全性	電磁バス	L	L	L	H	H	H
	異物（爆発等）	M	L	L	H	L	H
	歩行者・二輪	M	L	L	M	L	H
利便性	位置決め	L	L	△	×	L	H
	レーンチェンジ容易性	H	L	H	H	L	H
	道路メンテ	M	M	M	H	H	H
コスト	BATT削減	L	L	L	H	M	H
	インフラ投資	M	L	M	H	L	H
	メンテ	M	L	M	H	H	H
ウエイト	車両	M	M	M	H	H	H

H:ハイスコア　M:ミドルスコア　L:ロースコア

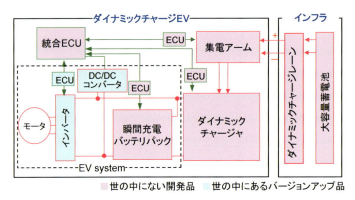

図９　走行中充電システム（p.394）

(a) エネルギ出力（モータ＋補機）

(b) 消費エネルギと充電エネルギ

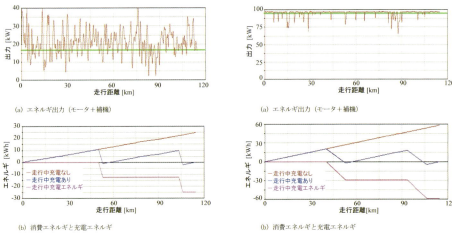

図 14　乗用車のシミュレーション結果（p.396）
（100 km/h 走行時）

(a) エネルギ出力（モータ＋補機）

(b) 消費エネルギと充電エネルギ

図 15　乗用車のシミュレーション結果（p.396）
（200 km/h 走行時）

(a) エネルギ出力（モータ＋補機）

(b) 消費エネルギと充電エネルギ

図 16　大型トラックのシミュレーション結果（p.396）
（80 km/h 走行時）

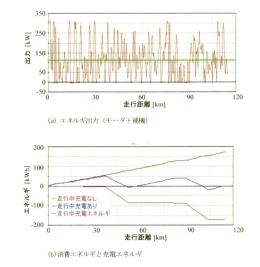

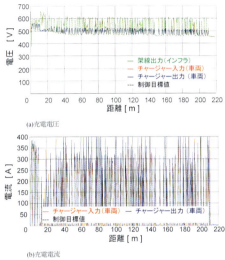

(a)充電電圧

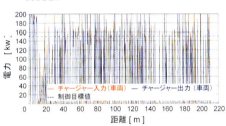

(b)充電電流

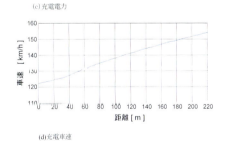

(c)充電電力

(d)充電車速

図18　走行中充電テスト結果(p.398)
(180 kW, 155 km/h)

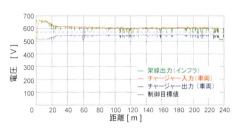

(a)充電電圧

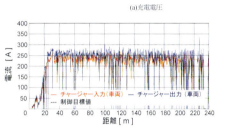

(b)充電電流

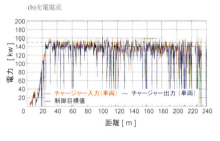

(c)充電電力

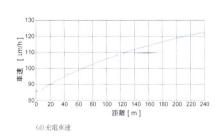

(d)充電車速

図19　走行中充電テスト結果(p.398)
(180 kW アーク抑制)

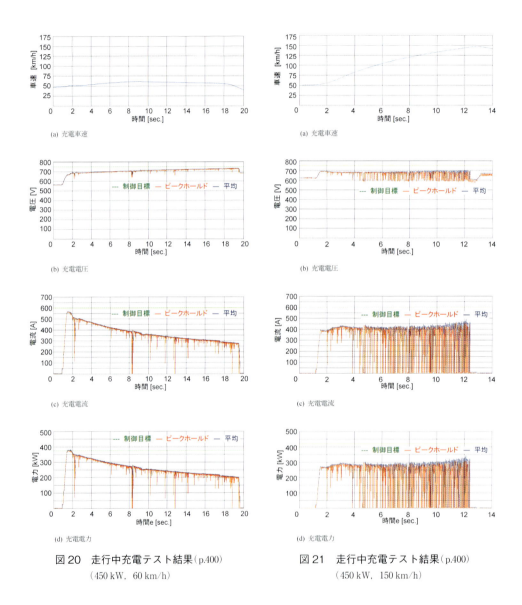

図20 走行中充電テスト結果(p.400)
（450 kW，60 km/h）

図21 走行中充電テスト結果(p.400)
（450 kW，150 km/h）

▶ 監修者・執筆者一覧 ◀

■監修者

堀　　洋一　　東京大学大学院新領域創成科学研究科　教授

横井　行雄　　（元）京都大学生存圏研究所　研究員

■執筆者（掲載順）

堀　　洋一　　東京大学大学院新領域創成科学研究科　教授

梅野　孝治　　株式会社豊田中央研究所システム・エレクトロニクス２部　部長

藤本　博志　　東京大学大学院新領域創成科学研究科　准教授

山中　建二　　徳島大学大学院社会産業理工学研究部　助教

高橋　　久　　静岡理工科大学大学院理工学研究科　特任教授

青山　真大　　静岡大学工学部　助教

野口　季彦　　静岡大学大学院総合科学技術研究科　教授

川口　　裕　　東京電機大学工学部　研究員

中野　政身　　東北大学未来科学技術共同研究センター　教授

道辻　善治　　株式会社曙ブレーキ中央技術研究所　主幹研究員

澤瀬　　薫　　三菱自動車工業株式会社 EV・パワートレイン技術開発本部
　　　　　　　チーフテクノロジーエンジニア

河辺　　徹　　筑波大学システム情報系情報工学域
　　　　　　　教授／情報メディア創成学類長

近藤圭一郎　　早稲田大学理工学術院先進理工学部　教授

植原彪之介　　千葉大学大学院融合理工学府

得丸　武治　　株式会社イーバイク　代表取締役

高橋　俊輔　　早稲田大学電動車両研究所　招聘研究員

横井　行雄　　（元）京都大学生存圏研究所　研究員

宮越　順二　　京都大学生存圏研究所　特任教授

篠原　真毅　　京都大学生存圏研究所　教授

居村　岳広　　東京大学大学院工学系研究科　特任講師

大平　　孝　　豊橋技術科学大学未来ビークルシティリサーチセンター
　　　　　　　センター長／教授

田中　　薫　　株式会社高速道路総合技術研究所施設研究部　施設研究部長

東　晋一郎	株式会社高速道路総合技術研究所施設研究部 施設研究担当部長
畑　　勝裕	東京大学生産技術研究所　助教
郡司　大輔	日本精工株式会社自動車事業本部自動車技術総合開発センター パワートレイン技術開発部　副主務
Seungyoung Ahn	韓国科学技術院（KAIST）　Professor
塚本　悟司	豊橋技術科学大学未来ビークルシティリサーチセンター 特任教授
坂井　尚貴	豊橋技術科学大学電気・電子情報工学系　助教
岡田　　実	奈良先端科学技術大学院大学先端科学技術研究科　教授
日下　佳祐	長岡技術科学大学工学研究科　助教
金子　哲也	株式会社パナソニックシステムネットワークス開発研究所 技術センター　センター長
鶴田　義範	株式会社ダイヘンワイヤレス給電システム部　部長
金子　裕良	埼玉大学大学院理工学研究科　教授
原川　健一	株式会社 ExH（イー・クロス・エイチ）　代表取締役
佐々木邦彦	株式会社デンソー技術開発推進部
田島　孝光	株式会社本田技術研究所四輪 R&D センターEV 開発室 第 1 ブロック　主任研究員
市川　真士	トヨタ自動車株式会社パワートレーン製品企画部　主幹
上田　　稔	株式会社本田技術研究所四輪 R&D センター第 10 技術開発室 技術企画ブロック　主任研究員
半田　和功	三菱自動車工業株式会社 EV・パワートレイン技術開発本部 EV・パワートレイン開発マネージメント部　マネージャー
吉川　正明	株式会社ピューズ　取締役 CTO
清水　　浩	株式会社 e-Gle　代表取締役社長
新井　英雄	株式会社 e-Gle　駆動開発部長

▷ 目 次 ◁

序 文 100年後のクルマ

堀 洋一

1	はじめに	3
2	ガソリンと電気	3
3	モータ / キャパシタ / ワイヤレス	4
4	ワイヤレス給電の道路への敷設	7
5	100年ごとのパラダイムシフト	8
6	ワイヤレス給電システム技術部門委員会の活動	9
7	ワイヤレスインホイールモータ	10
8	おわりに	11

第1編 EVの運動制御と走行安定性・評価技術

第1章 電気自動車における走りの進化

第1節 電気自動車進化のための技術

梅野 孝治

1	はじめに	15
2	電源システム	15
3	インバータ	18
4	モータ制御	20

第2節 EVの新しい運動制御技術

藤本 博志

1	はじめに	23
2	電気自動車の航続距離延長制御技術	24
3	インホイールモータとタイヤ横力センサを用いたEVの運動制御技術	30
4	インホイールモータの高速な回生制動トルク応答を用いたEVの制御	40
5	おわりに	44

目-1

第3節　電気自動車のためのパワーエレクトロニクス　　　　　　　　山中　建二

1　自動車社会の幕開けと現在 ··· 47
2　自動車のパワートレイン ··· 48
3　電気自動車に用いられるモータと制御回路 ································ 49
4　電気自動車のバッテリと充電器 ·· 57
5　パワーエレクトロニクスが電気自動車にもたらすもの ············ 61

第2章　EVモータの新技術と駆動制御技術

第1節　電気自動車用モータとその駆動方式　　　　　　　　　　　高橋　久

1　はじめに ·· 63
2　EV用モータに求められる特性と種類 ··· 63
3　コンバータとインバータ ··· 67

第2節　可変磁界PMモータの駆動特性　　　　　　　　　　　　　青山　真大

1　はじめに ·· 73
2　可変漏れ磁束特性を備えた順突極強め界磁PMモータの駆動特性 ···· 74
3　電気的磁極反転形可変界磁PMモータの駆動特性 ························ 78
4　おわりに ·· 81

第3節　HEV用磁気変調形モータの制御と駆動特性　　　　　　　野口　季彦

1　はじめに ·· 83
2　磁気変調形モータの電圧方程式 ·· 83
3　磁気変調形モータの試作機と実験システム ································· 86
4　磁気変調形モータの運転特性 ·· 88
5　まとめ ··· 90

第3章　制動および回生制御技術

第1節　電動ブレーキシステムとその制御技術　　　　　　　　　川口　裕

1　電動ブレーキシステムの定義 ·· 91
2　電動ブレーキシステムの狙い ·· 91
3　ブレーキシステムの実行プロセス(「認知」,「判断」,「実行」)について ··········· 91

4 制動力実現機構(システム構成)による分類 ……………………………………… 93
5 制動機能別ブレーキシステムの分類と実施例 ……………………………………… 95
6 電動ブレーキシステムを構成する電動コンポーネント ………………………… 103
7 電動ブレーキシステムのまとめ ……………………………………………………… 106
8 電動ブレーキシステムの今後の動向 ………………………………………………… 106

第2節　回生協調ブレーキ技術　　　　　　　　　　　　　　　　　川口　裕

1 回生ブレーキとは ……………………………………………………………………… 108
2 回生ブレーキの狙い …………………………………………………………………… 108
3 回生協調ブレーキの作動原理 ………………………………………………………… 108
4 回生協調ブレーキの制御手順と回生ブレーキの制約条件 ……………………… 110
5 回生協調ブレーキシステムにおける摩擦ブレーキシステムの作動 …………… 111
6 回生ブレーキ作動時の車両挙動 ……………………………………………………… 113
7 回生協調ブレーキの課題と今後の動向 ……………………………………………… 114

第3節　MR流体ブレーキの開発とEVへの適用　　　　中野　政身, 道辻　善治

1 はじめに ………………………………………………………………………………… 116
2 MR流体の磁気レオロジー特性と電気・力変換機構 …………………………… 117
3 開発した車両用MR流体ブレーキ …………………………………………………… 119
4 超小型EVでのMR流体ブレーキ実証試験 ………………………………………… 124
5 おわりに ………………………………………………………………………………… 128

第4章　運動性能向上のための制御・評価技術

第1節　電動車で実現する前後駆動力配分　　　　　　　　　　　　澤瀬　薫

1 本稿の目的 ……………………………………………………………………………… 131
2 2輪モデルを用いた理想前後駆動力配分の解析 ………………………………… 131
3 Twin Motor 4WDを用いた前後駆動力配分 ……………………………………… 136

第2節　電気自動車のトラクションコントロール技術　　　　　　河辺　徹

1 はじめに ………………………………………………………………………………… 139
2 スリップ抑制によるトラクションコントロール問題 …………………………… 139
3 モデル予測型PID制御法 …………………………………………………………… 141
4 モデル予測型スライディングモード制御法 ……………………………………… 143

5　まとめ ……………………………………………………………………………………… 146

第5章　EV以外の電動車両走行制御技術

第1節　鉄道車両の回生エネルギー充放電制御技術　　　　　近藤　圭一郎，植原　彪之介

　1　電気鉄道の概要と特徴 ………………………………………………………………… 149
　2　鉄道車両の主回路システムとその制御 …………………………………………… 150
　3　鉄道車両の回生ブレーキ ……………………………………………………………… 152
　4　回生ブレーキの課題と蓄電装置による解決 …………………………………… 154
　5　非電化区間における電気駆動とワイヤレス給電 …………………………… 155

第2節　電動バイクおよび電動車椅子の制御技術　　　　　　　　得丸　武治

【Ⅰ　センサーレス電動車両】
　1　概　要 ……………………………………………………………………………………… 158
　2　目　標 ……………………………………………………………………………………… 158
　3　センサーレス技術 ……………………………………………………………………… 159
　4　ロータ回転時の位置検出 ……………………………………………………………… 161
【Ⅱ　電動車椅子】
　5　電動車椅子の基本要素および制御方式 …………………………………………… 163

第2編　走行中ワイヤレス給電技術

第1章　ワイヤレス給電技術の動向・生体影響

第1節　走行中給電のためのインフラ技術と国際動向　　　　　高橋　俊輔

　1　EVへの走行中給電の必要性 ………………………………………………………… 169
　2　走行中給電のタイプ …………………………………………………………………… 170
　3　走行中磁界結合型WPTの動向 ……………………………………………………… 173
　4　走行中給電のためのインフラ技術 ………………………………………………… 178
　5　おわりに ………………………………………………………………………………… 181

第2節　ワイヤレス給電に関する法規制・標準化動向　　　　　横井　行雄

　1　法規制と標準規格が求められる背景 ……………………………………………… 185

2	ワイヤレス給電：小電力と大電力の給電	186
3	法規制と標準規格の違い	187
4	日本の法規制と標準化	189
5	米国での SAE と UL の関係とワイヤレス電力伝送	190
6	中国での EV 向けワイヤレス充電の標準化	191
7	IEC と ISO の役割とワイヤレス電力伝送	192
8	ITU での周波数管理	194
9	CISPR での不要輻射制限	194
10	ICNIRP と日本の電波防護指針	198
11	ワイヤレス電力伝送の普及のために	198

第 3 節　高周波による生体影響　～評価の基礎と国際動向～　　　　　宮越　順二

1	はじめに	201
2	電磁波の生体影響に関する評価研究	202
3	国際がん研究機関（IARC）や世界保健機関（WHO）の評価と動向	206
4	電磁過敏について	208
5	電磁波の生体影響とリスクコミュニケーション	208
6	電気自動車のワイヤレス給電技術の普及に向けての人体影響に関する安全性評価	209
7	まとめ	209

第 2 章　ワイヤレス給電の技術開発

第 1 節　マイクロ波送電のワイヤレス給電応用　　　　　　　　　　　篠原　真毅

1	はじめに	213
2	マイクロ波送電を用いた走行中 EV へのワイヤレス給電のシステム	214
3	マイクロ波送電用フェーズドアレー	216
4	マイクロ波送電の車載センサー駆動応用	219
5	おわりに	219

第 2 節　電磁誘導方式と磁界共振結合の統一理論　　　　　　　　　　居村　岳広

1	はじめに	221
2	比較回路の全体像	221
3	非共振回路（N-N）と 2 次側共振回路（N-S）の比較	223
4	力率補償 C1（1 次側力率補償）	232
5	磁界共振結合（S-S）方式	237

目-5

6	まとめ	243

第3節　電界結合と磁界結合の統一理論

大平　孝

1	放射方式と結合方式	246
2	一般化 kQ 積	247
3	磁界結合	249
4	電界結合	249
5	まとめ	251

第3章　走行中 EV へのワイヤレス給電技術

第1節　高速道路での走行中給電技術

田中　薫，東　晋一郎

1	日本の高速道路と EV の普及および利用の現状	253
2	高速道路会社における EV 及び給電技術に関する研究	254
3	高速道路上走行中非接触給電に関する検討	255
4	社会受容性の検討	259
5	高速道路展開への課題と展望	265

第2節　走行中給電のリアルタイム最大効率制御技術

畑　勝裕

1	磁界共振結合方式による走行中ワイヤレス給電	267
2	受電側制御による最適負荷の実現	270
3	相互インダクタンスのリアルタイム推定	273
4	高応答化を実現する制御系設計	275
5	実験検証	281
6	まとめ	285

第3節　走行中給電に対応したワイヤレスインホイールモータ

郡司　大輔，藤本　博志

1	第1世代ワイヤレスインホイールモータ	286
2	走行中給電に対応した第2世代ワイヤレス IWM	289
3	まとめと課題	296

第4節 On Line Electric Vehicle「OLEV」 Seungyoung Ahn
【抄訳】 横井 行雄

1 背景 ━━━━━━━━━━━━━━━━━━━━━━━━━━━ 297
2 OLEVのシステム設計 ━━━━━━━━━━━━━━━━━━━ 297
3 OLEVの応用 ━━━━━━━━━━━━━━━━━━━━━━━ 298
4 将来の研究開発について ━━━━━━━━━━━━━━━━━━ 298
5 まとめ ━━━━━━━━━━━━━━━━━━━━━━━━━━ 299

1 Background of Dynamic Charging Electric Vehicle ━━━━━━━ 300
2 Design of OLEV System ━━━━━━━━━━━━━━━━━━ 301
3 Application of the OLEV ━━━━━━━━━━━━━━━━━━ 303
4 Future Researches ━━━━━━━━━━━━━━━━━━━━━ 303
5 Summary ━━━━━━━━━━━━━━━━━━━━━━━━━━ 304

第5節 電界結合方式によるEV走行中給電技術
塚本 悟司, 坂井 尚貴, 大平 孝

1 まえがき ━━━━━━━━━━━━━━━━━━━━━━━━━ 306
2 タイヤ集電方式（V-WPT方式） ━━━━━━━━━━━━━━ 306
3 タイヤ集電技術 ━━━━━━━━━━━━━━━━━━━━━━ 307
4 電化道路 ━━━━━━━━━━━━━━━━━━━━━━━━━ 309
5 走行中の整合維持と伝送効率 ━━━━━━━━━━━━━━━━ 310
6 実証実験 ━━━━━━━━━━━━━━━━━━━━━━━━━ 311

第6節 平行2線伝送線路を用いた走行中ワイヤレス給電 岡田 実

1 はじめに ━━━━━━━━━━━━━━━━━━━━━━━━━ 313
2 平行2線伝送線路を用いた走行中給電 ━━━━━━━━━━━━ 313
3 走行中WPTの実験結果 ━━━━━━━━━━━━━━━━━━ 320
4 まとめ ━━━━━━━━━━━━━━━━━━━━━━━━━━ 322

第4章 走行中ワイヤレス給電システムの関連技術

第1節 走行中非接触給電システム向け高周波電源 日下 佳祐

1 はじめに ━━━━━━━━━━━━━━━━━━━━━━━━━ 325
2 高周波電源の必要性 ━━━━━━━━━━━━━━━━━━━━ 325

	3	電源の高周波化の歴史	327
	4	まとめ	333

第2節　ワイヤレス給電機器からの漏えい電磁界に関する評価・解析について

金子　哲也

1	はじめに	335
2	WPT 漏えい磁界エミュレータの開発	337
3	WPT 漏えい電磁界評価とシミュレータ開発	341
4	走行中 WPT での解析応用例	343
5	まとめ	345

第3節　磁界共鳴方式を用いた AGV（無人搬送車）および
超小型電動モビリティ用ワイヤレス給電システム

鶴田　義範

1	はじめに	347
2	AGV とワイヤレス充電の市場について	347
3	AGV のワイヤレス給電化の利点について	349
4	AGV で使用されている蓄電デバイス	350
5	蓄電デバイスとしての電気二重層キャパシタ（EDLC）利用の利点について	350
6	コストメリットの算出例	352
7	超小型電動モビリティ向けワイヤレス充電システムの紹介	353
8	まとめ	355

第4節　二輪車向け非接触給電システム

金子　裕良

1	はじめに	356
2	システム構成	356
3	二段式非接触給電システム	358
4	中継コイル型システム	362
5	おわりに	365

第5節　リニア系および回転系への電界結合非接触給電システム

原川　健一

1	はじめに	366
2	非接触給電技術について	366
3	リニア系への応用	371
4	回転系への応用	376

| 5 | まとめ | 380 |

第6節　電界結合方式による工場用ロボットの走行中給電　　　　　　佐々木　邦彦

1	まえがき	381
2	ロボットのための走行中ワイヤレス給電	381
3	ワイヤレス給電技術の制度化状況	382
4	電界結合方式走行中 WPT	383
5	電界結合方式 WPT の応用分野	384
6	電界結合方式 WPT の応用事例紹介	385
7	まとめ	387

第7節　ハイパワー接触式走行中充電技術　　　　　　　　　　　　　　田島　孝光

1	はじめに	389
2	接触式走行給電の現状	390
3	ダイナミックチャージシステム	390
4	ダイナミックチャージシミュレーション	394
5	ダイナミックチャージ実走テスト結果	397
6	まとめ	399

第3編　自動車メーカーにおける EV 走行制御の実際

第1節　新型プリウスPHV のシステム開発　　　　　　　　　　　　　市川　真士

1	はじめに	405
2	プラグインハイブリッドシステムの構成	405
3	駆動用バッテリシステム	406
4	トランスアクスル	407
5	まとめ	409

第2節　クラリティシリーズ共通プラットフォームの開発　　　　　　　上田　稔

1	環境・エネルギ問題と次世代環境車の考え方	411
2	3 in 1 コンセプト	412
3	共通プラットフォーム具現化技術	412
4	今後の課題と考察	414

第3節　三菱アウトランダーPHEV─電動パワートレインの進化　　　　　　　半田　和功

1　背景と狙い ･･ 415
2　三菱プラグインハイブリッド EV システム ･･････････････････････････ 415
3　コンポーネント構成 ･･･ 417
4　モーター走行の特徴 ･･･ 418
5　モータードライブの可能性 ･･･ 419
6　まとめ ･･ 419

第4節　電気自動車開発に関わる研究開発　　　　　　　　　　　　　　　　吉川　正明

1　はじめに ･･ 420
2　おわりに ･･ 423

第5節　電気自動車，自動運転，スマートエネルギーの技術開発と普及

清水　浩，新井　英雄

1　はじめに ･･ 424
2　エネルギーをいかにふんだんに使うか ･･････････････････････････････ 424
3　自動車の問題をどのように解決するか ･･････････････････････････････ 425
4　株式会社 e-Gle の事業戦略 ･･ 428
5　まとめ ･･ 429

あとがき　　　　　　　　　　　　　　　　　　　　　　　　　　　　　横井　行雄

･･ 431

※本書に記載されている会社名，製品名，サービス名は各社の登録商標または商標です。なお，本書
　に記載されている製品名，サービス名等には，必ずしも商標表示（Ⓡ，TM）を付記していません。

序　文

100年後のクルマ

東京大学　堀　洋一

1   はじめに

本書は「電気自動車の走行制御技術と走行中ワイヤレス給電技術」と銘打ち，この一見すると別々の技術分野のようにみえる2つを組み合わせ，「電気自動車のモーションコントロール」（単なるモータ制御ではない）と，「走行中ワイヤレス給電」（停車中ではない）という，電気自動車ならではの新技術をかなり意欲的に掘り下げたもので，まじめな学会誌によくある窮屈さからも脱した魅力的な構成になっている。

これは小生自身が20年ほど前に始めた，電気自動車の研究を通じて描いてきた世界とよく一致するものであって，今回の書籍でも共同監修をお願いした横井氏には大変感謝している。

さて，100年後のクルマはどうやって走っているだろうか？ それはおそらく電気「モータ」で走行し，電車のように，電力インフラから直接エネルギーをもらっているだろう。そこでは，大容量電池ではなくパワーの出し入れにすぐれたスーパー「キャパシタ」と，クルマを電力インフラにつなぐ「ワイヤレス」給電がキー技術となっている。さらに，電気モータの制御特性を生かしたモーション制御や自動走行の技術によって，エネルギー効率や安全性は飛躍的に向上していることだろう。

なお本稿の内容は，ちょうど，「精密工学会誌」（2018年9月号）[1]に執筆させてもらったものと類似であることをお断りしておく。自分の信念を書いているので，そう変わったものにはなるべくもない。

2   ガソリンと電気

昨今のクルマの電動化への大きな流れを見れば，エンジンが徐々に電気モータに置き換わり，100年も経てば，ほとんどのクルマはモータで走る電気自動車（以下EV）になっていることは間違いないように思われる。

しかし，EVへのエネルギー供給は大問題である。ガソリンと電気はエネルギーの形がまったく違うのに，なぜ，EVに「止まって」「短時間で」「大きな」エネルギーを入れようとするのか，不思議で仕方がない。ガソリンを町中に噴霧し，クルマがそれを吸い込んで走るなどということはまず無理だが，電気は実質同じことができる（**表1**）[2]。

電池EVの航続距離が不十分であることは皆知っているから，短い航続距離でがまんしようとか，急速充電や高性能電池がキー技術だと誰もが言っているが，本当にそうだろうか。

リチウムイオン電池EVは当面は重要な技術であるが，長期的には消えるクルマである。リチウムイオン電池に必要なコバルトが容易に枯渇することが明らかになっているから，長期的には成り立たない解であることは明らかである。

表1　ガソリンと電気の本質的な違い

ガソリンと電気は，エネルギー形態が全く違う。
ガソリンは，①停まって，②短い時間で，③大きなエネルギーをど〜んと入れるしかない。
ガソリンの給油は電力換算すると 20,000 kW
ガソリンを霧状に噴霧しクルマがそれを吸い込みながら走るのは多分無理。でも電気はそれができるので，①②③はすべて不要である。
電気は起こしたらすぐ使うのがベストである。貯めて使うのはあまり賢くない。だから，発電所から消費地まで延々と送ってくる電力系統網が築かれた。

—3—

序文　100年後のクルマ

3　モータ / キャパシタ / ワイヤレス[3)-6)]

　ではどうすれはいいのだろう。実はまったく異なるもう1つの道がある。電車のように，EVに電力インフラから直接エネルギーを供給するのである。そうすれば，一充電「航続距離」は意味を失う。停車中の「ちょこちょこ充電」と走行中の「だらだら給電」によって，クルマは大きなエネルギーを持ち運ばず，電池EVとはまったく違った未来のクルマ社会を描くことができる。そこでは，クルマを電力系統につなぐための最後の数メートルを担う「ワイヤレス給電」がキー技術である。

　よく考えてみれば，EVにどうやってエネルギーを供給するかということと，どう使うかということは何の関係もないはずである。しかし，電池を使うと両者は強くリンクされ，電池の性能が「航続距離」を決めてしまう。これはおかしなことである。

　未来のクルマが電気で動き電力インフラにつながるとすれば，航続距離とは1回の充電で走れる距離ではなく，「インフラから離れても安心できる距離」程度の意味しか持たなくなり，都市部では「ちょこちょこ充電で走る電車のようなクルマ」が普通になるだろう。そこでは「電池からキャパシタへ」の移行と「ワイヤレス給電」が実現され，人々は充電という作業から開放される。同時に，電気モータの優れた制御性を生かした「モーション制御」が当たり前になっているだろう。

　この3点についてもうすこし詳しく述べてみよう。

3.1　モータ（EVのモーション制御）

　EVの特長は電気モータの特長そのものである。すなわち，①トルク応答がエンジンの2けた速い，②モータは車輪の中に分散配置できる，③発生トルクが正確に把握できる，という3点である。微小なタイヤの空転に対してmsオーダでトルクを垂下させる粘着制御によってタイヤはすべりにくくなり，同じ性能でよければ，幅の狭い固いタイヤを使って燃費は一気に数倍になるはずである。

　モータの優れた制御性を生かした「EVのモーション制御」によってクルマの使うエネルギーは激減し，大量の電池を積む必要性はさらに小さくなる。インホイルモータを使ったアクティブサスペンション，ヨー，ピッチ，ロールなどの姿勢制御が当たり前の技術になり，クルマの安全性や乗り心地は大きく向上するだろう[7)-9)]。

3.2　キャパシタ（ちょこちょこ充電）

　500km走るための高性能電池は不要になる。高価な電池をたくさん積むのは，従来のガソリン車と同じ「航続距離」を実現しようとするためである。電気は起こしたらすぐ使うのがベストであって，貯めて使うのは賢くない。だから，先人たちは，とてつもない努力をして，長距離高電圧送電網を築いてきたのである。

　ただクルマは電車にはない自由度を持たなくてはならないから，数～数十kmを走るエネルギーは自前で持つ必要がある。電力を頻繁に出し入れするには，寿命の短い化学電池ではなく，数百万回の充放電に耐えられる物理電池「スーパーキャパシタ」を，必要量だけ用いるのがよ

— 4 —

図1 キャパシタだけで走る C-COMS 1 と C-COMS 2

い。たとえば，当研究室の C-COMS は30秒ほどの充電で20分以上走る（図1）。

上海ではキャパシタだけで走る路線バスが安定に営業している。また，上海万博では約60台のリチウムイオン電池バスと約30台のキャパシタバスを運行した。電池バスは，巨大な電池交換ステーションが必要で，日常的な実用性は疑問であることもわかった。一方，キャパシタバスは，バス停での30秒～1分ほどの充電で永久に走り続けることができる（図2）。

数年前には，日本ケミコン製キャパシタを使った量産ハイブリッド車として，アテンザ，アクセラ（マツダ），フィット（ホンダ）が登場し，回生エネルギーの吸収と加速アシストにきわめて効果的であることを証明しており，売れ行きも良好と聞く。

図2 上海万博（2010）のキャパシタバス
（パンタグラフが見える）

これから，キャパシタはどんどん使われて行くだろう。使われれば量産効果によって値段は下がるという，好循環の時代はすぐそこまで来ている。

3.3 ワイヤレス（だらだら給電）

日本でも100 V, 10～15 A程度のコンセントは至るところにあり「ちょこちょこ充電」はいつでも可能である。そして，いま盛んに研究開発が行われているワイヤレス給電技術がブレイクする気配をみせている（図3）。ワイヤレス給電の現在の技術レベルは，50 cm～1 m 程度の距離を，送受信コイル間の伝送効率95％程度で伝送するというものである。簡単な中継コイルを用いて距離を数mに伸ばすこともできる[10)11)]。

— 5 —

序　文　100年後のクルマ

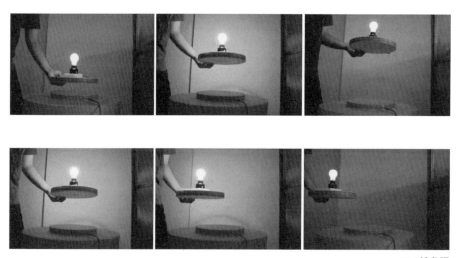

※口絵参照

図3　磁界共振結合によるワイヤレス電力伝送
（長ギャップ，横ずれに対してロバスト）

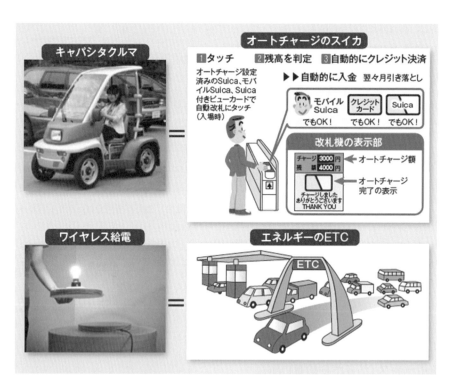

図4　モータ／キャパシタ／ワイヤレスの概念

　ワイヤレス給電のインフラを普及させるほうが，大容量の電池を積んだEVを普及させるより社会コストははるかに小さく，コバルトをはじめとする資源問題に左右されるリスクも避けることができる。100年後には，かつて世間を騒がせた電池EVは，ガソリン車や燃料電池車

とともに博物館でしか見られなくなっているだろう。

キャパシタEVの概念は「オートチャージSuica」であり，ワイヤレス給電は「エネルギー版ETC」である（図4）。Suicaは昔は大きな駅でしかチャージできなかったが，だんだん使える範囲が広がるとともに，1回にチャージする額は少なくてよくなってきた。それと同じことが言える。Suicaがそうであったように，すべてのインフラが整わなくても，できるところから導入していけばよい。インフラの整備とともに，持ち運ぶ電池の量は少なくなっていくだろう。クルマの中がすっかり情報化され，インフラにつながっている現在，エネルギーだけ自前で持ち運ぶ理由はない。

4　ワイヤレス給電の道路への敷設

図5のように，道路への敷設を視野に入れた走行中ワイヤレス給電の実用シーンを考えると，距離は数m，パワーは10 kWを目指したい。現状技術ではまだ困難であるが，100年後にはこの技術は大きく進歩し，クルマの世界を大きく変えているだろう。

走行中ワイヤレス給電のインフラを作るためには膨大な費用がかかるのではないか，と心配する人は少なくない。そこで次のような話はどうだろう。

2012年4月に162 kmが部分開通した新東名高速道路は人件費などすべて含めて2.6兆円かかったという。割り算すると1 kmあたり160

図5　中央分離帯のガードレールからワイヤレス給電を受けてクルマが走る日がくる

億円である。でもこれではピンとこないので1 mあたり1,600万円です，といえばどうだろう。3 mも走れば普通の家が建つ。東京湾アクアラインや最近の地下鉄の建設費用は1 mあたり1億円である。その中に，ワイヤレス給電のアンテナを含めることは，それほど難しいことだろうか。

表2は，走行中ワイヤレス給電の実用化において注意すべきポイントをまとめたものである。

EVへの走行中給電においては，地上側設備は数kmにわたって長年かけて作られるから，きわめて簡単なものにしなければならないだろう。一方，車上側の設備はクルマの付加価値になり，ライフサイクルも短いことから高度な機能を使ってもかまわないだろう。ここが，地上と車上が1対1の設備をもち，制御信号を交換する停車中ワイヤレス給電とはまったく事情が異なっている。停車中給電の技術は，走行中給電にはあまり役に立たないということになる。

表2　走行中ワイヤレス給電において注意すべきポイント

(1)停車中給電と走行中給電はまったく別の技術	
・まずこの認識をもち，じっくり取り組むこと	
(2)地上設備はおそろしく簡単にしなければならない	
・何100キロにも敷設する必要がある	
・停車中給電を並べても実現しない	
・送電側と受電側が制御信号を交換する方式は無理	
(3)クルマはインテリジェントでもOK	
・いろいろな電化方式（誘導，共鳴，マイクロ波）の対応	
・周波数や電圧もさまざま	
・100年ぐらいかけてインフラは作られる：大昔のインフラからも受電できること	
(4)ビジネスモデルは成立するか	
・高速道路だけ相手にすればいいだろう：幸い日本の高速道路料金は高いのでその一部に含めることができるかも	
・給電レーンを設ける：自動走行技術の一部を利用する。つまり，道路中央に送電コイルを設けてその上は走らないようにできる	

■キーワードは，100 kW，100 km，100 km/h，95％，双方向

5　100年ごとのパラダイムシフト

　妹尾堅一郎氏[12)13)]によれば，世界は100年ごとにパラダイムシフトを経験してきたという（**表3**）。18世紀のコンセプトは「物質」である。モノを作るために産業革命が起こり，モノを運ぶ鉄道，船舶などのネットワークが構築された。19世紀のコンセプトは「エネルギー」で石油を中心とするエネルギー革命が起こり，エネルギーを運ぶネットワークが世界を席捲したことは記憶に新しい。

　21世紀は，20世紀に生まれたコンセプト「情報」を具現化する時代であって，今までとは異なる新しいビジネスモデルが必要だという。Google，Amazon，Appleなどいわゆる勝ち組のやり方を見れば，ユーザは単なるインターフェースである安価な端末を持つだけであって，肝腎の知能はネットで接続されたCloudにある。

　われわれの世代は昔よく「親父，クルマ買ってくれ」と言ったものだが「親父，山手線買ってくれ」とは言わなかった。クルマは所有できるが，山手線は個人が所有するものではないからである。しかし，親父に買ってもらうクルマとはいったい何だったのだろう。エンジン？　外装？　内装？　タイヤ？　今はインバータか？　しかし，「俺のクルマのインバータはすごいんだよ」などと，彼女に自慢したりするだろうか？

表3　100年ごとのパラダイムシフト

	コンセプト	世界観	革命	ネットワーク
18世紀	物質	―	―	―
19世紀	エネルギー	↘唯物史観	→産業革命	→モノを運ぶ
20世紀	情報	↘宇宙観	→エネルギー革命	→エネルギーを運ぶ
21世紀		↘情報世界観	→情報革命	→情報を運ぶ

（妹尾堅一郎の講演から筆者が作成）

iTunes で買うのは音楽そのものであって CD は必然ではないのと同じように，クルマで買うのは快適な移動と運転の楽しみだとすれば，また，クルマそのものを所有する喜びが若者から消え去りつつあるとすれば，少なくとも大きなエネルギーを持ち運ぶ，エンジン車，電池 EV，燃料電池車は時代錯誤の商品である。クルマがナビによってインフラに接続され，IoT によってますますネットにつながる時代に，エネルギーを自前で持ち運ぶクルマを所有する必然性はない。

筆者は 100 年後のクルマは，「エンジン」「電池」「急速充電」に代わって，「モータ」「キャパシタ」「ワイヤレス」で走るだろうと述べてきたが，これは，妹尾のいう産業構造論の流れに沿った，歴史の必然である。

クルマは大きなエネルギーを持ち運ばなくなり，クルマを電力系統につなぐ最後の数 m を担う「ワイヤレス給電」がとくに重要な役割を果たす。光ネットワークの大幹線はハードウェアですぐそこまで来ており，最後の数 m を高速 WiFi が担う現状とよく似ている。

さらに言えば，クルマ会社が自社のクルマを売るために，給電インフラを整備しメンテすることになるかもしれない。鉄道では，饋電インフラもそこを走る車両のどちらも同じ会社のものであるのと同じように。これも歴史の必然に思える。

6　ワイヤレス給電システム技術部門委員会の活動

筆者は，2010 年 1 月，自動車技術会に「ワイヤレス給電システム技術」部門委員会を立ち上げ，総員 50〜60 名で，広い視点から侃々諤々かつなごやかな議論を開始した。自動車会社，OEM，装置メーカ，大学，シンクタンクに加え，総務省，国土交通省，経済産業省からも委員が出ている。クルマは電気，人間は液体燃料で動きましょう，を合言葉に委員会後の交流も深めている。現在の委員長は，伊東淳一教授（長岡技術科学大学）である。

主たる活動は，最新の話題提供，見学会，春季大会の OS 企画，一般向け Forum，電気自動車に特化した国際会議 EVTeC（自動車技術会主催ですでに 3 回開催）や EVS（WEVA 主催でその 31 回目を昨年 10 月，神戸にて開催）等の国際会議でのセッション構成などであるが，国際規格化に関する報告も行われている。

日本自動車研究所（JARI）の活動への参加者からは SAE, ISO, IEC での検討状況の報告，総務省の委員会主査からは国際電気通信連合（ITU）での周波数の検討状況の報告も行われている。自動車のワイヤレス給電の普及には周波数の決定・グローバル標準化が必須であり，ITU で他の電波利用との複雑な調整が行われる。2014 年には ITU-R Report が日本の貢献によって承認されて大きな一歩となり，さらにその後も精力的に継続されている。ワイヤレス給電の普及には，こういう縁の下の力持ち的な活動がきわめて重要である。

なお，ワイヤレス給電技術については成書[14]や，回路など実際面を詳述した記事[15)16)]も出ているので，本書とともにぜひ参考にしてほしい。

— 9 —

7　ワイヤレスインホイールモータ

最後に，研究室を共同運営している，藤本博志准教授の「ワイヤレスインホイールモータ」車を紹介しておきたい。

インホイールモータには，EV の航続距離延長や走行安定性の向上等，様々なメリットがある。バネ下重量が増えるので駄目だという理屈はいまや過去のものである。しかし，モータに車体から電力を供給する電力線が断線する恐れがあるため，普及に至っていないという。

藤本らはこの問題を解決し，さらに走行中給電にも対応するため，ワイヤレス電力伝送の技術を適用し，世界初のワイヤレスインホイールモータ車の走行実験を成功させた（図6）[17)-20)]。

ホイル側にはスーパーキャパシタを搭載して回生ブレーキの効率向上を行い，路面に敷設された送電設備から走行中ワイヤレス電力伝送で直接モータを駆動する。SiC などの最先端パワーデバイスと，様々な電力源からの電力を適切に制御する最先端の制御理論を駆使したパワーフロー制御がキー技術であるが，実現はそれほど困難ではない（図7）。現在，東大柏キャンパスに走行中ワイヤレス給電実験路を敷設し，精力的に実験を行っている（図8）。

藤本によれば，ワイヤレスインホイールモータは究極の駆動方式である。また一方では，モータ／キャパシタ／ワイヤレスの概念をわかりやすく具現した好例ともいえる。

8　おわりに

電池 EV のように，人々が疑いの余地なしとして大合唱しているものは，全員間違っていることがよくあることは，歴史の事実である。

たとえば，ポテンシャルは大きくても工学的には問題の多い風力・太陽光発電はどうであろうか。これらの導入には強い電力系統網が不可欠であるという論理のもと，電力会社の系統網

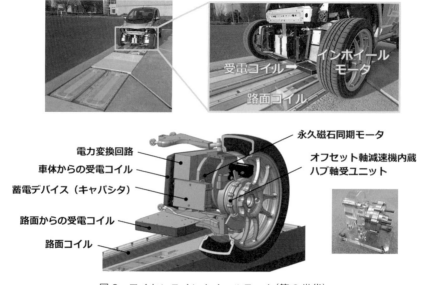

図6　ワイヤレスインホイールモータ（第2世代）

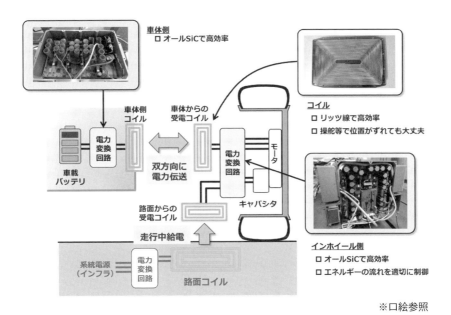

図7　電力変換回路構成

図8　走行中給電実験路（東大柏キャンパス）

メンテ費用を継続すれば，もし，再生可能エネルギーが不調に終わっても強い系統は残る。筆者は，その方がよほど国益にかなうという主張をしているが，皆さんはどう思うだろうか。

　いま，クルマの電動化への流れは疑うべくもないことになっている。30年ほど前は，電気モータで動くクルマが世界を席捲するようになるとはとても思えなかった。いよいよ EV の時代になりましたね，などとやっかみ半分でおだてる輩がいるが，そう簡単に EV の時代になるとは思えない。有頂天にならないようにしたい。

　IoT，AI，VR などもそうである。いまブームの AI に異を唱えることは勇気がいるが，か

つては長い長い冬の時代を経験してきたことは皆知っている。それを忘れず，いつの時代も，ブームに流されることなく，冷静に未来を見極める必要がある。筆者の乏しい経験から言えば，ほとんどの技術は種が出てからモノになるまで 20 年ぐらいかかっている。

　一方では，過ちに気づいたら「改むるに憚ることなかれ」のスピード精神もまた肝要である。目先の利益に目がくらんで，正しい未来を見誤らないようにしたいものである。

文　献

1) 堀洋一：モータ／キャパシタ／ワイヤレスへのパラダイムシフト，精密工学会誌，**84**, 9(2018).

2) 堀洋一：ガソリンと電気，自動車技術，**65**, 7(2011).

3) 横井行雄，居村岳広，高橋俊輔：日本におけるワイヤレス給電システムの技術動向と今後の展望，自動車技術，**66**, 9, 94-98(2012).

4) 堀洋一：ワイヤレス給電技術が生み出す新たなクルマ社会，OHM，2 月号，18-20(2013).

5) 堀洋一：100 年後のクルマとエネルギー，電気学会誌，**134**, 2, 1(2014).

6) 堀洋一：「モータ」「キャパシタ」「ワイヤレス」というパラダイム，OHM，**103**, 3, 4(2016).

7) Y. Hori：Future Vehicle driven by Electricity and Control —Research on 4 Wheel Motored 'UOT March II'—, *IEEE Trans. on Industrial Electronics*, **51**, 5, 954-962(2004).

8) 堀洋一：電気自動車の制御 —東大三月号のめざすもの—，特集「自動車制御の昨日，今日，明日」，計測と制御，**45**, 3, 243-253(2006).

9) 堀洋一：キャパシタ電気自動車 C-COMS のめざすもの，精密工学会第 335 回講習会「自動車の環境対応，ものづくり技術」講習会テキスト(2009.2.24).

10) 居村岳広：磁界共鳴による無線給電方式の現在と未来，電気学会誌，**135**, 4, 620-622(2015).

11) 居村岳広，堀洋一：電磁誘導方式と磁界共振結合方式の統一理論，電気学会論文誌 D，**135**, 6, 697-710(2015).

12) 妹尾堅一郎，生越由美：社会と知的財産，放送大学教育振興会，ISBN4595308396, 160-170(2008).

13) 経済産業省・特許庁 事業戦略と知的財産マネジメント，発明協会，ISBN4827109699, 10-24(2010).

14) 居村岳広：磁界共鳴によるワイヤレス電力伝送，森北出版，1-416(2017).

15) 畑勝裕：実験・EV 走行中ワイヤレス給電，MOTOR エレクトロニクス，6, 23-77(2017).

16) 畑勝裕，居村岳広，藤本博志，佐藤基，郡司大輔：インホイルモータとワイヤレス給電技術の融合，MOTOR エレクトロニクス，8, 40-71(2017).

17) 郡司大輔，居村岳広，藤本博志：磁界共振結合によるワイヤレスインホイルモータの電力変換回路の制御に関する基礎研究，電気学会論文誌 D，**135**, 3, 182-191(2015).

18) 佐藤基，G. Guidi，居村岳広，藤本博志：ワイヤレスインホイルモータの高効率化および高応答回生の実現に関する研究，電気学会論文誌 D，**137**, 1, 36-43(2017).

19) M. Sato, G. Yamamoto, D. Gunji, T. Imura and H. Fujimoto：Development of Wireless In-Wheel Motor using Magnetic Resonance Coupling, *IEEE Trans. on Power Electronics*, **31**, 7, 5270-5278 (2016).

20) 竹内琢磨，居村岳広，郡司大輔，藤本博志，堀洋一：スーパーキャパシタを搭載したワイヤレスインホイルモータのパワーフロー制御法，電気学会論文誌 D，**138**, 3, 219-226(2018).

第 1 編

EVの運動制御と走行安定性・評価技術

第1章　電気自動車における走りの進化
第2章　EVモータの新技術と駆動制御技術
第3章　制動および回生制御技術
第4章　運動性能向上のための制御・評価技術
第5章　EV以外の電動車両走行制御技術

第1編　EVの運動制御と走行安定性・評価技術

第1章　電気自動車における走りの進化

第1節　電気自動車進化のための技術

株式会社豊田中央研究所　梅野　孝治

1　はじめに

図1に電気自動車(以降EVと記載)のパワートレーンの外観を示す。パワートレーンは，主機電池を含む電源システム，電源システムからの直流電力を3相交流電力に変換するインバータ，車両を駆動するモータに大別される。さらにそれらのユニットを制御するためのECUやABS等の安全装置，空調システム，パワーウインドウといった補機類を駆動するための補機電力が絶縁型DCDCコンバータを介して供給される。

世界初の量産型の電気駆動車は，1997年にトヨタ自動車㈱が開発したハイブリッド自動車(以降，HVと記載)である。それ以降，上述のEVに必要な技術は，HVの進化によってもたらされたと言っても過言ではない。そこで，本稿では，HVに適用された技術も含めて，電源システム，インバータ，モータにおいてEVの進化をもたらす技術トピックスを概説する。

2　電源システム

一般に電気駆動車用の主機電池はニッケル水素電池やリチウムイオン電池が用いられるが，電気エネルギのみで走行しなければならないEVにおいては，ニッケル水素電池よりエネルギ密度の高いリチウムイオン電池が主流となっている。図2に，市販されているEVの電池搭載

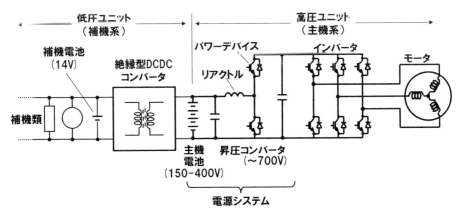

図1　電動パワートレーン外観

量(容量)と一充電に対する航続距離の関係を示す。電池容量を車両重量で規格化すると，航続距離とほぼ比例関係にあることがわかる。従来より，EV は航続距離の短さから街乗りやコミュータ用途の扱いであったが，近年の電池のエネルギ密度向上に伴い 400 km を超える EV も現れてきた。その分，電池容量，および，出力の増加がなされており，電源システムのマネジメントに対する要求も高くなっている。

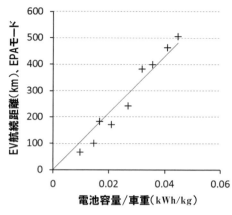

図2　市販 EV の電池搭載量と航続距離の関係

2.1　電池モジュールとアクティブバランスシステム

　電池の最小単位はセルと呼ばれており，1 つのセルの電圧はリチウムイオン電池の場合，3.6 V 前後で使用される。車両を走らせるためには，およそ 200～400 V の電池電圧が必要となるため，数多くのセルを用いて 1 つの電池パックを構成する。たとえば，スポーツ EV で知られているテスラ・モータの車両には，約 7000 個の電池セルで構成されているものもある。しかしながら，これらを一体で構成することは困難であることから，少数単位の電池セルでモジュールを構成し，それらを複数直列接続することで電池パックを実現している[1]。このような構成は搭載性もよく，他の自動車メーカでも広く採用されている(図3)。

　電池のモジュール構成は，搭載性だけでなく，電池マネジメントの上でもメリットをもたらす。EV は大量の電池を搭載することから，経年変化等に伴う劣化度合いにばらつきが生じ，各セルの充電量にアンバランスが生じる場合がある。仮に電池パックの中で，1 セルだけ充電量が減少していたとすると，他のセルが健全であったとしても電源システムとしてはそれが律速し，全体のパフォーマンスが低下する。一方モジュール構成では，それぞれのモジュールの充電量を適切に制御することで，全体として電池を有効活用することが可能となる。そのシステム構成例を図4に示す。この例では，モジュール毎に絶縁型 DCDC コンバータを配置し，主機系の電力のやり取りと並行して，補機系統を使ってモジュール間の電力を融通する仕組み

図3　市販 EV の電池実装例(日産リーフ)

になっている。結果，電池パックとし実用上の容量増加が実現されたという報告がある[2]。このように積極的にモジュールあるいはセル間の充電量を制御しバランスを取ることをアクティブバランスと呼ぶ。

2.2 昇圧システム

一般的なEVでの採用はされていないが，HVの一部車種においては，電池電圧を昇圧し，モータを駆動するシステムが採用されている。電動パワートレーンの課題の1つに，モータの小型・高効率化が挙げられる。一般にモータの小型・高出力化には高回転化が有効であるが，モータの逆起電力に打ち勝つだけの電圧を印加する必要がある。昇圧コンバータを用いることで，電池セル数を増加させることなく，モータ印加電圧を650-700 Vに設定することができ，結果として電池，モータの高出力化(**図5**)と加速性能の向上が可能となる[3][4]。**図6**に昇圧コンバータの動作原理を示す。昇圧コンバータはリアクトルという磁気部品と2つの半導体スイッチで構成されている。下側のスイッチをONすることにより，リアクトルにエネルギを蓄積し，OFFすることでそのエネルギを開放する。その時のリアクトルの電流勾配で生じた電圧上昇が電池電圧に加えられ，昇圧が実現する。

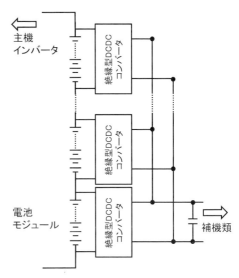

図4 電池モジュール単位のアクティブバランス回路の例

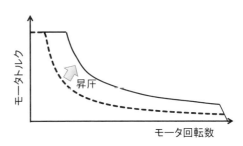

図5 昇圧システムによるモータの出力向上イメージ

キャリア周期においてスイッチのON，OFF時間の比で定義されるパラメータをdutyと呼ぶ。また，電池電圧と昇圧電圧の比を昇圧比と呼び，それらの間には**図7**の関係が成立する。この式に基づいてdutyを制御することで，所望の昇圧電圧を得ることができる。実際に市販されているHVでは，モータの動作状況に応じて昇圧比を制御することにより，システム効率

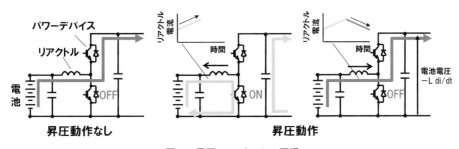

図6 昇圧コンバータの原理

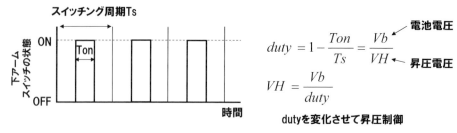

図7　昇圧コンバータのdutyと昇圧比の関係

の最大化が図られている[5]。

さらに，燃料電池車のような高出力電源に対しては，マルチフェーズ化して出力の増減に合わせてその相数を切り替え，高効率化を図るシステムも実用化されている[6]。

2.3　キャパシタを用いた電源システム

EVをはじめとした電気駆動車の魅力の1つに，モータならではの高応答性を活用した動力性能がある。その特長を最大限に生かすことのできるのがレース車両であろう。そこでは，瞬間的に高出力・高入力が可能なキャパシタを利用したシステムが採用された。たとえば，世界耐久選手権（WEC）では，コーナー手前の急減速での回生（充電）とコーナー立ち上りからの再加速に対応した放電にキャパシタが有効に機能している。更に実験的な取組みとして，図8に示すような電池とキャパシタの複合構成で，2電源を緻密に制御することにより，それぞれの長所を活かしたシステムの評価検証も実施されている[7]。

キャパシタはすでに，アドオン型の簡易的なハイブリッドシステムとしてすでに実用化が始まっており[8]，今後の低コスト化と高容量化の進展に伴い，車両搭載が加速していくものと期待される。

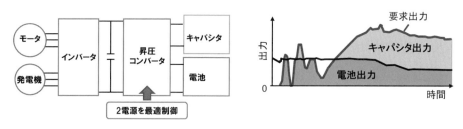

図8　複合電源システムと制御事例

3　インバータ

インバータは，モータを駆動するだけでなく，電池-モータ間のエネルギをマネジメントする重要な役割を果している。小型EVの出力は70〜80 kW程度であるが，中型，大型車になると300 kWを超える出力も必要となる。一方，近年ではワイヤレス駆動と併せてインホイールモータに内蔵するシステム[9]も提案されていることから，インバータの大容量化と共に，その小型化の要求が益々高まっている。

インバータの小型化には，スイッチング素子を担うパワーデバイスにSiCやGaN等のワイドバンドギャップ半導体の採用が有効と考えられている。SiCはSiと比べ，バンドギャップが約3倍，絶縁破壊電界が約10倍，電子飽和速度が約2倍，熱伝導度が約3倍という優れた物性値を有している。これらの特徴からワイドバンドギャップ半導体は200℃を超える高温動作が可能とされ，空冷化等の冷却系の簡素化が期待される。また，図9に示すようにシリコン半導体と比較し，オン抵抗が小さいため，素子の低損失化と高周波スイッチングによるコンデンサ等の受動素子の小型化が可能となる。

図9より，現在の開発レベルでは，電気駆動車の使われる電圧範囲においてSiCの方がGaNよりも耐圧が高いため，昇圧コンバータやインバータにはSiCパワーデバイスが用いられ，絶縁型DCDCコンバータ等の低圧系にはより高周波動作が可能なGaNパワーデバイスを適用する検討がなされている[10]。EVの場合はインバータの損失低減が低電費に直接影響を及ぼすと共に，車載電池容量の削減にもつながる。

SiCパワーデバイスの主たる課題はコストである。コストの大半をウエハが占めており，その低コスト化が急務となっている。現在ウエハ径は4インチの段階であり，これはパワーデバイスとして量産適用可能な最少口径となっている。近年，昇華法により6インチSiCウェハが開発され，溶液法などによる高品質SiC結晶成長も可能となってきた[11)12]。これらの技術がSiCウェハのコスト低減や高品質化を進めることが期待される。また，前述のように高温動作のためには，デバイスと接合部材との熱膨張係数差によるせん断応力を緩和する高耐熱な接合

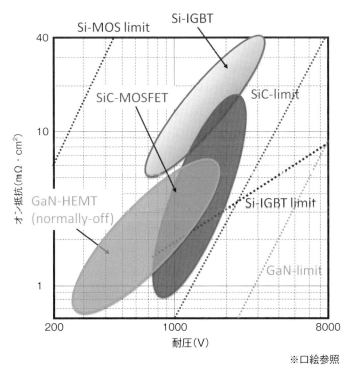

図9　パワーデバイスの耐圧とオン抵抗の関係
（楕円は，市販，開発中のレベルを示す）

材料の開発が必要である。加えて，高速駆動すると回路中の寄生インダクタンスによるサージ電圧や電磁ノイズも課題となるため，それらを抑制するモジュール構造の開発も必要である。これらの課題は，多くのデバイスメーカや研究機関で研究がなされており，実用的な技術確立が待たれるところである

4 モータ制御

EVをはじめとする電気駆動車の駆動用モータとして，当初は誘導モータが採用されていたが，小型，高効率化の要求から，現在ではロータに永久磁石を内蔵した同期モータが主流となっている。モータの構造，ハードの技術動向については別章にて記載されているため，ここではモータ駆動制御において実用化され効果が実証されている技術について述べる。

モータの制御法も種々提案されているが，もっともよく使われているのがベクトル制御を基本としたPWM電流制御である。PWM制御では，高速回転時に弱め界磁制御を用いるのが一般的である。モータ回転数の上昇に応じて逆起電圧が増加し，それがモータの印加電圧と等しくなるとモータに電流を流せなくなる。これを防止するためにステータのコイルに磁石とは逆向きの磁束を発生させるように界磁電流を制御することにより，逆起電圧を抑制し，より高い回転数を実現する。これが弱め界磁制御のねらいであるが，この制御では，電圧利用率が低く，界磁電流の増加に伴う損失の増加と出力，トルクの減少がデメリットとなる。

電気駆動車では，高速走行においても低損失化，出力の向上が求められるため，より高度な制御法が必要となる。そこで考案されたのが，矩形波（1パルス）制御である[13]。矩形波制御では，その基本波が正弦波となるようにモータに電圧を印加する。電圧の位相と発生するトルクとは図10に示す関係があるため，正の相関がある領域を用いることでトルクを制御することが可能となる。その制御ブロックを図11に示す。PWM電流制御から矩形波制御には過変調PWMというフェーズを経て切り替える[14]。これらの制御法の特徴を表1に示す。矩形波制御では，電圧利用率0.78と最も高い値を示している。図12にモータ特性図における各制御の切分けを示す。弱め界磁を含めた従来制御と比較し，矩形波制御を用いることにより高速回転領域におけるトルク，出力の増加が実現でき

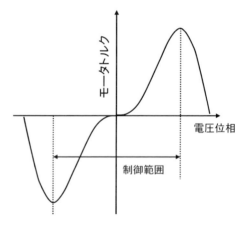

図10 モータ電圧位相とトルクの関係

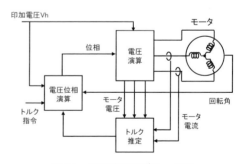

図11 矩形波制御ブロック図

表1 各制御方式の比較

変調方式	PWM	過変調 PWM	矩形波
インバータ電圧	電圧基本波成分／インバータ電圧	電圧基本波成分／インバータ電圧	電圧基本波成分／インバータ電圧
電圧利用率	0〜0.61	0.61〜0.78	0.78
速度領域	全領域	中速度領域	高速度領域
効率（インバータ含む）	1	○	◎

る。加えて，インバータにおけるパワーデバイスのスイッチング損失の低減も図られるため，インバータ，モータ全体の効率も向上することになる。

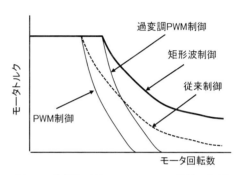

図12 各制御手法とモータトルク特性の関係

文　献

1) US Patent No.：US 7,433,794
2) Utah State University(USU)：Robust Cell-level Modeling and Control of Large Battery Packs https://arpa-e.energy.gov/?q=slick-sheet-project/dynamic-cell-level-control-battery-packs
3) H. Yaguchi, T. Murakami, K. Asakura, T. Kuzuya and T. Hashimoto：*Toyota Technical Review*, **57**(1), 10(2010).
4) J. Kuroki and H. Otsuka：*Honda R&D Technical Review*, **25**(2), 42(2013).
5) H. Hanada, E. Satoh, M. Okamura and H. Yaguchi：*Toyota Technical Review*, **54**(1), 40(2005).
6) T. Hasegawa, H. Imanishi, M. Nada and Y. Ikogi：*SAE Technical Paper* 2016-01-1185(2016).
7) *Car Entertainment Magazine "GENROQ"*, 2012(5), 166(2012).
8) M. Takahashi, T. Takahashi, Y. Kitaki, T. Yamashita, H. Kitagawa and S. Hirano：*Mazda Technical Review*, **30**, 37(2012).
9) M. Sato, G. Yamamoto, D. Gunji, T. Imura, and H. Fujimoto：*IEEE Transactions on Power Electronics*, **31**(7), 5270(2016).
10) K. Nishikawa：GaN for Automotive Applications, *IEEE Bipolar/BiCMOS Circuits and Technology Meeting*(2013).
11) H. Kondo, H. Takaba, M. Yamada, Y. Urakami, T. Okamoto, M. Kobayashi, T. Masuda, I. Gunjishima, K. Shigeto, N. Ooya, N. Sugiyama, A. Matsuse, T. Kozawa, T. Sato, F. Hirose, S. Yamauchi and S. Onda：*Materials Science Forum*, **778**, 17(2014).

12) K. Kusunoki, N. Yashiro, N. Okada, K. Moriguchi, K. Kamei, M. Kado, H. Daikoku, H. Sakamoto, H. Suzuki and T. Bessho : *Materials Science Forum*, **740**, 65(2012).

13) H. Nakai, H. Ohtani, E. Satoh and Y. Inaguma : *IEEE Transactions on Industrial Electronics*, **52**(3), 800(2005).

14) H. Nakai, H. Ohtani and Y. Inaguma : *R&D Review of Toyota CRDL*, **40**(2), 44(2005).

第1編　EVの運動制御と走行安定性・評価技術

第1章　電気自動車における走りの進化

第2節　EVの新しい運動制御技術

東京大学　藤本　博志

1　はじめに

　現在の内燃機関自動車は，大気汚染，化石燃料の枯渇という大きな問題を抱えており，その解決へむけ電気自動車（Electric Vehicle：EV）の研究開発が盛んに行われている。しかしEVの優位性はこのような問題だけには留まらない。モータを駆動力源としているEVは，

① 　トルク応答性が高速かつ正確

② 　電流制御により発生トルクを正確に把握可能

③ 　インホイールモータを用いればタイヤ各輪分配配置することが可能

④ 　回生制動トルクが発生可能

など，内燃機関に比べ優れた"走り"に関わる特性を有している[1)2)]。

　このモータの特徴に注目し，インホイールモータ（IWM）を搭載した電気自動車を用いてEVならではの車両運動制御の研究も行われている[3)4)]。

　これらの車両姿勢制御の研究は，大きく並進方向，旋回方向，垂直方向の運動に分けられる。並進方向の運動では，加速時及び減速時のトラクション制御やスリップ率制御[5)-7)]，旋回方向では駆動力差モーメントによる制御や前後輪のアクティブ操舵による横滑り角制御が行われている[8)-11)]。さらに，IWM車では垂直方向にアンチダイブ力を上下両方向に発生させることが可能であり，これらを利用したピッチング運動の抑制制御やロール制御が提案されている[12)-14)]。IWMはばね下重量が大きくなるため，乗り心地が悪くなる可能性があるという欠点が懸念されている。しかし，アンチダイブ力を積極的に使うこれらの研究結果により，垂直方向の力を制御というIWM車ならではの利点を用いて，その欠点を克服しつつあることが特に重要である。この考え方をさらに発展させて，ピッチ・ロール・ヨーの三次元モーメントを制御しようとする研究成果が注目されている[13)14)]。

　また一方でEVの大きな欠点として一充電走行距離の短さがある。そこで制御技術により実現される付加価値として，航続距離を延長させる制御技術について解説する。スリップ率制御やヨーレート・横滑り角制御は，主に事故が起こる直前の緊急時に作動するものだが，この航続距離延長制御や乗心地改善制御は，常時作動することを想定してEVの価値をより高めるという意味でも重要な成果といえる。

　以下に航続距離延長を目指したEVの制御システム[15)]，旋回方向の運動に着目したタイヤ横力センサを用いたEVの運動制御[3)]，および並進方向の運動に着目した回生制御トルク応答を用いたEVの制御技術[16)]，について述べる。

— 23 —

2 電気自動車の航続距離延長制御技術

筆者らは制御技術により一充電走行距離を延長する方法として，航続距離延長制御システム（RECS：Range Extension Control System）を開発している[17]。以下に最も基礎的な2種類の方法を解説する。1つは電源からモータ出力までの車両効率の最適化を行うRECS-I[18]，もう1つはモータ出力から並進方向及びヨーレートまでの効率の最適化を行うRECS-II[19]，である。これらはいずれも複数のモータを持つEVを前提とし，そのトルク配分による効率改善を目指している。

RECS-Iでは，全てのモータから得られる車両全体としての総合効率が最大となるように各モータ制駆動力制御を行い，効率改善を図っている。

RECS-IIでは，さらに電動パワーステアあるいはステアバイワイヤによりアクティブ前輪操舵が可能であるEVを前提にする。旋回時に必要なヨーモーメントを従来は前輪舵角のみで発生させていたのに対し，前輪舵角を必要最小限に小さくし駆動力差モーメントを用いて不足分を補う。これにより旋回時に前輪操舵に伴い発生するコーナリング抵抗が減少するため，旋回時の効率が改善される。

実験には本研究室で製作した電気自動車FPEV2-Kanon(**図1**)を用いた。その特徴を**表1**に示す。

図1　FPEV2-Kanon

表1　Specification of in-wheel motors

	Front	Rear
Maximum/Rated Torque	500/110 (Nm)	340/137 (Nm)
Maximum/Rated Power	20.0/6.0 (kW)	10.7/4.3 (kW)
Rated Speed	300 (rpm)	382 (rpm)
Maximum Speed	1 113 (rpm)	1 500 (rpm)

2.1 モータ効率に基づく航続距離延長制御システム（RECS-I）

この電気自動車の前輪用モータと後輪用モータの効率マップを**図2**に示す。図2のようにモータの回転数とトルクによりモータの効率は変化する。よってモータを各車輪に配置したようなEVではそれぞれのモータをどの動作点にするかにより効率が大きく変化する。各輪のスリップを無視すれば直進走行中は一般に四輪の車輪速度は同一のものとなる。よって一定速度で走行中にこのモータの動作点を変化させるためには，四輪全てが同一車輪速のもと，ドライバの要求するトルクを実現するようにそれぞれのモータトルクを変化させればよいことになる。

式(1)，式(3)のように前後のトルク配分比vによって前後のモータトルクT_f，T_rを変化させても，ドライバの要求する総トルクT_{ref}を満たせば，配分比vによらず同じ加減速が実現可

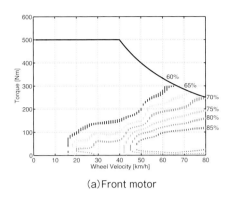
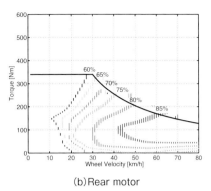

(a)Front motor　　　(b)Rear motor

※口絵参照

図2　Motor efficiency characteristics

能である。なお，T_{fl}，T_{fr}，T_{rl}，T_{rr}はそれぞれ前後輪の左右トルクを示している。

$$T_{ref} = T_f + T_r \tag{1}$$

$$T_f = T_{fl} + T_{fr}, \quad T_r = T_{rl} + T_{rr} \tag{2}$$

$$T_f = (1-\nu) T_{ref}, \quad T_r = \nu T_{ref} \tag{3}$$

またトルク配分比νを用いてモータ出力をトルクと角速度により表すと以下のようになる。

$$P_o = T_{ref}\omega_o = (T_f + T_r)\omega_o \tag{4}$$

$$P_f = (1-\nu) P_o, \quad P_r = \nu P_{ref} \tag{5}$$

ただしP_o，P_f，P_rはそれぞれ全モータの出力，前輪モータの出力，後輪モータの出力であり，ω_oは車体速度により決まる角速度である。そして電源出力からモータ出力までの総合効率η_{all}を以下のように定義する。

$$\eta_{all} = \frac{モータ出力}{電源出力} \tag{6}$$

図3(a)に前後ともに力行した場合のエネルギーの効率を示す。力行に必要なエネルギーは全ての電源から供給される。η_f，η_rはそれぞれ前輪，後輪のモータ効率とし，前後力行時のモータの総合効率η_{all}を求めると以下のようになる。

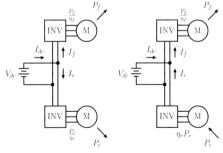

(a)Front drive rear drive　　(b)Front drive rear regeneration

図3　Driving patterns

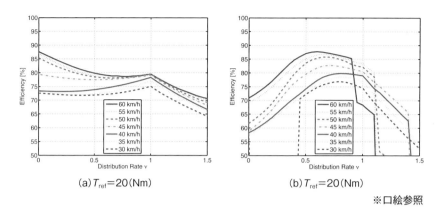

図4 Torque distribution results to total torque reference

$$\eta_{\text{all}} = \frac{P_\text{f}+P_\text{r}}{\frac{P_\text{f}}{\eta_\text{f}}+\frac{P_\text{r}}{\eta_\text{r}}} = \frac{\eta_\text{f}\eta_\text{r}}{(1-v)\eta_\text{r}+v\eta_\text{f}} \tag{7}$$

車両が加速中であっても，各モータの効率特性が大きく異なるとき，限られた条件ではあるモータを力行運転させた方が総合効率が良くなる可能性がある．図3(b)に前輪が力行，後輪が回生した場合のエネルギー効率を示す．力行に必要なエネルギーは回生したエネルギーと電源からのエネルギーによってまかなわれる．前力行，後回生時モータの総合効率 η_{all} を求めると次式のようになる．ただし $P_\text{r} < 0$ である．

$$\eta_{\text{all}} = \frac{P_\text{f}+P_\text{r}}{\frac{P_\text{f}}{\eta_\text{f}}+\eta_\text{r}P_\text{r}} = \frac{\eta_\text{f}}{1-v+v\eta_\text{f}\eta_\text{r}} \tag{8}$$

実験機のモータの効率は，図2に示したような関係にある．これをもとに前後輪の配分比 v を0～1.5 まで式(7)，(8)を使って変化させたシミュレーション結果が図4である．ただし $v=0$ が前輪のみの力行であり，$v=1$ が後輪のみの力行である．また $v=1.5$ は後輪が総トルク指令に対して1.5倍多くトルクを出力し，その過剰分を前輪が回生することによって，総トルク指令を実現する．

図4(b)にみられる効率の急激な減少は，図2からわかるとおり速度の増加によってトルクの最大値が小さくなっているため，トルクリミッタにより配分計算が行えないからである．図4(a)より，この総トルク指令の範囲では総トルク指令の大きさによらず，速度によって最適配分比 v^* は0.4～0.9 という値となることがわかる．よって配分比 v を最適値に制御することで，航続距離の延長が可能となる．また，力行配分は有効であるが，力行回生配分は有効でないことも確認できる．

速度30 km/h，総トルク指令180 Nm の前後トルク配分の実験を行ないその結果を実験結果を図5に示す．配分によって車両全体の総合効率が変化することがわかる．

この実験結果をもとに電源出力1 kWh 当たりの走行距離に換算した．まず電源出力 $V_{\text{dc}}I_{\text{dc}}$

を測定時間 t で積分してエネルギー E を求める。次にモータ速度も測定時間 t で積分して走行距離 L に換算する。そして走行距離 L をエネルギー E で除することにより，1 kWh 当たりの走行距離を求めた。結果を**表2**に示す。表2より 1 kWh 当たりの走行距離の最大値と最小値の差でみると，30%弱の改善が見てとれる。すなわち一充電走行距離が30%弱延長されるということである。i-MiEV のバッテリ容量は 16 kWh とされている[20]。この容量で計算してみると一充電走行距離が約 14 km 延長されたことになる。

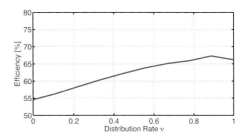

図5　Efficiency in experiments

表2　Cruising range（RECS-1）

v	0	0.5	0.88	1
km/kWh	3.2	3.6	4.1	3.8

2.2 コーナリング抵抗に基づく航続距離延長制御システム（RECS-Ⅱ）

車が旋回を行うとき，次式で表されるコーナリングフォース Y_f, Y_r が発生する。

$$Y_f = -C_f \alpha_f = -C_f \left(\beta + \frac{l_f \gamma}{V} - \delta_f \right) \tag{9}$$

$$Y_r = -C_r \alpha_r = -C_r \left(\beta - \frac{l_r \gamma}{V} \right) \tag{10}$$

C_f, C_r は前後輪のコーナリングスティフネスであり，前後輪の車輪の横滑り角 α_f, α_r に比例する。β は車体の横滑り角，l_f, l_r は車両重心から前後方向への距離，γ は車両重心点周りの回転速度，δ_f は操舵角である。左右のタイヤの特性に差がなければ，四輪の車両と等価な二輪車両と考えられる。そこで，**図6**に前輪舵角により生じるコーナリング抵抗を示す。走行抵抗 F_r は，前後方向に対して発生するコーナリング抵抗及び転がり摩擦抵抗 $\mu_0 N$，風や路面勾配などの外乱 F_{dis} を含めた次式で表される。μ_0 は転がり摩擦係数，N は垂直抗力である。

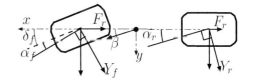

図6　Cornering resistance

$$F_r = 2Y_f \sin(\delta_f + \alpha_f) + 2Y_r \sin \alpha_r + \mu_0 N + F_{dis} \tag{11}$$

次に旋回時の損失を導出する。評価関数を式(12)に示す。消費エネルギーは，各駆動輪のトルクと車輪速の積を用いる。

$$E = \int_0^t (T_{rl} \omega_{rl} + T_{rr} \omega_{rr}) dt \tag{12}$$

ここで，車輪が地面に対し完全粘着して走行している場合，左右車輪速は車体速とヨーレー

第1編　EVの運動制御と走行安定性・評価技術

トを用いた次式で表される。

$$\omega_{rl} = \frac{1}{r}\left(V - \frac{d_r}{2}\gamma\right), \quad \omega_{rr} = \frac{1}{r}\left(V + \frac{d_r}{2}\gamma\right) \tag{13}$$

また，前進方向の力を F_x，駆動力差モーメントを N_z とする。左右の駆動力を F_{rl}，F_{rr} としたときとの関係式はトルク配分則（TDL：Torque Distribution Law）を用い，さらに左右トルクは $\dot{\omega} = 0$ の等速時において次式で与えられる。

$$\begin{bmatrix} T_{rl} \\ T_{rr} \end{bmatrix} = \begin{bmatrix} rF_{rl} \\ rF_{rr} \end{bmatrix} = \begin{bmatrix} \dfrac{r}{2} & -\dfrac{r}{d_r} \\ \dfrac{r}{2} & \dfrac{r}{d_r} \end{bmatrix} \begin{bmatrix} F_x \\ N_z \end{bmatrix} \tag{14}$$

式(13)，式(14)を用いて，損失 P の計算を行うと次式となる。

$$P = T_{rl}\,\omega_{rl} + T_{rr}\,\omega_{rr} = F_x V_x + N_z\gamma \tag{15}$$

本節では前輪アクティブ操舵機構のみを有し，後輪駆動自動車を想定している。通常，一般的な公道を旋回する場合，区分的な円旋回のつなぎ合わせと考えることができる。ここで，旋回中は等速円旋回と仮定する。等速円旋回を行うためには式(11)による走行抵抗とつりあう駆動力を車両に与える必要がある。

$$F_x = 2Y_f \sin(\delta_f + \alpha_f) + 2Y_r \sin\alpha_r + \mu_0 N + F_{dis} \tag{16}$$

以上より消費エネルギーの理論式は次式を積分した値になる。

$$P = (2Y_f \sin(\delta_f + \alpha_f) + 2Y_r \sin\alpha_r + \mu_0 N + F_{dis})\,V_x + N_z\gamma \tag{17}$$

ここで導出した消費エネルギーを用いて，航続距離延長制御システムの配分則を導出する。配分則を導出するにあたり簡易化のため近似を行う。ここで，前輪舵角 δ_f 及び各車輪の横滑り角 α_f，α_r は微小であるものとし，式(17)に式(9)，式(10)の代入を行うと α^2_f，α^2_r の項が現れる。これらの項は，微小量の二次の項のため配分を考えるにあたり無視する。以上より，旋回時における消費エネルギーの近似式は次式を積分した式となる。

$$P = (-2C_f \alpha_f \delta_f + \mu_0 N + F_{dis})\,V_x + N_z\gamma \tag{18}$$

次に文献 21) より操舵系及び駆動力差モーメントから横滑り角，ヨーレートへの伝達関数が得られる。

$$\beta = P^\beta_{\delta_h}(s)\,\delta_h + P^\beta_{N_z}(s)\,N_z, \quad \gamma = P^\gamma_{\delta_h}(s)\,\delta_h + P^\gamma_{N_z}(s)\,N_z \tag{19}$$

従来法の前輪舵角 δ_h，提案法の前輪舵角を δ_f と左右の駆動力差モーメントを N_z とする。旋回時において従来法，提案法ともにヨーレートを発生する，すなわちほぼ同じ走行軌跡を通るための制約条件は次式となる。

— 28 —

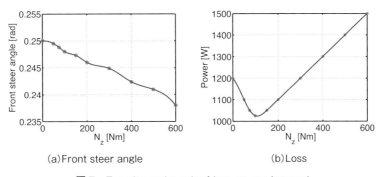

(a)Front steer angle (b)Loss

図7 Experimental result of loss on curving road

$$P^{\gamma}_{\delta_h}(s)\delta_h = P^{\gamma}_{\delta_a}(s)\delta_f + P^{\gamma}_{N_z}N_z \tag{20}$$

式(20)において定常値が等しくなるよう $s=0$ とし，最適効率点の導出を試みると提案法の前輪舵角 δ_f は次式で与えられる。

$$\delta_f = \delta_h - \frac{C_f + C_r}{2C_f C_r l}N_z \tag{21}$$

図7に，旋回における前輪舵角と損失の変化を実験で測定した結果を示す。速度 $V=15$ km/h，旋回半径 8 m となるように速度及び前輪舵角指令値を与え，駆動力差モーメントを0から600 Nm まで入力した。なお，600 Nm 以上は損失が単調増加する領域である。図7(a)より，駆動力差モーメントに伴い前輪舵角が減少する。図7(b)より，この条件下では駆動力差モーメントが100 Nm の場合，コーナリング抵抗による損失が最小となる。

この消費エネルギーが最小となる駆動力差モーメントを用いた旋回と，従来法の前輪舵角のみの旋回における消費エネルギーの比較をシミュレーションと実験にて行った。航続距離延長制御システムを構成するブロック図を図8に示す。また，一定速で比較するため車体速制御系を用いた。比例制御器を用い車両重量を考慮したプラントを用いて極配置設計を行った。その極は $K=-1$ rad/s とした。この車体制御系は，運転手のドライバモデルに対応する。速度 $V=15$ km/h，旋回半径 $R=8$ m における定常円旋回を行った。

表3に1 kWh 当たりに換算した走行距離を示す。RECS-II では，モータの機械的出力の最小化を行っているため，チョッパやインバータ，モータの効率は簡単のため無視としている。すなわち表3のバッテリ出力とはモータ出

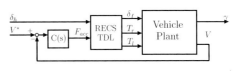

図8 Block diagram of RECS-II

表3 Cruising range(RECS-II)

(simulation result/experimental result)

Battery capacity	Without RECS	WithRECS
1 kWh	12.3/11.3(km)	12.6/11.9(km)
16 kWh	196.8/180.8(km)	201.6/190.4(km)

第1編　EVの運動制御と走行安定性・評価技術

力と同じ値である。走行距離は速度を測定時間で積分し，エネルギーも同様に損失を測定時間で積分を行った。そして，1 kWh 当たりに換算した走行距離は，求めた走行距離をエネルギーで除することにより求めた。等速で円旋回を行ったときの走行距離の変化を比較した。本稿で提案している RECS を用いるとシミュレーションでは 1 kWh 当たり 300 m，実験では 1 kWh 当たり約 600 m の走行距離が延長される。バッテリ容量を i-MiEV と同様の 16 kWh[20] としたときには 10.4 km 延長される。

3 インホイールモータとタイヤ横力センサを用いた EV の運動制御技術

3.1　オリジナル電気自動車 FPEV2-Kanon

電気自動車は，車両運動制御の観点からトルク応答が高速であること，発生トルクが正確に把握可能であること，各輪独立駆動が可能となることなど，大きな魅力がある[1]。

筆者の研究室では，これらの特徴を活かし電気自動車ならではの運動制御性能を追及するために，先にも述べた完全オリジナル電気自動車「FPEV2-Kanon」(図1)を製作した[22]。Kanon の主な特徴は以下の3点である。

①　ダイレクトドライブ構造の高トルクモータの搭載
②　アクティブ前後輪操舵機構の実装
③　タイヤ横力センサの搭載

筆者らは Kanon の特徴を活かし，さまざまな車両運動制御の研究を進めてきた。具体的には「アクティブステアリングとインホイールモータを用いた制御動力配分」，「車両横すべり角とヨーレートの同時制御」，「急制動時のピッチング制御」，「制動時におけるスリップ率制御」などの成果が上げられる[23]-[25]。

本項ではタイヤ横力センサを用いたこれらの車両運動制御法に関する最新の研究成果について解説する。また車体速度の検出が不要なスリップ率推定法と制御法[26]について説明する。

表4に Kanon の車両諸元，図9に車両システム構成図を示す。本実験車両には，東洋電機製造社製のアウタロータ型インホイールモータを後輪2輪に装着した(現在，この車両は前輪にも IWM を搭載した4輪駆動構成になっているが，本稿は当初の後輪2輪駆動時の成果を紹介する。)図10，図11にインホイールモータ(以下，IWM)の概観図と構成図を示す。また，電動パワーステアリング(Electric Power Steering：EPS)用モータとして Maxson 社製の 250 W DC モータを2基搭載した。また，車両制御のためのコントローラは dSPACE 社の AUTOBOX-DS1103 を使用した。さらに本実験車両の4輪すべてには，タイヤ横力センサが搭載されている。これにより各輪に発生するタイヤ横力をセンシングすることが可能になる。

このタイヤ横力センサには日本精工㈱で開発中のマルチセンシングハブユニット(MSHub)を用いた。MSHub とは，ハブユニット軸受に作用する荷重によって変化する車輪回転のパルス信号波形を測定し，タイヤ横力，前後力，垂直荷重を検出するものである。本ハブユニットはハブ内輪側に V 字形の着磁部を外輪側に 120 度間隔で2個1組のホール素子を計3組もつ構造となっており，タイヤに力が働くと外輪と内輪にズレが生じ，その変位の変化を6個の

— 30 —

表4 Vehicle specification

Dimensions (L×W×H)	2 300×1 600×1 510 mm
Weight	760 kg
Wheel Base	1 700 mm
Tread Base	1 300 mm
Suspension	Double wishbone type suspension
Steering system	Rack-and-pinion steering Steer-by-Wire・4WS
Tire	215/40R17
Motor (outer rotor・direct-drive)	
Max (Rated) power	340 (137) Nm×2
Max (Rated) torque	10.7 (4.3) kW×2
Max speed	1 500 rpm

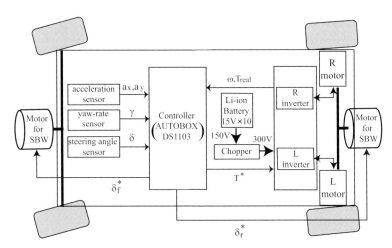

図9 Configuration of FPEV2-Kanon

図10 In-wheel motor

図11 Motor configuration

ホール素子で検知することができる。また，ばね下であるハブ内部にセンサが搭載されているため，サスペンションなどの影響を受けずに測定ができるという特徴がある。

3.2 タイヤに働く力と車両運動方程式[21]

タイヤの向いている方向と進んでいる方向とのなす角を車輪横すべり角といい，車輪横すべり角が生じることでタイヤに横力が発生する。このタイヤ横力の車輪横すべり角に対する垂直方向の力をコーナリングフォースと呼ぶ。車輪横すべり角が十分小さいとした場合，タイヤ横力とコーナリングフォースは等しいと近似でき，かつ，コーナリングフォースと車輪横すべり角は以下の関係が成り立つ。

$$F_{yf} \simeq Y_f = -C_f \alpha_f = -C_f \left(\beta + \frac{l_f}{V}\gamma - \delta_f\right) \qquad (22)$$

$$F_{yr} \simeq Y_r = -C_r \alpha_r = -C_r \left(\beta - \frac{l_r}{V}\gamma - \delta_r\right) \qquad (23)$$

ここで，F_{yf}, F_{yr} は前後タイヤ横力，Y_f, Y_r はコーナリングフォース，C_f, C_r はコーナリングスティフネス，α_f, α_r は前後輪の車輪横すべり角，β は車両横すべり角，γ はヨーレート，δ_f, δ_r は前後輪操舵角，l_f, l_r は前後軸重心間距離である。

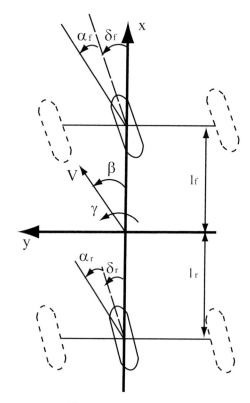

図12　Two wheel model

図12 は二輪車両モデルと呼ばれるもので，その座標系は車両に固定されている。車体のローリングを無視し，速度を一定と仮定すると，この二輪車両モデルから車両の2つの運動方程式が求まる。ただし，M は車両重量，V は車両速度，I は車両慣性，N_z は左右のインホイールモータによる制動力差モーメントである。

$$\begin{aligned} MV\left(\frac{d\beta}{dt}+\gamma\right) &= 2Y_f + 2Y_r \\ &= -2C_f\left(\beta+\frac{l_f}{V}\gamma-\delta_f\right) - 2C_r\left(\beta-\frac{l_r}{V}\gamma-\delta_r\right) \end{aligned} \qquad (24)$$

$$\begin{aligned} I\frac{d\gamma}{dt} &= 2l_f Y_f - 2l_r Y_r + N_z \\ &= -2C_f\left(\beta+\frac{l_f}{V}\gamma-\delta_f\right)l_f + 2C_r\left(\beta-\frac{l_r}{V}\gamma-\delta_r\right)l_r + N_z \end{aligned} \qquad (25)$$

3.3 ヨーモーメントオブザーバ（YMO）[27]

車両に働く制御入力と外乱を考慮すると，車両重心点における鉛直軸まわりのヨーイング運動方程式は，

$$I\frac{d\gamma}{dt} = 2l_f Y_f - 2l_r Y_r + N_d + N_z \qquad (26)$$

と記述できる。ただし，N_d は横風などによる外乱ヨーモーメントである。式(26)において，右辺第1項と第2項で表されるタイヤに発生するコーナリングフォースによるモーメントと，第3項に表される外乱モーメントの和を N_{dt} とすると，式(26)は以下のように定式化できる。

$$I\frac{d\gamma}{dt} = N_{dt} + N_z \qquad (27)$$

ここで，N_z と γ の信号を検出して式(27)において外乱オブザーバを構成すれば，外乱モーメント N_{dt} は抑圧され外乱オブザーバのカットオフ周波数 ω_c 以下の帯域では以下のようにノミナル化される。

$$\gamma = \frac{1}{I_n s} N_{in} \qquad (28)$$

ただし，I_n は設計者が設定するノミナル慣性であり，s はラプラス演算子である。このとき，N_{in} は式(28)にノミナル化されたプラントに対する制駆動力差モーメントによる制御入力である。この外乱オブザーバをヨーモーメントオブザーバ（Yaw-Moment Observer：YMO）と呼ぶ。ここで，YMO で用いる N_z には駆動力オブザーバ（Driving Force Observer：DFO）[1] を用いて推定した制駆動力より算出した値を用いる。DFO を用いることで，より正確な外乱モーメント N_{dt} の推定が可能となる。**図 13**(a)に YMO を用いたヨーレート制御法のブロック図を示す。

3.4　タイヤ横力センサを用いたヨーレート制御法[23]

従来の YMO を用いた方法では式(25)右辺の第1項，第2項をまとめて外乱オブザーバにより一括推定していた。ここで，Y_f，Y_r が計測できれば上式右辺はすべて既知となり，YMO のローパスフィルタ（LPF）の影響を受けず，かつ，ノミナルモデルに追従するヨーレート制御が実現できる。また，YMO を用いた制御法では，その構造上，フィードバックコントローラ $C_\gamma(s)$ とプラントからなる閉ループ極を YMO の LPF の極よりも速くできないが，本手法では可能である。なお，制御に用いるタイヤ横力は左右輪の測定値を平均したものを用いることとする。図 13(b)に前後輪の横力情報が得られるとした場合のヨーレート制御法のブロック図を示す。

図 13(a)に示す YMO を用いたヨーレート制御法と，図 13(b)に示す前輪タイヤ横力センサのみを用いたヨーレート制御法をシミュレーションにより比較をした。シミュレーションは，車速を 20 km/h とし振幅 0.05 rad，周期 0.2 Hz の正弦波操舵を行うものとした。また，ヨーレート指令値は操舵角に応じた値を生成するフィードフォワードモデルを用いて決定した。なお，すべての制御法においてフィードバックコントローラ $C\gamma(s)$ はノミナル化されたプラント $1/I_n s$ に対して -10 rad/sec の閉ループ極となるように極配置法で設計した比例制御器とし，YMO のカットオフ周波数は 10 rad/sec とした。

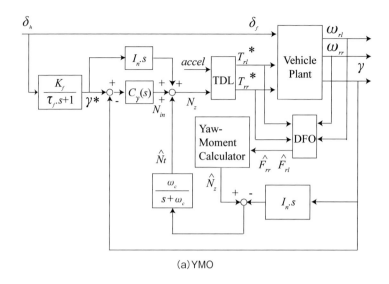

(a) YMO

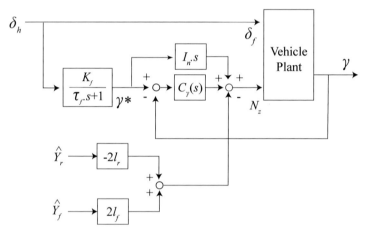

(b) Yaw-rate control with front-rear sensor

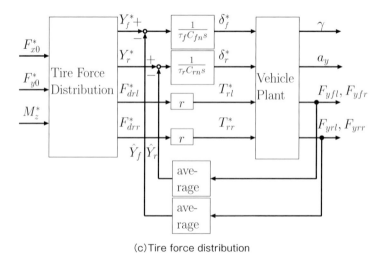

(c) Tire force distribution

図 13　Block diagram of yaw-rate control

図14にシミュレーション結果を示す。図14(a)(b)より，各制御法ともに指令値に追従していることが確認できる。ただし，図14(c)の追従誤差波形より，タイヤ横力センサを用いたヨーレート制御法はYMOを用いた制御法よりも追従誤差が小さいことがわかる。なお，このときタイヤが発生するヨーモーメントの測定値，及び推定値は図14(d)となっている。

　以上より，タイヤ横力センサを用いたヨーレート制御法は従来法であるYMOを用いたヨーレート制御法よりも精度の高い追従特性を有しているといえる。また筆者らは，非舗装路面を車速約20 km/hで走行しタイヤ横力センサ，YMOを用いたヨーレート制御法について実験を行った。すべての制御法において，シミュレーションと同様の制御系設計を行った。また，タイヤ横力センサの出力にノイズ除去のために30 rad/secのLPFを入れた。実験結果を**図15**に示す。図15(a)(c)より，両制御手法ともに指令値にヨーレートが追従していることが確認できる。ただし，図15(d)よりYMOによるヨーレート制御の追従誤差は－0.01～0.01 rad/secとなっているのに対して，タイヤ横力センサによるヨーレート制御の追従誤差は－0.01～0.005 rad/secの範囲に収まっていることがわかる。

　以上より，タイヤ横力センサを用いた制御法は従来法であるYMOを用いた制御法よりも追従特性が優れているといえる。

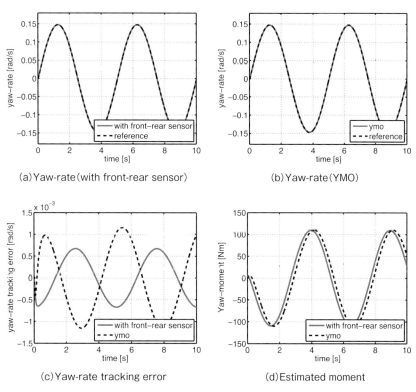

図14　Simulation results of yaw-rate control

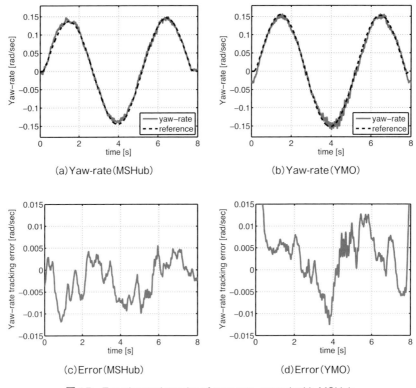

図 15　Experimental results of yaw-rate control with MSHub

3.5　後輪独立制駆動力配分とアクティブ前後輪操舵を用いたヨーレート制御法[24]

　アクティブ前後輪操舵機構や四輪にインホイールモータを搭載する自動車は，前後，左右，ヨーの平面3自由度の運動に対して，前後輪操舵角と四輪制駆動力の操作量に冗長性があり，冗長性を用いた車両運動制御が研究されている[28]-[32]。

　Kanonは，後輪2輪にインホイールモータ，前後輪にEPSを搭載しており，文献24)では，負荷率の二乗和を最小化する最小二乗解による操作量の配分法を提案している。ここでは紙面の都合上，理論の詳細については割愛し，簡単な理論と実験結果のみを紹介する。図14(c)に最小二乗解によるヨーレート制御法のブロック図を示す。

　本項では式(26)右辺の総ヨーモーメントをM_zとし，図14(a)のYMOが出力するN_zを，図14(c)のM_z^*として与えることでヨーレート制御系を構成する。また，各輪の負荷率を以下のように定義する。

$$\eta_{fl} \simeq \frac{|Y_f|}{F_{zfl}}, \quad \eta_{fr} \simeq \frac{|Y_f|}{F_{zfr}},$$
$$\eta_{rl} \simeq \frac{\sqrt{\left(\frac{T_{rl}}{r}\right)^2 + Y_r^2}}{F_{zrl}}, \quad \eta_{rr} \simeq \frac{\sqrt{\left(\frac{T_{rr}}{r}\right)^2 + Y_r^2}}{F_{zrr}} \tag{29}$$

　このとき，各輪の負荷率の二乗和を最小化する最小二乗解により，Y_f, Y_r, T_{rl}, T_{rr}を配分する。ただし，T_{rl}, T_{rr}は後輪における左右のトルクである。

　配分された横力は，コントローラを$1/rC_s s$とする積分制御により実現する。式(22)(23)より，

コーナリングスティフネスを C_s，操舵角を δ とすると，プラントは $C_s\delta$ とみなせるため，ヨーレートと車両横すべり角の影響が小さければ時定数 τ の閉ループ横力制御系が構成できる。また，各輪の操舵角のリミッタ δ_{max} を考慮したアンチワインドアップ制御を行う。

図13(a)に示すヨーレート制御法と，図13(c)に示す最小二乗解による操作量の配分法を用いたヨーレート制御法を用いて減速旋回試験の実験を非舗装路面で行った。走行条件として，車速 30 km/h に加速し，舵角指令 $\delta_h = 0.06$ rad を入力した後にモータによる総制動力指令として $F^*_{x0} = -800$ N を入力した。指令値にはニュートラルステア車の定常円旋回時におけるヨーレートと横加速度の値 $\gamma^* = V/l\delta_h$，$a_y^* = V^2/l\delta_h$ を用い，総横力指令値は $F^*_{y0} = Ma^*_y$ とした。フィードバックコントローラはノミナルプラント $1/I_n s$ に対して -5 rad/sec の閉ループ極となるように極配置法で設計した比例制御器とし，YMO のカットオフ周波数は 10 rad/sec とした。

実験結果を図 16 に示す。図 16(a)(c)より，両制御手法ともにヨーレートが指令値に追従している。また，図 16(b) に比べて提案文献 24) の手法である図 16(d) のほうが，各輪負荷率が均等化されていることが確認できる。

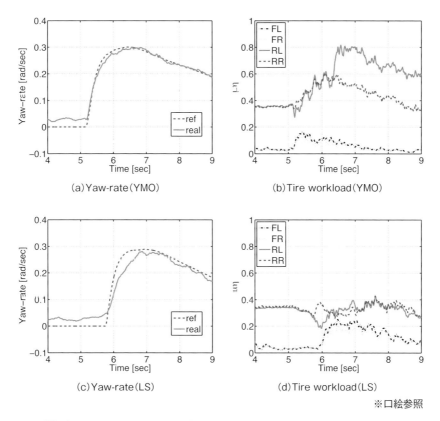

図 16　Experimental results of yaw-rate control with least squaressolution

※口絵参照

3.6 制動時のスリップ率制御

筆者らのグループは車体速検出不要なスリップ率推定法に基づく電気自動車のスリップ率制御を駆動時に対して提案し実機検証した[5]。この成果を制動時の場合について拡張した方法の解説を行う[26]。

通常摩擦係数は図 17 に示すようにスリップ率が −0.2 〜 −0.1 付近で最小値をとり，最大の制動力が得られる。この最適スリップ率になるように車輪速を制御すれば，制御なしで急制動し，スリップ率が最適スリップ率を超えてしまったときよりも制動距離が縮む。また車輪のスリップ率が −1 に近づくと車両の姿勢が著しく不安定になり，横すべりやスピンしてしまう可能性がある。

特に制動時においては，4 輪すべてが制動力を生成するため非駆動輪が存在せず，車輪速度から車体速度を検出することは不可能である。そこでまず車体速度を用いずにスリップ率を推定する方法を導出し，スリップ率制御法について説明する。

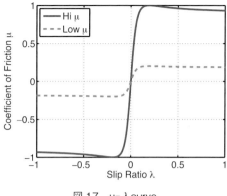

図 17　μ-λ curve

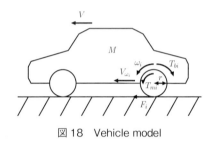

図 18　Vehicle model

並進運動時において，走行抵抗は無視できるほど小さいと仮定する。このとき車両に働く力は図 18 のようになり，車両の運動方程式は式(30)〜(32)で表現できる。

$$J_{\omega i} \dot{\omega}_i = T_{mi} + T_{bi} - rF_i \tag{30}$$

$$M\dot{V} = 2F_f + 2F_r \tag{31}$$

$$V_{\omega i} = r\omega_i \tag{32}$$

ここで，$J_{\omega i}$ は車輪回転部慣性モーメント，ω_i はモータの回転角速度，T_{mi} はモータトルク，T_{bi} はブレーキトルク，r はタイヤ半径，F_i は駆動力，M は車体重量，V は車体速度，$V_{\omega i}$ は車輪速度である。ただし，$i = f, r$ とし，それぞれ前輪と後輪に関する変数であることを意味する。また，スリップ率 λ を次式のように定義する。

$$\lambda = \frac{V_\omega - V}{\max(V_\omega, V, \varepsilon)} \tag{33}$$

上式の分母は V_ω，V の大小関係により変わる。駆動時には $V_\omega > V$ なので $\max(V_\omega, V, \varepsilon) = V_\omega$ であり，制動時には $V_\omega < V$ なので $\max(V_\omega, V, \varepsilon) = V$ である。また $\varepsilon (\ll 1)$ は V_ω と V

がともに零の場合の零割を防ぐための小さな定数である。

式(30)を V について解き，この両辺を時間で微分し，式(30)～(32)を代入して V_ω, F_i を消去し，$\dot{\lambda}$ について解くと式(34)が得られる。

$$\dot{\lambda}_i = \frac{\dot{\omega}_i}{\omega_i}(1+\lambda_i) - \left(\frac{T_m + T_b - J_\omega \dot{\omega}}{r^2 M \omega_i}\right)(1+\lambda_i)^2 \tag{34}$$

本式の積分に基づいて，スリップ率を推定する。これにより，車体速度，加速度を用いずにスリップ率を推定することができる。ただし，

$$T_m = 2T_{mf} + 2T_{mr} \tag{35}$$

$$T_b = 2T_{bf} + 2T_{br} \tag{36}$$

$$J_\omega \dot{\omega} = 2J_{\omega f}\dot{\omega}_f + 2J_{\omega r}\dot{\omega}_r \tag{37}$$

である。ここで，モータトルクはモータに流れる電流値，ブレーキトルクはブレーキラインの圧力，モータの回転速度はモータに取り付けられたレゾルバからそれぞれ求めている。

推定器の安定解析に関しては文献26)を参照されたい。

次に車輪速制御によるスリップ率制御を用いる。車輪速が検出できるため，スリップ率の推定は車体速の推定と等価である。スリップ率推定値を基に式(33)より式(38)のように車体速の推定値を求めることができ，式(39)より最適スリップ率に対する車輪角速度指令がわかる。これにより車輪速制御を用いることで，図19に示すようにスリップ率制御を行う。

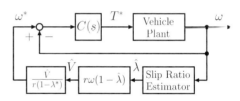

図19 Block diagram of wheel velocity control

$$\dot{V} = \frac{r\omega}{1+\hat{\lambda}} \tag{38}$$

$$\omega^* = \frac{1+\lambda^*}{r}\dot{V} \tag{39}$$

制御器はPI制御器を用い，プラントは車輪の慣性モーメントのみを考慮した以下の式とし，極配置法によって制御ゲインを決定する。

$$\omega = \frac{1}{J_\omega s}T \tag{40}$$

速度制御系の極は30[rad/sec]とし，目標スリップ率は−0.2とした。

実験は大学内のグラウンドで行った。モータが後輪二輪にしかついていないため，制御なし

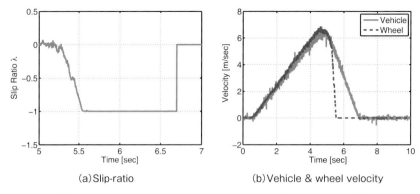

(a) Slip-ratio　　　　　　　　　(b) Vehicle & wheel velocity

図 20　Experiment results of slip-ratio control（without control）

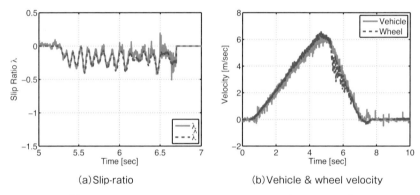

(a) Slip-ratio　　　　　　　　　(b) Vehicle & wheel velocity

図 21　Experiment results of slip-ratio control（with control）

とありで対等な比較になるように，後輪にのみ機械ブレーキは働かせている。実験結果を図 20 と図 21 に示す。図 20 より制御なしでは機械ブレーキを強く踏み込むことで車輪が直ちにロックし，スリップ率が −1 にはりついてしまっている。

それに対して図 21 より制御ありでは車輪がロックすることなくスリップ率が指令値通り −0.2 に追従する。図 21(a) のスリップ率の振動は，路面入力による車輪速の微小振動が原因であると考える。

4　インホイールモータの高速な回生制動トルク応答を用いた EV の制御

本項では並進方向の運動に関して，ピッチング運動の抑制制御法及び制動時のスリップ率推定・制御法について述べる。

ピッチング運動は特に制動時に発生し，ドライバの乗り心地に非常に大きな影響を与える運動である。このピッチング運動を抑制することができれば，未熟なドライバが不用意に強くブレーキを踏み込んでしまった場合にも，快適かつ安全に停止することができる。

また，スリップ率制御では，車輪速と車体速によって定義されるスリップ率は非常に重要な値である。しかしながらこのスリップ率を算出する上で必要とされる車体速度は測定が非常に

困難である。光学式のセンサは信頼できるが高価であり実用向きではない。したがって，車体速度を用いずに正確なスリップ率を得るスリップ率推定法は実用的であるといえる。さらにその推定値に基づいたスリップ率制御により，滑りやすい路面でも短い制動距離で安定に減速することができる。

4.1 実験車両および車両モデル

実験には前項同様本研究室で製作した電気自動車 FPEV 2-Kanon（図1）を用いた。モータの時定数が非常に小さく，走行抵抗は無視できるほど小さいと仮定する。この時車両に働く力は図18のようになり，車両の運動方程式は式(41)～(43)で表現できる。

$$J_{\omega i} \dot{\omega}_i = T_{mi} + T_{bi} - rF_i \tag{41}$$

$$m\dot{V} = 2F_f + 2F_r \tag{42}$$

$$V_{\omega i} = r\omega_i \tag{43}$$

$J_{\omega i}$ は車輪回転部慣性モーメント，ω_i はモータの回転角速度，T_{mi} はモータトルク，T_{bi} はブレーキトルク，r はタイヤ半径，F_i は駆動力，m は車体重量，V は車体速度，$V_{\omega i}$ は車輪速度である。ただし，$i=f, r$ とし，前後輪のタイヤの状態を示す。また，スリップ率 λ を次式のように定義する。

$$\lambda = \frac{V_\omega - V}{\max(V_\omega, V, \varepsilon)} \tag{44}$$

上式の分母は V_ω，V の大小関係により変わる。駆動時には $V_\omega > V$ なので $\max(V_\omega, V, \varepsilon) = V_\omega$ であり，制動時には $V_\omega < V$ なので $\max(V_\omega, V, \varepsilon) = V$ である。また $\varepsilon (\ll 1)$ は V_ω と V が共に零の場合の零割を防ぐための小さな定数である。

4.2 ピッチング制御

ピッチング運動は特に制動時に大きく発生し，乗り心地に大きく影響を与える。そこでモータの制駆動力を用いたピッチング運動の抑制制御法を提案する。ここではピッチング運動のモデル化，制御系設計，実験について述べる。

ピッチング運動は主に車体（ばね上）の姿勢変化であるため，車体のみを考慮したモデルで近似することができる。また，前後方向の運動であるため，前後二輪のモデル（ハーフカーモデル，**図22**）で考えることができ，伝達関数は次式のように表すことができる。

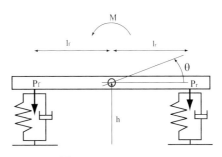

図22 Half car model

$$\frac{\theta}{M} = \frac{1}{Is^2 + Cs + K} \tag{45}$$

ただし，I は車体の y 軸まわりの慣性モーメント，C はダンパ係数，K はバネ定数，θ はピッチ角，M は重心点周りの力のモーメントである。ピッチング運動は，加速度変化による荷重変化により発生する。またブレーキング時にはサスペンションジオメトリにより，制動時には前輪にアンチダイブ力，後輪にアンチリフト力という力が働くことが知られている[33]。このことを考慮して式(45)を書き換えると，以下のように加速度入力ピッチ角出力の伝達関数で示される。

$$\theta = \frac{-2mh - m\left(\beta l_f \tan\phi_f + (1-\beta)l_r \tan\phi_r\right)}{Is^2 + Cs + K} a_x \tag{46}$$

式(46)右辺分子の第一項は加速度変化，第二項はサスペンションジオメトリによって現れる項である。また，h は重心高，β はブレーキ力の前輪配分比，ϕ_f，ϕ_r はサスペンション回転中心と接地面を結ぶ直線と水平面のなす角度，l_f，l_r は重心点から前後輪シャフト間の距離である。

上記のピッチング運動モデルは加速度入力である。このため制御系設計するにあたり制御入力であるトルクから加速度を算出する必要がある。式(41)，(42)から加速度を求めると次のように表される。

$$a_{xn} = \frac{2T_{mi} - 2(J_{\omega f}\dot{\omega}_f + J_{\omega r}\dot{\omega}_r) - 4T_{bi}}{rm} \tag{47}$$

上式のように，モータトルク，ブレーキトルク，車輪角加速度から求まる。この加速度を規範加速度と呼ぶものとする。しかしながら式(47)において，ブレーキトルク T_{bi} は測定することが困難であるため推定する必要がある。

式(41)〜(44)から F_i，V を消去してブレーキトルク T_{bi} の式を求めると，$V > V_{\omega r}$ の時は式(48)で表される。$V_{\omega r} > V$ の場合も同様にして求めることができる。式中の車輪角加速度はハイパスフィルタによる擬似微分により求めている。スリップ率を考慮しているため，路面状態まで考慮に入れた厳密なブレーキトルクの推定ができる。

$$
\begin{aligned}
\hat{T}_{bi} = &\frac{1}{2}T_{mi} - \frac{1}{2}J_{\omega r}\dot{\omega}_r - \frac{1}{2}J_{\omega f}\dot{\omega}_f \\
&- \frac{r^2 m\dot{\omega}_i}{4(1+\lambda_i)} + \frac{r^2 m\omega_i\dot{\lambda}_i}{4(1+\lambda_i)^2}
\end{aligned}
\tag{48}
$$

ピッチング運動の同定モデル，ブレーキトルク推定を用いて，**図 23** のブロック図に示す 2 自由度制御系の制御システムを構築する。図中の A_x，A_{xn} は式(47)となる。本制御システムは，同定したピッチングモデルの伝達関数を持つノミナルプラント $P_n(s)$ に規範加速度 a_{xn} が与えられた時に発生するピッチ角を，十分高いゲインを持つ C_1 によって理想的に制御する。この時必要なモータトルク T_{mn} を実プラント $P(s)$ にフィードバック的に与える。

— 42 —

実プラントがノミナルプラントと同一の時は，このモータトルクによりピッチングを抑制することが可能となる．モデル化誤差がある場合や外乱による影響がある場合には，実プラントからの出力であるピッチレート θ とノミナルプラントの出力である規範ピッチレート $\dot{\theta}_n$ の差分をフィードバックコントローラ C_2 により補償したモータトルクを，実プラントに入力する．これによりモデル化誤差がある場合も高い制御性を持つことができる．

C_1 については，ピッチ角の指令値を $\theta^* = 0$ とするために規範モデルに基づいたフィードフォワード制御を行う．制御器にはPD制御器を用いる．また，C_2 についてはモデル化誤差や外乱による影響を補償するものであるため，PI制御器を用いる．

C_1，C_2 は共に極配置法により設計する．C_1 を含む閉ループはシミュレータ内部であるため，C_1 と $P_n(s)$ の閉ループ極を十分高くすることにより理想的にピッチングを制御する制御入力を生成できる．しかし，C_2 と $P(s)$ の閉ループ極は実用上はあまり高くすることができないため，チューニングして決定する．

以下にFPEV2-Kanonによる実装実験を行った結果を示す．試験は大学内の平坦な道路（乾燥路）を一定速度（約9[m/s]）で走行時に機

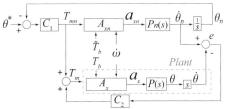

図23　Block diagram of pitching control

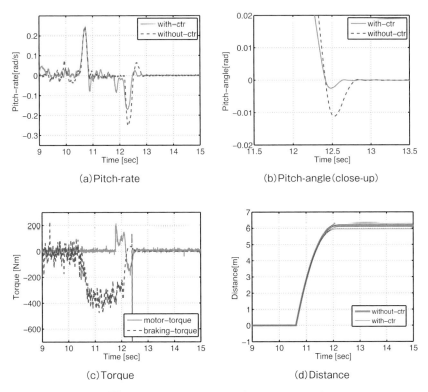

図24　Experiment results of pitching control

械ブレーキにより減速を開始し，車体速度が$1.5[\mathrm{m/s}]$となった時点でピッチング制御を開始する。実験で用いたパラメータは，車体重量$m=710[\mathrm{kg}]$，車輪半径$r=0.302[\mathrm{m}]$，車輪回転分慣性モーメント$J_{wr}=1.26[\mathrm{Nms^2}]$，$J_{wf}=1.0[\mathrm{Nms^2}]$とした。制御器$C_1$，$C_2$のそれぞれの閉ループ極の値は$14[\mathrm{rad/s}]$，$8[\mathrm{rad/s}]$とした。スリップ率は車体速度と車輪速度を測定して式(4)から求めた。ただし，後に述べるが，スリップ率は推定することも可能である。

実験結果を**図24**に示す。図24(a)，(b)から，制御ありの場合は制御なしの場合に比べてピッチレートとピッチ角は抑制されていることがわかる。これによりブレーキング時のピッチングによる乗り心地を改善できると考えられる。図24(c)はその時のブレーキトルク推定値と実モータトルクであるが，ブレーキトルクは非常にノイズがのってしまっている。これは，ブレーキトルクの推定式(式(48))の中に車輪角加速度が含まれており，車輪センサからの測定値を微分した値を用いているため，この微分値がノイズを拡大させ推定値に影響を与えていると考えられる。しかしながら，図24(a)，(b)からピッチングの制御に大きな影響は与えていない。

図24(d)は車両が停止するまでの距離を示しており，測定した車体速度の積分により求めた。5回分の制御ありの実験結果と，制御なしの場合を比較している。制御ありの実験データには若干バラつきがあるが，毎回全く同じ条件で実験を行うことは難しいため，現段階では定量的に評価することは難しい。しかしながら，制御なしと比べてもほとんど制動距離は変わらないことがわかった。これは実際に自動車に実装する上で非常に重要なことである。

5　おわりに

本稿では，安全性や乗り心地を改善する電気自動車の運動制御の動向を概観した後，一充電走行距離を延長させる制御技術の解説を行った。特に筆者らが開発した2種類の航続距離延長制御制御システムの紹介を行い，その有用性をシミュレーション及び実験にて示した。

また，電気自動車の走行性能及び乗り心地・快適性を左右する運動制御技術について，旋回方向，並進方向について解説を行った。筆者らが製作したインホイールモータを有する完全オリジナル小型電気自動車：FPEV2-Kanonを用いた実験結果を示しながらタイヤ横力センサ及びそれを用いた車両制御の成果について説明した。また，通常制動時の快適性向上を目指したピッチング運動の抑制制御法と，緊急制動時の安全性確保を目指した車体速度を用いないスリップ率推定とその制御法について述べた。走行試験により，乾燥路において減速をする場合には提案するピッチング運動を抑制制御し，乗り心地の改善ができることを示した。さらに，非舗装路面においてタイヤがロックして車両が不安定な挙動を示す時には，スリップ率制御により安定に減速できることを示した。

今後はさらなる運動性能・快適性の向上を目指し，この2つの異なる制御法の切替方法について考えるとともに，二次元方向の運動である減速旋回のピッチング制御及びスリップ率制御に発展・展開していく予定である。

謝　辞

　最後に，本研究の1部はNEDO産業技術研究助成（プロジェクトID：05A48701d）および，文部科学省科研費補助金（基盤研究A）によって行われたことを付記する。タイヤ横力センサをご提供いただいた日本精工株式会社と，研究室の大学生諸君に感謝する。

文　献

1) Y. Hori：Future Vehicle by Electricity and Control-Research on Four-Wheel-Motored：UOT Electric March II, *IEEE Trans. IE*, Vol.**51**, No.5（2004）.

2) M. Kamachi, et al.：A Research of Direct Yaw-Moment Control on Slippery Road for In-Wheel Motor Vehicle, EV-22 Yokohama, JAPAN, Oct 23-28, p.2122-2133（2006）.

3) 藤本博志：インホイールモータとタイヤ横力センサを用いた電気自動車の運動制御，自動車技術，Vol.**65**, No.3, p.91-97（2011）.

4) S. Murata：Vehicle Dynamics Innovation with In-WheelMotor, JSAE EVTeC'll, No.20117204（2011）.

5) K. Fujii, et al.：Experimental verification of traction control for electric vehicle based on slip ratio estimation without vehicle speed detection, *JSAE Review of Automotive Engineers*, Vol.**29**, p.369-372（2008）.

6) 鈴木亨ほか：車体速度と加速度検出不要な電気自動車の減速時におけるスリップ率推定と回生ブレーキ制御，電気学会論文誌D，Vol.130, No.4, p.512-517（2010）.

7) 吉村雅貴ほか：インホイールモータを搭載した電気自動車の駆動トルク制御法，電気学会論文誌D，Vol.**131**, No.5, p.721-728（2011）.

8) 山内雄哉ほか：電気自動車におけるヨーモーメントオブザーバとラテラルフォースオブザーバを用いた車両姿勢制御法，電気学会論文誌D，Vol.**130**, No.8, p.939-944（2010）.

9) 安藤直樹ほか：電気自動車の後輪独立制駆動力配分とアクティブ前後輪操舵を用いたヨーレート制御，電気学会論文誌D，Vol.**131**, No.4, p.616-623（2011）.

10) K. Nam, et al.：Lateral Stability Control of In-wheel-motor-driven Electric Vehicles Based on Sideslip Angle Estimation Using Lateral Tire Force Sensors, IEEE Transaction on Vehicular Technology, Vol.**61**, No.5, p.1972-1985（2012）.

11) K. Nam. et al.：Estimation of Sideslip and Roll Angles of Electric Vehicles Using Lateral Tire Force Sensors Through RLS and Kalman Filter Approaches, IEEE Transaction on Industrial Electronics. Vol.**60**, No.3, p.988-1000（2013）.

12) H. Fujimoto, et al.：Pitching Control Method Based on Quick Torque Response for Electric Vehicle, in Proc. IPEC-Sapporo, p.801-806（2010）.

13) 赤穂大輔ほか：インホイールモータ車の車両運動制御開発，自動車技術会秋季大会，No.20105533, p.1-6（2010）

14) 勝山悦生：インホイールモータによる非連生3Dモーメント制御の開発，自動車技術会春季大会，No.20115012, p.1-6（2011）.

15) 藤本博志：航続距離を延長する電気自動車の制御システム，自動車技術，Vol.**66**, No.9. p61-66（2012）.

16) 藤本博志：インホイールモータの高速な回生制動トルク応答を用いた電気自動車の制御，振動技術，No.**25**, p402-407（2012）.

17) 藤本博志ほか：電気自動車の航続距離延長制御システム，自動車技術会2010年春季学術講演会，No.20105437, p.11-14（2010）.

18) 鈴木亨ほか：電気自動車のモータ効率特性を考慮した力行回生配分による航続距離延長制御システムの提案，平成22年電気学会産業計測制御研究会，IIC-10-019, p.23-28（2009）.

19) 角谷勇人ほか：前後輪横滑り角と左右トルク配分に基づく電気自動車の航続距離延長制御システム，

電気学会論文誌 D, Vol.131, No.3, p.308-314(2012).

20) 早舩一弥：エネルギーシフトと電気自動車，平成 21 年電気学会産業応用部門大会，Vol.2, p.II-63-II-66(2009).

21) 安部正人：自動車の運動と制御，山海堂(2003).

22) 藤本博志ほか：アクティブ前後輪操舵機構と DD インホイールモータを有する小型電気自動車の開発とその制御，自動車技術会春季学術講演会，No.8-08, p.1-4(2008).

23) 山内雄哉ほか：タイヤ横力センサを用いた電気自動車のヨーレート制御法，電気学会産業計測制御研究会，IIC-09-024, p.19-24(2009).

24) 安藤直樹ほか：電気自動車の後輪独立制御動力配分とアクティブ前後輪操舵を用いたヨーレート制御法，平成 21 年電気学会自動車研究会，VT-09-008, p.41-46(2009).

25) 藤本博志ほか：インホイールモータの高速な回生制動トルク応答を用いた電気自動車の制御，自動車技術会春季学術講演会，No.20095388(2009).

26) 鈴木亨ほか：車体速度と加速度検出不要な電気自動車の減速時におけるスリップ率推定と回生ブレーキ制御，電気学会論文誌 D, Vol.130, No.4, p.512-517(2010).

27) H. Fujimoto, et al.：Vehicle StabilityControl of Small Electric Vehicle on Snowy Road, *JSAE Review of Automotive Engineers*, Vol.27, No.2, p.279-286(2006).

28) O. Mokhiamar, et al.：Effects of Model Response on Model Following Type of Combined Lateral Force and Yaw Moment Control Performance for Active Vehicle Handling Safety, JSAE Review, 23-4, p.473-480(2003).

29) M. Kamachi, et al.：A Research of Direct Yaw-Moment Control on Skippery Road for In-Wheel Motor Vehicle, EVS-22 Yokohama, JAPAN, Oct. 23-28, p.2122-2133(2006).

30) 西原修ほか：独立操舵車両における横力と制駆動力の最適配分：タイヤ負荷の Minimax 最適化，日本機械学会論文集 C 編，Vol.72, No.714 p.537-544(2006).

31) 小野英一ほか：車両運動統合制御における理論限界の明確化と達成，日本機械学会論文集 C 編，Vol.73, No.729, p.1425-1432(2007).

32) 岩野治雄ほか：タイヤ稼働率を用いた電気自動車の車両運動制御の研究，日本機械学会第 17 回交通・物流部門大会講演論文集，No.08-68, p.131-134(2008).

33) S. Murata："Vehicle Dynamics Innovation with In-wheel Motor", JSAE EVTeC'11, no.20117204, (2011).

第1編　EVの運動制御と走行安定性・評価技術

第1章　電気自動車における走りの変化

第3節　電気自動車のための パワーエレクトロニクス

徳島大学　山中　建二

1　自動車社会の幕開けと現在

　現在の多くの自動車は，内燃機関であるガソリンエンジンやディーゼルエンジンが多く用いられているが，近年，電気モータとエンジンで走行するハイブリッド自動車や，バッテリの電気で走行する電気自動車の普及が進んできている（ハイブリッド自動車は電気自動車の分類にも属するが，ここではハイブリッド自動車と電気自動車とを分けて記載する）。

　電気自動車はガソリン車より歴史は長く，最初に時速100 km/hを超えた自動車も電気自動車とされている[1]（図1）[2]。当時の内燃機関（ガソリンエンジン）は燃料の質も悪く，走行速度を変更するにもテクニックを要し，騒音と振動，排気ガスにも悩まされていた。これに対して電気自動車は始動が簡単で扱いやすく，静かで運転もしやすいことから人気があったようである[1]。

　しかし，セルノスタート機能や速度制御技術，燃焼改善による排気浄化技術の発達により，ガソリンエンジンの始動性や排気ガス等の問題等が改善されていく。これにより，コストや充電時間のかかる電気自動車は次第に減少し，内燃機関自動車が主流の時代が長く続くことになる。これはT型フォードのように量産化技術で内燃機関車のコストが更に下げられたことや，巨大油田の発見によって安価な燃料の実現の影響も大きい。安価で便利な自動車が登場したことにより，自動車社会の幕明けともなった。

　このように自動車が，一般市民に受け入れられ普及したのは低価格化だけでなく，消費者（ユーザ）への要求に応えたことや社会情勢の影響が大きい。自動車に限らず，商品の普及にはユーザの要求に応えることと，時代とのマッチングが需要となる。自動車に求められるものは様々であるが，数十年前にスーパーカーブームが起きたように，大排気量大出力エンジンを搭載したスポーツカーや高級自動車が求められていた時代があった。しかし，近年では環境意識の高まりと自動車に対する関心の変化などから，低環境負荷と低燃費性能，快適性や安全性など，時代とともに求められるものが変化してきている。

　現在，内燃機関メインの自動車社会であるが，排ガス規制の強化により，自動車に求められる環境性がますます厳しくなっている。この規制強化に対応すべく，内燃機関と電動モータ

図1　スピード記録を作った電気自動車[2]

を用いたハイブリッド自動車や，電気モータを主とする電気自動車などが各社から市販化され，走行用動力の電動化が急速に進んだ。また，エアコンやパワーステアリングなどの電装系や補機類を電動化することにより，低燃費を実現した自動車が近年多く登場してきている。

現在ハイブリッド自動車は広く普及しており，電気自動車においても，電動モータ制御や電気回路，制御技術の進歩によって市場に普及したのは言うまでもない。電気自動車はランニングコストが比較的低く，操作性の高さや，静粛性，自動運転との親和性の高さなど多くの利点を備えている。今後は，自動運転による安全性能の向上，ワイヤレス給電による充電・走行など，更なるユーザメリットの拡大による普及が期待されているところだ。

本稿では，ハイブリッド自動車と電気自動車のモータやバッテリなどのパワー回路，「電気自動車のためのパワーエレクトロニクス」の基本的な内容について述べる。

2 自動車のパワートレイン

2.1 内燃機関自動車

図2～図4はフロントエンジンリアドライブ（FR）レイアウトの，内燃機関自動車とハイブリッド自動車，電気自動車の構造を示している。図2の内燃機関自動車は，燃料タンクからエンジンへ燃料の供給を受け，燃焼により得られたエンジン動力を，トランスミッション，プロペラシャフト，デファレンシャルギア，ドライブシャフトを経て後輪のタイヤに動力が伝わる。燃焼によって発生した排気ガスは，排ガス処理が施された後にマフラーから排出される。

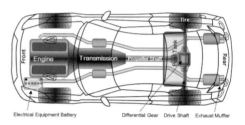

図2　内燃機関自動車のパワートレイン（FR）

2.2 ハイブリッド自動車

ハイブリッド自動車は，図3に示すよう内燃機関自動車に，モータ（ジェネレータ）とコントローラ（インバータ），バッテリを搭載している。詳しい動作については割愛するが，減速時に車両の運動エネルギーを回収し，発進時に回収したエネルギーを利用して加速アシストを行なう。

即ち，内燃機関自動車ではブレーキ時に［運動エネルギー］→［熱］として捨てていたエネルギーを，ハイブリッド自動車では，ジェネレータを用いて［運動エネルギー］→［電気エネルギー］としてバッテリに回収し有効利用するこ

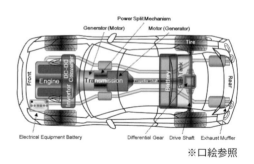

※口絵参照

図3　ハイブリッド自動車のパワートレイン（FR）

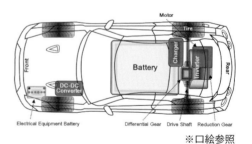

※口絵参照

図4　電気自動車のパワートレイン（RR）

とで，低燃費化を実現したのだ。コストや重量の増加，構造が複雑になるが，発進停止の多い都市近郊部で，燃費改善効果が大きいことから飛躍的に普及が進んだシステムである。ハイブリッド自動車は，搭載されるモータの出力やバッテリの容量などによってマイルドハイブリッドやプラグインハイブリッドとも呼ばれるが，基本的構造は同じである。

2.3 電気自動車

電気自動車の駆動方式にはいくつかあるが，現在多く用いられている構造の，モータに減速ギア，デファレンシャルギアを用いた方式を図4に示す。内燃機関自動車より構造がシンプルになり，自動車レイアウトの自由度が大きくとれるのが電気自動車の特徴でもあろう。他にも，モータとギアを一体化し，ホイールイン構造にした機構もあるが，バネ下荷重の増加，走行環境に対するシール材などの耐久性の問題が残されている。しかし，モータ特性を最大限に利用し，電気自動車の様々な運動制御が可能なことから，各機関で研究・開発が進められている。

図3と図4を見てもわかるように，ハイブリッド自動車や電気自動車には，モータ，バッテリ，そしてインバータ・コンバータが使われており，これら各要素の技術進歩によって自動車の低燃費化や航続距離の延長が実現した。そして，モータの制御やバッテリ充電するにも，インバータ・コンバータのパワーを扱う回路が必要で，これにはパワーエレクトロニクス技術が欠かせない。

3 電気自動車に用いられるモータと制御回路

3.1 直流モータと駆動回路

電気自動車の動力源として古くから直流モータが使われてきた。パワー半導体が登場するまでは，図5に示すようなバッテリ切り替え方式や，抵抗によって車速調整が行われていたが，この方式では速度の滑らかな調整が困難で，また効率が悪い。パワー半導体の登場により，サイリスタやトランジスタを用いたパルス幅変調（Pulse Width Modulation：PWM）チョッパ方式が採用され，トランジスタを高速でON-OFF動作（スイッチング）させることで，滑らかにそして効率よく運転することが可能となった。

図6は回生が可能な可逆チョッパ回路を示し，図7はPWMのスイッチング波形を示している。高速でスイッチングしながら，出力電圧の平均値 $E_{o(average)}$ を変化させることで，滑らかなモータの可変速度運転が可能だ。また，スイッチのON-OFF動作であるため，理論的にはSW-ON時は抵抗値ゼロで，OFF時は電流が流れない。即ち半導体SWでの損失が発生しないので効率が良い。これこそパワーエレクトロニクスの醍醐味である。

この直流モータはブラシと整流子を持っており（図8），寿命やメンテナンス性，発熱などの問題があるが，速度やトルクの制御が比較的簡単で，直流電源があれば運転可能

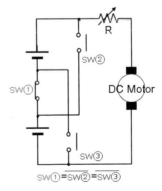

図5 バッテリ切替と抵抗による速度調整（例）

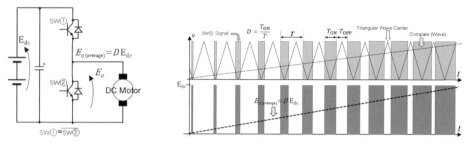

図6　半導体チョッパによる速度調整法　　図7　PWMによる出力電圧波形

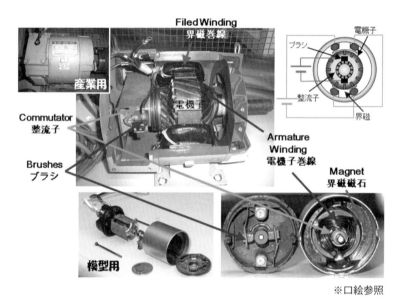

図8　直流モータの内部構造

であることから，現在でも様々な分野で利用されている。1990年代から電気自動車のモータが，直流から交流へ移り変わった。パワー半導体や，マイコン制御などのパワーエレクトロニクス技術の発展により，直流から交流へ変換するインバータの性能向上による影響が大きい。これは電気自動車だけでなく，多種の分野でこの移り変わりが起きており，直流モータのようにメンテナンスが不要な交流モータが主流になるのはこの頃からである。

3.2　交流モータ

　交流モータには駆動する電源の種類により，単相と三相がある。単相モータの構造は二相モータであり，一般家庭の単相交流で駆動するよう，コンデンサや回路等を加え二相交流で運転している。大出力が求められる工場や電気自動車には三相が適しており，以降三相交流モータについて述べる。
　この交流モータは，大別して誘導モータと同期モータがあげられるが，回転子に永久磁石を用いた永久磁石同期モータは，小型で高効率であることが特徴である。また，近年の強力な永

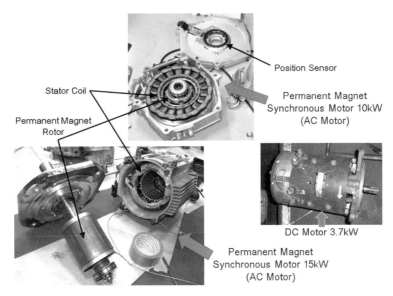

図9 電気自動車用永久磁石同期モータと直流モータ

久磁石の登場によって更なる小型軽量化が進み，搭載エネルギーが限られる電気自動車に適しているモータと言えよう。誘導モータが電気自動車に採用された例もあるが，重量当たりの出力が比較的小さく効率面などから，現在は永久磁石同期モータが多く適用されている。

図9は電気自動車やハイブリッド自動車に用いられた永久磁石同期モータの内部と，比較のために直流モータを示している（同サイズ比率）。交流の同期モータが直流モータと比較して，出力が大きいことに注目していただきたい。永久磁石同期モータは，ロータ内部に磁石が埋め込まれており，三相巻線の固定子（ステータ）と，インバータ制御によって発生する回転磁界により，ロータが同期して回転する。

3.3 交流モータの運転方式

永久磁石同期モータには，直流モータのブラシと整流子の役割を半導体スイッチ（ホールICと三相インバータ）に置き換えた120度通電方式（台形波駆動）がある。これはブラシレスDCモータとも呼ばれ，家電やポンプ，ファン，そしてコンベアなどに用いられることが多い（図10）。更にこのモータを直流モータと同等の制御特性を得る方法として，後述のベクトル制御法が多分野で適用されており，電気自動車にも使われている。制御方式によって，交流同期モータやブラシレスDCモータと呼称があるが，同じ永久磁石同期モータである。

図11は直流から三相交流を得るための，三相ブリッジインバータ回路と，正弦波PWMの動作を表している。直流チョッパ（DC-DCコンバータ）と同じように半導体を高速でスイッチングし，三角波のキャリアと正弦波の比較波によって，平均値が正弦波状の三相電圧波形を出力する。三相交流モータの運転には欠かせない回路構成と変調方式である。

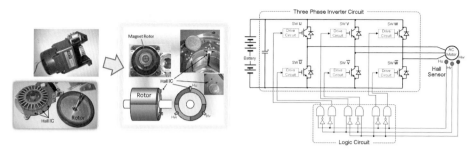

図10　(左図)交流モータ(ブラシレスDCモータ)内部　(右図)基本駆動回路(速度制御無)

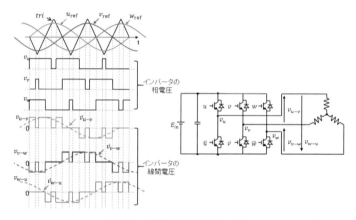

図11　三相正弦波PWM方式

3.4　モータのベクトル制御と制御回路

　ベクトル制御とは交流モータの制御方式の1つであり，その基本的な原理は，交流モータの電流をトルク成分電流と励磁成分電流に分けて，それぞれを独立に制御するものである。これは直流モータの電機子電流と界磁電流に相当し，交流モータを高速に応答させ，高精度に制御，そして高効率での運転を可能にしたシステムだ。

　永久磁石同期モータのベクトル制御には，図12に示すような，直流から三相交流へ変換する三相ブリッジのインバータ回路と，モータの回転子位置を検出する回転位置センサ，これらを制御するマイクロコントローラ(マイコン)が必要となる。パワー半導体の普及とともに，マイコンの低価格化と高機能化，そして処理速度の向上により，ベクトル制御が身近なシステムとなり，机上でも試験運転できるようになってきた(図13)。

　ベクトル制御について簡単に述べると，インバータ出力の三相交流電流(モータ電流)を$α-β$変換(静止座標変換)し，その後d-q変換(回転座標変換)を行うと，モータ電流をd軸(励磁成分)とq軸成分(トルク成分)に分けることができる。これを図12のブロック図にあるように，それぞれの指令値に対して，電流フィードバック制御ループを構成する。PI制御器からの出力信号は二軸電圧成分V_dとV_qとなり，インバータはこの値に比例した位相の電圧を出力する。

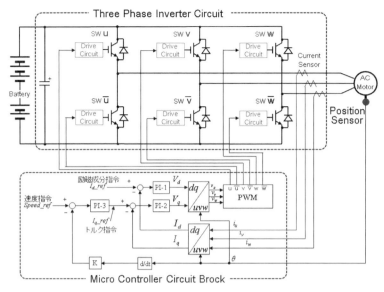

図12　ベクトル制御　基本ブロック図

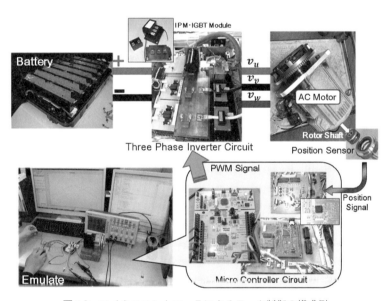

図13　マイクロコントローラによるモータ制御の構成例

q軸成分電流はトルク成分電流で，直流モータでは電機子電流に相当し，トルク成分電流I_qに応じたトルクがモータ軸から出力される。トルク電流指令値を負にすると，モータに負のトルクがかかりブレーキ力がかかる。このときモータはジェネレータとして働き，バッテリにエネルギー(電力)を回収することができる。これが回生ブレーキだ。なお，この電流ループの外に速度フィードバックループを組むことで速度制御が可能となる。

3.5 モータの定出力運転領域と運転速度拡大

巻線界磁型直流モータには，直巻モータや，弱め界磁制御による定出力運転があるように，界磁電流を制御することで運転速度範囲を拡大している。しかし，永久磁石界磁型直流モータでは界磁磁石の磁束調整ができないため，電圧を昇圧する以外での速度範囲の拡大は困難である。ブラシの位置を変更する進角調整法によって運転速度範囲の拡大は可能だが，機械的な操作で細かな制御は難しい。また，回転方向に応じて進角位置を変更する必要があるので，この方法は限られた用途にとどまる。電気自動車のモータには，発進時に高トルク，高速走行時には高回転と，運転速度範囲が広いことが求められる。

以前から，直流直巻モータが電気自動車や電車に用いられてきたのは，低速高トルク，高速低トルクの定出力特性をもっていたからだ。

永久磁石同期モータは回転子に永久磁石を用いているので，回転速度を上げるには電源電圧を昇圧するか，回転子の磁石を弱めることが必要となる。永久磁石の強弱の調整は困難であるが，ベクトル制御によって励磁成分電流 I_d の値を制御し，弱め磁束制御を行うことで，運転速度範囲の拡大を可能としている(定出力運転領域)。直流モータで言えば弱め界磁制御や進角調整に相当する。ベクトル制御により，直流モータと同等の制御ができるとともに，応答性の高い制御も可能だ。したがって高出力(高トルク)のモータとベクトル制御の組み合わせにより，一段のリダクションギアで，低速から高速までの運転が可能となったため，電気自動車にはトランスミッションは搭載されなくなってきている。図4のように電気自動車のレイアウトの自由度が高く，運動制御に適しているのはこのためでもある。

例えば，最大出力210[kw]・最大トルク353[Nm]の内燃機関を持つ，スポーツタイプの5速マニュアルトランスミッション車を例に走行性能曲線を描くと**図14**のようになる。内燃機関は低速回転時のトルクが得られないのでトランスミッションは必須の機構であろう。ここで最大出力210 kW・最大トルク330 N・mのモータを用いた場合，リダクションのギア比の設定により破線の曲線が描かれる。モータは低速回転時に最大トルクを出すことができるので，最高速度は伸びないがトランスミッションを用いなくても，一般走行において内燃機関と同性能の走行曲線が得られる(時速60 km/h付近までは定トルク，それ以上は定出力制御。ギア比等の詳しいパラメータは省略)。

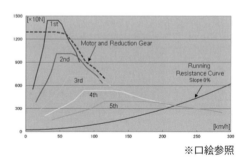

※口絵参照

図14　内燃機関＋トランスミッションの走行曲線とモータ＋リダクションギア(定出力制御)による走行曲線

3.6 インバータに用いられるパワー半導体素子

インバータは直流を交流に変換する回路で，モータ駆動用インバータのほとんどが三相インバータである。図12の三相インバータ回路にて，バッテリの直流電源から三相交流に変換する回路だが，これが電気自動車のパワーエレクトロニクス技術の心臓部とも言える。モータの高出力化に伴って，インバータの電圧や電流が大きくなっており，高耐圧大容量化してきたパ

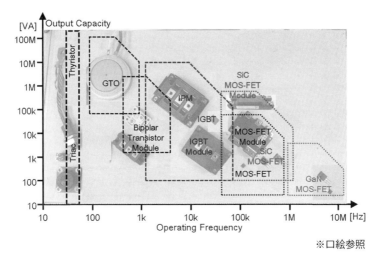

図15　各パワー素子の出力容量と動作周波数

ワー半導体の発展が，電気自動車に与える影響も大きい。

　パワー素子は，SiデバイスのIGBTやIPMが多く用いられるが，近年の小型高効率化の要求により，SiCのパワーMOS-FETの利用が増加している。SiCは高耐圧・高耐熱そして高周波対応によりインバータのスイッチング周波数を高くすることが可能だ。したがって，モータ電流が正弦波状により近づくことで，モータの効率が上がり同出力のモータであれば小型化ができる。また，同周波数であればスイッチング損失が減少し，インバータ効率の向上と，冷却系の最適化によりインバータも小型軽量化する。即ち電気自動車全体が軽量化し，航続距離の延長と，運動性能の向上，省エネルギー化が一段と進むこととなる。

　図15は近年のパワー素子の出力容量と動作周波数を表している。SiCがSiよりも優れており市場への進出も早いようである。コスト面の問題が解決できれば，Siから置き換えも急速に進むであろう。また，GaNが更なる高周波化を可能としており，出力容量がまだ小さいが今後応用範囲が期待されているパワー素子である。

3.7　インバータの構成

　三相インバータは，6個の素子が1つのモジュールにまとめられた6in1や，2個の素子を1つとした(1レグ)2in1を3つ用いた構成などインバータの仕様によって異なる。特に電気自動車やハイブリッド自動車では小型化のため，両面冷却プレート仕様の素子を使う例もあり，冷却方法は水冷が用いられている。パワー半導体素子や各モジュールの外観を図16に示している。パワー半導体やパワーモジュールは動作させることにより発熱するので冷却が必要であり，図17のように様々な冷却方法がとられる。現在はコストと供給の関係からSiデバイスのIGBTが多く用いられているが，今後SiCの採用で小型化が期待されている。

　パワー素子を駆動させる為には，図18のようにゲートドライブ回路（ドライブ回路）がそれぞれのパワー素子に必要である。また，ドライブ回路個々に独立した駆動電源が必要で，電気的に絶縁した構成とするのが基本である。PWM信号の絶縁にはパルストランスやフォトカプ

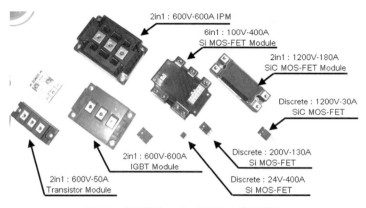

図16　各半導体パワー素子の定格と形状

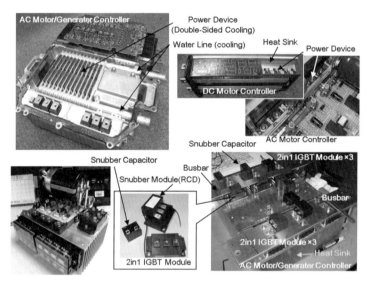

図17　パワー半導体素子の冷却と搭載例

ラ，ディジタルアイソレータが用いられ，電源には絶縁型の DC-DC コンバータが用いられる。

　パワー素子はスイッチング動作をするので，電流の急峻な立下りと立ち上がりが発生する。これは主配線のインダクタンスによって高いサージ電圧が発生する原因となり，素子の最大定格電圧を超えると素子破壊に至る。主配線のインダクタンスの低減には限界があり，また電流の立ち上がり立下り速度を下げることはスイッチング速度の低下や，スイッチング損失の増大を招くので好ましくない。高周波化が進む今日では解決しなければならない課題である。

　高速スイッチングによるサージ電圧とノイズの発生は，そのままでは素子破壊に至るため，発生したサージ電圧を吸収しなければならない。これがスナバ回路である。図18のようにCスナバや，RCDスナバが用いられ，IGBT モジュールに直接取り付けられるものもある。

　半導体スイッチは，電流が流れている状態でスイッチ OFF，電圧がかかっている状態でスイッチ ON が行われるが，これをハードスイッチングと言う。これに対し共振特性を利用して，電流が流れていない時にスイッチ OFF，電圧がかかっていない状態でスイッチ ON する

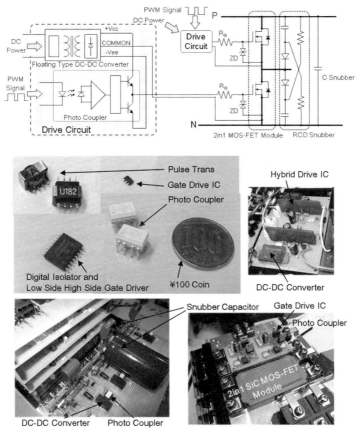

図18　パワー半導体素子の駆動回路とスナバ回路

動作をソフトスイッチングと呼ばれる。ソフトスイッチングはスイッチング損失や、サージ電圧が原理的に発生しないので、高速スイッチング回路のDC-DCコンバータなどの電源回路に用いられる。

　インバータを構成するにあたってゲートドライブ回路やスナバ回路、アーム短絡防止のデッドタイムなど、他にも述べる内容は多々ある。これについては電気自動車に限らず、パワーデバイスを用いた機器の共通点でもあるから、パワーエレクトロニクスの専門書等を参考にしていただくといいだろう。

4　電気自動車のバッテリと充電器

4.1　バッテリの種類

　電気自動車はバッテリを搭載し、一充電走行距離を伸ばすためには容量の大きいバッテリを必要とする。しかし、搭載スペースや重量増による問題から、軽くて容量の大きいバッテリが必要であり、充電回路の技術やバッテリマネジメントシステム(BMS)も重要である。鉛バッテリが古くから産業や家庭、電気自動車に用いられてきたが、現在は図19のようにエネルギー密度が高いリチウムイオンバッテリが電気自動車に用いられ、ハイブリッド自動車は、出

力密度が高いニッケル水素バッテリが用いられている。近年ではリチウムイオンバッテリをハイブリッド自動車に採用する車種が増えてきた[3]。

昔の電気自動車はエネルギー密度の低い鉛バッテリを数百kgも搭載し，航続距離が短くパワーも出せなかった。おかげで電気自動車にネガティブなイメージがついてしまった。これがニッケル水素，リチウムイオンなどの軽量高出力バッテリの登場で，モータ本来のパワーを出すことができるようになり，重量比率で市販の内燃機関よりも高トルク・高出力運転が可能となったのである。

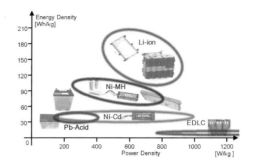

図19　各種バッテリのエネルギー密度と出力密度

バッテリのエネルギー密度の増大により，電気自動車の航続距離が飛躍的に伸びたのは言うまでもないが，出力密度の増大による運動性能の向上も見逃せない。近年では電気自動車がスポーツ車に向いていると言われ，様々な研究機関で電気自動車のモータの高速応答性を利用した運動制御の研究がされている。これは，モータやパワーエレクトロニクス技術の進歩による貢献も大きいが，「軽量化は最強のチューンアップである」であるように，バッテリ性能が電気自動車の性能を大きく左右する。

更に，現在のリチウムイオンバッテリの数十倍の理論エネルギー密度のリチウム空気電池が研究されており，これが電気自動車に搭載された場合，一充電走行距離の問題や重量，スペースの問題も解決されると言われている[4]。しかし，バッテリの大容量化は，燃料で言えばタンクの大型化であり，これによる充電時間，急速充電時の電力供給に問題が出てくる。今後，インフラ整備や充電方法などの動向が気になるところだ。

4.2　リチウムイオンバッテリのマネジメント（BMS）

リチウムイオンバッテリは，他の鉛バッテリやニッケル系バッテリと比較して過充電や過放電対策がシビアだ。また，機器にもよるが単独の電圧（単セル）で用いられることが殆どなく，複数のセルが用いられている（携帯機器は単セルが多い）。

電気自動車に搭載されているリチウムイオンバッテリも，複数個並列にしたものを直列に接続し，所望の容量と電圧を得ている。しかし，バッテリ特性のバラツキによっては，直列接続されたバッテリ1個（複数並列セル単位）の容量にバラツキが生じることがある。これを充放電繰り返すことにより，更にバラツキが大きくなり，過放電や過充電のセルが発生する。このため，並列接続されたバッテリそれぞれに電圧監視回路が必要であるが，監視回路だけではバッテリ全体の容量低下を招きかねない。このことから，バランス機能を持たせた（放電抵抗外付）監視用ICによって各セルの容量を均等にするパッシブ方式と，大容量バッテリには，専用ICと双方向DC-DCコンバータを用いて，個々のセルの容量をアクティブにコントロールする回路などが搭載されている（図20）。

近年ではリチウムイオンバッテリの容量バラツキも少なくなってきた。しかし，安全のため

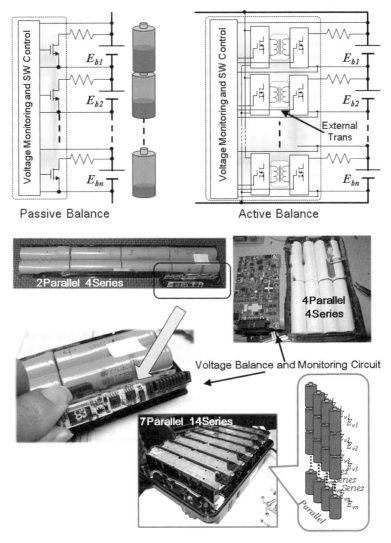

図20　リチウムイオンバッテリの電圧監視・バランス回路

にもリチウム系のバッテリは，電圧監視回路やバランス回路が欠かせない。また，バッテリ本体に圧力弁や，過電流を抑制する素子(PTC)等も取り付けられており，安全対策が施されている。

なお，鉛バッテリやニッケル系のバッテリでは，リチウム系と違って満充電に達した後でも，電圧が上昇し続けることがないことから，各セルに電圧監視回路を設けることは少ない。また，電気二重層キャパシタはリチウム系バッテリと同じように電圧バランス(監視)回路が必要となる。

4.3　充電器

バッテリの充電は定電流定電圧回路で充電が行われる。**図21**の回路例に示すように，商用電源の三相交流や単相交流から整流回路で直流に変換された後，インバータを用いて高周波交

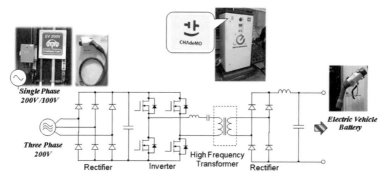

図21 充電器の基本回路(急速充電器)

流に変換され，高周波変圧器を用いて，必要な電圧に降圧(昇圧)する。これは電源側(一次側)とバッテリ側(二次側)の絶縁目的もある。そして変圧器出力の高周波交流を整流して，電気自動車のバッテリに充電がされる。バッテリへの充電電流と電圧の制御はPWMインバータが行っており，パワーエレクトロニクスの技術がここにも集まっている。整流回路部分にコンバータを搭載して双方向に対応した物や，マトリックスコンバータ方式の双方向対応の充電器もある。これは電力の平準化や，太陽電池などから電気自動車のバッテリへ蓄えたエネルギーを夜間時に利用するなど(例V2H)，目的に応じて充電器の機能は様々だ。

充電器には，標準充電器，急速充電器がある。急速充電器には，充電容量や充電コネクタ，通信方式などによって規格があり，同一規格ならばメーカが異なっても安全に充電できる。日本ではチャデモが標準(国際標準)であり，多くの急速充電器や電気自動車がこの規格に対応している。他にも規格があり，難しいかもしれないが規格統一に向けて議論してほしいところだ。最近ではチャデモを採用する国が増えており，シェア争いが激化している。

普通充電は，車載充電器を用いて充電が行われる。急速充電器は直流出力であるのに対し，普通充電器の出力は単相交流200V(100V)で，これが車載充電器に入力される。充電モードには車両と通信するモードもあり，実際充電制御を行っているのは，車載充電器に組み込まれたパワー回路だ。充電時間は数時間もしくは一晩かけて充電するタイプが多く，この充電器の基本構成は急速充電器を小型小容量，軽量化したものと思っても良い。

電気自動車にはいずれも専用充電コネクタが必要で，心理的に，自動車で帰宅の度に充電する方が多いであろう。しかし，充電の度にコネクタを接続するのが手間であるし，忘れる可能性もあるかもしれない。この問題を解決する技術として，ワイヤレス給電による充電が注目されている。これは後編で述べられているが，電気自動車を指定場所に駐車するだけで自動的に充電されるだけでなく，走行中にも充電可能といった画期的なシステムだ。図22に示すようにパワー回路とコイルの磁界共鳴現象を用いることにより，離れた場所へのエネルギー伝送が可能となる。

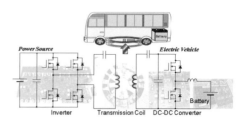

図22 ワイヤレス給電の基本回路図

5　パワーエレクトロニクスが電気自動車にもたらすもの

　電気自動車には，モータ駆動やバッテリの充放電，そして電源などパワーエレクトロニクス技術が集結していることがおわかりいただけただろうか。また内燃機関自動車の低燃費化やパワーアシスト装置の電動化，電動エアコンなどにもこの技術が生かされており，拡大の一途をたどっている。パワエレは，かゆいところに手が届く，見えないところの快適性，縁の下の力持ちである。

　快適性や低燃費性がパワーエレクトロニクスの技術によって向上したが，自動車好きの方にはちょっと物足りない進化かもしれない。時代の流れと言えばそれまでだが，自動車の進化をその一言でまとめてしまうと，自動車造りやものづくりにブレーキがかかると思う。独創性やオリジナル性，そして情熱があってこそ魅力のある自動車造りなのである。

　筆者は，パワーエレクトロニクス技術を生かして「運転するのが楽しい自動車」を考えている。例えば，近年の高出力モータとトランスミッションを組み合わせることにより，今までにない運転特性が得られる。いわゆる電気自動車でスポーツカーの復活である。電気自動車にはトランスミッションが搭載されなくなってきていると前に述べたが，あえてトランスミッションを用いることにより，走行性能が格段に向上する。もしかするとスポーツ仕様の電気自動車が，新しい市場を開拓するのかもしれない。

　話がそれてしまったが，今後電気自動車は，より安全により環境にやさしく，そしてより快適な乗り物へと進んでいくであろう(図23)。そのためには，電気電子の分野だけでなく，機械や材料，情報技術等，他分野の技術を融合する必要があり，パワーエレクトロニクス技術の進歩にも，新しい半導体デバイス，高性能マイコンやモータ制御技術など，単独の分野では語れないものがある。

　本稿ではパワーエレクトロニクスについて簡単に述べたが，この本には電気自動車や，それに関連する分野について，広く深く述べられている。自動車に興味ある方やこれから電気自動車について知りたい方など，参考になると思うので是非読んでいただきたい。

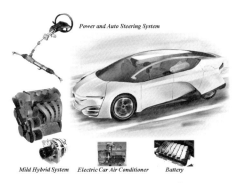

図23　パワーエレクトロニクス技術が自動車を安全快適に，そして環境にやさしく

文　献

1) 御堀直嗣：電気自動車ヒストリー，快走・電気自動車レーシング(テクノライフ選書)，オーム社，pp33-54(1995).
2) 学習研究社：学研の図鑑　鉄道・自動車，pp.196(1995).
3) 黒川陽弘，矢野勝，松岡亨卓，安藤慧佑：ハイブリッド車・電気自動車・燃料電池車・電気動力，自動車技術，Vol.72, No.8, 90-100(2018).
4) 久保佳美：リチウム空気電池によるEV普及への期待，自動車技術，Vol.72, No.9, 24-29(2018).

第1編　EVの運動制御と走行安定性・評価技術

第2章　EVモータの新技術と駆動制御技術

第1節　電気自動車用モータとその駆動方式

静岡理工科大学　高橋　久

1　はじめに

　第1項では，電気自動車(以下，EVと略す)に使用されるモータに要求される特性，モータの動作モード，モータの種類と特徴，EV用に開発しているモータの一例を示しながら，基本特性を示す。第2項では，モータを駆動する電圧を任意に得る非絶縁型および絶縁型コンバータ回路(降圧や昇圧)，モータ巻線に適切な電流を流して，モータトルクを制御するインバータ回路，第3項では，埋め込み磁石型同期モータを最大トルクで駆動するための手法について解説する。

2　EV用モータに求められる特性と種類

2.1　求められる特性

　EVに使用されるモータは，室内では−40〜＋85度，エンジンルーム内では−40〜＋150度の動作仕様が求められる。また，車室内以外に配置されるモータは，埃や砂などに含まれる砂鉄の付着によるトラブルをなくす構造でなければならない。さらに高速応答性も要求される。

　補機用モータとしては，低価格であり制御回路が簡易なブラシ付DCモータ(DCM)が多用されている。モータの小型化，長寿命化，低ノイズ化などが要求される用途や高効率が要求される用途では，永久磁石同期モータが使用される。

　EVは，平坦道での低速走行，郊外での中速走行，高速道路での高速走行，さらに上り坂や下り坂などの登坂道での走行など，走行道の環境によって駆動トルクや回転速度が異なる。EVの主機として使用されるモータは，図1に示すように発進・停止を頻繁に繰り返す低速・高トルク利用，平地や登坂路の走行，高速道路の走行など，走行状況によってモータに要求される回転速度・トルク特性が異なる。

　モータは図1のトルクと回転速度特性(T-N特性)に示すように，4象限全ての動作が要求される。図中に示す線は，回転速度に対する出力トルクを示している。自動車が前進するときには，回転方向(進行方向)・トルク共に正であり，電気エネルギーを機械エネルギーに変換する力行モードで使用される。減速するときは，回転方向は正であるが，トルクは負となり，機械エネルギーを電気エネルギーに変換する回生モードとなる。後進する場合は，回転方向とトルクが反転するだけで，前進と同様に力行と回生モードが利用される。

　EVは，一般的にモータと固定したギヤ比のもとで駆動される。このため，EV駆動用に使

— 63 —

用されるモータは，図1に示すトルク線で囲まれた全回転速度領域において使用されることになる。

とくに，EV用モータは，以下に示す特性が重要になる。

① EVのエネルギー源はバッテリーであり，バッテリーに一度に蓄えられるエネルギー量には限りがある。ユーザの利便性を向上するには，一回あたりの充電で走行できる航続距離を延ばすことが重要である。EVで大きなエネルギーを消費するのは，車両を駆動するモータ(以下，主機と表す)である。

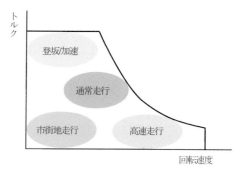

図1　自動車のトルク-回転速度特性
（T-N特性）

このためEVの主機は，車両が低速から高速運転までの全運転速度範囲において，高効率であることが求められる。

② 主機は，数10 kWから150 kWを越える出力のモータが使用される。車両全体の重量は，1充電あたりの航続距離に影響を与えるため，可能な限り軽量であることが求められる。また，車載スペースには限りがあるため，小型であることも求められる。

③ 車両としての高い加速性能が要求され，登坂路の走行を行うために，モータ出力(出力トルク)は，大きいことが求められる。

④ 車両用モータは，小型で大きなトルクを要求されるため，モータの鉄損や巻線のジュール熱を放散(放熱)する工夫が要求され，冷却構造を考慮したモータ設計が重要になる。

このように，EV用主機モータは，相反する要求に対して，適切な条件を設定して設計を行う必要がある。また，モータの小形軽量化のために，高電圧，大電流で駆動されることが多く，絶縁や磁気飽和なども考慮した設計が重要になる。

2.2　モータの動作モード

EVで使用するモータは，車両の走行のための駆動するトルクを発生するとともに，走行している車両を減速あるいは停止させるときの制動トルクを発生するのに使用される。**図2**に示すように駆動トルクを発生するモードを「力行」，減速するモードを「回生」と呼ぶ。

力行では，**図3**(a)に示すように，バッテリーのプラス端子からインバータへ電流が流れ，インバータからモータに向かって電力が供給されて，モータは回転トルクを発生する。回生では，図3(b)に示すように，モータからインバータに向かって電力が伝達され，インバータからバッテリーのプラス端子に向かって電流が流れ，エネルギーが蓄電される。

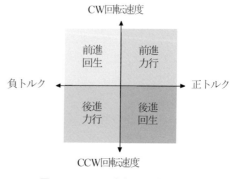

図2　モータの力行と回生モード

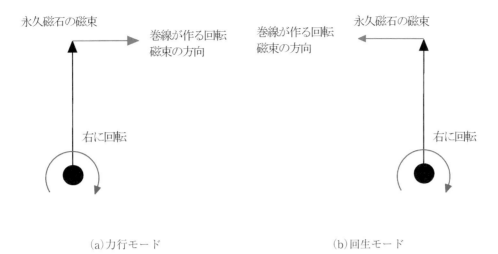

(a)力行モード　　　　　　　　　　(b)回生モード

図3　力行と回生モード

2.3　主機用モータの種類と特性

　EVに使用される主機用モータは，バッテリーによる直流電源で使用され，ブラシやセグメントなどの消耗部品が少ないモータが使用される。使用されるモータとしては，誘導モータ(IM)，永久磁石同期モータ(PMSM)，シンクロナスリラクタンスモータ(SyRM)，スイッチトリラクタンスモータ(SRM)がある。日本では走行路や走行条件などのために3相電力で駆動される永久磁石同期モータ(PMSM)が一般的である。

　モータは，航続距離を伸ばすために小型・軽量で高出力が得られること，また低振動・低騒音であることが望まれている。さらに停止時から高速走行運転までの広範囲な回転速度範囲で利用でき，バッテリーのエネルギーを有効に利用するために，高効率であることが求められる。

2.4　EV用モータの開発事例紹介

　自動車は，車両メーカが綿密な機構設計や安全率を考慮した設計などを行い，さまざまな部品を組み合わせて車体が作られている。内燃機関(エンジン)を用いた自動車から，エンジンを取り除き，そこにモータを設置してEV化する手法がある。これをコンバートEVと呼ぶ。

　コンバートEVは，個人や自治体などで実施された経緯があり，近年，安全を確保するための法規が改定され，車検に適合する条件が厳しくなっている。「人づくり」「型づくり」「物づくり」「事づくり」を通して，沖縄のものづくり産業の振興に貢献することを理念とし，優秀なエンジニアを育成し，沖縄県の製造業の活性化を図るとともに，経済的に自立した沖縄県の発展に寄与することを目的として設立された一般社団法人ものづくりネットワーク沖縄(以下，mdn沖縄と記す)がある。ここでは，EV関連技術を活用したコミュニティビークルの開発・製造とパワートレイン等の要素技術の試作開発を行い，企画デザインから試作車両製作まで一貫して対応している。以下に，開発してきたモータの開発事例を紹介する。

2.4.1 電動カート用埋め込み磁石型同期モータ(IPMSM)

電動カートの駆動用モータとして設計したモータである。図4に試作したモータの写真を示す。カートに搭載のバッテリー電圧は，DC90 Vである。設計は，走行路や乗車人数などを考慮して，最大トルクが0～1,500 min^{-1}で93 Nm得られるように設計している。最大巻線電流は177 Armsであり，最大回転数は3,300 min^{-1}である。定格出力は1,000 min^{-1}のとき，9.8 kWで，最大出力は，16 kWである。

このモータは，mdn沖縄で設計(JMAG等の解析ソフトウェアを使用)し，電磁鋼板のカット，積層，バランス取り，巻線，ワニス処理，ハウジング製作，軸製作，組み立て，検査までのすべての工程を沖縄県内で実施したものである。

図4 電動カート用 IPMSM

2.4.2 コンバートEV用IPMSM

車両のバッテリー電圧は，DC358 Vである。最大トルクは0～5,000 min^{-1}で210 Nmのトルクが得られるように設計されている。最大回転数は9,000 min^{-1}である。定格出力は4,000 min^{-1}のとき，88 kWで，最大出力は，6,000 min^{-1}のとき，124 kWである。図5(a)に試作したモータ，(b)にインバータを示す。インバータは，IGBTを用いて構成され，放熱は水冷である。

2.4.3 EVにコンバートした車両

図6は，エンジン車からエンジンを取り除き，モータを取りつけてEV化した車両である。図6(a)は，構造変更許可取得(R100対応済み)し，ナンバーを取得し公道を走行できる車両の外観，(b)は，車両に取りつけたモータとコントローラである。

(a)モータ外観

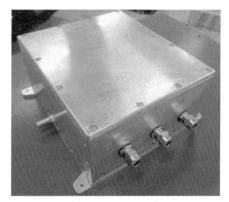
(b)インバータの外観

図5 車両用 IPMSM

(a)EVに改造した車両　　　(b)取りつけられたモータとコントローラ

図6　EVにコンバートした車両

3　コンバータとインバータ

コンバータとは，交流電圧から直流電圧へ，あるいは直流電圧から異なる直流電圧へ変換する装置である。前者は，整流回路とも呼ばれ，後者はDC/DCコンバータ(俗称：デコデコ)と呼ばれる。

コンバータには，バッテリーから供給される直流電圧を昇圧して，モータ駆動回路(負荷)に供給する昇圧コンバータ，バッテリーから供給される直流電圧を昇圧して，モータ駆動回路に供給するとともに，負荷側が発生した電気エネルギー(たとえば回生エネルギー)をバッテリーに蓄電できるように，電力を双方向に伝達できる双方向型コンバータがある。また，入力側と出力側の電気的絶縁を保ち，電力を伝達することのできる絶縁型コンバータも使用されている。

インバータとは，直流電圧から交流電圧に変換する装置をいう。単相インバータと三相インバータがある。EVでは，効率や制御性のために三相インバータが使用される。

コンバータやインバータの電力変換に使用される半導体デバイスは，IGBTやMOSFETが使用されている。最近のSiCやGaN等を用いたパワーデバイスが開発され，高耐圧化，高耐熱性，高速スイッチング特性など，多くの性能向上が期待されており，将来はパワーデバイスとしてMOSFETが使用されるだろう。

3.1　コンバータの利用

EVの電源として，従来から広く使用されている鉛バッテリー(LA)，ニッケル水素バッテリー(Ni-MH)，最近利用が増えているリチウムイオンバッテリー(LIB)がある。この中でLIBは，入出力のエネルギー密度が高く，メモリー効果が小さいため，電流の流入・流出が頻繁に行われるEVの電源として適している。しかし，1セルあたりの上限電圧，下限電圧が定められており，この範囲を超えて充電・放電が行われると急激に劣化を起こし，また発煙，破裂，発火を起こす可能性がある。また，満充電状態で保存すると電池の劣化は急激に進行するので注意が必要である。LIBは，SOC(State of Charge：充電状態)を管理して使用することで劣化を抑制し，寿命を延ばすことができる。

EVで使用されるモータは，前述のように小形，軽量であることが望まれる。このため，モー

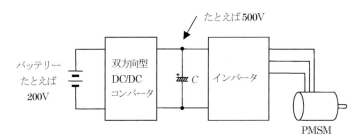

図7　コンバータとインバータの利用概要図

タ駆動電圧はインバータ回路に使用するパワーデバイス(半導体)の耐圧の上昇やスイッチング速度の向上などにより，年々高い電圧になってきている。バッテリー電圧を高い電圧にすることも考えられるが，充電方式や安全性を考慮すると，単純に高い電圧にすることは困難である。

コンバータは，図7に示すように，バッテリー電圧をモータやインバータ回路に必要な電圧に変換して供給する装置である。同一電力でモータ巻線やインバータ回路のパワーデバイスに流す電流を低減するために，バッテリー電圧を昇圧し，高い電圧に変換して駆動電源として利用する手法が利用されている。

EVでは1回の充電あたりの航続距離を延ばすために，モータの効率を高めるだけでなく，電力変換回路(モータ駆動回路：インバータ)の効率，制御効率を高めることが重要である。また，エネルギー回生を効率よく行い，そのエネルギーを蓄えるための蓄電技術も重要な技術である。

EVでは，インバータ回路へ一定の直流電圧を供給し，モータから回生エネルギーが発生した場合は，その電力をバッテリーに蓄電できるように，電力を双方向に伝達できる双方向型の昇圧・降圧型のコンバータが必要である。このような用途で使用されるコンバータは，双方向型昇圧・降圧DC-DCコンバータと呼ばれる。

3.2　コンバータの形式

DC/DCコンバータの形式には，入力側と出力側の電気的結合の有無によって非絶縁型と絶縁型の2つの形式がある。また，電圧を下げるか，上げるかによって，降圧型と昇圧型がある。さらにエネルギーを一方向に伝達するものと，双方向に伝達できるものがある。

3.2.1　絶縁型と非絶縁型コンバータ

非絶縁型は，入力側と出力側が，直流的に結合されている方式をいう。この方式は図8(a)に示すように，グランドが共通に使用されるのが一般的である。一方，絶縁型は，図8(b)に示すように，入力側と出力側がトランス等を用いて直流的に結合されていない方式である。電力の伝達は，直流電圧を一旦高い周波数の交流電圧に変換し，トランスを経由して伝達される。伝達された交流電圧は，整流回路で直流電圧に変換されて出力される。

どの形式を使用するかは，利用する回路方式によって変わるが，ノイズを拡散しないためには絶縁型が有効である。

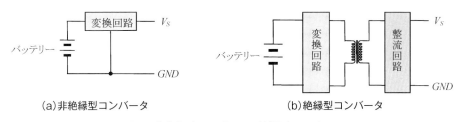

図8　非絶縁型コンバータと絶縁型コンバータ

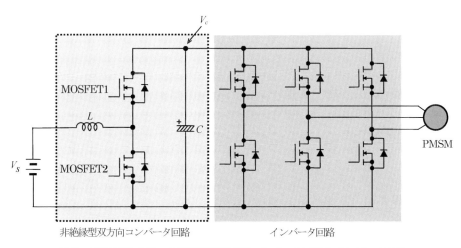

図9　MOSFETを用いた非絶縁型双方向コンバータ回路とインバータ回路

3.2.2　非絶縁型コンバータの利用例

図9は，MOSFETを用いた非絶縁型双方向コンバータ回路（点線で囲まれた部分）とインバータ回路を示している。この回路では，バッテリーより供給される直流電源電圧を昇圧してインバータに供給する電圧を作ることができる。

この場合は，MOSFET1はOFFの状態を保ち，キャパシタCの端子電圧V_Cが，指定された電圧になるように，MOSEFT2のスイッチングのデューティ比を制御する。

一方，回生エネルギーが発生した場合は，キャパシタCにインバータ回路を経由して電流が供給され，キャパシタの端子電圧V_Cが上昇する。制御回路は，キャパシタ端子電圧V_Cを管理し，この電圧が指定電圧を超えた場合は，MOSFET1のスイッチングのデューティ比を調整して，キャパシタCに蓄えられたエネルギーを適切にバッテリーに伝達する制御を行う。

3.2.3　絶縁型コンバータの利用例

絶縁型双方向コンバータは，入力端子と出力端子が直流的に絶縁されており，制御によって電力を双方向に伝達できるものである。**図10**は昇圧・降圧が可能な絶縁型双方向DC/DCコンバータ回路例である。

以下にエネルギー伝送の考え方を示す。

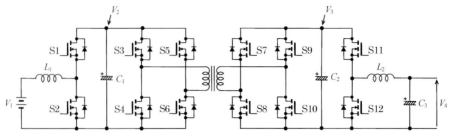

図10　絶縁型双方向コンバータ構成

(1) V_1 から V_4 に電力を伝送

　$\boxed{V_4 < V_1 \text{の場合}}$

　S1，S2，S7，S8，S9，S10，S12 は，すべて OFF 状態にする．S3 と S6，S4 と S5 を交互にデューティ比 50% で ON・OFF 制御する．V_2，V_3 は，ほぼ V_1 の電圧になる．出力電圧 V_4 が，指定の電圧になるように，S11 を PWM 制御する．

　$\boxed{V_4 > V_1 \text{の場合}}$

　S1，S7，S8，S9，S10，S12 は，すべて OFF．S3 と S6，S4 と S5 を交互にデューティ比 50% で ON・OFF 制御する．S11 は ON にしておく．V_4 が要望する出力電圧になるように，S2 を PWM 制御する．V_2，V_3 は，V_1 の電圧より高くなる．

(2) V_4 から V_1 に電力を伝送

　$\boxed{V_4 > V_1 \text{の場合}}$

　S2，S3，S4，S5，S6，S11，S12 は，すべて OFF 状態にする．S7 と S10，S8 と S9 を交互にデューティ比 50% で ON・OFF 制御する．V_4 より流入する電流，あるいは電池に供給される電流(充電電流)が指定された値になるように S1 を PWM 制御する．

　$\boxed{V_4 < V_1 \text{の場合}}$

　S2，S3，S4，S5，S6，S11 は，すべて OFF．S1 は ON 状態にする．S7 と S10，S8 と S9 を交互にデューティ比 50% で ON・OFF 制御する．V_4 より流入する電流，あるいは電池に供給される電流(充電電流)が指定された値になるように S12 を PWM 制御する．

3.3　インバータ

　インバータは，直流電圧から交流電圧を生成する回路である．車両に使用するモータには，通常は効率を考慮して，3 相永久磁石同期モータが使用される．3 相インバータの基本回路構成は，**図 11** に示すように 6 個のパワーデバイスから構成され，モータ巻線に正弦波電流が流れるように各デバイスはスイッチング制御される．図中太線で描かれている配線には，大きな電流が流れるので，インダクタンスによる影響を減じるために，銅バーなどを用いて配線が行われる．

　スイッチング周波数(PWM 周波数)は，高いほどモータの磁気音と電流リップルを小さくすることができる．パワーデバイスのスイッチング損失は，PWM 周波数に比例するため，車両システムでは 5〜10 kHz の周波数が使用されることが多い．

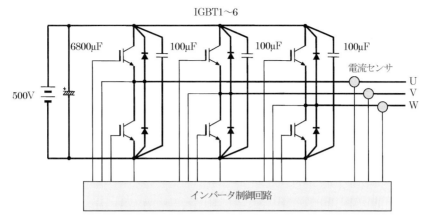

図11　IGBTで構成される3相インバータ回路

　車両駆動システムのパワーデバイスは，現在はシリコン(Si)を用いて構成したIGBTが広く使用されているが，シリコンカーバイト(SiC)や窒化ガリウム(GaN)等の新しい材料を用いたデバイスを利用することで，PWM周波数や回路方式，放熱方式などが，大きく変わる．

　車両用主機モータは，50〜150 kW程度の永久磁石同期モータが使用される．モータ供給電圧は，小型化と高効率化のために，500 V程度が使用され，大電流が供給される．モータ電圧は，今後パワーデバイスの発達とともに，さらに高くなる．配線の絶縁を保ち，インダクタンスによる影響を受けないように，電力を供給する配線(バス)を太くするとともに，配線のインダクタンスの影響を受けにくくする工夫が必要である．一般的には，大電流が流れる配線は，銅バーを用いて構成することが多い．また，インダクタンスの電流遅れを補償し，スイッチングノイズの発生を抑制するために，インバータの各アーム間に数100 μF程度の高周波特性の良いキャパシタ(ESR：Equivalent Series Resistance　等価直列抵抗やESL：Equivalent Series Inductance　等価直列インダクタンスの低い素子)を配置するなどの対応が必要である．

　インバータに供給される電源電圧は大きく変動するため，電圧変動に対しても指定されたモータトルクが得られる高速応答のDC/DCコンバータや制御システムが要求される．また，車両に搭載するために小型化が要求され，冷却システムの構成に特別な配慮を行うことが必要である．

　パワーデバイスの選定にあたっては，電源電圧に耐え，モータ駆動電流が十分に供給できるデバイスを選定する．また，高いPWM周波数においてスイッチング損失が少ないデバイスを選定するとともに，デバイスを高速に駆動するためのインバータ制御回路設計も重要である．

文　献

1) 森本雅之："電気自動車"，森北出版．(2017.9)．
2) 廣田幸嗣，小笠原悟司，舟渡寛人，三原輝儀，出口欣高，初田匡之："電気自動車工学"，森北出版．(2017.7)．

3) 廣田幸嗣，足立修一，出口欣高，小笠原悟司："電気自動車の制御システム"，東京電機大学出版局．(2009.6)．

4) 森本雅之："入門インバータ工学"，森北出版.(2011.7)．

5) 森本雅之："入門モータ工学"，森北出版.(2013.2)．

6) 赤津観："モータ技術のすべてがわかる本"，ナツメ社.(2012.9)．

7) 見城尚志："SRモータ"，日刊工業新聞社.(2012.10)．

8) 森本茂雄，真田雅之："省エネモータの原理と設計法"，科学技術出版.(2013.6)．

9) 高橋久："モータ基礎のきそ"，日刊工業新聞社.(2012.3)．

10) 高橋久："電子技術者が知っておくべきモーターと制御"，日経エレクトロニクス，(2016.5〜2016.10)．

第1編　EVの運動制御と走行安定性・評価技術

第2章　EVモータの新技術と駆動制御技術

第2節　可変磁界PMモータの駆動特性

静岡大学　青山 真大

1　はじめに

　車載用モータは，FA用や家電用モータとは異なり限られた車載スペースの制約の中で高トルク密度と広い可変速特性が求められ，それらを満たすモータとして一般的に永久磁石式同期モータ(以下，PMSM)が採用されている。高トルク密度を達成するためには，一般的に高残留磁束密度(高いB_r)の磁石(PM)を用いた設計を行うが一方，可変速特性の観点においては車載スペースや重量，その他コスト等の制約から決まるバッテリー電圧の制限により低残留磁束密度(低いB_r)のPMを採用することが望ましい。

　それらの二律背反の関係を成立させるために今日，「弱め界磁制御」のモータドライブ技術が採用されている。一般的に，PMをd軸，PM間をq軸と定義し，磁石磁束にd軸電機子磁束を対向させることで電機子巻線に鎖交する磁束量を低減させて線間電圧を抑制することで可変速領域を拡大させている。電機子電流をq軸電機子電流ベクトルとd軸電機子電流ベクトルに分配することで電圧制限楕円内に線間電圧の抑制をすることができるが，一方でトルクに寄与するq軸電機子電流を減らし，トルクに寄与しないd軸電機子電流を増加させるため，電機子銅損増加による効率低下が懸念される。なお，前述は最大トルク領域(基底回転速度以下の回転速度領域)において，最大トルク/電流制御(MTPA制御)を行っているときのd軸電機子電流に対して，定出力領域(基底回転速度以上の回転速度領域)ではd軸電機子電流をさらに増加させることがトルクに寄与しない電機子電流ベクトルという意味で述べていることに注意されたい。上記に加えて，弱め界磁制御によってギャップ中の磁束波形も大きく歪み，空間高調波が増加することで鉄損が増加する。特に，第5次空間高調波と第7次空間高調波およびステータスロット数に起因するスロット高調波が弱め界磁制御により増加する傾向の高い空間高調波成分であり，それらによって鉄損の増加だけではなく，トルクリプルも増加してしまう。

　上記の課題に鑑みて近年，電機子巻線に鎖交する磁石磁束量を可変にする可変界磁もしくは可変磁界技術が盛んに研究・開発されている[1]-[15]。様々な方式の技術が提案されているが，基本波回転磁界にロータが同期する同期モータに限定して大別すると以下の5種類，①PMSMの磁石磁力を可変にするメモリーモータ方式[1)2)]，②ロータスキュー角を調整する方式[3)4)]，③コンシクエントポール構造の鉄極磁化量を調整する方式[5)-8)]，④漏れ磁束を活用する方式[9)-14)]，⑤受動的に純電気的磁極反転をする方式[15)]，に集約される。

　まず，①の詳細については前節にて説明される。②はアクチュエーター等を用いて機械的に

― 73 ―

第1編　EVの運動制御と走行安定性・評価技術

ロータスキュー角を可変にするタイプ[3]と，d軸磁束で電気的にロータスキュー角を可変にするタイプ[4]が提案されている。③は界磁巻線を備えて静止磁界により鉄極（イメージポール）の磁化量を調整している。④は突極間に設けられた短絡磁路への漏れ磁束量を電機子起磁力により調整するタイプ[9]-[13]と，順突極構造でd軸電機子磁束によって強め界磁と漏れ磁束量を調整するタイプ[14]が提案されている。⑤はトロイダル構造の集中巻ステータとマルチギャップ構造を組み合わせた構造で，ラジアルギャップ面に固定界磁のPMロータ，アキシャルギャップ二面に空間高調波で自励する巻線界磁ロータを備えている。両ロータは反磁極になるように配置されており，アキシャルギャップ面のロータの自励磁極が回転速度の増加とともに磁化量が強くなることで受動的且つ純電気的に磁極反転する原理[15]である。

このように可変磁界PMモータは様々な方式で能動的もしくは受動的に電機子鎖交磁束量を調整し，各駆動点において最適な磁石磁束と電機子磁束の割合となることでトルク，効率の向上および可変速特性の拡大を狙っている。本稿では，上記の受動的に可変界磁をする技術にフォーカスを当て，④および⑤の方式について原理の説明と実機による駆動特性について述べる。

2　可変漏れ磁束特性を備えた順突極強め界磁PMモータの駆動特性

可変漏れ磁束の考え方は，文献9)で提案され，シンプルな構造で電機子起磁力と電機子磁束ベクトルによってロータ内の短絡磁路を受動的に制御する点が従来の可変界磁技術と大きく異なり，コスト・制御性・堅牢性の面で優位性が高い技術である。文献9)～11)は逆突極タイプであり，可変界磁レンジが狭く，電機子電流を進角させるほど漏れ磁束量が増える傾向のためリラクタンストルクの活用が難しいという課題がある。一方，文献12)，13)は順突極タイプだが突極部に永久磁石を配置しているため，突極比が低くトルク密度が一般的なPMモータと比較して低くなる傾向になる。ここでは可変漏れ磁束による界磁調整と$+d$軸電機子磁束による強め界磁効果を組み合わせた構造のタイプについての詳細な説明を行う[14]。先行技術との違いは以下の3点である。

①　鉄心磁路と磁石磁路を分離することで順突極比の向上を試みた磁気回路設計を行い，リラクタンストルクを活用。

②　コンシクエントポール構造の考え方を応用し，磁石磁束の漏れ磁束経路が磁石磁路間に設けた鉄心磁路に形成される磁気回路設計。漏れ磁束はq軸電機子磁束によって磁石磁束に対して磁気遮蔽効果が働くことで誘発される。

③　d軸に突極を配置し，d軸とq軸間に磁石磁路と鉄心磁路を交互に配置する。強め界磁駆動時は磁石磁束に対して鉄心磁路のd軸電機子磁束が順方向となり強め界磁を行い，強め界磁量はd軸電機子磁束量に応じて可変になる。

2.1 可変界磁原理
2.1.1 磁極起磁力分布

図1に当該モータの磁気回路設計コンセプトを示す。無負荷鉄損およびコギングトルクを低減するため，無通電時にロータ内で磁石磁束が短絡磁路を形成してギャップ磁束密度が低くなるように設計する。通電時の可変界磁範囲の拡大とリラクタンストルクの積極的な利用をするために，順突極性（$L_d > L_q$）をベースとして+d軸電機子磁束によって強め界磁を行い，電機子磁束ベクトルの進角（+d軸方向から-d軸方向）によって磁石磁束がロータ内で短絡する量が増加する磁気回路設計が望ましい。順突極比（$L_d > L_q$）を高めてリラクタンストルクを有効的に活用するため，図1(a)に示す一般的な磁石磁束の正弦波分布の設計ではなく，意図的に磁石磁極間に鉄心を設けて正相の3倍調波が重畳した磁石磁束波形となるように設計する。一方，負荷時は同図(c)に示すように+d軸電機子磁束$+\psi_{d\text{-}coil}$によって磁石磁束に重畳している正相の3倍調波を打ち消して磁石磁束と電機子磁束の合成磁束が正弦波状に分布するように磁気回路を設計する。この考え方により，無負荷時は無負荷鉄損を低減でき，極軽負荷時は磁石磁束ベクトルと電機子磁束ベクトルの合成ベクトルが約45 degの位相関係になるように電機子磁束ベクトルを調整し，負荷の増加とともに+d軸電機子磁束量を調整することで強め界磁を可変にすることができる。

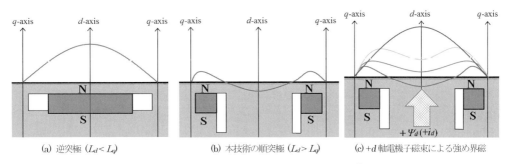

(a) 逆突極（$L_d < L_q$）　　(b) 本技術の順突極（$L_d > L_q$）　　(c) +d軸電機子磁束による強め界磁

図1　順突極形強め界磁PMモータのコンセプト

2.1.2 漏れ磁束特性

文献9)～13)のタイプはd軸に配置した磁石両側に磁束バイパス磁路を設けて電機子起磁力と電流位相によってパッシブに電機子鎖交磁束数を変化させている。当該モータも電機子起磁力と電流位相によって電機子鎖交磁束数を変化させる点は共通であるが，図2(a)，(b)に示すようにコンシクエントポール構造の考え方を応用し，磁石磁路間に鉄心磁路を設けることで+d軸電機子磁束量や電流位相（i_dとi_qの比率）によって鉄心磁路に形成される漏れ磁束が可変になるようにしている。その結果，電機子起磁力と電流位相によって受動的に電機子鎖交磁束数の変化を増加させている。一方で鉄心磁路は電機子磁束の磁路となり，リラクタンストルクの発生に寄与する。

次に電機子起磁力と電流位相による可変漏れ磁束特性について以下に詳細に説明する。図2(c)に当該モータの径方向断面図を示し，図3に図2(c)の簡易モデルを示す。無負荷時は前節でも述べたとおり，磁石磁路間に配置した鉄心磁路に磁石磁束ψ_mが漏れて電機子鎖交磁束量

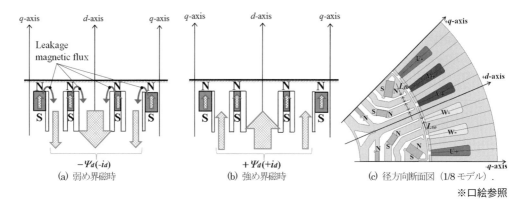

図2 d軸電機子磁束による可変漏れ磁束特性と当該モータの径方向断面図

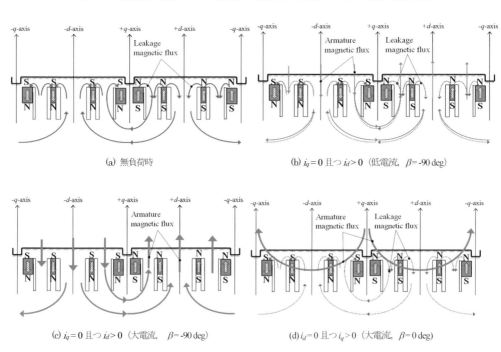

図3 電機子起磁力と電機子磁束ベクトルに対する漏れ磁石磁束と電機子磁束の関係

を低減できる．次に，図3(b)に示すように$i_q=0$且つ$+i_d$が低電流($+d$軸電機子磁束$+\psi_{d-coil}$が小さい)のときは，漏れ磁束が低減されるが，依然として両磁束量の大小関係に応じて漏れ磁束が発生する．同図(c)に示すように$i_q=0$且つ$+i_d$が大電流($+d$軸電機子磁束$+\psi_{d-coil}$が大きい)のときは，磁石磁束ベクトルと電機子磁束ベクトルが同方向で強め界磁となり，漏れ磁束は発生しない．同図(d)に示すように$i_d=0$且つ$+i_q$が大電流($+d$軸電機子磁束$+\psi_{d-coil}$がゼロ)のときは，磁石磁束ベクトルに対して$+q$軸電機子磁束$+\psi_{q-coil}$が直交する．$+\psi_{q-coil}$が大きいほど磁石磁束ベクトルに対する磁気遮蔽効果が働き，磁石磁束は鉄心磁路で漏れ磁束を形成するような磁束の流れになる．加えて，$+\psi_{d-coil}$による強め界磁がゼロのため，磁石磁路間に配置した鉄心磁路に磁石磁束ψ_mが漏れる．なお，弱め界磁領域においては順突極構造のモータのため力行時の駆動を想定していない．

(a) ロータコア　　　　(b) ロータコア（磁石あり）　　　　(c) ステータアッセンブリ

図4　試作機

2.2　試作機と駆動特性

図4に提案モータの試作機を示す。ステータ外径が200 mm，ロータ積厚が108 mmのEV用主機モータを想定した試作機であり，8極48スロット（毎極毎相スロット数 $q=2$）の分布巻ステータ構造である。ロータはスキューを施していない。ステータは焼嵌めで水冷式のモータケースに取り付けられている。Mywayプラス社製の汎用インバータを用いてキャリア周波数を8 kHzとし，トルク測定はモータベンチ側で速度制御，供試モータ駆動用の汎用インバータでトルク制御を行い，トルク検出にはトルクフランジ（HBM社製 T10FS）を用いた。測定温度条件は，水冷式モータケースの冷却水（LLC）をチラーにて65℃一定になるように温度制御しながら，ステータコイルエンドに取り付けたサーミスタ検出温度が65℃から120℃になる範囲とした。正弦波PWM駆動で制御し，直流バス電圧は245 V_{dc} で設定し，直流バス電圧に対する電圧利用率の上限は95％～96％の範囲とした。図5に電流位相-トルク特性を示す。$+q$軸を電流位相基準としており，測定環境の都合上，設計値の約70％の電機子起磁力を上限として実験を行った。同図(a)のリラクタンストルク測定は未着磁磁石を用いて測定し，トータルトルクとリラクタンストルクの差分をとることで同図(c)のマグネットトルクを近似的に求めている。同図より，当該モータは0 deg近傍でマグネットトルクが大きく低下していることを確認できる。ここで β は $+q$ 軸基準の電流位相である。この結果より，当該モータは前項で述べたように $+d$ 軸電機子磁束 $\psi_{d\text{-}coil}$ による強め界磁効果が $\beta=0$ deg にて $\psi_{d\text{-}coil}=0$ になることで低下し，鉄心磁路への漏れ磁束が増加してステータに鎖交する磁石磁束量が低下したためであると考えられる。さらに，前述のとおり，磁石磁束ベクトルに対して $+q$ 軸電機子磁束 $+\psi_{q\text{-}coil}$ が直交する。$+\psi_{q\text{-}coil}$ が大きいほど磁石磁束ベクトルに対する磁気遮蔽効果が働き，磁石磁束は鉄心磁路で漏れ磁束を形成する磁束の流れになる。その結果，マグネットトルクが理論的な $\cos\beta$ 関数から歪んだ特性になっていると考えられる。本実験結果から，電機子起磁力と電機子電流ベクトルによる受動的な可変界磁の実機検証と，当該モータはリラクタンストルクを積極利用できることを確認できる。

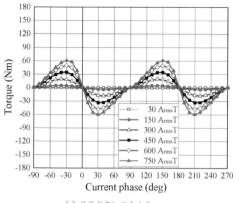
(a) リラクタンストルク

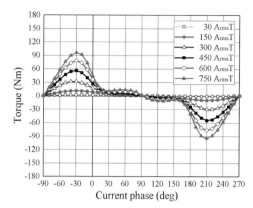
(b) トータルトルク

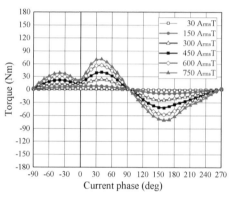
(c) マグネットトルク

※口絵参照

図5 試作機の実機駆動特性

3 電気的磁極反転形可変界磁PMモータの駆動特性

他の可変技術とは異なり，パルス電流やアクチュエータを不要とし，回転速度の増加とともに自動的に永久磁石磁束に対して極性反転した電磁石磁束 $\psi_{coil}(\omega)$ を形成することで受動的に可変界磁を実現するPMモータについて本項にて述べる[15]。当該モータは，集中巻ステータ構造で不可避に発生する第2次空間高調波（非同期回転磁界）を活用して，誘導機の電磁誘導原理及びダイオード整流により得られる界磁電流を利用することで自励的に可変界磁を実現する。

3.1 可変界磁原理

図6に当該モータの全体構造を示す。集中巻トロイダルステータのラジアルギャップ面にPMロータ，アキシャルギャップ二面に自励式巻線界磁ロータ（SE-WFロータ）を配置している。PMロータの磁極は固定界磁の永久磁石のため起磁力が一定であるが，SE-WFロータの

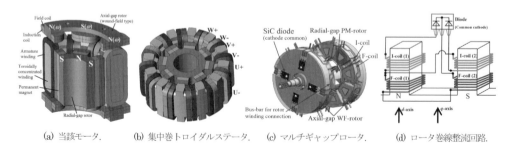

(a) 当該モータ．　(b) 集中巻トロイダルステータ．　(c) マルチギャップロータ．　(d) ロータ巻線整流回路．

図6 当該モータの構造

第2章 EV モータの新技術と駆動制御技術

(a) 電機子電流ベクトル

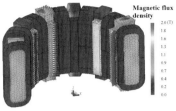
(b) 電機子磁束ベクトル

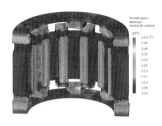
(c) 第2次空間高調波分布

※口絵参照

図7　集中巻トロイダルステータの電機子磁束ベクトルと第2次空間高調波磁束

磁極は集中巻構造で不可避に発生する第2次空間高調波を界磁エネルギー源としてダイオード整流回路により自励する受動的な可変界磁磁極となる。ファラデーの法則に基づくため，回転速度や電機子起磁力により界磁量が変化する。集中巻トロイダルステータは突極を挟んで対向する同相コイルに図7(a)に示すように逆方向の電流を流すことで同図(b)に示すように三次元的に磁束を発生させることが可能になる。図7(c)に当該ステータの電機子起磁力に重畳している第2次空間高調波の磁束ベクトルを示す。この空間高調波がSE-WFロータの誘導コイル(I-coil)に鎖交することで誘導起電力が発生し，その誘導起電力がダイオード整流されて界磁コイル(F-coil)に界磁電流が流れることで自励により磁極が形成される。I-coilの誘導起電力はファラデーの法則に基づくため，回転速度の増加とともにSE-WFロータの起磁力が増加していく。その結果，PMロータの磁束ベクトルと磁極を反転させて配置したSE-WFロータの磁束ベクトルが対向して電機子巻線に鎖交するため，回転速度の増加とともに電機子鎖交磁束を減少させることができ，結果として自動的に線間電圧を抑制できる。一方，極低回転域では空間高調波による誘導起電力がSE-WFロータ巻線抵抗でジュール損として消費され反転磁極が形成されないため，マルチギャップ構造により高トルク化を実現できる。

3.2　試作機と駆動特性

図8に試作機を示す。三次元磁路のため，SMC(ヘガネス製 Somaloy)を用いている。パウダー状の磁性粒材を100トンプレス機で金型成形する際にコアピースの重量密度が7.4〜7.5 g/cm³ を満たすようにステータコアは突極部とヨーク部で周方向に12分割，軸方向に2分割した構造にしている。同様にロータコアも分割形状としている。ステータコアをセグメント構造にすることで，エッジワイズ巻でプリ成形したトロイダルコイルを，インシュレータ(PPS

(a) ステータコアピース

(b) ステータ(組立中)

(c) SE-WF ロータ

(d) ロータ巻線

図8　試作機

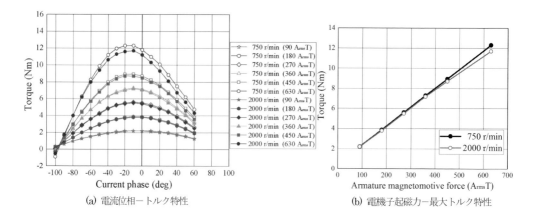

(a) 電流位相−トルク特性　　(b) 電機子起磁力−最大トルク特性

製)を介してヨーク部に取り付け，環状に組上げていくことが可能になり，コイル占積率の向上を実現している。図9に汎用インバータ(Mywayプラス社製)を用いてキャリア周波数を10 kHzとして2-2項で述べた実験計測器を用いて測定を行った結果を示す。磁極位置はPMロータのN極がU相電機子巻線方向を向く位置で調整している。図9(a)から，PMロータは突極部分に磁石を配置しているため磁石トルクが支配的となり，電機子起磁力が低い領域ではSPM(Surface Permanent Magnet)モータの電流位相-トルク特性となる。一方，電機子起磁力が増加するに従い，順突極性を有した

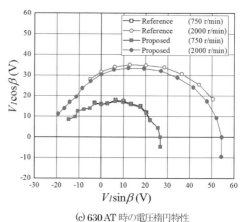

(c) 630 AT 時の電圧楕円特性

※口絵参照

図9　試作機の実機駆動特性

SE-WFロータのリラクタンストルクが加算されて強め界磁領域にMTPA点が存在することが確認できる。また，同図より回転速度および電機子起磁力の増加によってトルクが低下していることが確認できる。前項で述べたとおり，SE-WFロータの誘導起電力はファラデーの法則に基づいているため，回転速度の増加によって反転磁極の磁化量が自動的に強められ，磁石磁束を打ち消すことでトルクが低下している。さらに同図(b)から確認できるように，電機子起磁力の増加によって反転磁極の界磁エネルギー源となる第2次空間高調波が受動的に増加するため，電機子起磁力が高くなるに従いトルクの減少幅も増加している。

次に，可変界磁効果について視覚的に判断しやすいように測定した線間電圧の基本波成分の実効値V_1に対して電流位相指令値βをもとに電圧を円軌跡に換算してプロットした結果を図9(c)に示す。ここで電圧位相を用いたdq軸電圧への換算ではないことに注意されたい。同図において，ReferenceはSE-WFロータ巻線を開放状態で測定した結果であり，可変界磁機能を有さない状態で測定した結果である。同図より，750 r/minではReferenceモデルと当該モータの電圧楕円が重なり，ほとんど差が見られないが，回転速度が増加することで反転磁極の磁化量が増加して電機子鎖交磁束が自動的に弱められ，電圧楕円が小さくなっていることが確認できる。

4 おわりに

　本稿では様々な方式の可変界磁技術のなかで，受動的に可変界磁を実現する方式として2つの例を挙げて可変界磁原理と試作機による駆動特性を説明した。受動的な可変界磁技術は，従来の弱め界磁制御よりも可変速特性が向上し，トルク密度，効率，コストや有用性の面でも優位になる可能性を秘めている。キーとなる考え方は従来損失だった高調波磁束成分をモータ性能向上に如何に活用するかであり，今後の更なる技術進歩が期待される。

文　献

1) V. Ostovic：Memory Motors – a New Class of Controllable Flux PM Machines for a True Wide Speed Operation, Proc. of IEEE Industry Applications Society Conference 2001, Vol.4, pp.2577-2584 (2001).

2) 堺和人，結城和明，橋場豊，高橋則雄，安井和也，ゴーウッティクンランシーリリット：可変磁力メモリーモータの原理と基本特性，電気学会論文誌 D，Vol.131, No.1, pp.53-60(2011).

3) 野中剛，大賀壮平，大戸基道：可変界磁モータの駆動に関する考察，電気学会論文誌 D，Vol.135, No.5, pp.451-456(2015).

4) 平本健二，難波雅史，仲居英雄，守屋一成，伊藤嘉昭，三浦徹也，山田堅磁：回転電機の制御装置及び回転電機制御システム，特許公開(A)2015-177640.

5) 水野孝行，永山和俊，足利正，小林忠夫：ハイブリッド励磁形ブラシレス同期機の動作原理と基本特性，電気学会論文誌 D，Vol.115, No.11, pp.1402-1411(1995).

6) J. A. Tapia, F. Leonardi and T. A. Lipo：Consequent-Pole Permanent-Magnet Machine with Extended Field-Weakening Capability, *IEEE Trans. on I. A.*, Vol.39, No.6, pp.1704-1709(2003).

7) 難波雅史，平本健二，中井英雄：可変界磁機能を有する3次元磁気回路モータの提案，電気学会論文誌 D，Vol.135, No.11, pp.1805-1090,(2015).

8) T. Ogawa, T. Takahashi, M. Takemoto, H. Arita, A. Daikoku and S. Ogasawara：The Consequent-Pole Type Ferrite Magnet Axial Gap Motor with Field Winding for Traction Motor Used in EV, SAEJ Proc. of EVTeC & APE Japan 2016, No.20169094,(2016).

9) T. Kato, H. Hijikata, M. Minowa, K. Akatsu, R. D. Lorenz：Design Methodology for Variable Leakage Flux IPM for Automobile Traction Drives, IEEE Energy Conversion Congress and Exposition(ECCE),(2014).

10) 加藤崇，簑輪昌直，土方大樹，赤津観：可変漏れ磁束特性を利用した埋込磁石型同期モータの高効率化，平成26年度電気学会産業応用部門大会，No.3-13, pp.III-139-142,(2014).

11) 加藤崇，赤津観：「漏れ磁束制御型可変特性モータの磁石動作点特性」，平成27年電気学会産業応用部門大会，No.3-1, pp.65-70,(2015).

12) A. Tthavale, T. Fukushige, T. Kato, C. Y. Yu and R. D. Lorenz：Variable Leakage Flux(VLF) IPMSMs for Reduced Losses over a Driving Cycle while Maintaining the Feasibility of High Frequency Injection-Based Rotor Position Self-Sensing, IEEE Energy Conversion Congress and Exposition(ECCE),(2014).

13) M. Miniwa, H. Hijikata, K. Akatsu and T. Kato：Variable Leakage Flux Interior Permanent Magnet Synchronous Machine for Improving Efficiency on Duty Cycle, International Power Electronics Conference(IPEC-Hiroshima 2014 -ECCE ASIA),(2014).

14) 青山真大，野口季彦：可変漏れ磁束特性を備えた順突極強め界磁 PM モータの検討と実機性能評価，電気学会論文誌 D，Vol.138, No.6, pp.419-512,(2018).

第1編 EV の運動制御と走行安定性・評価技術

15) 青山真大，野口季彦：電気的磁極反転形可変界磁 PM モータの提案と原理実証，電気学会論文誌 D，Vol.**137**, No.9, pp.725-736（2017）.

第1編　EVの運動制御と走行安定性・評価技術

第2章　EVモータの新技術と駆動制御技術

第3節　HEV用磁気変調形モータの制御と駆動特性

静岡大学　野口　季彦

1　はじめに

　近年，パワースプリット式HEVシステムの集積化を目的として磁気変調形モータの研究が行われている。磁気変調形モータはインナーPMロータ，変調子の2つの回転部を有しており，それぞれエンジン，駆動輪に接続され，エンジンとモータの動力を合成して駆動輪へ伝達することができる。磁気変調形モータは変調子を有することで変調されたステータ回転磁界がインナーロータの磁石に鎖交するため磁石渦電流損や鉄損の増加が問題となる。それらの問題を解決するため，電磁界解析に基づく最適設計も検討されている。また，モータ構造が特殊であるため，動作原理や制御方法に関する検討も行われているが，ベクトル制御の適用については未開拓の領域と言える。

　本稿では，磁気変調形モータの基本モデルについて簡易的な磁気回路を考え，制御の基本となる電圧方程式を導出する。導出した電圧方程式に基づくベクトル制御のアルゴリズムについて解説するとともに，原理検証用に試作した実機を用いてHEVシステムで想定される代表的な運転モードに対応させた実験結果を例示する。

2　磁気変調形モータの電圧方程式

2.1　基本モデルにおける簡易磁気回路

　数学モデルを導出する磁気変調形モータは，ステータ極対数を P_s，インナーロータ極対数を P_{pm}，変調子コア数を P_{mod} として，$P_s \cdot P_{pm} : P_{mod} = n : 2n : 3n$（ただし，$n$ は自然数）が成立するモデルとする。また，インナーロータは表面磁石構造を想定する。**図1**に $P_s : P_{pm} : P_{mod} = 1 : 2 : 3$ の基本となる磁気変調形モータと磁気回路を示す。図中の R_s はステータコアの磁気抵抗，R_t はステータティースの磁気抵抗，R_g はギャップの磁気抵抗，R_{mod} は変調子コアの磁気抵抗，R_r はインナーロータコアの磁気抵抗，R_{leak} は漏れ磁束経路の磁気抵抗である。また，各相コイルのターン数は N とする。

　図2に磁気変調形モータの等価三相磁気回路を示す。各相の磁気抵抗を R_u，R_v，R_w とすると，変調子による各相の磁気抵抗の変動は同じ位相になるため，変調子の位置を θ_{mod} とすれば次式で表わすことができる。

$$\mathcal{R}_u = \mathcal{R}_v = \mathcal{R}_w = \mathcal{R}_{dc} - \mathcal{R}_{mod}\cos\left(P_{mod}\theta_{mod}\right)$$
$$\because \mathcal{R}_{dc} = \mathcal{R}_g + \mathcal{R}_t + \mathcal{R}_r + \mathcal{R}_s/3 \tag{1}$$

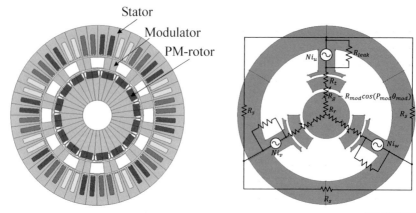

図1 磁気変調形モータの構造と磁気回路

図2の等価三相磁気回路を解くことにより，例えばU相コイルの磁束鎖交数が得られる．

$$\psi_u = \left\{ \frac{N^2}{\mathcal{R}_{leak}} + \frac{N^2}{\mathcal{R}_{dc}} + \frac{\mathcal{R}_{mod}N^2}{\mathcal{R}_{dc}^2}\cos(P_{mod}\theta_{mod}) \right\} i_u$$
$$- \frac{1}{2}\left\{ \frac{N^2}{\mathcal{R}_{dc}} + \frac{\mathcal{R}_{mod}N^2}{\mathcal{R}_{dc}^2}\cos(P_{mod}\theta_{mod}) \right\} i_v \qquad(2)$$
$$- \frac{1}{2}\left\{ \frac{N^2}{\mathcal{R}_{dc}} + \frac{\mathcal{R}_{mod}N^2}{\mathcal{R}_{dc}^2}\cos(P_{mod}\theta_{mod}) \right\} i_w$$

これより各相コイルの自己インダクタンス L 及び相互インダクタンス M は次式で表わすことができる．

$$L = \ell + L_{dc} + L_{ac}\cos(P_{mod}\theta_{mod})$$
$$M = -\frac{1}{2}L_{dc} - \frac{1}{2}L_{ac}\cos(P_{mod}\theta_{mod}) \qquad(3)$$
$$\because \ell = \frac{N^2}{\mathcal{R}_{leak}},\ L_{dc} = \frac{N^2}{\mathcal{R}_{dc}},\ L_{ac} = \frac{\mathcal{R}_{mod}N^2}{\mathcal{R}_{dc}^2}$$

2.2 電圧方程式とトルク分配式

磁気変調形モータは一般的な永久磁石同期モータと異なり，ステータ極対数とロータ極対数が異なる．従って，ステータとロータに対して任意の極対数で各相コイルに鎖交する磁石磁束

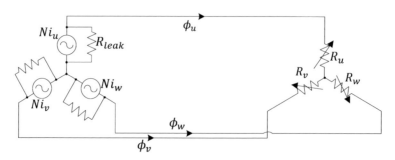

図2 磁気変調形モータの等価三相磁気回路

を考える必要がある。インナーロータの位置を θ_{pm}，その起磁力最大値を F とすると，各相コイルに対する磁石起磁力 F_u, F_v, F_w は次式で表わすことができる。

$$
\begin{aligned}
\mathcal{F}_u &= \mathcal{F}\cos\left(P_{pm}\theta_{pm}\right) \\
\mathcal{F}_v &= \mathcal{F}\cos\left(P_{pm}\theta_{pm} - \frac{2\pi P_{pm}}{3P_s}\right) \\
\mathcal{F}_w &= \mathcal{F}\cos\left(P_{pm}\theta_{pm} - \frac{4\pi P_{pm}}{3P_s}\right)
\end{aligned}
\tag{4}
$$

一方，静止座標系における磁気変調形モータの三相電圧方程式は次式で与えられる。

$$
\begin{bmatrix} v_u \\ v_v \\ v_w \end{bmatrix} = \begin{bmatrix} R & 0 & 0 \\ 0 & R & 0 \\ 0 & 0 & R \end{bmatrix}\begin{bmatrix} i_u \\ i_v \\ i_w \end{bmatrix} + \frac{\mathrm{d}}{\mathrm{dt}}\begin{bmatrix} L & M & M \\ M & L & M \\ M & M & L \end{bmatrix}\begin{bmatrix} i_u \\ i_v \\ i_w \end{bmatrix} + \frac{\mathrm{d}}{\mathrm{dt}}\begin{bmatrix} \psi_u \\ \psi_v \\ \psi_w \end{bmatrix}
\tag{5}
$$

ただし，R は電機子巻線抵抗，ψ_u，ψ_v，ψ_w は変調後の各相コイル磁束鎖交数であり，例えば，$\psi_u = FL/N$ のように表わすことができる。さらに，上式を三相二相変換し，$\theta_e = \omega t = P_{mod}\omega_{mod}t - P_{pm}\omega_{pm}t = \theta_{mod} - \theta_{pm}$ の演算で求まる角度で回転座標変換（γ–δ 変換）すると，次に示す二軸電圧方程式が得られる。なお，ここでロータの表面磁石に位相基準を置く d–q を用いず，γ–δ としているのは回転座標の基準位置が先の演算で求まる角度で座標変換を行っているためであり，一般的な永久磁石同期モータの回転座標変換と混同させないためである。式中の ω は電気角で表現した同期周波数であり，ω_{pm}，ω_{mod} はインナーロータ，変調子の機械角周波数である。

$$
\begin{bmatrix} v_\gamma \\ v_\delta \end{bmatrix} = \begin{bmatrix} R + \mathrm{p}L & -\omega L \\ \omega L & R + \mathrm{p}L \end{bmatrix}\begin{bmatrix} i_\gamma \\ i_\delta \end{bmatrix} + \begin{bmatrix} -E_\gamma \\ \omega\sqrt{\dfrac{3}{8}}\dfrac{L_{ac}\mathcal{F}}{N} - E_\delta \end{bmatrix}
\tag{6}
$$
$$
\because \omega = P_{mod}\omega_{mod} - P_{pm}\omega_{pm}
$$

次に上式に基づいて磁気変調形モータのトルク式を導出する。この式の左から $[i_\gamma\, i_\delta]$ を乗ずれば入力電力を得る。左辺が入力電力，右辺第一項が銅損，第二項が機械出力を表している。機械出力は同期周波数の式を用いて変形することができる。

$$
\begin{aligned}
P_i = v_\gamma i_\gamma + v_\delta i_\delta &= R\left(i_\gamma^2 + i_\delta^2\right) + \omega\sqrt{\frac{3}{8}}\frac{L_{ac}\mathcal{F}}{N}i_\delta \\
&= R\left(i_\gamma^2 + i_\delta^2\right) + \omega_{mod}\tau_{mod} + \omega_{pm}\tau_{pm}
\end{aligned}
\tag{7}
$$
$$
\because \tau_{pm} = -P_{pm}\sqrt{\frac{3}{8}}\frac{L_{ac}\mathcal{F}}{N}i_\delta, \tau_{mod} = P_{mod}\sqrt{\frac{3}{8}}\frac{L_{ac}\mathcal{F}}{N}i_\delta
$$

同期周波数の関係と機械出力より次式で表されるトルク分配式が成立する。

$$
\tau_s = \frac{P_s}{P_{pm}}\tau_{pm} = -\frac{P_s}{P_{mod}}\tau_{mod}
\tag{8}
$$

これは動力分割機構として用いられる遊星ギアのギア比の関係に相当するもので，インバータからの電力，インナーロータ，変調子の動力が分配可能であることを示唆している。

3 磁気変調形モータの試作機と実験システム

3.1 磁気変調形モータ試作機と実験システムの仕様

表1に試作した磁気変調形モータの主要諸元を示す。電機子巻線抵抗及び，回転座標上でのインダクタンスは実測値である。磁石はN39UH（Nd-Fe-B，B_r=1.22 T，H_{cb}=965.7 kA/m@293 K）が用いられている。

図3に試作機のモータ構造断面を示す。インナーロータをエンジン，変調子を駆動輪に接続しトルク分配式に従って動力を分配し，力行，回生を行うことができる。

図4に実験システムを示す。2つの負荷モータはそれぞれ変調子とインナーロータにトルクメータを介して直結されており，独立に速度制御されている。これに対し磁気変調形モータはインバータを用いてベクトル制御によりトルクを制御する。磁気変調形モータのインナーロータ，変調子それぞれに取り付けられたレゾルバからの磁極位置，変調子コア位置の情報を得ている。図5にベクトル制御システムのブロック線図を示す。

表1 磁気変調形モータ試作機の主要諸元

ステータ極対数 P_s	4
インナーロータ極対数 P_{pm}	8
変調子コア数 P_{mod}	12
ステータ直径	120 mm
ロータ直径	61.2 mm
鉄心積厚	49.5 mm
エアギャップ長	0.7 mm
巻線構成	4直2並列
最大電流	150 A_{rms}
電機子巻線抵抗 R	33.3 mΩ
電機子巻線インダクタンス L	0.27 mH
磁束鎖交数 ψ_a	3.8 mWb

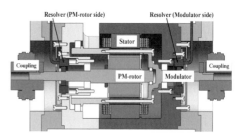

図3 試作モータの断面構造

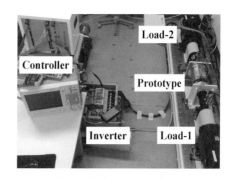

図4 実験システムの概要

3.2 HEVシステムの運転モードと実験概要

図6にHEVシステムに対応した運転モードと，そのときの速度共線図及び簡易的なパワーフローを示す。ここでは基本的な3つの運転モードについて実験を行う。

① エンジン出力アシストモード
② EVモード
③ 回生モード

①のアシストモードはエンジンの出力にモータの出力をアシストして駆動輪へ出力するモードである。②のEVモードはエンジンを停止させ，モータとしての出力のみによる走行を想定

第2章　EVモータの新技術と駆動制御技術

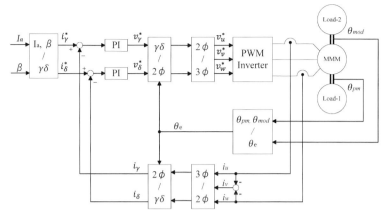

図5　ベクトル制御システムのブロック線図

したものである。なお，この場合はインナーロータを 0 r/min で速度制御する。③の回生モードは，エンジンが駆動輪へ出力を伝達しながら，その出力の余剰分をインバータへ回生するモードである。

以上の HEV システムを前提とした運転モードにおいて，次の3項目を確認する。
① 　トルクとギア比の関係
② 　トルク-電流位相特性
③ 　パワーフロー

①のトルクとギア比の関係では式(8)のトルク分配式を確認する。磁気変調形モータの2つの出力軸はトルクメータを介して2台の負荷モータに接続されているため，トルクを測定して式(7)のトルク理論値との比較を行う。②のトルク-電流位相特性では，電流位相 β を 15 deg ずつ変化させたときのトルク-電流位相特性を確認する。③のパワーフローでは，式(7)から入力電

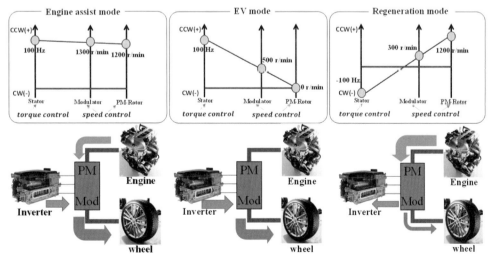

図6　HEV システムに対応した運転モードと速度共線図及びパワーフロー

力,機械出力,銅損,その他損失についてのパワーフローを検討する。入力電力と損失はパワーメータで電力を測定したものではなく操作量 v_γ, v_δ から計算したものを用いている。

4 磁気変調形モータの運転特性

ここでは各運転モードにおいて3つの実験結果を示す。条件としてインバータの直流バス電圧は80 V,スイッチング周波数10 kHz,デッドタイム4 μsとした。また,電圧方程式の数学モデルと実験結果には種々の誤差要因が存在する。特に,デッドタイムによる誤差,離散化誤差,インバータ主素子ON電圧による誤差要因の補償を施している。なお,回転方向とトルクの正方向は共にインナーロータ出力軸から見てCCW方向と定義する。

4.1 トルクとギア比の関係

図7に各運転モードでの電流-トルク特性のグラフを示す。$i_\gamma = 0$, $i_\delta = i_\delta{}^*$ の電流指令値を与える。図からわかるように,異なる運転モードでも i_δ が同じであれば各要素の発生トルクも同じになることが確認できる。また,式(8)からインナーロータと変調子トルクの関係は式(9)となり,図からもこの関係式を満たしていることが確認できる。

$$\tau_{pm} = -P_{pm}\tau_{mod}/P_{mod} = -2\tau_{mod}/3 \tag{9}$$

4.2 トルク-電流位相特性

図8にエンジンアシストモードでのトルク-電流位相特性のグラフを示す。δ 軸の位置を $\beta = 0$ として $-\gamma$ 軸方向に電流位相 β を15 degずつ変化させている。電流ベクトルの振幅は90 Aである。試作機はインナーロータが表面磁石構造となっているため一般的なSPMと同様の特性となるが,各電流位相で式(9)のギア比の関係が成立していることもわかる。

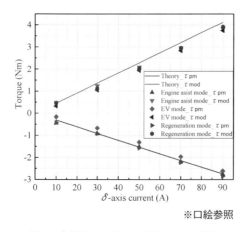

図7 各運転モードでの電流-トルク特性

※口絵参照

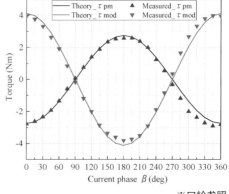

図8 エンジンアシストモードでのトルク-電流位相特性

※口絵参照

4.3 パワーフロー

図9に各運転モードでのパワーフローを示す。エンジンアシストモード，EVモードでは $i_\gamma = 0$ A, $i_\delta = 90$ A, 回生モードでは $i_\gamma = 0$ A, $i_\delta = 30$ A の電流指令値としたときについて検証した。まず，エンジンアシストモードのパワーフローでは $i_\gamma = 0$ A, $i_\delta = 90$ A の電流を流したとき，図7の結果から $\tau_{pm} < 0$, $\tau_{mod} > 0$ であることを確認できる。また，図6の速度共線図にあるように $\omega_{pm} > 0$, $\omega_{mod} > 0$ で運転している。したがって，インナーロータの機械出力は $\tau_{pm}\omega_{pm} < 0$, 変調子の機械出力は $\tau_{mod}\omega_{mod} > 0$ となる。つまり，インナーロータにはパワーを入力し，変調子からはパワーが出力されていることになる。このとき，式(7)からインバータも電力を入力しておりパワーフローは図9のようになる。

次にEVモードでは，エンジン停止を模擬するためインナーロータを停止させる。$i_\gamma = 0$ A, $i_\delta = 90$ A の電流を流したとき，図7のから $\tau_{mod} > 0$ であることが確認できる。また，図6の速度共線図から $\omega_{pm} = 0$, $\omega_{mod} > 0$ で運転しているため，$\tau_{pm}\omega_{pm} = 0$, $\tau_{mod}\omega_{mod} > 0$ となる。つまり，インナーロータは仕事をせず，変調子からパワーを出力することになる。このとき，式(7)からインバータは電力を入力することがわかる。

最後に回生モードでは，駆動輪へパワーを入力しながらエンジン出力の余剰分をインバータへ回生するモードを模擬している。まず，インバータがエネルギーを回生できる条件は，式(7)における入力電力 $v_\gamma i_\gamma + v_\delta i_\delta < 0$ が成立することである。先に説明したように $i_\gamma = 0$ であるので $v_\delta i_\delta < 0$ が回生できる条件となる。$i_\gamma = 0$ A, $i_\delta = 30$ A の電流を流したとき，図7の結果から，$\tau_{pm} < 0$, $\tau_{mod} > 0$ であることがわかる。また，図6の速度共線図から $\omega_{pm} > 0$, $\omega_{mod} > 0$ で運転しているため，インナーロータはパワーを入力し，変調子はパワーを出力することになる。このとき，インバータは電力を回生し，パワーフローは図9のようになる。なお，図中のその他損失は，実測値と理論値の差を損失として定義したものであり，理論式として使用した式(7)では鉄損や機械損などの損失は考慮されていない。図9よりエンジンアシストモード，EVモードでは入力電力の15%以上がその他損失となっており鉄損等の損失が非常に大きいことがわかる。これは，変調子により磁束を変調させ非同期成分の回転磁界が存在することや，変調子でも鉄損が発生するためである。

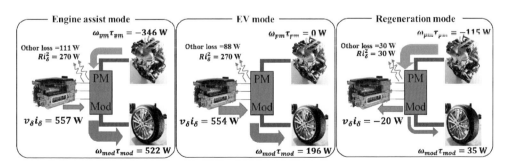

図9 各運転モードでのパワーフロー

第1編　EVの運動制御と走行安定性・評価技術

5　まとめ

　本稿では HEV システムに向けて研究されている磁気変調形モータについて解説した。磁気変調形モータはインナーロータ，変調子の 2 つの回転子をもち，HEV システムに必要なエンジンアシストモード，EV モード，回生モードモータ 1 台に集約できることを示した。ベクトル制御の基礎となる電圧方程式を導くとともに，ベクトル制御に基づく実験システムで理論値と実測値の比較を通じて，動力分割機構として用いられる遊星ギアのギア比に相当するトルク分配式が成立することを確認した。

　このように磁気変調形モータは HEV システムの小型化に貢献し得るが，一方でパワーフローに関する検討でも明らかなように，鉄損等の損失割合が大きいことが課題である。鉄損は変調された磁束が電機子巻線に鎖交することで生じるもので，磁気変調形モータの本質に関わる弊害とも言える。今後の研究により，このような課題が解決されることを期待したい。

文　献

1) 戸成辰也，加藤秀紀，松井啓仁：「磁気変調型二軸モータの鉄損に関する検討」電学回転機研究会，RM-13-142, pp.101-105(2013).

2) 福岡道成，中村健二，加藤秀紀，一ノ倉理：「磁気変調型二軸モータの最適構成に関する一考察」，電学回転機研究会，RM-13-141, pp.95-100(2013).

3) 竹内良友，加藤秀紀，多胡方一，小笠原悟司，酒井春彦：「磁気変調形モータの動作原理と制御方法」，電学全国大会，5-041, pp.73-74(2013).

4) 青山真大，久保田芳永，野口季彦，本橋勇人：「HEV 用磁石フリー磁気ギアモータの試作機設計」，電学産業応用部門大会，3-8, pp.97-100(2015).

5) 工藤純，野口季彦，川上学，佐野浩一：「IPM モータ制御システムの数学モデル誤差とその補償法」，電学半導体電力変換研究会，SPC-08, pp.25-30(2008).

第1編　EVの運動制御と走行安定性・評価技術

第3章　制動および回生制御技術

第1節　電動ブレーキシステムとその制御技術

東京電機大学　川口　裕

1 電動ブレーキシステムの定義

　運転者または，システム自体から制動作動指令を受けて，ブレーキシステム・装置を駆動し，タイヤ接地面に制動力を発生し，車体に減速度を発生させるプロセスにおいて，システム構成の中に電力を利用して作動する装置を含むシステムを電動ブレーキシステムと定義する。

2 電動ブレーキシステムの狙い

　制動力発生に必要なパワー源として電力を用い，また，制御実行計画作成（検知，解析，判断するセンサ・コンピュータ）と制御実行装置（アクチュエータ）の作動に電気信号・電力を用いて，制動制御の機能，性能，自由度，効率を向上し，乗員，歩行者の安全・安心と環境性能（エネルギー回生）の向上を図る。加えて近未来，商品化が加速される自動運転における自動ブレーキの諸機能達成にも不可欠となる。

3 ブレーキシステムの実行プロセス（「認知」，「判断」，「実行」）について

3.1 自動運転レベルと実行プロセスとの関係

　自動運転レベルにより自動ブレーキシステムの機能・構成が異なり実行プロセスも異なってくる。このため，ブレーキシステムの実行プロセスを検討するに当たり，今後商品化が予定されている自動運転レベルの「認知」，「判断」，「実行」の確認をはじめに行う。

　表1は，2016年内閣官房IT総合戦略室が作成した「自動運転レベルの定義」である。

　2016年9月米国運輸省NHTSAは，SAE International（SAE：Society of Automotive Engineers）の6段階（L5まで）の定義を採用している。国内の官民ITS構想・ロードマップの定義も国際的整合性の観点等を踏まえSAEベースに見直す。この表からわかるように，自動運転レベルに応じて「認知」，「判断」，「実行」の対応主体が異なってくる。

　「領域」に関して，SAEインターナショナルは，「ODD：Operational Design Domain」と定義し，「自動運転車が安全に動作できる環境」と説明している。

第1編　EV の運動制御と走行安定性・評価技術

表1　各自動運転レベルの概要と対応主体
自動運転レベルの定義概要（案）

レベル	概要	安全運転に係る監視、対応主体
運転者が全てあるいは一部の運転タスクを実施		
SAE レベル0 運転自動化なし	・ 運転者が全ての運転タスクを実施	運転者
SAE レベル1 運転支援	・ システムが前後・左右のいずれかの車両制御に係る運転タスクのサブタスクを実施	運転者
SAE レベル2 部分運転自動化	・ システムが前後・左右の両方の車両制御に係る運転タスクのサブタスクを実施	運転者
自動運転システムが全ての運転タスクを実施		
SAE レベル3 条件付運転自動化	・ システムが全ての運転タスクを実施（領域※限定的） ・ システムの介入要求等に対して、予備対応時利用者は、適切に応答することを期待	システム（フォールバック中は運転者）
SAE レベル4 高度運転自動化	・ システムが全ての運転タスクを実施（領域※限定的） ・ 予備対応時において、利用者が応答することは期待されない	システム
SAE レベル5 完全運転自動化	・ システムが全ての運転タスクを実施（領域※限定的ではない） ・ 予備対応時において、利用者が応答することは期待されない	システム

※ここでの「領域」は，必ずしも地理的な領域に限らず，環境，交通状況，速度，時間的な条件などを含む。

表2　各ブレーキシステムにおける「認知」，「判断」，「実施」の実行者

	自動運転レベルと運転自動化	手動ブレーキと自動ブレーキの区分	認知	判断	実施
1	自動運転レベル0 （運転自動化なし）	全てのタスク・条件下で手動ブレーキ	運転者	運転者	運転者
2	自動運転レベル1 （運転支援）	限られたタスク・条件でのみ自動ブレーキ	システム（車）	システム（車）	システム（車）
		上記タスク・条件以外では手動ブレーキ	運転者	運転者	運転者
3	自動運転レベル2 （部分運転自動化）	限られた条件でのみ自動ブレーキ	システム（車）	システム（車）	システム（車）
		上記条件以外では手動ブレーキ	運転者	運転者	運転者
4	自動運転レベル3 （条件付き運転自動化）	全タスクに対し限定条件でのみ自動ブレーキ	システム（車）	システム（車）	システム（車）
		システムからの介入要求時は手動ブレーキ	運転者	運転者	運転者
5	自動運転レベル4 （高度運転自動化）	全タスクに対し限定条件でのみ自動ブレーキ	システム（車）	システム（車）	システム（車）
		システム異常時、利用者の介入は期待しない	システム（車）	システム（車）	システム（車）
6	自動運転レベル5 （完全運転自動化）	全てのタスク・条件下で自動ブレーキ	システム（車）	システム（車）	システム（車）

3.2　ブレーキシステムの基本作動プロセス（「認知」，「判断」，「実行」）

　表2は，上記各自動運転レベルにおけるブレーキシステム作動時の「認知」・「判断」・「実施」の実行者を整理したもの。従来の機械式常用ブレーキを「手動ブレーキ」とし，「自動ブレーキ」と区別する。

　表から読み取れるように，自動運転実施中は「認知」・「判断」・「実施」の実行者はシステム（車）であり，自動ブレーキシステムが必要となり後述する Brake By Wire（BBW）システムを

保有することとなる。自動運転レベル1〜3においては，「運転条件が領域外・条件外の場合」は手動運転に戻ることも示している。自動運転レベル0〜レベル5へのレベルアップに伴い，全てのプロセスをシステム（車）が実行する方向へと進化する。

4 制動力実現機構（システム構成）による分類

上記ブレーキシステムの「認知」・「判断」・「実施」のプロセスにおいて，特に，「実施」段階の実現手段として「手動ブレーキシステム」，「半自動ブレーキシステム」，「完全自動ブレーキシステム」の3種類のシステム構成・方式に分類される。各方式の作動上の特徴を以下に記す。各方式の具体的なブレーキシステム，油圧システムの実施事例は後掲5項に示す。

4.1 手動ブレーキ（完全機械連結式）システム

自動運転レベル0及び，レベル1〜3の「運転条件が領域・条件外」の場合この方式となる。

① 入力〜出力時におけるシステム構成ユニット間の接続は機械的に連結される。
② システム作動指令値の入力（制御）は運転者が機械的に行う。
③ 入力指令値の伝達・制御はシステムが機械的に行う。
④ 出力作動パワー源として人力を用いる。

以下に，完全機械連結式ブレーキシステムの「実施」段階の作動プロセスの詳細を示す。

ここでの機械連結式伝達媒体としては，機械式リンク及び油圧，空気圧を含む。

「制動力（減速度）作動指令入力」（運転手）⇒「制動力出力制御」（ブレーキシステム：ペダル踏力〜倍力装置〜伝達媒体変換装置（マスタシリンダ：M/C）〜油圧減圧制御バルブ⇒「制動力発生」（ドラムブレーキ，ディスクブレーキなどブレーキ本体で伝達媒体の機械への再変換と加力による制動トルク発生）⇒タイヤ接地面制動力発生⇒車体減速度発生。

完全機械連結式ブレーキシステムにおいても，電動負圧ポンプや電動油圧ポンプ，電動モータ駆動方式の「入力倍力装置」にて人力を補助するのが一般的である。

以上は，主機能である常用ブレーキについて説明したが，以下の車両の走行安全性向上のため補助機能として搭載する制御システムである Antilock Brake System（ABS），Traction Control System（TCS），Electronic Stability Control System（ESC），Brake Assist System（BAS）などでも電動油圧ポンプを利用するケースが多い。このように，手動ブレーキシステムにおいても一部機能に電動システムを活用するのが一般的であり，これらシステムを搭載する場合，広義に考えると電動ブレーキシステムに分類することができる。

4.2 半自動ブレーキシステム

電動・機械式常用ブレーキ（回生・摩擦協調ブレーキ，電動キャリパ，商用車エアブレーキなど）や電動駐車ブレーキはこの方式となる。

① 入力〜出力時におけるシステム構成ユニット間の接続は，電気的（電気信号による）連結と機械的連結との組み合わせになる。
② システム作動指令値の入力（制御）は，運転者が機械的に行う。

③ 入力指令値の伝達・制御は，システムが電気的および機械的構成にて行う。
④ 出力作動パワー源は，電力または，電力により発生する油圧，空気圧を用いる。

半自動ブレーキシステムでは，部分的にユニット間接続を電気信号により行うのでBBW方式が必要となる。以下に，BBW方式を用いた自動ブレーキシステムの「実施」段階の実行プロセスの詳細を示す。

入力指令(運転者が踏み込むブレーキペダルストロークを検出し，これを入力指令とする。この入力指令をECUに送信)⇒出力制御指令(ECU)⇒出力制御実行(ACT，インバータの制御により，作動エネルギー源から必要パワーを制御し出力)(油圧制御弁，モータ)⇒出力実行(ブレーキ本体制動トルク発生)⇒タイヤ接地面制動力発生⇒車体減速度発生。

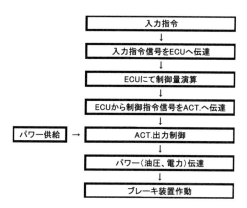

図1　BBW方式の「入力指令」～「ブレーキ装置作動(出力実行)」の流れ

図1に，BBW方式の「入力指令」～「ブレーキ装置作動(出力実行)」の流れを示す。

ここで，ECUは車載コンピュータ，ACTは油圧制御弁アクチュエータを示す。

従来の完全機械式ブレーキシステムでは，入力指令信号とパワー供給が同一系統で行なわれていた。BBWシステムではこれらを分離し，入力指令信号を電気信号としてECUに送る。ECUは，制御指令信号を同じく電気信号としてACTへ送る。ACTは，必要パワー分を演算制御し各種パワー源から出力する(制御弁，モータ)。これを受けてブレーキ装置(ディスクブレーキ，ドラムブレーキ)が制動トルクを出力する。

BBWの主なソフト・ハード構成要素を以下に示す。

入力指令(ペダルシミュレータ)，検出・演算・制御指令(ECU)，アクチュエータ作動(制御弁，ブレーキ本体)，作動エネルギー源(電力，ポンプ，アキュムレータ)，フェイルセーフシステム，信号伝達系(ワイヤ)。

4.3　完全自動ブレーキシステム

自動運転レベル4～5および，レベル1～3の「運転条件が領域内・条件内の場合」はこの方式となる。

① 入力～出力時におけるシステム構成ユニット間の接続は，電気的(電気信号による)連結と機械的連結との組み合わせになる。
② システム作動指令値の入力(制御)は，システムを構成するECUにより行う。運転者による機械的な入力は行わないので，ブレーキペダル・レバーなどは必要ない。
③ 入力指令値の伝達・制御は，システムが電気的および機械的構成にて行う。
④ 出力作動パワー源は，電力または，電力により発生する油圧，空気圧を用いる。

完全自動ブレーキシステムでは，運転者の機械的な入力は行わないので，ブレーキペダルやブレーキレバーなど機械的な入力装置は不要となる。これにより運転者の作動空間，居住区間

表3 手動，半自動，完全自動，各ブレーキシステムの作動方法

ブレーキシステム方式	入力〜出力システム構成ユニット間接続方法	システム作動指令値の入力方法	入力指令値の伝達・制御方法	出力パワー源
機械式ブレーキシステム（手動ブレーキシステム）	機械的に連結（油圧配管接続含む）	運転者が機械的に入力（ブレーキペダル・レバー入力）	システムが機械的連結・制御により伝達	運転者の人力（＋倍力装置）
半自動ブレーキシステム	電気的（電気信号・電力）連結と機械的連結との組み合わせによる	運転者が機械的に入力（ブレーキペダル・レバー・スイッチ入力）	システムが電気的信号、電力制御及び機械的連結・制御により伝達	電力または、電力により発生する油圧、空気圧
完全自動ブレーキシステム	電気的（電気信号・電力）連結と機械的連結との組み合わせによる	認知（センサー）・解析・判断（ECU）を経てECUから指令値入力	システムが電気的信号、電力制御及び機械的連結・制御により伝達	電力または、電力により発生する油圧、空気圧

の拡大などのメリットが生じるが，一方で以下の問題点が生じる。システムが作動不良に陥った時，完全機械式ブレーキシステムや半自動ブレーキシステムでは，ブレーキペダルによる手動ブレーキを復活させフェイルセーフ機能を達成することができる。これに対して，ブレーキペダルを搭載しない完全自動ブレーキシステムでは，パワー源，機械系統，電気系統，制御系統の故障に対する冗長システムの再構築が必要となる。宇宙ロケット（搭乗者あり）や航空機の冗長システムなども参考にすべきと思われる。

以上に述べた各ブレーキシステムの作動方法を**表3**にまとめた。

5 制動機能別ブレーキシステムの分類と実施例

ここでは，各ブレーキシステムの実施例の詳細説明を行う。前項で説明したように3方式のブレーキシステムは以下の機能・機構を必要とする。

① パワー源発生機能・機構

パワー源としては電力，電動モータ，電動ポンプ駆動油圧・空気圧が主に用いられる。

② 入力指令機能，出力パワー制御機能・機構

パワー源により制御機能・機構が変わる。

③ ペダルストロークシミュレータ機能・機構（完全自動ブレーキシステムでは本機能は不要）

作動指令を入力するペダルに，人間工学的に最適な踏力〜ストローク特性を設定する。

④ パワー源・電気系統故障時フェールセーフ機能・機構

各方式に対応した冗長機構が必要となる。

本稿では上記①〜④の観点から各実施システムの特徴を考察する。

以下考察には筆者の推論部分も含まれるのでここでお断りしておきたい。図の出典は，参考文献に記載する。

5.1 完全機械連結式システム（ABSシステム搭載）

4.1で説明した完全機械連結式ブレーキシステムの機能・要素を有する代表的な実施例を下記**図2**に示す。

本実施例では，主機能の制動力発生装置は，以下のプロセスによる完全機械的連結構成に

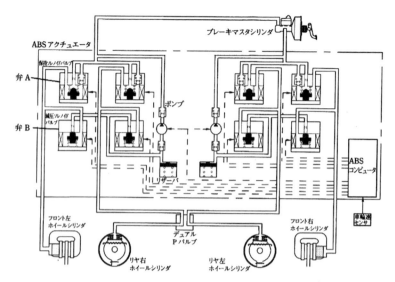

図2 完全機械連結式システム（ABSシステム搭載）[1]

なっていることを示す。パワー源・作動指令入力装置（ブレーキペダル）⇒倍力装置（ブレーキブースタ）⇒伝達媒体変換装置（マスタシリンダ：M/C）⇒油圧制御装置（油圧減圧バルブ）⇒制動力発生装置（ドラムブレーキ，ディスクブレーキ）。

　本事例では，補助機能として制動時車両安定性，操舵性を制御するABS装置を搭載している。図2において，M/C油圧が高くなって車輪がロックに到る時，保持バルブを閉じ，減圧バルブを開いてホイールシリンダ（W/C）油圧を下げロックを解除する。W/C側の制御油圧レベルはM/Cの油圧レベル以下にて実施される。ABSでは増圧機能・油糧循環機能を果たすためのパワー源として電動油圧ポンプを搭載しており，広義に考えると電動ブレーキシステムと考えることができる。

5.2 完全機械連結式システム（ESC, TCS, BASシステム搭載）

　完全機械連結式ブレーキシステムのもう1つの実施例を図3に示す。
　本実施例でも，主機能の制動力発生装置は，完全機械的連結構成になっている。補助機能としてESC, TCS, BASを制御する油圧回路システムと，システム駆動用パワー源として電動油圧ポンプを搭載しており，前掲ABSシステムと同様，電動ブレーキシステムと見做すことできる。ESCは操舵時の車両安定性を制御するシステム，TCSは発進・加速時の駆動力・車両安定性を制御するシステムであり，運転者がブレーキペダルを踏み込んでいない時に，制動力により車両姿勢や駆動力を制御するシステムである。BASは運転者がブレーキペダル踏み込んだ時に，意図する充分な制動力が出なかった場合に制動力増加をアシスト制御するシステムである。これらシステムが作動する場合，M/C側とブレーキ本体内W/C側との油圧回路を一旦遮断するM/Cカットバルブを搭載し，油圧の発生していない，又は油圧の低いM/C側への油糧の逆流を防いでいる。

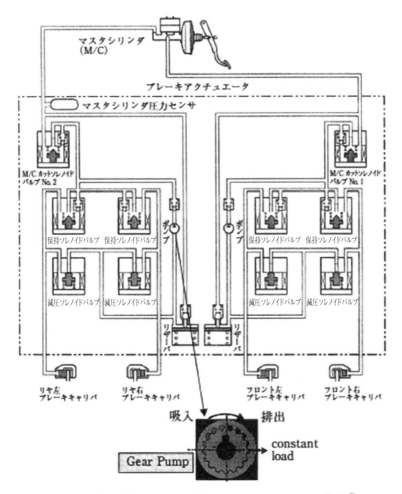

図3 完全機械連結式システム(ESC, TCS, BAS システム搭載)[2]

5.3 半自動ブレーキシステム(2代目トヨタプリウス回生協調ブレーキシステム)

ここでは，4.2で説明した半自動ブレーキシステムの機能・要素の代表的な実施例を示す。

図4に，2003年に発売された2代目トヨタプリウスのブレーキシステム・油圧回路図を示す。

本システムの特徴を以下に示す。トヨタの回生協調ブレーキ油圧システムは，パワー源として電動モータ駆動油圧ポンプを持ちアキュムレータに作動圧を蓄える。運転手の入力指令を，ペダルストロークセンサーとM/C圧力センサーにより検出し，車載ECUに送信する。ECUは目標制動力を演算し，各輪用の増圧バルブと減圧バルブに制御指令を送る。各4個の増圧・減圧バルブは，アキュムレータ圧を制御し4輪各輪ごとにW/C圧を供給し制動トルクを発生させる。本油圧システムでは，2個の切り替えソレノイドバルブ(SMC1, SMC2)によりM/C側とブレーキW/C側を遮断している。M/C側にはストロークシミュレータがあり，運転手に適したブレーキペダルの踏力〜ストローク特性を確保する。

電源系統等の故障に対するフェールセーフとして，バックアップにキャパシタタイプバッテ

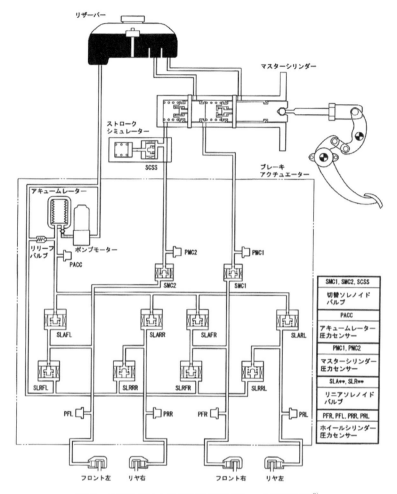

図4 2代目プリウス用回生協調ブレーキ油圧回路[3]

リを追加するとともに，ペダル＋M/C の機械式補助機構を残し人力によりパワーを確保する方法を採用している．本油圧システムは，本システムは各輪に増圧・減圧制御バルブを備えるため，主機能である常用ブレーキはもとより，補助機能である ABS・ESC など自動制御ブレーキや，回生ブレーキ，衝突回避被害軽減ブレーキなど各種自動ブレーキ全てに対応可能となる．

5.4　半自動ブレーキシステム（3代目トヨタプリウス回生協調ブレーキシステム）

図5は，2009年に発売された3代目トヨタプリウスのブレーキシステム・油圧回路図である．

本システムの運転者の入力指令の検出方法と ECU への送信方法，ECU での目標制動力の演算と増圧バルブと減圧バルブに制御指令を送るプロセスまでは2代目プリウスと同じ．2代目では，ECU からの制御指令は各輪用4個の増圧・減圧バルブに送信され各輪ごとに制御を行っているが，3代目では，ECU からの制御指令は全輪用各1個の増圧・減圧バルブに送信

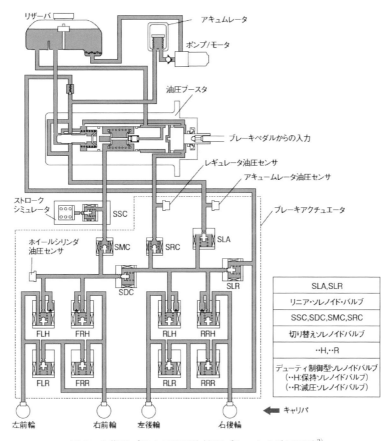

図5 3代目プリウス用回生協調ブレーキの油圧回路[3]

され4輪W/C側油圧回路に同一制御圧を供給する。2代目との違いとして，各増圧バルブ・減圧バルブが4輪全輪分の作動流量を分担するため制御流量が多くなる点に配慮が必要となる。また，2代目では，各4個の増圧・減圧バルブにより，常用ブレーキなど主機能とABSなど補助制御機能の全てを賄っているのに対して，3代目では，図に示すようにABSなど各輪制御システム用に別途各4個の保持・減圧バルブが必要となる。2代目に対して，倍力装置として油圧ブースタを搭載し，ABS作動時制御性向上，電源系故障時のバックアップ性能向上と2代目搭載のバックアップバッテリ不要とする狙いを持つ。ストロークシミュレータ機能に関しては，2代目と同じく適切な踏力～ストローク特性確保が可能。

本システムの主な狙いはシステムのコストダウンにある。増圧・減圧制御バルブ数の減少，ABSなど補助機能用制御バルブは従来品共用，油圧ブースタ利用によるフェールセーフ性能向上などの寄与が大きいと思われる。

5.5 半自動ブレーキシステム（4代目トヨタプリウス電子制御ブレーキシステム）

図6に，2015年に発売された4代目トヨタプリウスのブレーキシステム・油圧回路図を，図7に，加圧装置の増圧，保持，減圧時の制御動作を示す。

本システムの運転者の入力指令の検出方法とECUへの送信方法，ECUでの目標制動力の演

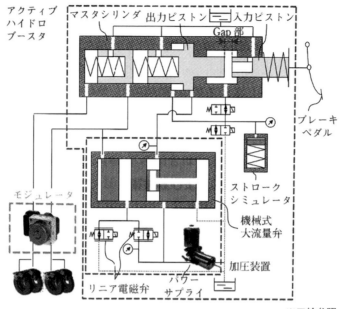

図6　電子制御ブレーキシステム[4]

算と増圧・減圧バルブに制御指令を送るプロセスまでは3代目プリウスと同じ。3代目では，ECUからの制御指令を全輪用各1個の増圧・減圧バルブに送信・制御し4輪W/Cに同一制御圧を供給する。4代目でも各1個の増圧・減圧バルブを搭載する構成は同じであるが，このバルブの役割は3代目の各輪への油圧油糧供給用とは異なり，大流量弁(スプール方式レギュレータ弁)の制御用として用いる。このレギュレータ弁により増圧・保持・減圧制御し，出力ピストン背面に送り込みタンデムマスタシリンダの油圧制御を行う。3代目と同様，W/C側油圧回路に同一制御圧を供給し，ABS，ESCなどの制御を行うモジュレータを介して4輪各輪にW/C圧を供給し制動力を発生させる。

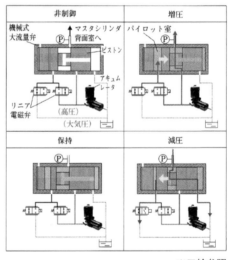

図7　加圧装置の制御動作[4]

電源系統の故障に対するフェールセーフとして，3代目と同様に，ペダル＋M/Cの機械式連結機構を復活し人力によりパワーを確保する方法を採用している。この場合，残されたアキュムレータ圧を有効活用するため，電気駆動の増圧制御弁に頼らず，人力により昇圧するM/C圧によりレギュレータ弁を駆動するピストン機構を大流量制御弁に組み込んでいる。ストロークシミュレータ機能に関しては，2代目，3代目と同様，適切な踏力～ストローク特性を確保する機構を搭載している。特に本機構では，ブレーキペダル側の入力ピストンと出力ピ

ストンの間にGapを設けピストン摺動抵抗の低減などにより更なるペダル操作性向上を計っている。

本システムの主な狙いは，従来油圧ブースタに用いられている機械駆動方式大流量制御弁の作動原理を活用し，電動リニア制御弁駆動方式を採用することにより，4輪へ供給する大きな流量の制御性向上を計る点にある。

5.6 半自動ブレーキシステム（日産フーガ・リーフブレーキ油圧ユニット）

図8は，2010年に発売された日産フーガ・リーフのブレーキ油圧ユニット構造である。

本システムでは，パワー源として電動モータを用い直接M/C内に油圧を発生させる。運転者の入力指令は，ブレーキペダルに設けられた変位センサーにより検出されECUに送信される。ECUでは目標摩擦制動力を演算し電動モータへ制御指令信号を送る。電動モータはバッテリからの電力供給を受け必要回転トルクを発生する。本アクチュエータではモータの回転運動を直動機構により直進運動に変換し，回転トルクを軸力に変換しM/Cピストンを押し出し油圧を発生させる。モータ駆動されるBallScrewと一体に組み合わされているM/Cピストン（プライマリピストン）面積と，ペダル踏力により駆動されるInputRodのピストン面積の和の面積でM/C油室の油圧を発生させる。インプットロッドとプライマリピストンとは，間に設けられた反力ばねを介して相対変位が可能である。両者の同方向変位でM/C圧を発生することも，ペダル踏力〜ストローク特性を保持したままモータ駆動プライマリピストンの変位のみでM/C油圧を発生することも，またモーター駆動を停止しプライマリピストンの動きを止め，インプットロッドのみを作動することも可能である。これらの作動により，回生協調ブレーキの目標制動力制御において，車速変化などによる回生ブレーキの変動分を摩擦ブレーキ制御（M/C油圧制御）により補償している。

ブレーキペダル反力は，インプットロッドに作用するマスタシリンダ圧とインプットロッド

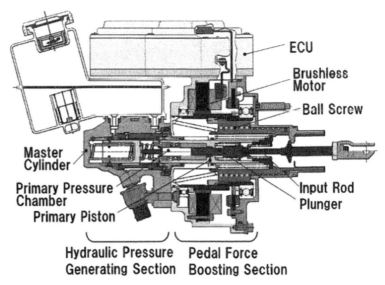

図8　日産フーガ・リーフのブレーキ油圧ユニット[5]

— 101 —

とプライマリピストンの間に設けられたばね反力により決まる。これらの作動により，ペダル踏力～ストローク～M/C油圧特性を自由に設定するとともに，ストロークシミュレータの機能も可能となる。図には示していないが，ABS・ESCなど各輪制御が必要な補助制御機能は，4代目プリウスなどと同様，モジュレータとしてのVehicle Dynamic Control(VDC)ユニットを介して4輪各輪の制動力制御を行う。

電源系統故障に対するフェールセーフとしては，ペダル＋M/Cの機械式連結機構を利用し入力によりパワー確保が可能。VDCユニットの油圧ポンプ活用も可能と思われる。本システムの特徴は，従来の負圧ブースタに代えてほぼ同じスペースに電動モータ駆動油圧ユニットを設け負圧源を不要にすると共に，ブレーキフィーリング向上，回生協調ブレーキ制御に電動駆動式新機構を提供している。本機構にて，主機能である常用ブレーキ，回生協調ブレーキ，衝突回避被害軽減ブレーキ，補助制御機能であるABS・ESCなど各種ブレーキ制御を可能としている。

5.7 半自動ブレーキシステム(ホンダフィット電子制御ブレーキシステム)

図9は，2013年に発売されたホンダフィットのブレーキシステム・油圧回路図を示す。

本システムでは，パワー源として電動モータを用い油圧シリンダ(Slave Cylinder)に油圧を発生させる点，運転者の入力指令をペダルストロークセンサにより検出しECUに送信し，ECUで目標摩擦制動力を演算し電動モータへ制御指令信号を送る点，電動モータはバッテリからの電力供給を受け目標回転トルクを出力する点までは，前出図8の日産フーガ・リーフの作動プロセスと同じ。本システムではモータ出力軸に減速ギヤを設け，この回転トルクを直動機構により軸力に変換し，油圧シリンダピストンを押し出し2系統回路に油圧を供給する。油圧回路下流に4代目プリウスなどと同様，ABS，ESCなど補助制御システム用モジュレータとしてVehicle Stability Assist(VSA)を搭載し4輪各輪の制動力制御を行う。図9の運転者の入力を遮断するM/C油圧カットバルブ(Master cut valve)より上部に，ペダルストロークシミュレータ機構と，電源系故障時用にペダル＋M/Cの機械式駆動機構を搭載し入力によりパワーを確保するフェールセーフ機構を持つ。

本システムの特徴は，パワー源として電動モータにより直接油圧シリンダを駆動する方式とし，応答性の向上と出力軸に減速ギヤを介在させモータの小型・コンパクト化を図っている。ペダルストロークシミュレータ・M/C側

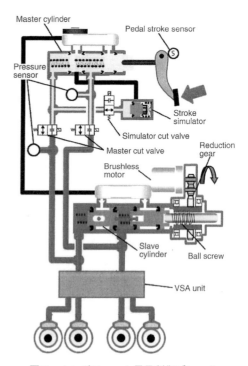

図9 ホンダフィット電子制御ブレーキシステム[6]

第3章　制動および回生制御技術

と，モータによる油圧制御システム側とは油圧配管で接続されているので，2つの部品に分離搭載も可能でありエンジンルーム内の搭載性向上も考えられる。

5.8　完全自動ブレーキシステムの実施例

4.3で説明したように本システムの作動は，運転者による機械的な入力は行わず，システムを構成するECUからシステムへ作動・制御指令入力を行う。その後の入力指令の伝達システム構成・方式・制御と出力パワー源の供給プロセスは，4.2で説明した半自動ブレーキと同じ機構・方法で可能となる。

具体的には，図4に示したプリウス（2代目）のブレーキシステム・油圧回路図において，「ブレーキアクチュエータ機構」＋「ブレーキ本体」＋「リザーバー」により構成するシステムにて可能となる。ブレーキペダル関連機構の「ブレーキペダル」，「ストロークシミュレータ」，「M/C（M/C油圧センサー）」を省き，「M/C切替えバルブ」を「リザーバー切替えバルブ」機能として残しリザーバーへの連結配管により，リザーバの大気圧連通機能と油糧供給機能を得る。ブレーキペダル関連機構をフェールセーフ機能として残す場合は，前述したプリウス2代目ブレーキ油圧回路図（図4）をそのまま利用することも可能である。

本システムの特徴（長所，短所）は，前述のように，入力指令，出力指令・伝達に電気信号を使い，出力パワー源として電力または，電動モータ駆動油圧ポンプの油圧を用いる。

本システムの最大の課題はフェールセーフ機能の確保である。特に，供給パワー源としてのバッテリ，作動油圧発生のための電動モータや，電動キャリパ（Electromechanical Brake：EMB）・電動駐車ブレーキ（Electric Parking Brake：EPR）など，制動軸力を直接駆動する電動モータの電力パワー源のバックアップ機能が重要となる。半自動ブレーキシステムのブレーキペダル＋M/C機構は，電源系，電気通信系故障時のフェールセーフ機能を保有する。

6　電動ブレーキシステムを構成する電動コンポーネント

ここまでは電動ブレーキシステムの機能・構成・作動原理の説明を行ってきた。入力指令からECUによるコンポーネントへの制御指令までの伝達プロセスは，電気信号による伝達方式と同じである。本項ではシステムを構成するコンポーネントの機能・構成・作動原理を主体に取り上げる。

6.1　電動キャリパ（EMB）の実施例

図10に，NTN㈱が開発している電動キャリパの構成を示す。電動モータは，キャリパに搭載されている。ECUとインバータは，車両ばね上部材に搭載されている。ECUからの制御指令を受けてインバータによりバッテリ電力を制御し電動モータに供給する。この電動モータによる回転トルクを3個の歯車を介してサンローラに伝え，サンローラから4個の遊星ローラを介してアウタリングに伝える。遊星ローラとアウタリングにより直動機構を構成しており，アウタリングの軸力によりブレーキパッドをブレーキディスクに押し付け制動トルクを発生する。

— 103 —

第1編 EVの運動制御と走行安定性・評価技術

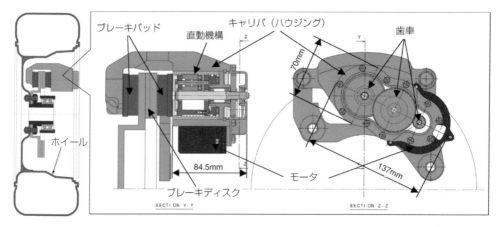

図10 EMBの電動モータ，直動機構，ディスクブレーキの制動トルク発生機構[7]

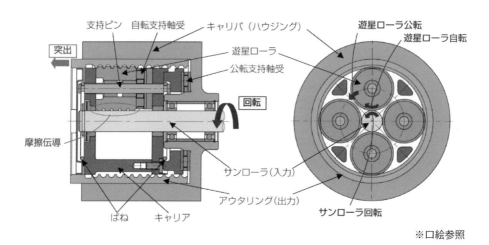

※口絵参照

図11 直動機構による回転トルクから軸力への変換機構[8]

図11は，図10における直動機構の詳細図である。

本機構では，特に，サンローラから遊星ローラへのトルク伝達手段として摩擦力を用いている点に1つの特徴がある。遊星ローラとアウタリングはアウタリング内径部の螺旋ねじを介して係合する。遊星機構の原理により，サンローラの回転が減速され遊星ローラが公転するので，サンローラの回転に対するアウタリングの移動量はアウタリングのねじの実リードより小さくなる(等価リードが小さい)。この本直動機構のもう1つの特徴により，荷重変換率(入力トルクに対する押付力の比率)が大きくなりモータの小型化を可能にしている。

6.2 電動駐車ブレーキ(EPB)の実施例

駐車ブレーキシステムも常用ブレーキ(サービスブレーキ)同様，完全機械式，半自動式，完全自動式の3方式が考えられる。本項では，この内，伝達媒体として電力・電気信号を用いるリンク組込み方式，キャリパ組込み方式，ドラムブレーキ組込み式の3方式の電動駐車ブレーキを取り上げる。

6.2.1 伝達リンク組込み方式

従来のPKBの機械式引張り力伝達リンク機構の途中に電動モータと直動機構を組込み軸力を発生させる。ドラムインディスクブレーキ（ブレーキディスクハット部内側に組み込まれたドラムブレーキ）を作動させる方式。トヨタレクサス，スバルなどにて商品化されている。

6.2.2 キャリパ組込み方式

図12は，NTN㈱が開発しているキャリパ組込み方式電動駐車ブレーキ（EPB）を示す。

従来商品化されているEPBは，油圧ピストン方式のサービスブレーキに電動モータ方式EPBが組み込まれている。本方式は，図9のEMBに中間歯車とロックピン付ソレノイド機構を追加搭載しパーキングブレーキ機能を組み込んでいる。EMBとEPBの両機能を1つの電動モータにより駆動する新しい方式である。

6.2.3 ドラムブレーキ組込み方式

図13は，アドヴィックス社製ドラムブレーキ組込み方式電動駐車ブレーキ（EPB）を示す。ホンダが2014年12月発売の軽自動車N-BOXスラッシュ（ホンダ）にドラムブレーキ用EPBとして世界で初めて搭載した。モータは，車両内側，バックプレート外側に配置，減速機はバックプレート内側に配置。歯車を4個設けトルクを増幅している。

運転手席でのPKB操作レバー・ペダルと操作力伝達用機械式リンク機構が不要になるほか，自動ブレーキにおいて，坂路保持時などサービスブレーキを長い時間保持する場合に必要となる。軽自動車などドラムブレーキを搭載する小型車にも自動ブレーキの搭載が増えてきておりドラムブレーキ用EPBが必要となる。

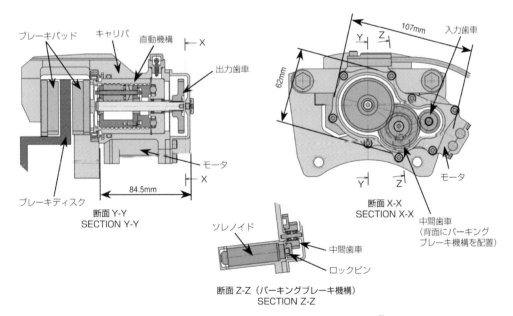

図12　キャリパ組込み方式電動駐車ブレーキ（EPB）[9]

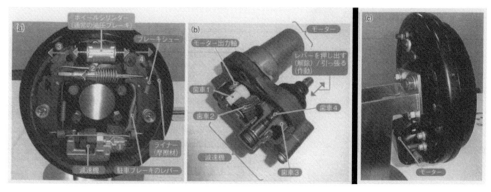

図13 ドラムブレーキ組込み式電動駐車ブレーキ(EPB)[10]

7 電動ブレーキシステムのまとめ

① 電動ブレーキシステムの考察に当たって，車の自動運転レベル毎に，ブレーキ操作プロセス「認知」・「判断」・「実行」の観点から3つのブレーキシステム方式に分類した。
② これら3方式の主として実行プロセスにおける機能・構成上の違いを整理した。
③ 3方式の考察に当たっては，ブレーキの主機能（常用ブレーキ，駐車ブレーキ）と補助制御機能（ABS, ESCなど）を考慮した。
④ 電動ブレーキシステム各方式の考え方，パワー源，システム構成，作動原理，フェールセーフ手段を実施例により詳細説明した。
⑤ 電動ブレーキシステムを構成するコンポーネントとして，最新の電動キャリパ（EMB）と電動駐車ブレーキ（EPB）を取り上げ詳細説明した。
⑥ 今回取り上げた電動ブレーキシステムの各種最新技術の考察から，今後進めるべき技術開発の方向性や技術課題・問題点の検討に役立てていただきたい。

8 電動ブレーキシステムの今後の動向

　車の自動運転化，電動化の進展に伴い，自動ブレーキ，電動ブレーキの機能，性能，安全性，信頼性の更なる向上が必要となる。パワー源としては電力使用が定着する。また，作動・制御指令手段としても電気信号が主体となる。最終的制動力出力を担うディスク・ドラムブレーキの作動媒体として，電力，油圧，空気圧の最適活用方法の技術開発は今後も継続する。回生ブレーキの活用拡大も技術課題の1つである。
　今後は更に，自動化に伴う新規システム・コンポーネントのフェールセーフ機能，セキュリティ機能に関する研究開発も重要となる。

文　献

1) 原田宏 監修，川口裕，西脇正明，井上秀雄，山本幸雄：自動車工学—基礎—第3章制動力学と制御機構，自動車技術会．p.107(2003)．

2) 小林稔和，松尾芳明，森川倫仁：自動車技術ハンドブック[5]設計(シャシ)編，自動車技術会．p.211(2005)．

3) 日経 Automotive Technology：(2010年3月号)．

4) 西尾彰高，増田芳夫，酒井朗，岡野隆宏，神谷雄介：自動車技術，自動車技術会．Vol.71，No.6，8(2017)．

5) 小畑卓也，大谷行雄，白川直樹，伊藤義徳，後藤進之介，小池雄一：自動車技術会学術講演会前刷集，No.55-11(2011)．

6) 大久保直人，西岡崇，赤峰宏平，波多野邦道：*HONDA R&D Technical Review*，Vol.25，No.1，p49(2013)．

7) 山崎達也，江口雅章，牧野祐介：*NTN TECHNICAL REVIEW*，No.77，P.41(2009)．

8) 山崎達也，江口雅章，牧野祐介：*NTN TECHNICAL REVIEW*，No.77，P.42(2009)．

9) 山崎達也，村松誠，増田唯：*NTN TECHNICAL REVIEW*，No.81，P.32(2013)．

10) 日経 Automotive：(2016年12月号)．

第1編　EVの運動制御と走行安定性・評価技術

第3章　制動および回生制御技術

第2節　回生協調ブレーキ技術

東京電機大学　川口　裕

1　回生ブレーキとは

① 電動モータを車の駆動力として用いる HV[*1], PHV[*2], EV[*3], FCV[*4] では，制動時，車両運動エネルギーを電気エネルギーに変換・回生する際生じる回生ブレーキ力を最大限活用することが望ましい。

② 制動時，車両が保有する運動エネルギにより駆動輪タイヤを介して発電機を駆動し，電気エネルギに変換し蓄電器(電池，キャパシタ)に蓄える。

③ タイヤが発電機を駆動するトルクが制動トルク(回生ブレーキ)となる。

2　回生ブレーキの狙い

　従来の摩擦ブレーキは，制動時，車の運動エネルギーを熱エネルギー(摩擦熱)に変換し大気に放散する。これに対して，回生ブレーキは，車の運動エネルギーを電気エネルギーに変換し蓄電池に蓄え，車の駆動力用パワー源として再利用する。このエネルギーの効率的利用により，化石燃料利用エンジンの燃焼や，電動モータ駆動用電力を生成する火力発電所の天然ガス，化石燃料の燃焼による有害ガス，温暖化ガスの排出抑制が可能となる。制動時には，摩擦ブレーキと回生ブレーキのハイブリッドブレーキシステム(協調ブレーキシステム)により，摩擦ブレーキの大気への熱放散，摩耗粉放出を抑制し制動力を確保することが可能となる。

　大局的観点からは，これら化石エネルギー，電気エネルギーの有効活用により，天然資源保存，地球温暖化抑制，地球環境保護の効果と，摩擦ブレーキシステム簡素化の可能性を有す。

3　回生協調ブレーキの作動原理

3.1　回生協調ブレーキにおける回生制動力と摩擦制動力の作用

　図1は，ブレーキペダルに制動指令が入力されたとき，回生制動力と摩擦制動力(油圧制動

---

*1　HV：Hybrid Vehicle　ハイブリッド自動車(エンジンと電気モーター2つの動力源を持つの意)
*2　PHV：Plug-in Hybrid Vehicle　プラグインハイブリッド自動車
*3　EV：Electric Vehicle　電気自動車(動力源が電動モータのみ)
*4　FCV：Fuel Cell Vehicle　燃料電池自動車

力)の車両への作用状態を示す。

　ペダルへ入力される制動指令は，ブレーキシステム(油圧制御装置)に機械的に接続されるのではなく，ペダルストロークセンサと作動油圧センサの電気信号として総制動力コンピュータ(ECU)へ送信され，回生制動力と摩擦制動力の分担割合を決める

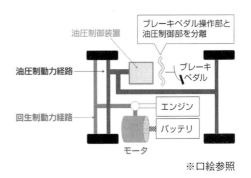

図1　回生制動力と油圧制動力の車両への作用状態[1]

3.2　回生協調ブレーキにおける回生制動力と摩擦制動力の制御の流れ

　図2は，運転者によるペダル踏み込みから制動力発生までの制御の流れを示す。運転者のペダル操作量から目標制動力を演算し制動指令入力とする。操作量に関しては，ペダル踏み込み変位をペダルストロークセンサにより検出し，ペダル踏み込み力を踏力に対応する入力油圧により検出する。入力油圧はマスタシリンダ室油圧，ストロークシミュレータ室油圧などから油圧センサにより検出する。両センサのうち，ストロークセンサは低い踏力領域，油圧センサは高い踏力領域とそれぞれの得意領域を考慮して目標制動力の演算を行う。併せて，両センサ

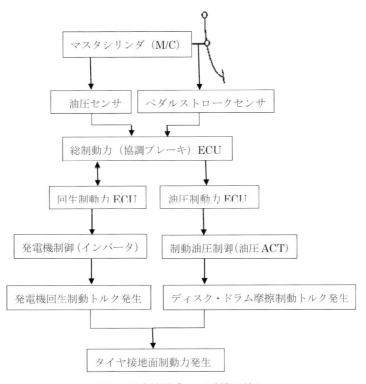

図2　回生協調ブレーキ制御の流れ

により一方のセンサ故障時のバックアップ機能を有す。

制動指令(目標制動力)を受けた総制動力 ECU は，回生制動力 ECU へ目標回生制動力を伝達する。回生制動力 ECU は実行可能回生制動力を演算しインバータに制御指令を出し回生制動トルクを発生させる。目標制動力に対する回生制動力での過不足分を油圧制動力 ECU で演算し油圧 ACT へ制御指令を出し摩擦制動トルクを発生させる。

3.3　回生協調ブレーキの目標制動力制御方法

図3は，ドライバーの要求制動力(目標制動力)が指令されたときの回生制動力と摩擦制動力の分担割合の推移を示す。

発電機の特性から，車速の高い領域では回生制動力の分担割合は小さいが，車速が低い領域では回生制動力の分担割合を大きく取れる。車両停止直前ではタイヤ回転数が低下，発電機駆動トルクの減少により利用できる回生制動力が減少するため油圧制動力との入れ替えが必要となる。

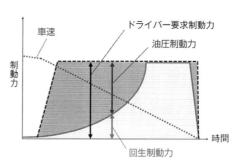

図3　目標制動力に対する回生制動力と摩擦制動力の推移[1]

3.4　ブレーキバイワイヤシステム(BBW)の必要性

前項までの説明より，回生協調ブレーキシステムでは，回生制動のみの場合，油圧制動のみの場合，回生制動と油圧制動の組み合わせ制動の場合など両制動を自在に制御する必要があるため，ユニット間接続を機械的連結ではなく電気信号により接続する BBW 方式が必要となる。

入力指令(運転者が踏み込むブレーキペダルのストロークを検出し，これを入力指令とする。この入力指令を ECU に送信する)⇒出力制御指令(ECU は入力指令を受けて演算，解析を行い ACT へ出力制御指令を送信する)⇒出力制御実行(油圧制御弁 ACT，モーター制御インバータにより，作動エネルギー源から必要パワーを出力制御する)⇒出力実行(ディスクブレーキ，ドラムブレーキが制動トルクを発生する)⇒この制動トルクによりタイヤ接地面に摩擦力(制動力)を発生する⇒この制動力により車体減速度を発生させる。

BBW 方式を用いた作動プロセスの詳細については，本章第1節図1を参照されたい。

4　回生協調ブレーキの制御手順と回生ブレーキの制約条件

4.1　回生協調ブレーキ制御の流れ

① 目標総制動力の決定

　総制動力 ECU は，「運転者が意図する制動力」をペダルストロークセンサ，作動油圧センサ信号として受け，「目標総制動力」として演算・決定する。

② 目標回生制動力の決定

回生制動力 ECU は，総制動力 ECU から指令された目標回生制動力を受け入れ可能か判断する。発電機の発電容量上限値，蓄電池の蓄電容量上限値と現状蓄電状態，蓄電池の充電速度上限値などから受け入れ可能最大回生制動力を演算し，総制動力 ECU から指令された目標制動力をできる限り満たす「実行回生制動力」を決定する。

③　目標摩擦制動力の決定

「目標総制動力」から「実行回生制動力」を差し引いた制動力を「目標摩擦制動力」とする。

4.2　回生エネルギー回収に当たっての制約条件

HV，PHV，EV，FCV で用いる電動モータ，蓄電池の容量は，車の駆動力の企画設計要件として決定される。このため，制動時に電動モータを発電機として利用し，その発電トルクを回生制動力として利用する場合，制動力として利用できる回生制動トルクの過不足を改めて検討する必要がある。ここでは回生エネルギー回収上の制約について述べる。

①　蓄電池の電気エネルギー充電容量

蓄電池が満充電の時は電気エネルギーは回収できない。蓄電池の充電容量上限値以上には充電できない。

②　蓄電池の電気エネルギー充電速度

蓄電池の種類や配線などにより制約される蓄電池の充電速度上限値以上には回収できない。

③　発電機(モータ)の発電容量

発電機の発電容量上限を超えた発電はできないため制動トルクとなる発電トルクに上限がある。車速が高く発電機回転数が高い時には発電量が低下し制動トルクは低下する。

以上のように，回生制動力は不確定要素が多いため，これらに対して配慮する必要がある。また，現時点では回生ブレーキでの ABS 制御はできないため，車輪ロック発生時には回生ブレーキを停止し油圧ブレーキに切替えて ABS 制御を行う。

5　回生協調ブレーキシステムにおける摩擦ブレーキシステムの作動

5.1　摩擦ブレーキ(油圧ブレーキ)システムの機能と構成

図 4 は，油圧ブレーキシステムの一例として 2015 年に発売された 4 代目トヨタプリウスの油圧ブレーキシステムを示す。油圧ブレーキシステムの主要機能と構成を以下に示す。

①　システム作動パワー源

電動ポンプで油圧を発生させアキュムレータに蓄える。このアキュムレータ圧をリニアソレノイドバルブ，大流量弁(レギュレータ弁)で制御しブレーキ作動油圧として用いる。

②　ブレーキペダルとストロークシミュレータ

ブレーキペダルは運転者の目標総制動力入力手段。ストロークシミュレータは，車両減速度に対する踏力～ストローク特性を人間工学的見地から最適化する。

③ 油圧制御部

目標総制動力を達成するためアキュムレータ圧を，リニアソレノイドバルブとレギュレータ弁により増圧・減圧制御してM/C背面室に送り，タンデムM/Cを駆動してディスクブレーキなどブレーキ本体の作動に必要な制御圧を供給する。

④ ABSアクチュエータ部

M/Cからの吐出圧は4輪各輪に同一油圧を供給する。ABSやESCは，4輪各輪制御が必要なため各輪用に4チャンネルの保持バルブ，減圧バルブを持つ。

⑤ ブレーキ本体(ディスクブレーキ，ドラムブレーキ)

油圧制御部からの制御圧により制動トルクを発生し，この制動トルクによりタイヤ路面間に制動力(摩擦力)を発生し，車体減速度を得る。

流量弁(スプール方式レギュレータ弁)加圧装置の増圧，保持，減圧時の制御動作については，本章第1節図7を参照されたい。

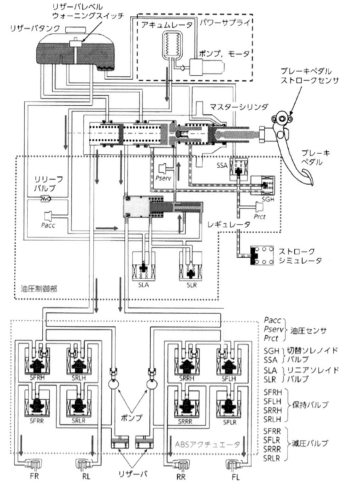

図4　油圧ブレーキシステム[2]

5.2 油圧ブレーキシステムの作動

以下に，図4の油圧ブレーキシステムの主要機能と作動方法を示す。

運転者は意図する目標制動力をブレーキペダルに入力する。この目標制動力をペダルに搭載されたストロークセンサにより検出し，図2の総制動力 ECU（図4には図示なし）に送信する。総制動力 ECU からの指令を受けて，油圧制動力 ECU は，リニアソレノイドバルブ（SLA，SLR）へ増圧・保持・減圧の作動指令信号を送る。このリニアバルブは，直接 W/C 圧を制御するのではなく，レギュレータ弁制御用パイロット圧制御バルブとして用いる。このレギュレータ弁により増圧・保持・減圧制御し，M/C 増圧ピストン背面室に送り込みタンデムマスタシリンダの油圧制御を行う。タンデムマスタシリンダから ABS，ESC などの制御を行う ABS アクチュエータを介して4輪各輪 W/C に同一油圧を供給し制動力を発生させる。リニアバルブ及びレギュレータ弁の油圧パワー源は，電動ポンプにより蓄圧されたアキュムレータ圧を用いる。

電源系統の故障に対するフェールセーフ機能として，ブレーキペダル＋M/C の機械式連結機構を復活し人力によりパワーを確保する方式を採用している。この場合，残されたアキュムレータ圧を有効活用するため，人力により昇圧する M/C 圧によりレギュレータ弁を駆動するピストン機構を流量制御弁に組み込んでいる。

ストロークシミュレータ機能に関しては，良好な踏力～ストローク特性を確保するためブレーキペダル側の入力ピストンと M/C 増圧ピストンの間に Gap を設けピストン摺動抵抗の低減によりペダル操作フィーリングの向上を図っている。

本システムの搭載により，従来油圧ブースタに用いられている機械駆動方式流量制御弁の作動原理を活用し，加えて電動リニアバルブ駆動方式を採用することにより，4輪へ供給する大流量制御を可能にしている。

6　回生ブレーキ作動時の車両挙動

電動車両のモータ駆動輪は，各輪駆動（4輪独立駆動），4輪駆動（4WD），前輪駆動（FF），後輪駆動（FR）によって異なる。ここでは FF と FR を取り上げ，駆動軸に回生ブレーキ作動時の車両挙動を記述する。油圧ブレーキシステムの前輪～後輪制動力配分は，ブレーキの効きと車両の操縦性，安定性に関係する。制動時，前輪がロックすると操舵できなくなり，後輪がロックすると車両旋転（スピン）が生じる。回生ブレーキが付加されない場合の基準制動力配分（理想制動力配分）は，効きを確保しながら若干前輪ロック先行の配分としている。これに対して，回生ブレーキが付加された場合，FF 車では前輪制動力配分が増えるため前輪ロック先行傾向が更に強まる。FR 車では後輪制動力配分が増えるため後輪ロック先行傾向となる。

これらを考慮して制動力配分設計上及び制御上の工夫が組み込まれている。特に，寒冷地，氷雪路などでは低い制動力で車輪ロックに到るので，回生制動力初期レベルの設定，車輪ロック発生時回生ブレーキから油圧ブレーキ ABS 制御への切り替え制御，路面種類や凍結状態の推定などの技術開発が必要となる。

— 113 —

第1編　EVの運動制御と走行安定性・評価技術

7　回生協調ブレーキの課題と今後の動向

① 自動ブレーキ，ABS，ESC他，各種ブレーキ制御システムとのシステム及び部品構成，制御方式の共通化，統合化の推進。

② ブレーキ制御システムの作動パワー源(エネルギー源)利用方式最適化

現行システムでは源流エネルギー源は全て電動モータである。電動ポンプによるアキュムレータ圧の利用方式(プリウス他)，電動モータ回転トルクを直動機構により前後方向軸力に変換して利用する方式(フーガ，フィット)，電動ポンプの吐出流量制御(ESC他)方式の3方式がある。各方式の長所短所を考慮した最適利用方式の検討が進められている。

③ 各輪制動油圧制御方式の最適化

4チャンネルの増圧・減圧リニアソレノイドバルブによる4輪各輪油圧制御方式(2代目プリウス他)，2チャンネルの前輪後輪2軸油圧制御方式，1チャンネルの4輪同一油圧制御方式(4代目プリウス他多数車)の3方式が考えられる。

4輪各輪制御方式は，回生協調ブレーキ時の各輪への制御油圧設定の自由度，回生ブレーキ飽和後の各輪への供給油圧レベル設定の自由度が増す。本方式はABS，ESC他各種ブレーキ制御システムの機能も全て網羅するためABSアクチュエータ部は必要なくシステム構成はコンパクトになる。リニアソレノイドバルブの制御性向上とコストダウンの検討が進められている。

前後輪2軸油圧制御方式は，回生ブレーキ飽和後に，前後輪制動力配分の基準制動力配分からのずれを早期に補正可能となる。

4輪同一油圧制御方式の長所として，システム構成・制御の簡素化とコストダウンが可能となるが，システム流量の確保と制御性，回生ブレーキ飽和時の基準制動力配分からのずれに対する配慮が必要となる。

上記3方式とも，車両停止直前では回生ブレーキから油圧ブレーキへの入れ替え制御が必要となる。また，回生ブレーキ作動時に車輪ロックが発生した場合，回生ブレーキでのABS制御はできないため，油圧ブレーキへ切り替えてABS制御を行う必要がある。ABS制御では，ロック輪，非ロック輪を含む4輪の減圧・増圧方法，制御応答性に関する制御方法の工夫が必要となる。

④ 商品性・コストパフォーマンス

回生エネルギー回収率を高めた高性能方式と，燃費性能，回生ブレーキ性能は限定的だが低コスト方式に2極化される。両方式とも，搭載性(小型，軽量化，搭載スペース)，作動油圧制御性・応答性向上(電磁弁制御性能，電動モータ性能)，耐久性・性能劣化(電磁弁，電動モータ，蓄電池容量)の技術開発が進められている。

文　献

1) 西尾彰高，増田芳夫，酒井朗，岡野隆宏，神谷雄介：環境対応車向け電子制御ブレーキシステムの開発，オートテクノロジー2018, 自動車技術会. p.9(2018).

2) 鈴木雅邦，坂本健二，水谷恭司，金森旦洋：安心で経済的な止まる技術〜AHB-R 回生協調ブレーキシステムの開発，*Toyota Technical Review*, Vol.**62**,(4), 44(2016).

3) 西尾彰高，増田芳夫，酒井朗，岡野隆宏，神谷雄介：環境対応車向け電子制御ブレーキシステムの開発，自動車技術，Vol.**71**, No.6, 9(2017).

第1編　EVの運動制御と走行安定性・評価技術

第3章　制動および回生制御技術

第3節　MR流体ブレーキの開発とEVへの適用

東北大学　中野　政身　株式会社曙ブレーキ中央技術研究所　道辻　善治

1　はじめに

　地球環境への配慮や交通事故対策，そして新たなスマートモビリティシステム構築への対応などから，電気自動車（EV），ハイブリッド車（HV, PHV），燃料電池車（FCV）が普及するとともに，自動車の運転支援及び自動運転システムなどが実用化されつつあり，IT・ICT・IoT技術，センサー・制御技術，そしてアクチュエータ技術が効果的に融合された車両・交通システムへと発展してきている。このような背景のもとに自動車の全電動化の流れも加速されてきており，各種アクチュエータの一層の高速化・制御性向上が求められ，走行制御の向上に寄与することが期待されている。

　車両用のブレーキの分野では油圧・機械式のディスクブレーキが主流で，油圧アクチュエータによりブレーキキャリパーがブレーキパッドをディスクロータに挟みつけることによって摩擦ブレーキ力を発生して車両を制動する。このようなブレーキ機構なため，摩耗粉やブレーキ音・振動の発生，ブレーキパッドやディスクの摩耗によるメンテナンスの必要性，油圧式駆動による応答性や制御性の限界など，環境保全，電動化及び運転支援・自動運転化の流れの中で諸課題を包含している。現状ではサービスブレーキは従来の油圧式のままで，パーキングブレーキ機構のみを電動直動式にしたブレーキシステムが主流で，完全な電動化には至っていない。

　以上のような自動運転車や自動車の全電動化への対応と摩耗粉やブレーキ音の発生しない環境に配慮した車両用ブレーキとして，機械的摩擦に頼らないMR（Magneto-Rheological）流体を用いた応答性・制御性の良さを特徴とする新発想の電動式の「MR流体ブレーキ」を開発している[1]。MR流体は，油中に数 μm の強磁性体粒子を分散させた懸濁液で，磁場印加により分散粒子が磁気的に分極して鎖状の粒子クラスターを形成することによって液体から半固体に相変化し降伏せん断応力が変化する機能性流体である[2]。開発したMR流体ブレーキのブレーキとしての基本性能を把握するとともに，スマートモビリティの1つとして期待されている超小型EV「COMS」[3]の四輪に実装し，MR流体ブレーキの特徴が発揮できるブレーキシステムを構築している。走行試験を実施して，十分なブレーキ性能とブレーキフィーリングの可変制御や高速応答のABS（Antilock Brake System）制御など高速応答性と高い制御性があることを実証している。

　ここでは，開発したMR流体ブレーキの設計の概要と基本性能を概説し，それを四輪に実装した超小型EVのユニークなブレーキシステムとその自動車への適用に際しての利点等について紹介する。

— 116 —

2 MR流体の磁気レオロジー特性と電気・力変換機構

2.1 機能発現機構と磁気レオロジー特性

　MR流体は，シリコーンオイル等の油を分散媒としその中にμmサイズの強磁性体粒子を高濃度で分散させた懸濁液であり，磁場の印加によってそのレオロジー特性を急速かつ可逆的に変化できる機能(MR効果)を示す機能性流体である。MR流体は磁場印加および除却によって液体から固体へ，そして固体から液体へと相変化を示す。このようなMR流体のMR効果は，基本的には，図1に示すように強磁性体粒子中でランダムな方向を向いていた磁区が磁場の印加によって磁界方向に一様に配向することにより粒子が磁気的に分極することに基づいている。すなわち，磁気分極した粒子同士が互いに引き付け合い結合して鎖状につながり多数のクラスター(架橋構造)を形成して磁極間を物理的に結合し，流動方向に対して直角に形成するこれらのクラスターが流動抵抗となり，見かけ上流体の粘性が増加したように振舞うのである。一方，このように外部磁場に反応する機能性流体として磁性流体が古くから知られているが，MR流体との最も大きな違いは分散粒子径である。一般的な磁性流体の粒子径は5～10 nm程度であるのに対してMR流体では1～10 μm程度であるため，この粒子径のオーダーの違いからMR流体では磁性流体に比べ著しく大きなMR効果が得られる。また，両流体とも粒子同士の凝集や分散安定性の向上のため分散粒子表面に界面活性剤等を吸着させているが，磁性流体ではブラウン運動によって分散粒子が一様に分散するのに対して，MR流体では分散粒子の粒径が大きいためブラウン運動の効果はなく比重が大きい粒子の沈降が問題となることがある。

　以上のように，MR流体は基本的には分散粒子の磁気分極によるクラスター構造の形成に起因してレオロジー特性が変化することから，磁場の印加により降伏せん断応力τ_yが誘起されるビンガム流体に類似した挙動を呈する。その誘起せん断応力τは次式のように表せる[2]。

$$\tau = \tau_y + \eta \dot{\gamma} \tag{1}$$

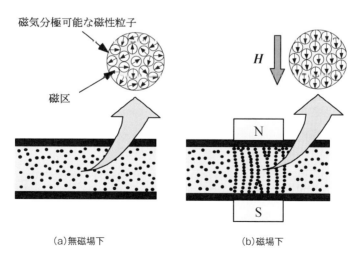

(a) 無磁場下　　　　　　　　(b) 磁場下

図1　MR流体の機能発現メカニズム

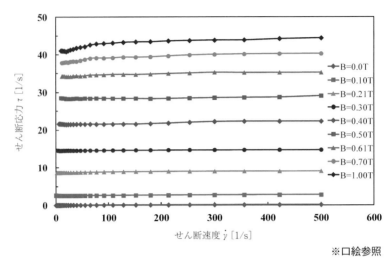

図2 MR流体のせん断速度 $\dot{\gamma}$ —せん断応力 τ 曲線（印加磁束密度 B 変化）

※口絵参照

　ここで，η は流体の無磁場時の基底粘度，$\dot{\gamma}$ はせん断速度である。図2には，MR流体の代表的な磁気レオロジー特性（せん断速度 $\dot{\gamma}$ —せん断応力 τ 曲線）を示す。無磁場時には，降伏せん断応力 τ_y がゼロとなるため，MR流体はニュートン流体として振る舞う。また，MR流体の基底粘度 η がかなり低く調製されることから，せん断応力 τ はせん断速度 $\dot{\gamma}$ に大きく依存せず，磁場によって可変な降伏せん断応力 τ_y で決まるほぼ一定な値を示す。そのため，MR流体を活用したデバイスは，その速度に依存せずにその発生力を印加磁場によって変化できるという大きな特徴を有する。この特徴のため，車両用MR流体ブレーキでは，車両停止時でも磁場を印加することによりブレーキ力を維持できる。

　MR流体の最大誘起降伏せん断応力，応答時間，流体密度，使用温度範囲などの性能や特徴を以下に示す。

① 最大誘起降伏せん断応力は，印加磁場が～250 kA/mで，50～100 kPa程度とかなり大きく，デバイスに応用した場合，発生する力がかなり大きい。
② 応答時間は，数ミリ秒程度とかなり高速であり，制御性が良い。
③ 流体密度は，3～4 g/cm^3 と比較的大きく通常の油等と比較すると重い。
④ 磁場を印加しない時の基底粘度は，0.1～1.0 Pa·sと比較的低粘度に調製してある。
⑤ 使用温度範囲は，分散媒の基油の蒸発や凝固に依存し，－40℃～＋150℃と広く，自動車に適用できる。
⑥ 供給電源は，電磁石で印加磁場を制御することから，電圧2～25 Vで電流1～2 A程度と自動車のバッテリーで駆動できる。
⑦ MR流体中に分散している強磁性体粒子の長時間放置時の沈降が問題になる場合があり，始動時に外部動力でMR流体デバイス中のMR流体を撹拌して分散粒子を再分散できるような使用に適しており，自動車用ブレーキには適する。

2.2 電気・力変換機構

　MR流体を活用して，電気信号(磁場)から機械的な力あるいは流体圧力へ変換する基本的な構造は，移動壁面構造をもつせん断流れモード(2つの平板間の平板接線方向への相対運動)とスクイーズ流れモード(2つの平板間の平板法線方向への相対運動)，さらに固定壁面構造をもつ圧力流れ(バルブ)モード(固定された2平板間の流路をMR流体が流れる)の3通りに大別される[4]。他に上記3種類の流れモードが混在する変換機構も考えられるが，その原理は基本的にはこれら3種類の流れモードで理解される。ここでは，MR流体ブレーキに活用されるせん断流れモードについて詳述する。

　せん断流れモードの典型的形態は，2つの平板間にMR流体を充填し，平板接線方向への2つの平板の相対運動によってその間のMR流体にせん断流れを生じさせるもので，MR流体のせん断抵抗によって運動平板にその方向と反対方向に抵抗力f_dが作用する。平板間への平板法線方向への印加磁場の強さによってMR流体のせん断応力τが変化し抵抗力f_dが可変となる。平板の長さと幅をそれぞれL_e及びBとすると，その抵抗力f_dはつぎのように求まる。

$$f_d = L_e B \tau \tag{2}$$

　すなわち，このような流れモードで抵抗力を大きく可変するには，平板面積$L_e B$を大きくしかつせん断応力τの変化幅の大きなMR流体を用いる必要がある。この流れモードが活用される機械要素としては，並進・回転型ダンパ，クラッチ，ブレーキなどがあげられる。

2.3 MR流体の応用と実用化

　MR流体は，1948年にJ. Rabinowによって最初に開発され[5]，クラッチへの応用が提示されているが，1990年代からMR流体の応用研究が活発化している。現在では，MR流体は市販されており[6]，商業ベースでの市場展開が行われている。現在年間200 tonオーダーのMR流体が生産・販売されている。MR流体の応用に関する研究開発では，各種のMRブレーキ，クラッチ，ダンパ，ショックアブソーバなどのモジュールが開発されてきている。MRダンパやMRショックアブソーバは実際にトラック・農業用トラクターなどのシートダンパや乗用車・軍用トラック，さらにはつり橋のワイヤ振動制御装置やビルなどの建築構造物の免震装置などに搭載され実用化に至っている[7]-[9]。MR流体の実用化・製品化の最たるものは，MR流体ショックアブソーバの開発とその車両用セミアクティブサスペンション制御への応用である[10]。2002年にMR流体ショックアブソーバを高級乗用車やスポーツ車へ搭載してからすでに16年ほどの実績を有しており，現在でもSUVや欧州高級スポーツ車などへ採用され使用が拡大してきている。これらのMR流体デバイスの車両への搭載と実績は，車両などの苛酷な環境下でもMR流体が信頼性をもって使用できることを実証するものである。

3　開発した車両用MR流体ブレーキ

3.1 MR流体ブレーキの構造と作動原理

　2.2で述べたMR流体のせん断流れモードを活用してMR流体に磁場を印加することによっ

て制動力を発生させる原理をブレーキに応用することによって，対環境性，低騒音化，電動化，高速応答化，高制御性などの面で，MR流体ブレーキは従来のブレーキを凌駕するポテンシャルを有することになる。開発した車両用 MR 流体ブレーキは，図3(a)に示すように，車両側に固定された円盤(2枚)とハブベアリングと一緒に回転する円盤(3枚)が交互に配置された円盤間間隙 0.5 mm の多層円盤間に MR 流体(MRF-132DG, Lord Co.)を充填した構造をとって

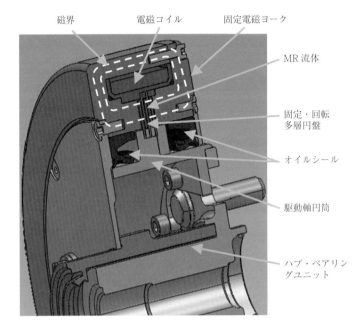

(a)多層円盤型 MR 流体ブレーキ

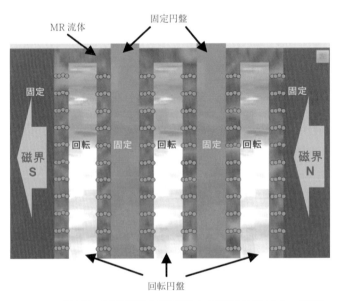

(b)固定・回転円盤間の MR 流体中の鎖状粒子クラスターの形成

※口絵参照

図3　開発した車両用 MR 流体ブレーキの構造と作動原理

いる．多層円盤外周に配置された円環状電磁コイル（線径0.8 mm，巻数260 turns）に電流を流すと固定電磁ヨークに磁界が発生して多層円盤間のMR流体に磁界が印加され，回転円盤にMR流体のせん断力が働きブレーキとして作動する．電磁コイルへの印加電流によってMR流体への印加磁場を可変して回転円盤に働くMR流体のせん断力を変えることによりブレーキの制動トルクが可変となる．図3(b)にはその詳細な作動原理を示す．多層円盤に垂直に磁界が印加されるため，MR流体中の分散粒子は磁気分極し互いに引き付け合い円盤に垂直な磁界方向に鎖状の粒子クラスターやカラム構造を形成する．回転円盤は回転し続けているため，固定円盤と回転円盤とに固着した鎖状粒子クラスターやカラムがせん断変形を受け円盤間で崩壊してはつながる現象を繰り返すことで，回転円盤に抵抗力が発生してブレーキ機能が働く．このような作動原理のため，機械的摩擦ブレーキとは異なり摩耗粉が発生せず静粛で，環境負荷軽減に貢献する．また，MR流体が磁場に数ミリ秒のオーダーで反応することから，磁場印加装置を適切に設計することによって俊敏かつ安定したブレーキ制御が期待できる．

開発したMR流体ブレーキの外観を**図4**に示す．本MR流体ブレーキを搭載する超小型EV[3]のオリジナルの12 in.のホイール内のスペースに装着できるように，MR流体ブレーキのサイズは外径φ244 mm，幅約54 mmとしている．従来の油圧駆動式ディスクブレーキのように軸方向に動く駆動メカが不用なため，比較的シンプルな外観となっている．

3.2 MR流体ブレーキの解析・設計

MR流体ブレーキの設計は，電磁場解析ソフト（JMAG-Designer, JSOL）の電磁場解析を援用して，多層円盤間のMR流体へ効果的に磁場が印加されるようにブレーキトルクを予測しながら形状を最適化して行なっている．超小型EVの一輪あたりの必要最大ブレーキトルクは160 Nmであるので，電磁コイルにI = 2.0 Aの電流を流した際に目標トルク160 Nm以上が得られるように電磁コイルも含めてMR流体ブレーキを設計した．解析による理論トルクTは次式(3)より求める．

$$T = \sum_{i=1}^{N} \int_{r_1}^{r_2} \tau_i(r) 2\pi r^2 dr \tag{3}$$

ここで，rはブレーキ軸中心からの半径方向長さ，r_1，r_2はそれぞれ円盤の磁場印加によりMR流体のせん断応力が働く部分の内径と外径，τ_iはi番目の円盤間隙中のMR流体の誘起せん断応力，Nは円盤間隙数（= 6）である．i番目の円盤間隙中のMR流体の誘起せん断応力$\tau_i(r)$は，電磁場解析により得られたその位置での磁束密度$B_i(r)$とMR流体の磁束密度B―せん断応力τ曲線とから求めている．最大設計コイル電流I = 2.0 Aを印加した際の電磁場解析結果を**図5**に示す．円盤間のMR流体層

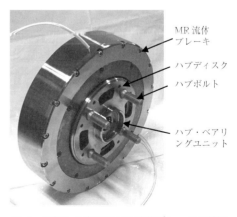

図4　開発した車両用MR流体ブレーキの外観

に印加される磁束密度 B は約 0.70 T であり，理論トルクは約 178 Nm（$I=2.0$ A）と見積もられ，目標トルク 160 Nm を十分に満たしている。

3.3 MR 流体ブレーキの基本特性

MR 流体ブレーキの基本特性は，サーボモータとトルク変換器からなる MR 流体ブレーキの基本的な制動トルク特性計測装置（最大設定回転数 100 rpm，最大トルク 400 Nm）を用いて測定した。図 6 には，回転数 $N=100$ rpm 一定時に電磁コイルへの印加電流 I の目標値（電流フィードバック制御付き電流アンプ（電流立ち上がり時間 5 ms 程度）への電圧入力）を矩形波状（0 A と目標 I A 間の 5 秒間の立ち上がり，

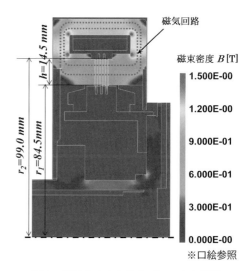

図5 開発した MR 流体ブレーキの磁場解析結果（コイル電流 $I=2$ A））

立下り波形）に与えた際の制動トルクの時間応答を測定した結果を示す。矩形波状の印加電流 I に対して制動トルクは比較的速い速度で立ち上がり，電流が大きくなると若干時間とともに上昇する傾向を示すがほぼ一定の制動トルクを呈し，電流 OFF とともに急激に低下して電流印加前のトルクに復帰している。また，印加電流 I が大きくなるに伴い制動トルクも増大する。その定常的な制動トルクは，図 7 に示すように印加電流 I にほぼ比例して増大し，$I=2.0$ A 時に約 180 Nm の制動トルクが得られ，設計時の予測値の変化にほぼ一致している。また，図 6 のコイル電流印加前の制動トルクが引き摺りトルクと呼ばれるものであり，約 8～12 Nm 存在する。MR 流体ブレーキに消磁処理を施すことによって，約 2～5 Nm 程度まで低下させるこ

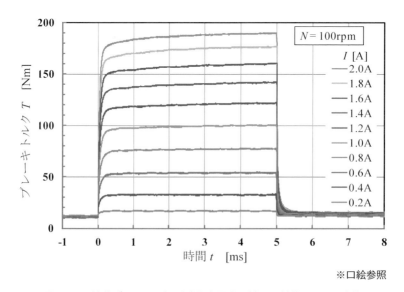

図6 MR 流体ブレーキの矩形波入力電流に対する制動トルクの応答

第3章　制動および回生制御技術

とができるが，制動していない走行中に発生するトルクであるため，省エネルギーの観点から更なる低減が求められる。MR流体ブレーキのこの引き摺りトルクは，流体を保持するためのオイルシールの摺動抵抗と流体の粘性抵抗によって発生する。

MR流体ブレーキの制動トルクの過渡応答特性も車両走行制御の向上という面から重要となる。図8には，電流アンプへの入力電圧V(電磁コイルへの目標電流に相当)のステップ入力(図8(a))・解除(図8(b))に対するコイル電流及び制動トルクの過渡応答特性を示す。コイル

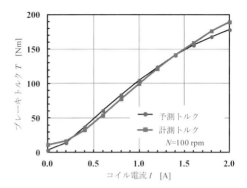

図7　MR流体ブレーキのコイル電流に対する定常的制動トルク特性

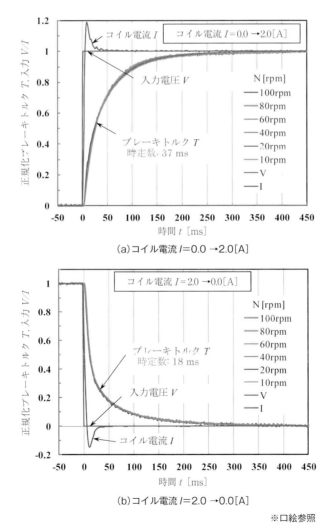

(a)コイル電流 I=0.0 →2.0[A]

(b)コイル電流 I=2.0 →0.0[A]

※口絵参照

図8　MR流体ブレーキの制動トルクのステップ応答特性

— 123 —

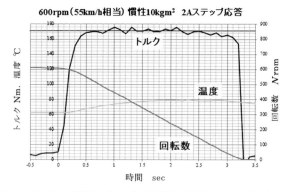

図9 ダイナモ試験による定電圧印加（電流2Aに相当）時の
MR流体ブレーキの制動トルク・MR流体温度の時間変化

　電流は，電流フィードバック制御付き電流アンプを用いているため，立ち上がり時間約5 ms程度のかなり速い応答であるために，制動トルクも，回転数 N に依存せずその立ち上がりの時定数は約37 msで，立下り時には約18 msと比較的速い応答を呈する。MR流体の磁場に対す応答時間が数ミリ秒であることから，その制動トルクの応答時間との差は，コイル電流に対する磁場の応答の遅れに起因している。

　図9には，負荷として回転慣性を利用したダイナモ試験機を用いて，MR流体ブレーキを回転数600 rpm（超小型EVの最高速度55 km/h相当）まで加速してからコイル電流2Aを印加してブレーキをかけた際の制動トルクとMR流体温度の時間変化を示す。ダイナモ試験においても，電流2Aでほぼ170 Nm程度の制動トルクが発生できていることを確認できた。この試験では，MR流体ブレーキの電磁コイルへ，図6,7,8の場合とは異なり，定電圧（2Aの電流に相当）を印加していたため，コイル電流の応答が遅く制動トルクは時定数約0.3 s程度の応答速度で立ち上がっており，図6,8の場合に比してかなり遅い応答を呈している。また，ブレーキをかけることによって，ブレーキ内のMR流体の温度も制動時間3.3秒間程度で60℃から80℃程度まで約20℃程度上昇しているが，特に問題は発生していない。

4　超小型EVでのMR流体ブレーキ実証試験

　開発したMR流体ブレーキをトヨタ車体㈱の超小型EVであるCOMS[3]の4輪の12inホイール内に装着し（図10），それに合わせたブレーキシステムを構築した。また，モデルベース開発を利用してシミュレーションを行い，曙ブレーキ工業㈱のテストコースで走行試験を重ね，ブレーキフィーリングの可変制御やABS（Antilock Brake System）を実証した。

図10　MR流体ブレーキを実装した超小型EV（左）とその車輪（右）

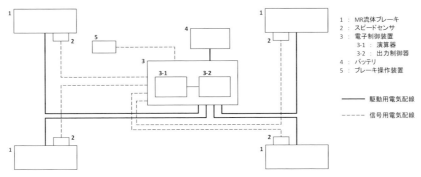

図11 MR流体ブレーキを搭載した超小型EVの
ブレーキバイワイヤシステムの構成

4.1 MR流体ブレーキを搭載した超小型EVのシステム構成

COMSは後輪駆動のEVでオリジナルは油圧ブレーキを装着しており，ブレーキブースターは使用せずペダルからの踏力を油圧に変換して作動させている。電気で作動するMR流体ブレーキを4輪に装着することによって，油圧をまったく使用せず電線のみで繋がった完全なブレーキバイワイヤシステムを構築することができた。図11にそのシステム構成図を示す。ブレーキペダルなどのブレーキ操作装置からの電気信号を電子制御装置が受け取り，それに応じた電流をMR流体ブレーキに印加することでブレーキトルクが発生するシンプルな構成である。電子制御装置はブレーキペダル・ストロークセンサ，各車輪につけたスピードセンサや車両制御装置からの情報を利用することで後述するブレーキフィーリング可変制御やABSを実現している。

4.2 実走行結果とブレーキフィーリング可変制御の適用

MR流体ブレーキを搭載した超小型EVの実車走行試験では，音・振動やブレーキフィーリングを確かめるためにあらゆる走行パターンから制動を行ったが，MR流体ブレーキはブレーキ力が安定しており，異音は発生せず静かで安心感のある制動ができている。30%勾配の下り坂でもMR流体ブレーキのブレーキトルクだけで停車することができた(図12)。また，MR流体ブレーキは従来の油圧ブレーキに比して制動力のばらつきが少なく制御しやすいブレーキであることが，アイス路相当の低摩擦路(路面μ0.1程度)を走行した際に確認することができた。ABS制御がない状態だと4輪すべての車輪がロックし車両はスリップする。油圧ブレーキの場合，摩擦材や摺動面等の影響により各輪のブレーキトルクが発生する時間に差が生じ，車両がスピンする可能性がある。しかし，MR流体ブレーキでは各輪のブレーキトルクが発生する時間のばらつきが小さいため，図13に示すように，ABS制御がない状態でもスピン傾向を軽減することができている。

図12 30%勾配の下り坂での停車

(a) 4輪すべての車輪がロックした状態での車両のスリップ挙動

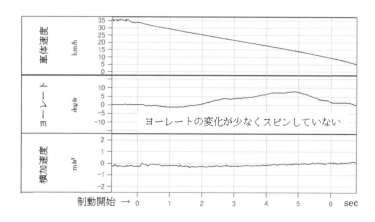

(b) 車体速度，ヨーレート，横加速度の時間変化

図13 アイス路相当の低摩擦路(路面μ0.1程度)を走行した場合の車両挙動(ABSなし)

電流に応じて安定したブレーキトルクを発生する事ができるMR流体ブレーキのメリットを活用して，ブレーキ操作装置の電気信号に対するブレーキトルクの特性を可変することができるブレーキフィーリング可変システムを構築した。このシステムでは，図14に示すように，ブレーキペダル入力に対するブレーキトルクの出力をあらかじめ設定した3つのパターン(正比例，効きが早い，効きが遅い)から個人の好みに応じて容易にいつでも選択することができる。ブレーキフィーリング制御の結果として，ペダル・ストローク～ブレーキトルク測定結果の一例を図15に示す。これは欧州ラグジュアリ車のブレーキフィーリングを模擬した場合で，ペダル・ストロークが大きくなるにつれてブレーキトルクが徐々に増加しストローク終盤で急激に増大するように設定してある。ブレーキトルクの実測値が目標値に良好に追従しており，MR流体ブレーキは高い制御性を有していることがわかる。

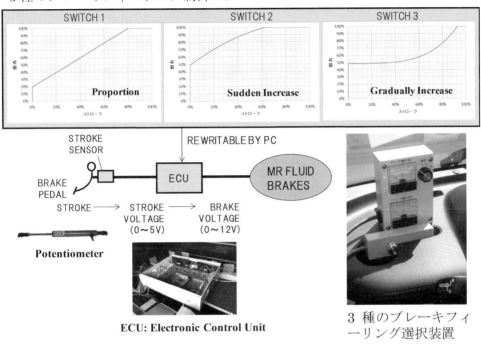

図14　3種のパターンが選択できるブレーキフィーリング制御システム

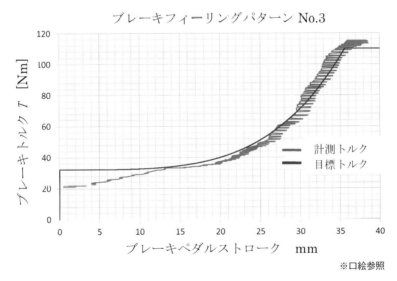

図15　ブレーキフィーリング制御結果の一例
　　　ブレーキペダル・ストロークと制動トルク（目標値，実測値）との関係
　　　（欧州ラグジュアリ車のフィーリング）

4.3　バーチャル・シミュレーションを活用したABS制御開発とその適用

　MR流体ブレーキは電流に応じて高速応答で安定したブレーキトルクを発生することができるため，低摩擦路（路面凍結路等）での車輪ロックを防止し，制動に適した状態へシームレスに

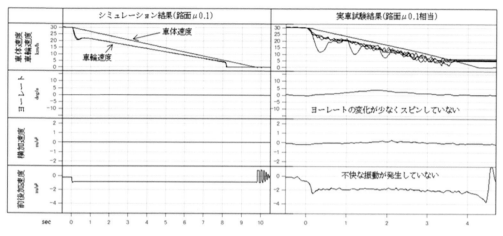

図16　ABS制御のシミュレーション結果と実車試験結果

保ち続けるABS制御が実現できる。これを実証するため，組込みソフトウェア開発の現場で広く使われているモデルベース開発によりABS制御設計を行った。ABSコントローラモデルとMR流体ブレーキの力学モデルをMATLAB/Simulinkに，車両の運動力学モデルをCarSimに準備した。この環境に運転者の操作を入力することにより，車両挙動を伴う1Dシミュレーションを実行することができる。

　このシミュレーション環境を活用してABS制御の効果を確認した。**図16**の左図に車速30 km/hからのABS制動時のシミュレーション波形を示す。制動開始時に車輪がロックしそうになると，素早くブレーキトルクを調整して車輪ロックを防いでいる。その後は，細かくブレーキトルクを制御することにより車両に大きな振動を与えることなく安定した制動を実現している。シミュレーションを駆使して設計したABS制御をそのままテストコースにて実車で動作させたが，動作しないなどの不具合等の手戻りなしに評価をすることができた。図16の右図の実車での実験結果と左図のシミュレーション結果を比較すると，左前輪の車輪速度がタイヤや路面状態の不均一性からか少しハンチングするような波形ではあったが，前後加速度に大きな振動がなくまたブレーキバイワイヤであるためにペダルからの不快な反力がないので，運転者が違和感や不安感なく制動する事ができた。ABSによって制動距離は32 mから22 mへと短縮することができている。

5　おわりに

　開発した車両用MR流体ブレーキの基本的なブレーキ特性を把握するとともに，スマートモビリティの1つとして期待されている超小型EVの4輪に搭載し，従来の摩擦ブレーキでは実現することが難しかったユニークなブレーキシステムを実現することができた。実走行試験を実施することにより，十分なブレーキ性能とブレーキフィーリング可変制御及びABS制御などの適用など高速応答性と柔軟で高い制御性を有することを実証できた。この試験車両の実証から，従来の摩擦ブレーキの弱点を克服し，摩耗粉が発生せず，低騒音・振動，高速応答性

と柔軟な制御性を有しており，今後の自動運転車や電気自動車の全電動化への寄与等で，開発したMR流体ブレーキはユーザーへ新しい価値を提供できるものとして期待できる。今後，MR流体ブレーキのもつ環境適合性(摩耗粉ゼロ，ノイズ＆振動ゼロ，摩耗ゼロによるメンテナンスフリー)を顕在化した実用化はもちろんのこと，その安定かつ高い制御性を活かした自動運転化への対応が期待できる。

　本開発は，㈱曙ブレーキ中央技術研究所と東北大学流体科学研究所中野政身教授(現：未来科学技術共同研究センター教授)との産学共同研究の成果であり，中野教授側がMR流体ブレーキを設計し2015年3月に試作品を完成させている。その後，㈱曙ブレーキ中央技術研究所で超小型EVに搭載して各種のユニークなブレーキシステムを構築して実走行試験を継続して実施してきているが，特に問題等は発生していない。現在は，スマートモビリティに適合したスマートブレーキとして，2020年の実用化を目指し，耐久性試験も含めて試験(実走・台上)と改良を重ねている。

文　献

1)　中野政身，古川仁，道辻善治：超小型EV向けMR流体ブレーキの開発，日本フルードパワーシステム学会誌「フルードパワーシステム」，**47**(6)，275(2016).

2)　M. Nakano, H. Yamamoto and M. R. Jolly：Dynamic Viscoelasticity of a Magnetorheological Fluid in Oscillatory Slit Flow, *Int. J. of Modern Physics B*, **13**(14, 15&16)，2068(1999).

3)　http://coms.toyotabody.jp/

4)　中野政身：ER流体を用いた可変ダンパと振動制御の新展開，計測自動制御学会誌「計測と制御」，**34**(9)，707(1995).

5)　J. Rabinow：The Magnetic Fluid Clutch, *AIEE Transactions*, **67**, 1308(1948).

6)　Lord Corporation：http://www.lord.com/, https://www.creact.co.jp/category/item/measure/mr-er

7)　中野政身：MR流体アクチュエータ，未来型アクチュエータ材料・デバイス，シーエムシー．pp.257(2006).

8)　木本彰：MRデバイス実用化事例，日本フルードパワーシステム学会誌「フルードパワーシステム」，**42**(1)，50(2011).

9)　中野政身：機能性流体の研究開発と実用化の動向，日本フルードパワーシステム学会誌「フルードパワーシステム」，**47**(6)，265(2016).

10)　松隈政彦：自動車用MRダンパおよびエンジンマウントの実用化例，日本フルードパワーシステム学会誌「フルードパワーシステム」，**42**(1)，53(2011).

第1編 EVの運動制御と走行安定性・評価技術

第4章 運動性能向上のための制御・評価技術

第1節 電動車で実現する前後駆動力配分

三菱自動車工業株式会社 澤瀬 薫

1 本稿の目的

　四輪駆動(以下，4WDと表記)車において前後輪へ伝達する駆動力を適切に配分すると，二輪駆動(以下，2WDと表記)車よりも大きな駆動力をタイヤから路面に伝達できるので，発進加速性能が向上する。また，カーブを曲がるときにタイヤが進行方向横向きに踏ん張る力であるコーナリングフォースが前後輪バランスよく発揮できるので，旋回性能が向上する。

　自動車の発進加速性能と旋回性能を最大限に高めるための理想的な前後駆動力配分は，自動車のホイルベースやトレッド，重心高などの車両諸元と，タイヤと路面間の摩擦係数(以下，路面μと表記)，および自動車に作用している前後加速度と横加速度から求められる。その理論は1980年代にはすでに確立された[1]。走行状態により刻々と変化する理想前後駆動力配分を実現するため，内燃機関を動力源とする自動車(以下，ICVと表記)には，センターデファレンシャル機構や湿式多板クラッチを用いたトルクカップリング機構，あるいはこれら機構を組み合わせた様々な前後駆動力配分装置が用いられてきた[2)3)]。しかし，いずれの装置も，機構が持つ特性の制約により，理想前後駆動力配分を常に実現できるものではなかった。

　電気モーターを動力源とする自動車(以下，EVと表記)の場合は，複数の電気モーターの車載が容易である。その利点を活かし，前後輪をそれぞれ独立の電気モーターで駆動するTwin Motor 4WD車とすることで，ICVでは実現できなかった理想的な前後駆動力配分を，走行状態にあわせてはじめて実現できるようになる。

　本稿では，はじめに自動車の2輪モデルを用いて，発進加速性能と旋回性能とを最大限に高める理想前後駆動力配分を示す。次に，実際のTwin Motor 4WD車への適用事例を解説する。

2 2輪モデルを用いた理想前後駆動力配分の解析

　自動車は，4輪のタイヤと路面間の摩擦力によって，走る・曲がる・止まるというすべての運動を行っている。自動車が加減速を伴いながら旋回する場合，図1に示すように，タイヤは加減速のためのタイヤ進行方向の力(以下，駆動力と表記)Dと，旋回のためのコーナリングフォースCとを，タイヤと路面間との摩擦力で同時に受け持つ必要がある。前後輪のタイヤがそれぞれ発生できる最大の摩擦力には限りがあるため，前後輪の駆動力の比，すなわち前後駆動力配分を適正化することによって，前後輪それぞれが発生可能なコーナリングフォースを間接的に適正化できる。これにより旋回性能の評価指標の1つである横加速度限界が向上す

— 131 —

る。この効果は，タイヤ摩擦円と自動車の2輪モデルとを用いて簡便に説明できる[4]。

2.1 タイヤ摩擦円

タイヤと路面間の最大摩擦係数を μ，タイヤの垂直荷重を F_Z とすると，タイヤが発生できる最大摩擦力 F_f は次式で表される。

$$F_f = \mu F_Z \tag{1}$$

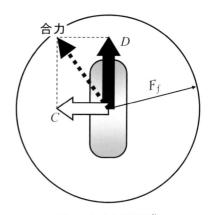

図1 タイヤ摩擦円[4]

タイヤは，路面との接触中心点から任意の方向に，最大摩擦力の範囲内で合力を伝達できると仮定したのが，図1に示すタイヤ摩擦円モデルである。このモデルではタイヤの最大摩擦力が円の半径として表され，これをタイヤの摩擦円半径と呼ぶ。摩擦円半径と駆動力，コーナリングフォースとの間には次式が成り立つ。

$$F_f^2 \geq D^2 + C^2 \tag{2}$$

2.2 車両2輪モデルで表される自動車の横加速度限界

車両2輪モデルは，前後輪をそれぞれ1個のタイヤで代表させて，自動車の運動状態を表したものである。図2に定常円旋回，すなわち一定の速度で一定の半径を旋回する自動車の2輪モデルを示す。自動車の質量を m，自動車の重心と前後輪との距離をそれぞれ L_f，L_r，前後輪のコーナリングフォースをそれぞれ C_f，C_r，横加速度を G_Y とすると，重心まわりのモーメントのつりあい，および横方向の力の釣り合いから，定常円旋回する自動車では次式が成り立つ。

$$C_f \cdot L_f - C_r \cdot L_r = 0 \tag{3}$$

$$m \cdot G_Y = C_f + C_r \tag{4}$$

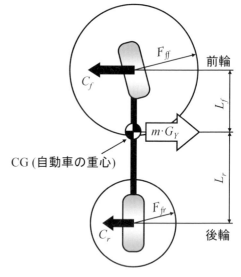

図2 2輪モデルを用いた定常円旋回表現[4]

式(3)を C_r および C_f について整理し，それぞれ式(4)に代入すると以下の二式が得られる。

$$C_f = \{L_r / (L_f + L_r)\} m \cdot G_Y \tag{5}$$

$$C_r = \{L_f / (L_f + L_r)\} m \cdot G_Y \tag{6}$$

これらより，横加速度 G_Y で定常旋回する自動車の前後輪に作用するコーナリングフォース C_f，C_r は一意に決まることがわかる。よって，前後輪がそれぞれ発生可能な最大のコーナリングフォースをタイヤ摩擦円から求め，これらの値より式(5)および(6)を用いて横加速度をそれぞれ計算すれば，求まった2種類の横加速度のうち小さい値が自動車として旋回可能な最大横加速度，すなわち横加速度限界になる。

前後輪が発生可能な最大コーナリングフォースをそれぞれ C_{fmax}，C_{rmax} とし，式(5)より求められる横加速度を G_{Yfmax}，式(6)より求められる横加速度を G_{Yrmax} とすれば，自動車の横加速度限界 G_{Ymax} は以下の式で求められる。

$$G_{Ymax} = \min(G_{Yfmax}, G_{Yrmax}) \tag{7}$$

ここに，

$$G_{Yfmax} = \{(L_f + L_r) / L_r\} C_{fmax} / m \tag{8}$$

$$G_{Yrmax} = \{(L_f + L_r) / L_f\} C_{rmax} / m \tag{9}$$

今，空気抵抗や転がり抵抗などの自動車の走行抵抗を無視すると，一定速度で旋回する自動車における前後輪の駆動力はともにゼロである。よって，式(2)より前後輪が発生可能な最大コーナリングフォースは前後輪の最大摩擦円半径 F_{ff}，F_{fr} に等しい。最大摩擦円半径は式(1)で求められ，前後加速度がゼロの時は前後輪のタイヤ垂直荷重比は重心と前後輪との距離の逆比になる。これらの関係より，前後輪が発生可能な最大コーナリングフォースは，重力加速度を g とするとそれぞれ次式で求められる。

$$C_{fmax} = F_{ff} = \mu \{L_r / (L_f + L_r)\} m g \tag{10}$$

$$C_{rmax} = F_{fr} = \mu \{L_f / (L_f + L_r)\} m g \tag{11}$$

よって定常円旋回時の横加速度限界は式(7)〜(11)より以下の通り求められ，横加速度限界はタイヤと路面間の最大摩擦係数に比例することがわかる。

$$G_{Ymax} = \mu g \tag{12}$$

2.3　加減速を伴う自動車の横加速度限界と前後駆動力配分の効果

次に，加減速を伴いながら旋回する自動車の横加速度限界を求める。ある前後加速度 G_X の下において自動車に作用する前後方向と上下方向の力を図3に示す。自動車の重心高を H_g，前後輪の駆動力および垂直荷重をそれぞれ D_f，D_r，F_{Zf}，F_{Zr} とすると，前後方向および上下方向の力のつりあい，および点Pまわりのモーメントのつりあいより，

$$m G_X = D_f + D_r \tag{13}$$

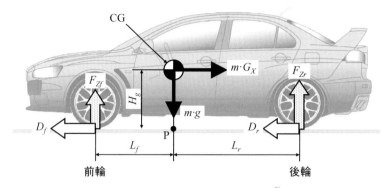

図3 加速中の自動車に作用する力[3]

$$m \cdot g = F_{Zf} + F_{Zr} \tag{14}$$

$$F_{Zf} \cdot L_f + m \cdot G_X \cdot H_g = F_{Zr} \cdot L_r \tag{15}$$

式(14)を F_{Zr} について整理して式(15)に代入し,これを前輪の垂直荷重 F_{Zf} について整理すると次式を得る。

$$F_{Zf} = \{m / (L_f + L_r)\}(L_r \cdot g - H_g \cdot G_X) \tag{16}$$

後輪の垂直荷重 F_{Zr} についても同様にして,

$$F_{Zr} = \{m / (L_f + L_r)\}(L_f \cdot g + H_g \cdot G_X) \tag{17}$$

加減速のための駆動力が作用している場合に前後輪が発生可能な最大コーナリングフォースは,式(1)および(2)より次式で求められる。

$$C_{fmax} = \{(\mu \cdot F_{Zf})^2 - D_f^2\}^{1/2} \tag{18}$$

$$C_{rmax} = \{(\mu \cdot F_{Zr})^2 - D_r^2\}^{1/2} \tag{19}$$

ここで,横加速度限界に対する前後駆動力配分の影響を考察するため,後輪の駆動力配分比 q を以下のように定義する。

$$q = D_r / (D_f + D_r) \tag{20}$$

式(13)および式(20)より,前後輪の駆動力はそれぞれ,

$$D_f = (1 - q) m \cdot G_X \tag{21}$$

$$D_r = q m \cdot G_X \tag{22}$$

式(16)と(17)より求められる前後輪の垂直荷重と,式(21)と(22)より求められる前後輪の駆動力を式(18)および(19)に代入して次式を得る。

$$C_{fmax} = [\{\mu \cdot m / (L_f + L_r)\}^2 (L_r \cdot g - H_g \cdot G_X)^2 - \{(1-q) \, m \, G_X\}^2]^{1/2} \qquad (23)$$

$$C_{rmax} = [\{\mu \cdot m / (L_f + L_r)\}^2 (L_f \cdot g + H_g \cdot G_X)^2 - (q \, m \, G_X)^2]^{1/2} \qquad (24)$$

加減速を伴う自動車の旋回運動を考えるとき，車速が変化するために，厳密には非線形の運動方程式を数値シミュレーションで逐次解く必要がある。そこで問題を簡単に扱うため，限られた短い時間を考え，その間では加減速による速度変化は小さいとして無視する。この前提に立てば式(3)，(4)が成り立つので，加減速を伴う旋回における横加速度限界も式(7)，(8)，(9)，(23)，および(24)により求められる。

表1に示す標準的なCセグメント4WD乗用車の自動車の諸元を用い，タイヤと路面間の最大摩擦係数μ，前後加速度G_X，および後輪駆動トルク配分比qをパラメータとして求めた自動車の横加速度限界を図4に示す。

$G_X = 0$ Gの場合は駆動力がゼロであるため，横加速度限界は後輪駆動力配分比にかかわらず一定値をとり，その値は式(12)に示したとおり最大摩擦係数に比例する。$G_X > 0$ Gの場合，横加速度限界は後輪駆動力配分比によって変化する。図4(a)に示す$\mu = 1.0$の乾燥舗装路相当の路面では，$G_X = 0.2$ Gの場合の横加速度限界は$q = 1.0$で最大となるが，曲線aで表されるように，横加速度限界が最大となる後輪駆動力配分比は前後加速度の増加に伴って小さくなり，$G_X = 0.9$ Gでは$q = 0.6$で最大となる。

一方，図4(b)に示す$\mu = 0.3$の雪道相当の路面では曲線bで表されるように，$G_X = 0.1$ Gの場合の横加速度限界は$q = 0.55$で最大となるが，$G_X = 0.25$ Gでは$q = 0.48$で最大となる。このように前後加速度が同じ場合でもタイヤと路面間の最大摩擦係数が異なると横加速度限界が最大となる後輪駆動力配分比が異なり，雪道では乾燥舗装路に比べて小さな後輪駆動力配分比で最大の横加速度限界が得られる。

この結果より，自動車の走行状態にあわせて前後駆動力配分を適切に調整すれば，高い横加速度限界が得られることがわかる。たとえば，タイヤと路面間の摩擦係数が小さいほど，かつ

表1　車両諸元[4]

m	[kg]	1500
L_f	[m]	1.0
L_r	[m]	1.6
H_g	[m]	0.5

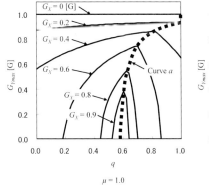
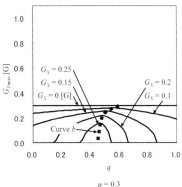

図4　前後駆動力配分が横加速度限界に及ぼす影響[4]

前後加速度が大きいほど，後輪駆動力配分比を1.0から0.4へと小さくする前後駆動力配分の方法が考えられる。また，摩擦係数によらず，横加速度限界が高いほど適切な後輪駆動配分比が大きいことから，摩擦係数の検出が困難な場合には，横加速度が大きいほど後輪駆動力配分比を大きくする方法が有効であると考えられる。

3　Twin Motor 4WDを用いた前後駆動力配分

　三菱自動車が2013年に製品化したアウトランダーPHEVには，前後輪をそれぞれ独立の電気モーターで駆動するTwin Motor 4WDが搭載され，理想前後駆動力配分を実現する基本配分制御が実装されている。そのシステム構成を図5に示す。Twin Motor 4WDの前後駆動力配分制御は，PHEVシステム全体をマネジメントするPHEV-ECUの機能の1つとして実装されている。PHEV-ECUの制御信号により，それぞれパワードライブユニットを介してフロントモーターを，モーターコントロールユニットを介してリヤモーターを駆動する[5]。

　前後駆動力配分制御は，自動車の加減速と旋回状態に応じてフィードフォワードで基本的な前後駆動力配分を行う基本配分制御と，前後輪のスリップや自動車のアンダーステア，オーバーステアを検出して前後駆動力配分を補正するフォードバック制御とから構成されている。その中で，EVにTwin Motor 4WDを搭載することによってはじめて可能となった基本配分

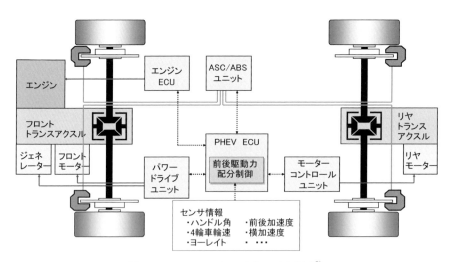

図5　Twin Motor 4WDのシステム構成[5]

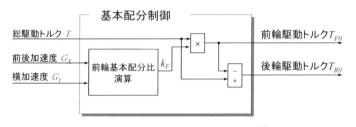

図6　前後駆動力配分の基本配分制御[5]

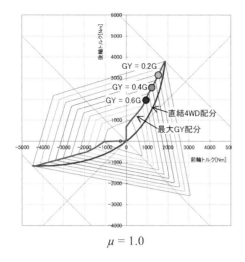

$\mu = 1.0$

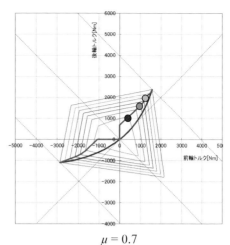

$\mu = 0.7$

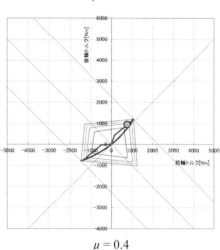

$\mu = 0.4$

※口絵参照

図7　4輪モデルを用いた理想前後
　　　駆動力配分線

制御の構成を**図6**に示す。自動車に作用する前後加速度 G_X と横加速度 G_Y とから前輪基本配分比 k_F を求める。運転者のアクセル操作量などにより求められる総駆動トルク T に，k_F を乗じて前輪駆動トルク T_{F0} を，T から T_{F0} を減じて後輪駆動トルク T_{R0} を求め，前後輪に駆動力を配分している。

前輪駆動力配分比 k_F は，前述の2輪モデルを用いた理想前後駆動力配分の解析をさらに4輪モデルに拡張し，自動車の前後ロール剛性配分の影響も加味した，より精度の高い解析により求めている。路面μを1.0，0.7，0.3の3種類に変えて，横軸に前輪トルク，縦軸に後輪トルクを取り表現した解析結果を**図7**に示す。図には，それぞれの路面μ条件における動的な前後分担荷重に比例した前後駆動力配分（直結4WD配分と表記）線と，同一の総駆動トルク条件，すなわち同一前後加速度条件で最大の横加速度を発揮する前後駆動力配分（最大GY配分と表記）線，および発揮可能な横加速度の等高線を示してある。また，図の右上に位置するほど前後加速度が大きな状態であることを表す。

3条件の図を比較すると，直結4WD配分線は重なっていることがわかる。これは直結4WD配分線が，路面μが変わっても常に最大の前後加速度を発揮する横加速度GY＝0Gの

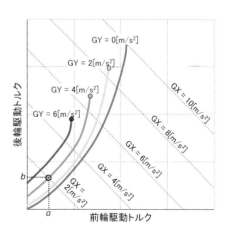

図8　前後加速度と横加速度に基づく
　　　前後駆動力配分[5]

第1編　EV の運動制御と走行安定性・評価技術

走行状態における理想の前後配分であることを意味する。一方，最大 GY 配分線は，路面 μ が小さくなるほど直結 4WD 配分線に近付く。そこで，それぞれの路面 μ 条件における最大 GY 配分線と横加速度の等高線との交点を求め，路面 μ を変えて求めた同一横加速度の交点を線で結び表すと**図 8** が描ける。各路面 μ の走行条件ではその路面 μ 以上の横加速度は発生し得ないので，図 8 を用いて前後加速度 GX と横加速度 GY とに基づき次式で前輪駆動力配分比 k_F を求めることで理想前後駆動力配分を実現している。

$$k_F = a / (a+b) \tag{25}$$

文　献

1) 磯田桂司，湯浅寛夫：駆動力制御と運動性能について，自動車技術 Vol.44, No.4, pp67-73(1989).

2) 尾崎清孝，松田俊郎，朝日征志，太田省三，仲田亨，井之口岩根：電子制御トルクスプリット 4WD「ATTESA E-TS」について，日産技報 第 25 号，pp30-39(1989).

3) 澤瀬薫，田中俊三，伊藤善仁，佐藤浩幸：駆動力総合制御 4WD の開発，自動車技術 Vol.46, No.10, pp7-13(1992).

4) 澤瀬薫：乗用車の旋回性能を向上させる左右輪間トルク移動デファレンシャルに関する研究，東北大学大学院工学研究科博士学位論文，pp34-40(2009).

5) 加藤智，三浦隆未：アウトランダーPHEV 用ツインモーター4WD の開発，自動車技術会シンポジウム No.3-13 テキスト，pp46-50(2013).

第1編　EVの運動制御と走行安定性・評価技術

第4章　運動性能向上のための制御・評価技術

第2節　電気自動車の
トラクションコントロール技術

筑波大学　河辺　徹

1　はじめに

EVの駆動力に用いられる電気モータには，運動制御の観点から主に以下の特徴がある[1]。

① エンジン駆動と比べ，トルク応答が速い

② トルク値の正確な把握が可能である

③ インホイールモータにより各輪の独立駆動が可能である

従来の内燃機関では，駆動トルクを発生させるために，空気と燃料の吸気，混合気の圧縮，混合気の燃焼など複数にわたる工程が必要で，トルク発生までの応答時間は数百 ms となる。対して，モータ駆動では電流に応じてトルクが発生するため，応答時間は数 ms と，エンジン駆動より2桁も速い。また，内燃機関による駆動では，気圧や気温等の環境によって燃焼具合が変化し，発生するトルク値を正確に把握することが困難だが，モータ駆動では，電流量に比例してトルクが発生するため，トルク値の正確な把握が可能である。さらに，電気モータは内燃機関に比べ構造が簡単で付随する装置が少ないため，車両の小型化や軽量化及び各輪独立駆動による柔軟な運動が可能となる。以上の特徴から，モータ駆動であるEVは，従来の内燃機関自動車と比べ，高い制御性能が期待できる。一方で，自動車の走行状況は多岐で変化に富んでいる点を踏まえ，特にそのトラクションコントロール技術には，走行環境や条件の変化に対してロバストに性能を保証するものであることが欠かせない。そこで本稿では，EVのロバストなトラクションコントロール技術の例として，モデル予測制御（MPC：Model Predictive Control）法を基礎とした2つの制御法[2][3]について以下に述べる。

2　スリップ抑制によるトラクションコントロール問題

前述した電気モータの3番目の特徴であるインホイールモータによる各輪独立駆動を前提に，本項では図1ならびに表1に示す1輪モデルを対象とする。

これらより，このモデルの車両の進行方向の運動方程式は，以下のように表される。

$$J_\omega \dot{\omega} = T_m - rF_d \tag{1}$$

$$M\dot{V} = F_d \tag{2}$$

— 139 —

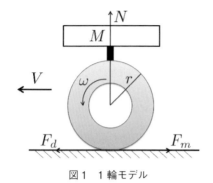

図1　1輪モデル

表1　パラメータの定義

J_ω	車輪の慣性モーメント
T_m	モータによる駆動トルク
F_m	モータによる駆動トルクの力換算値
F_d	駆動力
M	一輪にかかる車両重量

$$T_m = rF_m \tag{3}$$

ここで ω, r, V はそれぞれ，車輪の回転角加速度，車輪の半径，車両の進行速度を表し，その他のパラメータの定義を表1に示す。

また，駆動力 F_d は，

$$F_d = \mu(c, \lambda)N \tag{4}$$

$$N = Mg \tag{5}$$

で与えられる。ただし，N, g はそれぞれ，垂直抗力，重力加速度である。また，$\mu(c, \lambda)$ は摩擦係数を表し，その値は路面の状況(路面状況係数：c)及び，車輪と路面間のスリップ率 λ により決まり，加速時のスリップ率 λ は次式で定義される。ただし，$V_\omega (= r\omega)$ は車輪速度を表す。

$$\lambda = (V_\omega - V)/V_\omega \tag{6}$$

(減速時は，$\lambda = (V - V_\omega)/V$ となる。)なお，$\mu(c, \lambda)$ は，Magic-Formula と呼ばれる次式で表されることが実験的に示されている[4]。

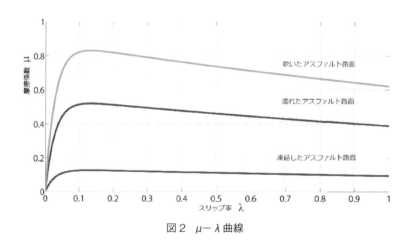

図2　$\mu - \lambda$ 曲線

$$\mu(c,\lambda) = -c \times 1.1 \times \left(e^{-35\lambda} - e^{-0.35\lambda}\right) \tag{7}$$

μ と λ の関係を**図2**に示す。ただし、乾いたアスファルト路面、濡れたアスファルト路面、凍結したアスファルト路面では、路面状況係数はそれぞれ、$c = 0.8$、0.5、0.12 が標準的な値である。この図からわかるように、スリップ率 λ の値がある程度以上大きくなると μ の値が減少し、車輪のグリップ力が失われていく。そこで、図2及び式(7)より車輪の駆動力を損失なく最大限に路面へ伝達できる λ の最適値(λ^*)を求めると 0.13 となるため、この値をできるだけ保持する制御法を構築することが重要となる。

3 モデル予測型 PID 制御法[2]

モデル予測制御(MPC)は、1970年代後半から主に工業プロセス等の制御法として大きな影響を与えたもので、その特徴として、装置等に関わる各種制約条件を明確に考慮することができる点が挙げられる。ただし、オンラインで最適化計算を繰り返し行うことが必要となるため、動作特性の遅い化学系などの制御対象にしかこれまでは適用できなかったが、近年のコンピュータ性能の向上により、メカトロニクスなどにも応用されつつある。MPC は、制御対象のモデルに基づき、現在の状態から未来の挙動を予測し、設定した制約条件のもとで有限区間での最適化問題を解いて現在の入力を決定する処理をサンプリング時刻ごとに繰り返す制御手法である。MPC の概念図を**図3**に示す。

ここで、k は時刻、$y(k)$ は時刻 k における出力、$u(k)$ は時刻 k における制御入力であり、制御目的は、出力 y を目標値 r に収束させることである。H_p は予測状態量を計算する離散ステップ数を表しており、k から $k+H_p$ の区間における未来の挙動($\hat{y}(k+i)$; $1 \leq i \leq H_p$)を予測する。また、H_c は制御入力を計算する離散ステップ数を表しており、k から $k+H_p$ の区間で入力($\hat{u}(k+i)$; $1 \leq i \leq H_c - 1$)を求め、そのうち $\hat{u}(k)$ のみを実際に入力し、次の時刻($k+1$)に移動して同様に入力を求める。これがモデル予測制御の基本的な処理の流れである。

そこで、駆動時のスリップ防止と適切なトラクション制御により EV の運動性能と安定性を高める実用的制御方法として、この MPC のアルゴリズムを PID 制御器の設計に用いる制御方法について述べる。

PID 制御器の PID とは、Proportional(比例動作)、Integral(積分動作)、Derivative(微分動作)のそれぞれの頭文字をとった略語である。簡単な構造で各動作の役割も理解しやすいため、古くから現在に至るまで、様々な対象分野で適用されており実績も信頼性も高い制御器である。そこで、EV のトラクションコントロール問題に対する制御法として、MPC の設計アルゴリズムを用いて PID 制御器を設計する。PID 制御器の構造には様々なタイプがあるが、ここでは FF (Feed Forward) 制御器を伴う**図4**に示す2自由度 PID 制御系を用いる。具体的には、一般的

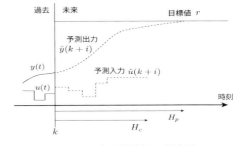

図3 モデル予測制御の概念図

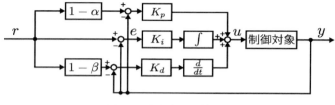

図4 2自由度PID制御系

な状態空間モデル

$$x(k+1) = Ax(k) + bu(k) \qquad (8)$$

$$y(k) = cx(k) \qquad (9)$$

で表される制御対象に対し，MPCの制御アルゴリズムに基づき，制御周期ごとに

$$\min_{K_P, K_I, K_D, \alpha, \beta} J_1(K_P, K_I, K_D, \alpha, \beta)$$
$$(J_1 := \sum_{i=0}^{H_p}[q_i \cdot e(k+i)^2 + r_i \cdot u(k+i)^2]) \qquad (10)$$

の最小化問題を解いて2自由度PID制御器の5つのゲイン(K_P, K_I, K_D, α, β)を求め，制御入力を

$$\begin{aligned}u(k) &= K_P\{(1-\alpha)r(k) - y(k)\} \\ &+ K_I\left\{\sum_{i=0}^{k}(r(i) - y(i))\right\} \\ &+ K_D\{(1-\beta)(r(k) - r(k-1)) - y(k) + y(k-1)\}\end{aligned} \qquad (11)$$

として制御を行う。なお，MPCのための評価関数はいくつかあるが，ここでは最も一般的なLQ (Linear Quadratic：線形2乗) 誤差を最小にする評価基準を用いている。また，q_i, r_iは重みである。ところで，式(1)〜(7)からわかるように，車両一輪モデルは非線形特性を持つため，式(8)，(9)の線形状態空間モデルとするために，数値的な線形近似を行う。時刻$t=k$におけるスリップ率をλ_kとして，λ_kにおける$\mu-\lambda$曲線の傾きを$a = \frac{d\mu}{d\lambda}\big|_{\lambda_k}$とすることで，モータの駆動トルクの変化量$\Delta T_m$からスリップ率の変化量$\Delta\lambda$の関係を求めると，

$$\frac{\Delta\lambda}{\Delta T_m} = \frac{a\tau_a/J_\omega}{\tau_a s + 1} \qquad \left[\tau_a = \frac{J_\omega M(1-\lambda_k)}{arN[M(1-\lambda_k) + J_\omega/r^2]}\right] \qquad (12)$$

の伝達関数として表せるので，この伝達関数を線形の状態空間モデルとして実現したものを制御対象とする。

　モデル予測型2自由度PID制御法の有効性を示す一例として，M(車両重量)$=250\,Kg$の車両に対する発進シミュレーションを行った結果を図5に示す。このシミュレーションでは，停止状態から5秒後に速度40 km/hとすることを目標に線形に加速する場合を想定している。ただし，最初の3秒間は乾燥した舗装路面だったのが，3秒後に凍結路面に変わった場合のシ

第4章 運動性能向上のための制御・評価技術

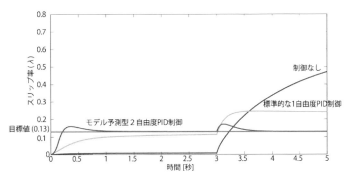

図5 スリップ率(λ)の時間応答[$M = 250\ Kg$]

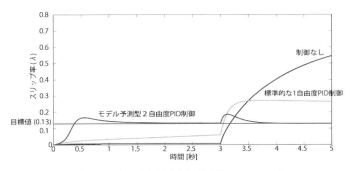

図6 スリップ率(λ)の時間応答[$M = 350\ Kg$]

ミュレーションである。モデル予測型2自由度PID制御法，標準的な1自由度PID制御器（FF制御器のパラメータを常に $\alpha = \beta = 0$ としたもの），制御なしの場合のスリップ率の時間応答を比較する。前述の通り，加速時のスリップ率(λ)は最適値($\lambda^* = 0.13$)を保つ必要があるが，モデル予測型2自由度PID制御法では，路面状況が変化してもロバストにレスポンスよく反応して目標値($\lambda^* = 0.13$)を保っていることがわかる。

図6に $M = 350\ Kg$ とした場合の結果を示す。図5と比べてモデル予測型2自由度PID制御法の結果はほとんど変化がないことがわかる。このことから，モデル予測型2自由度PID制御法は，路面状況だけでなく車両重量の変動に対してもロバストな性能を持っていることがわかる。

4　モデル予測型スライディングモード制御法[3]

3で述べたモデル予測型2自由度PID制御法では，非線形特性をもつ車両一輪モデルに対し，そのままでは適用できないため，数値的に近似を行った線形化モデルを用いる必要があった。また，路面状況や車両重量の変動に対し，ロバストな性能を明確に保証する設計法とはなっていなかった。これらの問題点に対する改良を加えれば，更なる性能向上が期待できる。そこで，制御系の構成をPID制御器から，スライディングモード制御（SMC：Sliding Mode Control）器に変更したモデル予測型スライディングモード制御法について述べる。

SMCは1950年代初頭に誕生したとされ，その後，1970年代に文献5)などにより広く知ら

れるようになった．可変構造制御理論の一種であるこの制御法は，モデルの不確かさに対するロバスト性を持つことや非線形系へ対応できることなどの優れた性質を持っていたが，その有効性が広く認識されるには，1980年代後半の計算機の高性能化による理論，応用の両面での研究成果を待たねばならなかった．しかし現在では，実用性の高い制御理論の1つとして，幅広く様々な産業分野で応用されている．

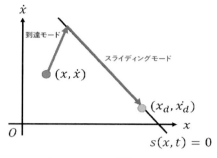

図7 SMCの動作イメージ

システムの動特性が不連続に切り替わる可変構造系においては，スライディングモードと呼ばれる特殊な状態挙動が発生する．スライディングモードでは，システムの状態が位相空間上の，ある切り替え面に拘束され，平衡点に向かって滑っていく．SMCは，このスライディングモードを発生させる切り替え平面と，切り替え平面に状態を向かわせ拘束するため制御入力の2つの設計を行うことで実現する．図7に，1入力で状態量が$(x, \dot{x})$の2次元のシステムでの概要を示す．状態量$(x, \dot{x})$が切り替え平面に到達し(到達モード)，切り替え平面に拘束されて滑りながら目標値$(x_d, \dot{x}_d)$に到達する(スライディングモード)様子を表している．

2で述べたEVのトラクションコントロール問題に，このSMCを応用する．まず，制御対象は，図1，式(1)〜(7)の一輪モデルから

$$\dot{\lambda}(t) = f(\lambda, t) + b(t)u(t) \qquad (13)$$

と表せる．ただし，$f(\lambda, t)$，$u(t)$，$b(t)$はそれぞれ，システムの非線形特性，制御入力(モータの駆動トルク(T_m))及びその係数を表す．また，この式とスリップ率の定義式(6)より，

$$\dot{\lambda}(t) = [-\dot{V} + (1-\lambda)\dot{V}_\omega]/V_\omega \qquad (14)$$

となり，式(1)，(2)，(4)から

$$f(\lambda, t) = -[1 + (1-\lambda)r^2 M/J_\omega]\frac{g\mu(c,\lambda)}{V_\omega}, \quad b(t) = \frac{(1-\lambda)r}{J_\omega V_\omega} \qquad (15)$$

となる．ここで，SMCにおいては一般に制御入力の切り替えにより，チャタリングと呼ばれる振動現象が発生するが，この現象と定常偏差を抑制するために，ここでは，切り替え面$(s(\lambda))$に積分項を付加した

$$s(\lambda) = \lambda_e + K_{in}\int_0^t \lambda_e(\tau)\,d\tau \qquad (16)$$

を設計する．ただし，$\lambda_e = \lambda - \lambda^*$である．積分項のゲイン($K_{in}$)の値を，MPCのアルゴリズムで決定するが，スリップ抑制性能だけでなく省電力性能も指標に加えたモデル予測型スライディングモード制御法として構築する．その結果，SMCとしての制御入力は

$$u(t)(=T_m) = \frac{-1}{b}[\{f + K_{in}\lambda_e\} + \{\eta\, sat(s/\Phi)\}] \qquad (17)$$

と求められる．ただし，η，Φはいずれも正の値を持つ設計変数，$sat(s/\Phi)$は，$s<-\Phi$のとき1，$-\Phi \leq s \leq \Phi$のときs/Φ，$s>\Phi$のとき1となる単位飽和関数である．式(17)の右辺の$\{f+K_{in}\lambda_e\}$が，スライディングモードのための制御入力，$\{\eta sat(s/\Phi)\}$が切り替え面に到達させるための制御入力である．さらに，K_{in}の値をMPCのアルゴリズムで適応的に決定するための評価指標J_2を

$$J_2 = \sum_{i=0}^{H_p-1} [q\|\lambda_e(k+i+1)\| + r\|T_m(k+i)\|] \quad (18)$$

とする．右辺第2項に，T_mを加えていることでスリップ率の偏差(λ_e)だけでなくモータトルクの大きさを抑え電力消費量も抑制するK_{in}の値をステップごとに決定する．

モデル予測型スライディングモード制御法の有効性を示す一例として，3と同様のシミュレーションを行った結果を示す．ただしここでは，シミュレーション時間を10秒とし，停止状態から10秒後に速度80 km/hとすることを目標に線形に加速する場合を想定している．最初の8秒間は凍結した舗装路面，8秒から9秒の間は濡れた舗装路面，そして最後の9秒から10秒の間は乾いた路面と変化する場合のシミュレーションである．これは，冬季の寒冷地で信号待ちをしている車両が発進加速する場合を想定したものである．

比較のため，標準的なSMC(常に$K_{in}=0$)を用いた場合と制御なしの場合のスリップ率の時間応答結果も示す．なお，**図8**，**図9**のいずれの場合も制御器が想定する車両重量は300 Kg

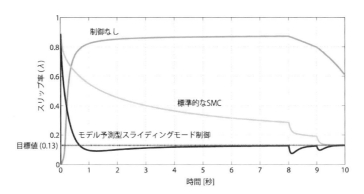

図8 スリップ率(λ)の時間応答 [$M=250\,Kg$]

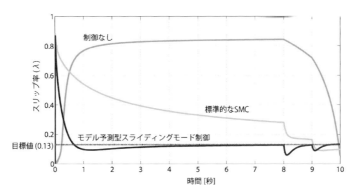

図9 スリップ率(λ)の時間応答 [$M=350\,Kg$]

第1編　EVの運動制御と走行安定性・評価技術

として，実際とはずれを持たせた値を与えて，ロバスト性を検証する。

　また，省電力性能の検証として，図9（$M=350\,Kg$）の場合を一例に，次式で表される平均電力消費率（[Wh/Km]）で比較を行った結果を表2に示す。

表2　平均電力消費率［$M=350\,Kg$の場合］

	E_r [Wh]	D_d [m]	E_p [Wh/Km]
制御なし	62.75	56.33	1114
標準的な SMC	35.10	64.98	540
モデル予測型スライディングモード制御	36.90	70.02	527

$$E_p = E_r/D_d \tag{19}$$

ただし，E_rはシミュレーション時間全体として消費した電力量，D_dはシミュレーション時間全体での総走行距離を表し，以下のように求めたものである。

$$E_r = \int_0^{10} T_m(t)\,\omega(t)\,dt\,, \quad D_d = \int_0^{10} V(t)\,dt \tag{20}$$

$\omega(t)$は車輪の回転角速度であり，$V(t)$は車体速度である。E_rは，熱損失は0，ならびに，モータの消費電力量をモータの仕事量と等価と仮定する。

　図8，図9より，路面状況の変化に対しても，車両重量の変化に対しても，モデル予測型スライディングモード制御法は，標準的なSMCと比較しても，ロバストに目標値（$\lambda^*=0.13$）を保っていることがわかる。また，表2より，省電力性能も向上させていることがわかる。

5　まとめ

　本稿では，EVのトラクションコントロール技術の例として，MPCの概念を導入した，モデル予測型PID制御法とモデル予測型スライディングモード制御法の2つを紹介した。いずれの制御法も電気モータの利点である「トルク応答がエンジンより2桁速い」，「発生トルクを正確に計測できる」点を活かして，路面状況や車両重量の変動に対し，レスポンス良く高精度かつロバストにスリップを抑制することでトラクションを制御し，運動性と安全性の両面を向上させるものである。特に，モデル予測型スライディングモード制御法は，モデル予測型PID制御法が線形近似したモデルに対しての適用になる欠点を克服し，非線形特性をそのまま扱えるだけでなく，電気モータの電力消費量も陽に抑えられ，より実用性を高めている。

　なお，本稿では，発進加速時の状況を対象としたが，制動時の回生ブレーキの使用割合が電力蓄積効果だけでなく安全性や操作性にも大きく影響する点を踏まえ，駆動時のスリップ率と制動時の回生ブレーキの使用割合による回生率に基づく消費電力量，車両姿勢，旋回性能，加減速の応答性といった複数仕様の運動制御問題として定式化する必要がある。これに対しても，紹介した手法は，MPCを基礎としていることで，容易に拡張，対応が可能であり，高性能で実用性の高いトラクションコントロール技術の1つとして期待できる。

文　献

1) Y. Hori：Future Vehicle driven by Electricity and Control -Research on 4 Wheel Motored' UOT March II, *IEEE Trans. on Industrial Electronics*, **51**(5), 954(2002).

2) T. Kawabe：Model Predictive 2DOF PID Control for Slip Suppression of Electric Vehicles, Proc. of 11th Int. Conf. on Informatics in Control, Automation and Robotics, 2, 12(2014).

3) S. Li and T. Kawabe：Slip Suppression of Electric Vehicles Using Sliding Mode Control Based on MPC Algorithm, *Int. Journal of Engineering and Industries*, **5**(4), 11(2015).

4) H. B. Pacejka and E. Bakker：The Magic Formula Tyre Model, Proc. of the 1st Int. Colloquium on Tyre Models for Vehicle Dynamics Analysis, 1(1991).

5) V. I. Utkin：*Sliding modes and their applications in variable structure systems*, translated from the Russian by A. Parnakh, Central Books,(1978).

第1編　EVの運動制御と走行安定性・評価技術

第5章　EV以外の電動車両走行制御技術

第1節　鉄道車両の回生エネルギー充放電制御技術

早稲田大学　近藤　圭一郎　　千葉大学　植原　彪之介

1　電気鉄道の概要と特徴

　電気鉄道とは連続的に地上より電力の供給を受け，その電力で車両を駆動する鉄道システムである。電気鉄道の電化方式には，直流の600 V，1.5 kV，交流電力25 kV-50/60 Hz，15 kV-16.7 Hzなどがある。これらの方式は列車の必要電力，列車本数，歴史的経緯などから決まるが，ここでは回生ブレーキの観点からその特徴を述べる。直流き電システムの構成を図1に，交流き電システムの構成を図2にそれぞれ示す。交流電気鉄道では商用電力系統とは変圧器で接続されているので，回生電力はき電系統内で消費されずとも，商用系統で吸収可能である。しかし，直流電気鉄道では，回生電力は直流き電系統内で消費される必要がある。沿線3～10 km毎に設けられた変電所で66 kVなどの三相商用交流電源系統から受電した交流をダイオード整流回路で直流に変換するためである。したがって，直流電気鉄道では，回生電力の大きさが力行電力を上回ると，回生ブレーキ力の一部が損なわれる。これは軽負荷回生などと呼ばれる。なお，交流き電系統は変電所毎に，き電電圧の位相が異なるので，ある変電所のき電区間の回生電力はこの区間で消費しないと，回生電力は商用系統に帰るものの，電力会社が買い取るわけではなく，コストメリットに乏し

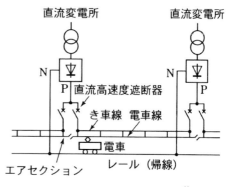

図1　直流電気鉄道のき電系統[1]

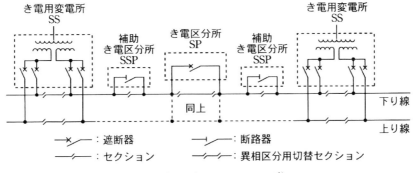

図2　交流電気鉄道のき電系統[1]

— 149 —

い。そこで，き電用変電所やき電区分所にRPC（Railway Power Conditioner）と呼ばれる電力融通する電力変換回路を用いる例もある[2]。

2 鉄道車両の主回路システムとその制御

2.1 鉄道車両駆動用主回路システムの変遷[3]

パワーエレクトロニクスの鉄道車両駆動への適用はパワー半導体スイッチング素子の大容量化を先導する役割を担ってきた。図3は鉄道車両駆動におけるパワーエレクトロニクス技術応用の変遷を示したものである。鉄道車両駆動へのパワーエレクトロニクス技術の適用は，1960年代の大容量サイリスタによる，交流電化区間用電気車（交流電気車）の位相制御整流器方式から始まった。交流電化区間では，交流電源の負電圧を利用してターンオフを行う電源転流方式が適用できるため，後述の直流電気車で必要な消弧回路が不要であり，早い段階で適用が始まった。直流電化区間用電気車（直流電気車）では1970年代に民鉄の車両を中心にサイリスタチョッパが用いられるようになった。自己消弧機能のないサイリスタでスイッチングを行うには，消弧回路を別途設ける必要があり，大型化し易い。そのため，スイッチの数が増えるインバータに先立ち，原理的にスイッチ1つで済む直流チョッパ方式が実用化された。

1980年代に入り，自己消弧可能な4.5 kV耐圧のGTOの登場により，床下搭載可能な小型大容量の可変電圧可変周波数（Variable Voltage Variable Frequency；VVVF）インバータが開発され，我が国ではこれを用いて誘導電動機が車両駆動に適用されるようになった。その結果，直流電動機のブラシ交換の省略，フラッシュオーバ解消，回生ブレーキ動作速度範囲の拡大，およびマイコン制御による駆動制御性能の向上等，鉄道車両の省メンテナンス，高信頼度化，および高性能化に大きく寄与した。また，1990年に入ると，交流電気車である新幹線にも4.5 kV耐圧のGTOが適用された。新幹線では，インバータによる誘導電動機駆動に加え，高耐圧GTOにより，単相PWM整流回路（PWMコンバータ）が実用化された。これにより，

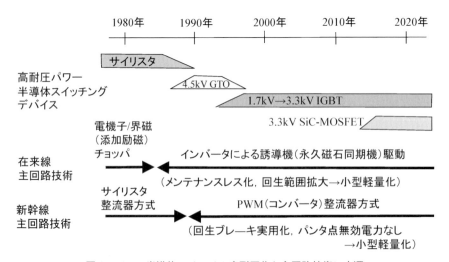

図3　パワー半導体スイッチの高耐圧化と主回路技術に変遷

従来のサイリスタ位相制御で難しかった，パンタ点の力率改善，低次高調波の低減，および回生ブレーキの実用化がなされた。その後2000年代には，より低損失なIGBTが登場し，高耐圧化がなされ，現在では3.3 kV耐圧，および6.5 kV耐圧の素子が世界で広く用いられている。さらに2010年代には，半導体材料をSiからバンドギャップの広い化合物半導体に置き換える動きが盛んになされている。現在のところSiCを用いたMOSFETの高耐圧化に成功し，3.3 kV耐圧のデバイスが実用域に入っている。また，試作レベルでは6.5 kV耐圧のMOSFETも登場している。SiCデバイスは低損失化と高温動作が可能であることから，Siのデバイスを用いた場合と比べると，冷却器の小型軽量化が可能であり，主回路機器の小型軽量化に大きく寄与している。SiC素子の2018年時点での課題はSiCウェハの歩留まりの悪さによるコストの高さの他，特にMOS構造に起因するゲートの寿命に対する懸念である。これらを克服すれば，Si-IGBTに次ぐ次世代の素子として普及が期待される。

2.2 主回路システムとその制御

ここでは回生ブレーキに制約の多い直流電気鉄道に関して説明する。図4は現在の標準的な通勤電車を始めとする直流電気車に適用されている主回路システムの構成である。DC1.5 kV架線電圧，短絡事故電流のしゃ断も可能な，高速度しゃ断器を介して印加する。インバータの入力段には短絡事故電流制限用を兼ねるフィルタリアクトル，入力電圧安定化を兼ねるフィルタコンデンサがそれぞれ接続される。これらはカットオフ周波数18～20 HzのLCフィルタを構成し，インバータから発生する商用周波数の半分の周波数以上の成分をカットする。インバータは3.3 kV-1.2 kAのモジュール形IGBTを用い，1台のインバータで定格120～200 kW前後の誘導電動機を4個駆動するのが一般的である。

鉄道車両駆動用電圧形インバータは，図5に示すように，低速時には非同期PWMもしくはこれをベースとしたランダムPWMなどで電圧・周波数を自由に制御し，40～50 km/h以上で基本波周期に1回，1つだけパルスを出力する1パルスモードを出力する。なお，非同期PWMと1パルスモードでは最高出力電圧に差が生じるので，これらの間で連続的な電圧変化

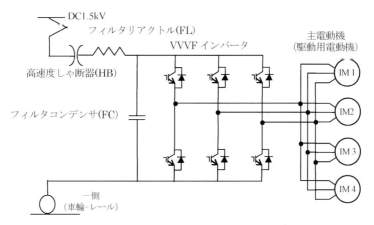

図4 直流電化区間用電車の主回路構成例[3]

となるよう，可変調モードや同期3パルスモードなどを用いる。1パルスモードを採用する目的は，スイッチング回数の低減による，出力/質量費向上と，インバータ出力最大電圧を入力電圧DC1.5 kVに対して，非同期PWMの線間電圧約950 Vから1100 Vまで向上し，インバータの電圧利用率を高めるためである。電流制御にはパワーエレクトロニクス制御用マイコンを使用し，回転センサであるパルスジェネレータ（60〜90パルス/回転）を用いてすべり周波数形ベクトル制御を行う。また，各メーカとも速度センサレスベクトル制御を適用する場合もあり，鉄道事業者のニーズに応じて使い分けている。

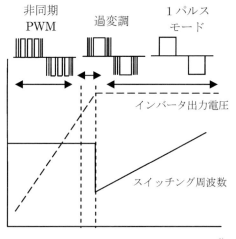

図5　インバータのスイッチングパターンの例[3]

3　鉄道車両の回生ブレーキ

3.1　鉄道車両における電気ブレーキ

鉄道車両におけるブレーキは図6に示すように，大きくは機械的な摩擦によって制動力を得る機械ブレーキと，電動機や渦電流を発生させるディスクなどによる電磁力を用いて制動力を得る電気ブレーキに分けられる。電気ブレーキは非接触で制動力を発生させることができるので，機械ブレーキに比べ，メンテナンス面で有利である。電気ブレーキのうち，車上に抵抗器を搭載し，これで運動エネルギーを消費する方式を発電ブレーキと呼ぶ。また，電気ブレーキで発生した電力を架線に返す方式を回生ブレーキと呼ぶ。鉄道車両は自動車などと同様に慣性負荷であるので，加速に要したエネルギーの一部が運動エネルギーとして保存される。回生ブ

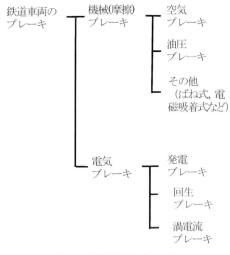

図6　鉄道車両のブレーキ

レーキではこの運動エネルギーの一部を電気エネルギーとして回収し，架線に戻す技術である。

回生ブレーキは新幹線と通勤電車などの在来線とでその活用の目的が異なる。以下それらについて説明する。

3.2 在来線の回生ブレーキ制御

通勤電車を始めとする最高速度160 km/hまでの鉄道を我が国では在来線と呼ぶ。在来線では、例えば大都市の通勤電車であれば1～3 km程度毎に駅が置かれ、2～5分ごとに頻繁に加減速を行う。したがって、その都度、運動エネルギーを回収、再利用することができれば、電気鉄道の運行に関わる全体の省エネルギー化が期待できる。直流電気鉄道は並列き電なので、基本的にすべての変電所と列車負荷はそれぞれき電系統に対して並列接続される。したがっ

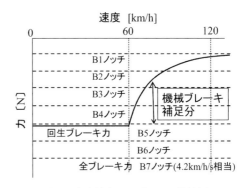

図7 在来線車両のブレーキ特性例

て、回生電力が、他の列車で消費される機会は十分にある。しかし、他の列車の力行と重ならない場合や遠方にしか在線しない場合もあり得る。これらについては4.で説明する。このように回生負荷がない場合や図7に示すように、高速域で回生ブレーキ力が不足する場合は、ブレーキノッチ(操作量)に応じたブレーキ力となるよう、機械ブレーキ力を補足することが行われる。

3.3 新幹線の回生ブレーキ

新幹線の減速時には、高速域から大きな運動エネルギーを処理する必要がある。かつてはこれを車上の抵抗器で消費していた。しかし、速度向上に伴い抵抗器の質量増加が問題になったことなどから、パワーエレクトロニクス技術の進展を待って、回生ブレーキが実用化された。図8は新幹線の回生ブレーキ特性の例である。高速域では強いブレーキ力を作用させると車輪が滑走に至る恐れがある。そのため、減速に応じて減速度が徐々に増加する特性に設計され

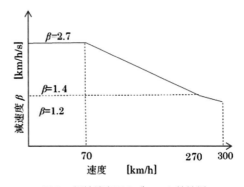

図8 新幹線車両のブレーキ特性例

る。列車ダイヤや、閉塞区間長(先行列車への追突を防ぎながら走行させるために1つの列車が進入できる区間割り)はこの減速度特性を考慮して決定される。新幹線の場合、単相25 kVの交流電化であり、変電所では、三相-単相の変換は行うが、変圧器を介して商用交流系統と交流き電系統が接続されている。そのため、他の力行車で活用されない回生電力は、商用交流系統に帰り、確実に回生ブレーキが動作する。

以上から、新幹線の回生ブレーキは高速から摩擦ブレーキの摩耗を抑えつつ車両を止めるための技術として、直流電気車の回生ブレーキは省エネルギー化の技術として、それぞれ用いられている。すなわち、回生ブレーキの主たる目的はそれぞれで異なる。いずれにしても回生ブレーキが成立するためには、回生電力を吸収する負荷(商用交流系統を含む)が存在することが必須である。

4 回生ブレーキの課題と蓄電装置による解決

4.1 直流電気鉄道における回生ブレーキの課題

1.でも記したように，交流電気鉄道の場合は，回生電力が交流き電系統内で消費されずとも，商用の三相系統まで帰り，一般の需要家などで消費される。一方，通常の直流電気鉄道の場合は，直流き電系統内で回生電力を消費させることが必要となる。しかし，回生車の近傍で十分な力行車負荷が存在しないと以下のような問題を生じる。図9は回生電力の大きさが力行電力の大きさより大きい場合と小さい場合でのき電線（架線）の電圧分布を示したものである。ここで，V_{SS}，V_{pw}，V_{rg} は変電所の送り出し電圧（ここでは一定と仮定する），力行車のパンタ点電圧，および回生車のパンタ点電圧をそれぞれ表す。I_{SS}，I_{pw}，I_{rg} はそれぞれ変電所送り出し電流，力行車入力電流，回生車入力電流をそれぞれ表す。回生電力に比べ十分な力行電力がある場合には，(a)に示すように回生車と変電所の双方から力行車に電力が送られる。このとき，力行車と回生車の間のき電線の抵抗 r_2（距離に比例し，複線区間では 0.03 Ω/km）により，回生車の電圧が上昇する。回生車では後述の軽負荷状態でも極力多くの回生ブレーキ力が発生できるよう，電圧に応じて回生ブレーキ力を制御する「回生絞込制御」がインバータの制御機能として装備されている。したがって，力行車と回生車の距離が離れすぎると，回生車の電圧を上げてしまい，上記により回生ブレーキ力が絞り込まれてしまう。また，(b)に示すような回生電力の大きさが力行電力の大きさを越える場合でも，回生制御機能により，回生電流を絞り込む。以上のように直流電気鉄道では十分な力行電力の力行車が，回生車の近傍に存在しないと，回生電力の有効活用が阻害される。また，回生電力に関する課題ではないが，例えば，力行車が集中したり，あるいは変電所から遠方で大きな力行電力を消費すると架線電圧が低下する場合がある。架線電圧が低下すると，力行性能が低下し，運転時間の延伸や消費エネルギーの増大などの問題を生じる。

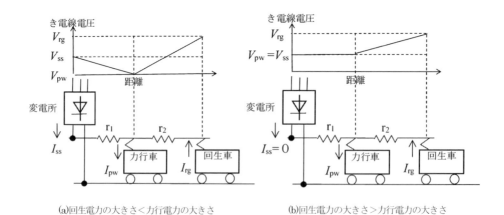

(a)回生電力の大きさ＜力行電力の大きさ　　(b)回生電力の大きさ＞力行電力の大きさ

図9　直流電気鉄道における回生電力

4.2 蓄電装置による回生電力の有効活用

以上のような直流電気鉄道特有の回生電力有効活用に関する課題の解決(軽減)策としては、き電抵抗の低減、回生絞り込み制御の改良、力行タイミングを他車の回生ブレーキと合わせる、などいくつかの方法が地上側、車両側、運転側それぞれで提案されている。しかし、現状では決め手はない。電気工学的観点からの本質的な問題は、列車負荷電力に対して架線電圧が低すぎること、および直流き電系統と商用交流系統の電力の双方向性がないことである。前者に関しては、例えば、通勤列車編成のピーク電力が3600 kWとすると、1500 Vで電流は2400 Aにもなる。変電所から3.0 km離れるとき電抵抗は0.09 Ωとなり変電所の送り出し電圧に対する力行車での電圧降下216 Vとなる。複数列車が重なればこの2倍、3倍になる。また、後者については、回生電力の大きさが負荷電力の大きさを上回った場合に、余剰電力は回生車および力行車のインバータ入力側のフィルタコンデンサ(FC)を充電する。その結果、架線電圧を含め、直流き電系統全般の電圧を上昇させる結果となる。

問題の本質は回生車の近傍に十分な力行負荷が存在しないことである。そこで、車上もしくは地上に蓄電装置を装備し、回生電力を吸収・放出して、有効活用を図る試みが行われている[4]。導入の検討が始まった2010年代の初めの頃は、地上、車上両方に装備する方法が検討された。しかし、実用域に入った現在では、他の目的と共用される場合を除くと、地上蓄電が主流となっている。

5 非電化区間における電気駆動とワイヤレス給電

5.1 蓄電池電車とその課題

鉄道は軌道に沿って走行するため、軌道に沿って電線路を設けることで、走行しながらの電力供給が可能である。この特性を利用して、150年ほど前の技術で電気鉄道は実用化できた。しかし、1.でも述べたように、電力供給設備のため、莫大な初期投資が必要なことと、設備の維持管理のためのコスト(労力)がかかる。そのため、1日当たりの列車本数が50～100本以上もしくは200 km/h以上の高速鉄道でないとコスト面からは電化は難しい。そこで列車本数が少ない路線は、非電化とし、内燃機関(ディーゼルエンジン)で駆動される気動車などが広く用いられている。しかし、排気ガス、騒音・振動の面では電気駆動が好ましい。そこで、非電化路線において安価に電気駆動を実現する方式として、電気自動車と同様の蓄電池電車が実用化されている。図10は電化区間から非電化区間へ直通可能な蓄電池電車の主回路システム構成を示す。ここでChはDC(降圧)チョッパを、INVはインバータをそれぞれ表す。DC 1.5 kVの電化区間ではDCチョッパを介して蓄電装置の充電とインバータによる車両駆動を行う。そして非電化区間ではDCリンクに直結されたリチウムイオン電池の電力で走行し、回生ブレーキにより運動エネルギーの一部が回収される。一般に力行で消費するエネルギーに対して、最

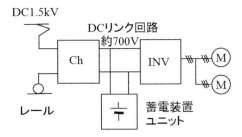

図10 蓄電池電車の主回路構成例

高で30～40％程度しか回生ブレーキでは回収できない。そのため，電化区間で充電された電池のエネルギーで走行できる距離は1両35 tの車両を2両で構成したJR東日本のEV-E301系で約50 kmと言われている。この車両では1両当たり95 kWhのリチウムイオン電池を搭載している[5]。

このような蓄電池電車は大容量高性能二次電池の登場により実用化された。しかし，現在実用化されているシステム構成では，電化区間10 kmの走行中に充電した電力量で20 kmの非電化区間を往復するような運用にならざるを得ない。これ以上の長い非電化区間を走行させるためには，電池の搭載量を増加させるか，非電化区間で充電を行う必要がある。前者は電池搭載スペースの問題や電化区間での充電時間の制約などがあるため本質的な解決とはなりにくい。そこで，非電化区間の途中で充電する方式を考えるのがベターである。

5.2 双方向ワイヤレス給電による蓄電池電車への給電[3]

非電化区間で充電する方式としては，停車中にパンタグラフで急速充電を行う方法が考えられる。しかし，この方式では短時間の充電となることから力行中の電池出力の何倍もの電力が必要になり，充電設備の大規模化や，損失の増加を招く。充電時間を伸ばす方法として走行中給電が考えられる。このとき全線にわたる大規模な給電を行うと設備コストが高くなる他，そもそも非接触給電とする必然性がない。ワイヤレス給電のメリットの1つは，間欠(不連続)給電を実現し易いことである。そこで図11に示すように，単線区間(非電化路線はほとんどが単線)の駅付近300 mにワイヤレス給電を敷設することを考える。この300 mは加速・減速により列車が力行・回生で正負の負荷電力が高い区間200 mに100 mの余裕を加えたものである。評価のため，走行シミュレーション(計算)によりワイヤレス給電による搭載蓄電池量(エネルギー量)低減効果を評価する。計算の前提として表1に示す諸元および図12に示すような性能曲線(速度-引張力・回生ブレーキ力特性)を想定する。列車は図13のような時間速度曲線に従って走行させるものとする。このときの車上蓄電装置の消費エネルギー量の計算結果を図14に示す。非接触給電ありの場合の蓄電

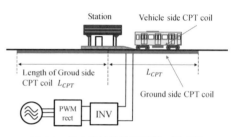

図11　地上非接触給電設備の構成例

表1　想定した蓄電池車両の諸元

Mass of the Vehicle [t]	77.9
The Number of cars	2
Acceleration [km/h/s]	2.0
Deceleration [km/h/s]	2.8
Maximum Speed [km/h]	65
Power Consumption of Auxiliary Power Unit [kW]	30
The Number of Passengers [person]	532

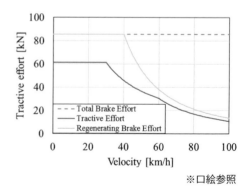

※口絵参照

図12　蓄電池電車の性能曲線

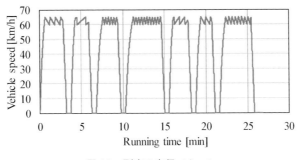

図13　列車の走行パターン

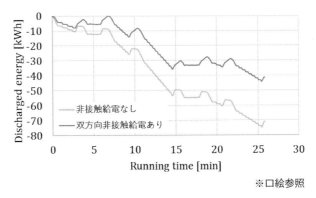

※口絵参照

図14　蓄電池の放電エネルギー

装置の消費電力量は約 40 kWh であり，なしの場合の 70 kWh に比べて約 40% の蓄電装置搭載量の低減が期待できる。

文　献

1) 持永芳文："電気鉄道技術入門" オーム社 (2008.9).
2) 尾曽弘他："北陸新幹線黒部変電所向け電力補償装置" 富士時報, Vol.88, No.1, 56-61 (2015).
3) 近藤圭一郎：鉄道車両駆動におけるパワーエレクトロニクス技術", Power Electronics Digest, May 2007, pp.22-23 (2007).
4) 林屋均他："鉄道におけるエネルギーマネジメント" 電気学会誌, Vol.133, No.12, 817-820 (2013).
5) Y. Kono et el : "Catenary and storage battery hybrid system for electric railcar series EV-E301" Proceedings on 2014 International Power Electronics Conference (IPEC-Hiroshima 2014 - ECCE ASIA), DOI: 10.1109/IPEC.2014.6869881, (2014).
6) 植原彪之介他："双方向非接触給電による蓄電池駆動電車の蓄電装置容量低減", 平成 29 年電気学会産業応用部門大会講演論文集 (USB), No.5-54, pp.V347-350 (2017.8).

第1編　EVの運動制御と走行安定性・評価技術

第5章　EV以外の電動車両走行制御技術

第2節　電動バイクおよび電動車椅子の制御技術

株式会社イーバイク　得丸　武治

【Ⅰ　センサーレス電動車両】

1　概　要

　日本でも電動バイクが販売普及している。日本以上に中国では自走式電動自転車(以下，電動自転車とする)が急激な発展を遂げており，3,000万台／年との統計もある。しかし，故障率が高いことが問題となっていた。そのため原因を調査したところホールセンサーを用いていることが原因であることが分かった。そこで，ホールセンサーを使用しないセンサーレス化することにより故障克服は可能であると考えられた。しかし，従来からセンサーレスモータ技術がありながら，なぜ電動自転車には利用できていないかを調査したところ，以下のような理由であった。つまり，一般的にエアコンなどにおいて使用されるセンサーレスモータでは始動時の一瞬の逆回転などは問題視されないが，電動自転車では安全面から始動時の逆転現象や坂道における下がるという現象は非常に大きな問題となる。その結果，センサーレスモータが電動自転車へ採用されないということがわかった。

2　目　標

　前記の背景を踏まえ，私どもでは，センサーレスモータが始動時においても安全で信頼性の高い正方向回転ができるための制御アルゴリズムを確立し，予想される全ての運転条件に対応できる組込用ソフトウエア(含むモーター・ベクトル制御)をモジュール化することを目的に開発した。また，これらモジュールを組み合わせることにより，広い分野でのセンサーレスモータへ適応可能となることを目指した。電動自転車に使用するモーターは，後輪又は前輪をダイレクト駆動するインホイール・モーターを使用し，センサーレス・モータ・コントロール搭載による最適な電動自転車構造で開発した。センサーレス・モータ・コントロールについては，モーター停止状態・超低速(1.3 cm／秒)でのモーター位置検出を確立する。また，坂道発進時における後進から前進の瞬時切替えが可能なアルゴリズムの開発及び脱調検出から正常制御への瞬時回復を可能とするアルゴリズムの開発を行った。

　さらに，世界市場，特に巨大マーケットである中国で販売するには，コスト力が重要であるので，低コスト化の研究も行い，開発結果を販売に結びつける対策も行った。

— 158 —

第5章　EV以外の電動車両走行制御技術

3　センサーレス技術

モータの駆動方法として，矩形波駆動方式と正弦波駆動方式がある。それぞれの特徴を下記に記す。

3.1　矩形波駆動方式

制御回路が確立されており，広く普及している。ロータ回転角度の検出も磁極切り替え部の検出のみである。ロータ位置検出はホールセンサーを使用し，電気角60度の分解能で検出。一般的にホールセンサーが使用されている。

3.2　正弦波駆動方式／ベクトル制御

ロータの回転に合わせて適切な正弦波波形をモータ部に供給する方式で，ベクトル制御により実現する。ベクトル制御は，矩形波駆動よりも高効率にすることが可能であるが，より細かい回転角度検出が必要となる。矩形波駆動で使用したホールセンサーは検出角度が60度毎にしか検出できないので，ベクトル制御には検出角度の精度が不足している。そこで，ロータ回転角度は，高精度なロータリエンコーダ，レゾルバ等使用により高精度な回転角度を検出する。

ベクトル制御は，回転時には，インバータ部のシャント抵抗を流れる電流を解析することによりロータ角度を検出でき，トルク制御，回転数制御，電流制御を高精度にできる。しかし，モータ停止時のロータ位置検出は，電流解析はできなく，停止時にはロータリエンコーダ等により検出する必要がある。

上記の方式は，停止時のロータ位置検出は，ホールセンサー，および高価なロータリエンコーダを使用しなければならないとの課題があり，それぞれ一長一短がある。ホールセンサーは安価で確立された素子ではあるが，半導体素子のため，モータが厳しい環境，即ち高温，水の侵入，振動がある等の環境では特性変化ひいては破壊を起こし使用できない。そこで，ホールセンサー，またはロータリエンコーダを使用しない，センサーレス技術を確立した。センサーレス技術は，停止時と回転時ではそれぞれ個別のロータ位置検出手法を開発した

3.3　モータ停止時のロータ位置検出技術

モータ停止時のロータ位置検出は，UVW相にモータが回転しない程度の微小高周波電流を流して，ロータ位置により電流の流れ方が異なることを利用して，ロータ位置を特定している。

3.3.1　テスト電流通電パターン

テスト電流は，6個のトランジスタ（FET）を制御して2通りの組合せで評価を行う（表1，表2）。また，テスト電流を通電する時間は表3に示すように3通りの組合せで評価を行う。

3.3.2　テスト電流測定結果

テスト電流の，それぞれの測定結果を図1に示す。

モータ停止状態での位置検出方法は，モータが回転しない程度のテスト電流を流すことで検

— 159 —

第1編　EVの運動制御と走行安定性・評価技術

表1　テスト電流通電パターン①　　　　　　　　H：High/L：Low High Active

	1	2	3	4	5	6
UH	H	H	L	L	L	L
UV	L	L	L	H	H	L
VH	L	L	H	H	L	L
VL	H	L	L	L	L	H
WH	L	L	L	L	H	H
WL	L	H	H	L	L	L

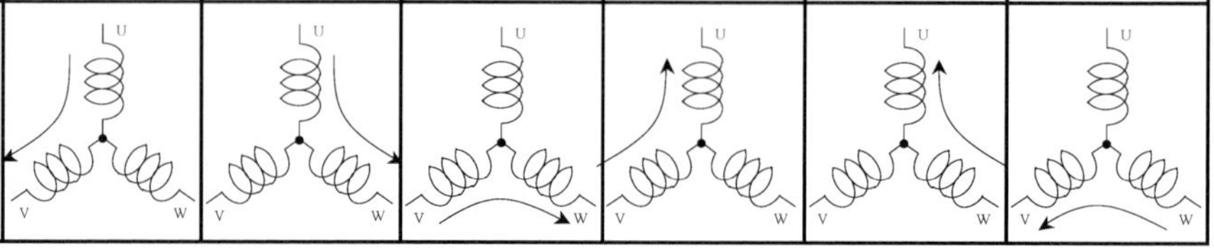

表2　テスト電流通電パターン②　　　　　　　　H：High/L：Low High Active

	1	2	3	4	5	6
UH	H	H	L	L	L	L
UV	L	L	L	H	H	L
VH	L	L	H	H	L	L
VL	H	L	L	L	L	H
WH	L	L	L	L	H	H
WL	L	H	H	L	L	L

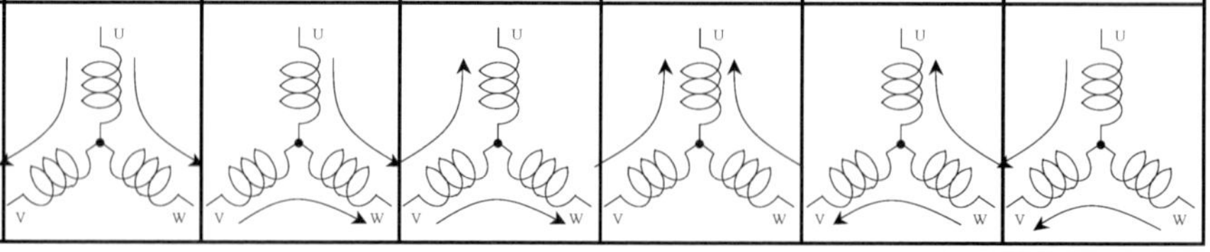

知可能であることが得られた。テスト電流は，ON 時間が150 uS 程度必要である。

表3　テスト電流通電時間

No	テスト電流を流す時間	次の通電までのOFF時間
1	150uS	800uS
2	50uS	270uS
3	30uS	160uS

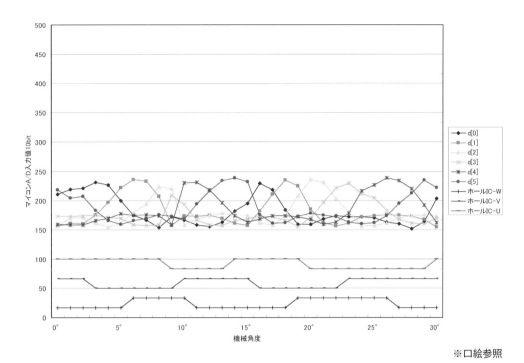

図1　テスト電流通電パターン①[テスト電流通電時間 150 uS]測定結果
（BIDEWEN 社モータース）

※口絵参照

4　ロータ回転時の位置検出

　矩形波駆動方式のセンサーレス技術を報告する。3相モータの2相を通電し，残った1相に発生する逆起電力を検知し，通電相を切り替えていく。この逆起電力はモータの回転速度により大小がきまり，速度が遅いほど，逆起電力は小さくなる。矩形波120°通電時の逆起電力波形は図2のような形で現れる。

　ここで，逆起電力について触れておく。逆起電力とは，回路の電流の変化によって生じる，電流と逆向きの起電力のことである。また，回路を貫く磁束の変化を妨げるように生じる起電力でもある。

　モータ制御は各相をPWM通電して電圧を制御する。一般的に使用されているPWMがON時の逆起電力は最大でモータに通電する電圧と同じ電圧が発生する。したがって制御マイコンで逆起電力を直接測定することはできず，数分の1から数十分の1に電圧を落として入力する。今回の電動自転車で使用するモータは48 Vタイプのものを使用するため，制御マイコンに入力するには1/10程度にする必要がある。逆起電力を1/10に圧縮すると，検知レベルも1/10に圧縮されるため，それだけで検知感度が下がる。従来の方法では，超低速での逆起電力が検出できない。図3からもわかるように逆起電力はPWMがOFFのときも発生する。位置検出として必要な情報は，逆起電力がゼロクロスするポイントのみで良いため，ゼロクロス近

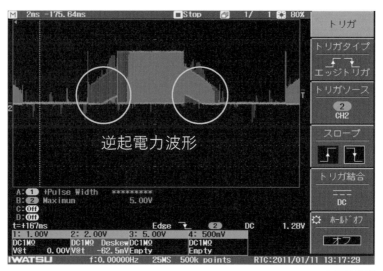

図2　逆起電力波形

※口絵参照

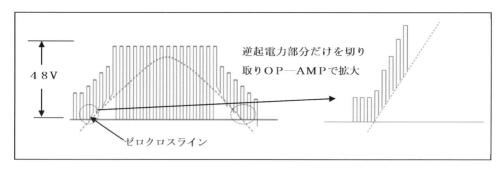

図3　PWM OFF 時の逆起電力波形

辺だけを切り取り，拡大して，一定電圧範囲の信号だけを制御マイコンへ入力する。この手法により約10倍の検知感度に上げて超低速領域までの検出を可能にする。

【Ⅱ 電動車椅子】

5 電動車椅子の基本要素および制御方式

5.1 電動車椅子の基本要素を下記に示す(図4)。

① 駆動輪：左右後輪
　　インホイールモータ使用(モータとホイールが一体となった構成)
　　左右独立に制御
② 操作＆モータコントロール：ジョイスティックのケース内にモータコントロール収納
③ インホールモータの性能：
　　• 電圧　24 V
　　• 電流　30 A　MAX
　　• 極数　24 極
　　• 回転数　500 rpm 以下
④ モータ制御方式
　　• 矩形波駆動，またはベクトル制御
　　モータコントロールは，CPU 基板，左右独立のモータ駆動用インバータ基板

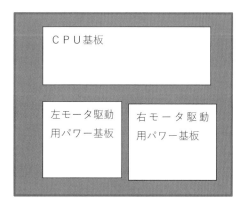

図5　モータコントロール基板

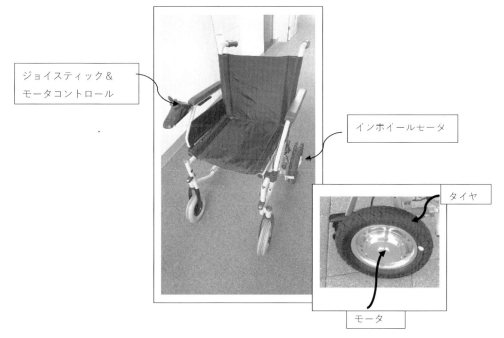

図4　電動車いす

― 163 ―

の3種類の構成となっている(図5)。

電動車いすのモータ駆動方式は矩形波駆動が多いが,弊社では,ベクトル制御による駆動方法を確立した。その方式は,低価格を実現するために高価なロータリエンコーダを使用しないホールセンサ付きベクトル制御方式を開発・採用した。

5.2 ホールセンサー付きのベクトル制御方式

粗いロータ位置はホールセンサで,補完は誘起電圧誤差 Ed の PLL のロータ位置検出したもので,図6はホールセンサとロータ NS 極の関係,誘起電圧誤差 Ed の発生原理を図にしたものである。ロータ N 極がホールセンサを横切っている間は各ホールセンサの出力は1を保つ。S 極が横切っている間はホールセンサの出力は0になる。したがって図7の波形から6分解能でロータ位置は正確に特定できるが,各ホールセンサのエッジの間(60°)は推定にすぎない。今回の推定はマイコンの位置推定と実際のロータ位置のズレが生じた場合に発生する誘起

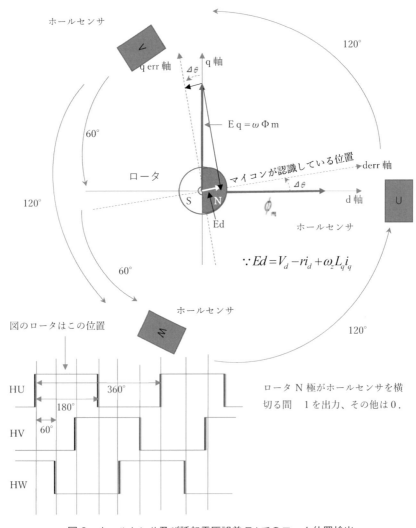

図6 ホールセンサ及び誘起電圧誤差 Ed でのロータ位置検出

第5章　EV以外の電動車両走行制御技術

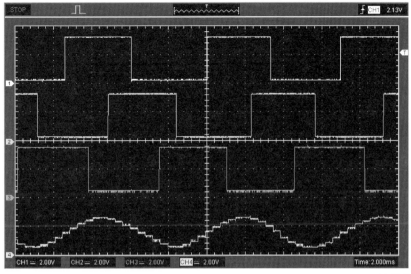

※口絵参照

図7　ホールセンサ信号とPWM変調(ベクトル制御)波形

電圧誤差 Ed を利用した。この Ed の発生がゼロになるようにするとマイコンの位置推定が OK という判断になる。

ロータN極をd軸，N極に垂直側をq軸と定める。実回転軸d，q軸とマイコンが判断している derr, qerr 軸に誤差があると式(1)の誘起電圧誤差 Ed が発生することがわかる。

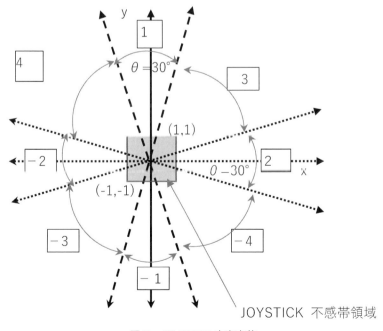

図8　JOYSTICK方向定義

― 165 ―

第1編　EVの運動制御と走行安定性・評価技術

$$\therefore Ed = V_d - ri_d + \omega_z L_q i_q \tag{1}$$

この誤差を各ホールセンサエッジ間60°の間はPLLなどで，Ed＝0になるよう施す。

5.3　運転操作はジョイスティックを使用

Magnetic Field Sensor JOYSTICK操舵は**図8**のように8方向の制御とする。JOYSTICKの遊びを設け中心点から±1以内は不感帯領域とする（Full Scale 9の場合）。前後進，旋回領域は中心線か±15°を設ける。X値，Y値はFull Scale±128まで増やすことが可能である。

　斜めの車両進行方向はアナログJOYSTICKのX強さ，Y強さの指令を受け，電動車椅子の左右のMotorの回転数を個別に制御する。JOYSTICK操作方向検知はMagnetic Sensor liner XY typeを使用する。

— 166 —

第2編

走行中ワイヤレス給電技術

第1章　ワイヤレス給電技術の動向・生体影響
第2章　ワイヤレス給電の技術開発
第3章　走行中EVへのワイヤレス給電技術
第4章　走行中ワイヤレス給電システムの関連技術

第2編　走行中ワイヤレス給電技術

第1章　ワイヤレス給電技術の動向・生体影響

第1節　走行中給電のためのインフラ技術と国際動向

早稲田大学　高橋　俊輔

1　EVへの走行中給電の必要性

EVの電気消費量は図1のように一般的には8～10 km/kWh，軽量化を進めた車種では12 km/kWhになるが，車の販売価格に見合った搭載電池量を考えると一充電走行距離は従来では250 km，電池技術と軽量化技術の進展で現在では400 km程度が経済的限界となり，長距離走行では頻繁な急速充電が必要となる。Teslaなどのように内燃機関車と同等の500 km以上走れるEVはあるが，その電気消費量を見てみると6 km/kWhとなる。これは測定モードの違いもあるが，重い電池を多量に積んで走行距離を延ばしていることが主因で，この電費ではガソリンエンジンよりも多くのCO_2を発生することになり，CO_2削減を目指してのEV普及の点からは逆方向に行っていることになる。また，バスにおいてターミナルやバス停で停車中に充電するシステムでは短時間充電になるため，充電量からマイクロバスサイズか，大型バスの場合はプラグインハイブリッド（PHEV）バスを使用しての短距離ルート運用にならざるを得ない。

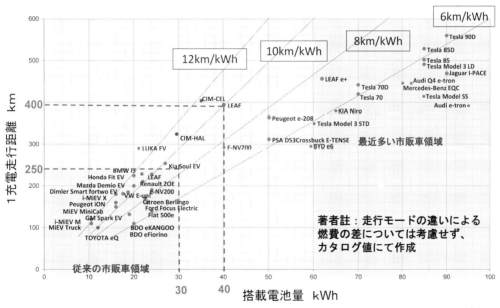

図1　EVの電池搭載量と1充電走行距離

上記のようにEVがエンジン車と同等の航続距離とエネルギー充填速度を実現するには，未だかなりの時間がかかりそうである。これは長距離走行を実現するだけの高エネルギー密度と超急速充電性能を持った蓄電池が開発途上のためである。そこで，EVや大型電動バス（e-Bus）を長距離走行させる究極の充電機能は，充電のために停止せずに必要なエネルギーを常時受け取れる走行中給電となる。

2　走行中給電のタイプ

　現在，表1に示すように世界各地で走行中給電の実証試験が行われている。大きく分けると接触式と非接触式になり，接触式はその給電ユニットの位置により地表給電，側面給電と車両の上からの空中給電となり，非接触式は地表給電と空中給電となる。

2.1　接触式走行中給電

2.1.1　地表給電

　2013年5月，VolvoがスウェーデンのGothenburg近くのテストコースで，400mの長さにわたって道路に敷設した給電線から電動トラックへ接触給電するSlide Inと言う平板を2枚敷設したシステムのデモを公開した（図2）。これは2003年，フランスBordeauxのLRTに採用されたAlstomの子会社，Innorailが開発した「地表集電方式」を使い，区間毎に給電ゾーンを区切って車が居ない所では給電しない方式を採用していて，地上敷設されていても感電しないシステムになっている[1]。

図2　VolvoのSlide Inシステム

　似たような区間給電システムを採っているもので，地表にスロットカーのような溝状の給電電極を設けたものがELWAYSのシステムで，地上に幅30cm，高さ5cmの台形状の給電電極を設けるものがELONROADのシステム[2]である。前者は2016年にStockholmのArlanda空港貨物ターミナルからRosersberg物流センターまでの，2kmほどの道に設置され，トラックやEVに走行中給電している[3]。後者も2017年にスウェーデンのÖrtoftaにテストコースを設置してデモを行っている。

2.1.2　側面給電

　㈱本田技術研究所は車の底面からローラー電極の付いたアームを前方にスイングさせて，道路側面に設置したV字型電極に接触させて給電するシステムを開発し，200km/hの車速で450kWの給電を目指している[4]。本項の詳細については本田技術研究所が別章にて記述しているので，それに譲る。

表 1　大電力走行中給電の主な方式

方式	接触式					非接触式	
	地表給電			側面給電	空中給電	地表給電	空中給電
主な開発者	ALSTOM Volvo	ELWAYS	ELONROAD	本田技術研究所	SCANIA Siemens	Bombardier KAIST	京都大学
型式名	Slide In				eHighway		
仕様例	2接点方式 120kW ±50cm	2接点方式 200kW	3接点方式 240kW	2接点方式 450kW	2接点方式	高周波給電 200kW ±10cm	マイクロ波 開発段階 規制有り
写真・図							

2.1.3　空中給電

　パンタグラフ接触式は電車やトロリーバスで古くから見られるが，2016 年 6 月にスウェーデン中部の Gävle で，片側 2 車線の公道のうち外側の 1 車線の上部に電力を供給する 2 km の架線が張られ，Scania 製ハイブリット（PHEV）トラックを使っての走行中給電運用が始まった（図 3）。パンタグラフが架線から外れると，トラックは容量 5 kWh のリチウムイオン電池

に充電した電力を使いながら最長3kmの走行が可能で，それ以降は通常のエンジンによるHEV走行となる。電力関連の技術はSiemensが開発した[5]。

Volkswagen Groupは2018年5月に長距離トラックの電動化を目指した試験プログラムについて，ドイツ連邦環境省から実施許可を得たと発表した。スウェーデンと同じく試験車両は傘下のScania製PHEVトラックを用い，プロジェクトパートナーのSiemensのパンタグラフを搭載し，試験は2019年初頭から3年間にわたりFrankfultの南にある自動車道A5の一部区間で始める予定で，その後，Lübeck近くのA1，連邦高速道路B442でも始める[6]。

図3　Scaniaの接触式走行中給電

2.2　ワイヤレス給電式走行中給電

高速道路を100 km/hで走行中の4人乗り乗用車の動力は道路勾配が0%において15 kW程度，マイクロバスで50 kW程度，勾配が3%になるとそれぞれ30 kW，95 kW程度になると算定されることから，道路からの必要供給電力は重量車まで考えると10〜200 kW程度になると思われる。また車の最低地上高は軸距によって変わるが9〜16 cmで，市販大型トラックの実際の最低地上高は30 cm程度である。**図4**にワイヤレス給電（WPT）方式毎の伝送電力と伝送距離を示す。ここで走行中給電に求められる伝送電力10〜200 kWで伝送距離9〜30 cmの範囲を示すと，磁界結合型と呼ばれる電磁誘導式と磁界共振式で対応できることがわかる。

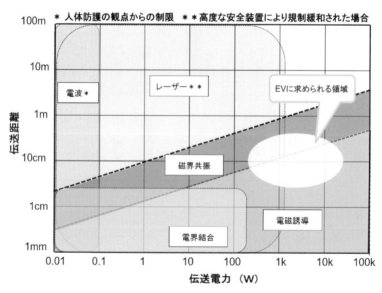

図4　ワイヤレス給電方式の伝送電力と伝送距離

— 172 —

また，条件によっては地表給電の電界結合式や空中給電の電波（マイクロ波）式でも走行中給電は可能である。この両者の詳細についてはそれぞれ別章にて記述しているので，それに譲る。

3 走行中磁界結合型 WPT の動向

磁界結合型 WPT には，静止型と移動型の2つの方式がある。静止型はヒゲ剃りなどの家電品や EV 充電用として使われるように，給電中は送電コイルの直上にギャップを隔てて受電コイルを置いておく必要があり，受電側に搭載した電池に電気エネルギーを充電する。移動型は，静止型の送電コイルを細長く伸ばしたり，隣接して並べたりして，その上に受電コイルが有る限りは EV の移動中にも給電が可能である。WPT の当初の開発は，蓄電池の性能が低く大きく重いものであったため EV や搬送台車への走行中連続給電が主で，静止型はかなり後になって蓄電池性能の向上に伴い出現してくる。

米国の E. E. Keller が実用的な EV を発明したのと同じ 1894 年に米国の M. Hutin と M. Leblanc が電車用として 3 kHz の電磁誘導式の WPT の特許（図5）[7]を取得しているものが，走行中給電として文献に出てくる最初のものである。しかし 1908 年に発売されたフォード T 型を始めとするガソリンエンジン車の目覚ましい発展により，僅か十数年後の 1920 年代には EV 製造は打ち切られ，走行中給電を含め WPT 技術も忘れられていった。

1978 年，米国 Lawrence Berkeley Laboratory の J. G. Bolger らによって行われた EV 用電磁誘導式 WPT の実験が実際の走行中 WPT 開発の始まりと言える。20 kW の出力を幅 60 cm，長さ 1.52 m のピックアップに伝送できたが，使用周波数が 180 Hz と言う低周波であったため伝送効率は非常に低く，エアギャップも 1 インチ（2.5 cm）と短く，当初考えていた走行中給電の実現は難しく，室内での台上試験のみで終わった[8]。

実際に使われた最初のものは 1980 年代に米国で行われた PATH（Partners for Advanced Transit and Highway）プロジェクトでの 400 フィート（122 m）のテストコースのうち 200 フィート（61 m）の道路下に埋め込んだ給電線から電磁誘導電力を受電する実験システムである。これは 1986 年に米国の K. Lashkari らが発表した道路に埋設した給電線から EV に走行中給電するシステム[9]を実現したもので，道路に 1 m 間隔で埋め込んだ 2 本の 1.8 cm 径アルミニウム給電線（図6）からの周波数 400 Hz を用いた電磁誘導により，走行中の 7.7 m 長ミニバスの底面に設置された幅 1 m，長さ 4.4 m で 850 kg もの重量のある受電モジュールで受けることにより，エアギャップ 3 インチ（7.6 cm）で 6～10 kW の電力を受電でき[10]，図7のように当時の技術雑誌に近未来の EV に燃料補給できる道が近づいていると紹介された[11]。可聴域にあるシステムのバス内外での騒音は 40 dBA と日常生活において非常に静かと言われるレベルであった。しかし，共振回路，特に 1 次側に

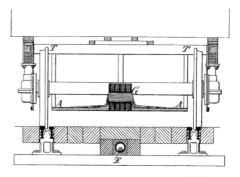

図5　M. Hutin と M. Leblanc の走行中ワイヤレス給電特許

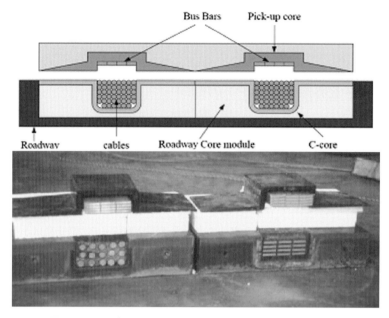

図6　PATHプロジェクトのコイル断面構成と実際の断面2種

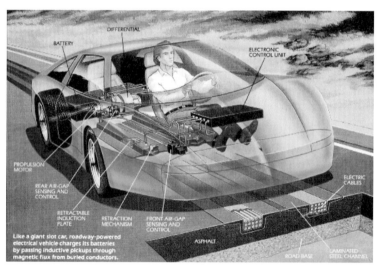

図7　近未来の走行中給電EVの記事

ついて十分な検討がなされていなかったため，漏れインダクタンスにより電源力率が悪く効率が60%以下であったことと，地上から25cm高さでのコイルからの漏れ磁束密度が車内で40μT，車外で1,500μT，1m高さでもそれぞれ2.5μT，100μTと大きく実用には至らなかった。

ちなみに1998年に制定された国際非電離放射線防護委員会(ICNIRP)における時間的に変化する電界，磁界への公衆の曝露に関する磁束密度のガイドライン値は，f＝25〜800Hzの周波数範囲では50/f(μT)と規定されているので，400Hzでは0.125μTでしかなく，今ではとても許容できるレベルではなかった。なお，コイルの位置ずれを補正するために，車両側に油

圧式ピックアップ支持装置が搭載されていて，地面に埋め込まれた信号線からの信号をトレースして，左右方向20 cm，上下方向10 cm動かすことができ，最適位置の25 mm以内になるよう位置合わせをしているシステムであった[12]。この結果から，その後の走行中給電の実証試験では電磁波漏洩の抑制が最大の課題となり，いろいろな方式が採られている。

鉄道車両や航空機のメーカーのBombardierはPRIMOVE Technologyと呼ぶスイッチング技術を織り込んだ走行中給電システムを，2012年にFlanders' DRIVE research projectにおいてベルギーLommelの620 mの道路に125 mにわたって埋め込んで自社のe-busへの走行中給電を行った。10 kVの商用電源ラインから高周波電源装置により出力200 kW，周波数20 kHzにして送電コイルに供給，e-Busに搭載された2 m×1 mサイズの受電コイルで80 kWを受電，60 kWhの搭載電池を充電した。地上の送電コイルは車体長より短い8.1 m長さに区切られ，車両が上に来た送電コイルにだけ電流を流すPRIMOVE技術で電磁波の影響を最小限化していて，磁束密度はEU基準に適合している。各々の送電コイルの脇に沿って車両検知線を設置し，コイルへの給電のスイッチングタイミング信号を送出している。実用化を目指し，送電コイルを埋設した道路の舗装材の効果を見るために区分ごとにコンクリートとアスファルトをそれぞれ敷き詰めて実験を行った[13]。

さらにBombardierは2013年以降，Scaniaと組んでMannheimで10 m長の大型電動トラックに1 m×2 mの大きさの受電コイルを搭載し，コイル昇降装置を使って30 cmのトラック車高によるギャップを充電時は10 cmに降ろして140 kWから200 kWの電力を80～90%の効率で走行中給電をした。実コンディションでのシステム検証を目的に2016年6月からスウェーデン南部のSödertäljeのScaniaテクニカルセンターにおいてScaniaと一緒にWPT大型電動トラックの実験を開始している（図8）[14]。

Scaniaは充電ステーションの設置や運営を手がけるVattenfallと一緒に2016年12月にBombardierの200 kW静止中給電コイルをSödertäljeのAstrabackenに設置し6～7分間充電をすることで，Södertälje南駅とを結ぶ755号線の片道10 kmの路線で電動バスを運行している。渋滞等で電動バスの電池容量が不足する場合を想定して，南駅近くの755号線の直ぐ側にあるScaniaテクニカルセンターの入り口に200 kW静止中給電コイルを設置し，必要に応じてここで充電をしている。センター内の走行路で走行中給電の実験をしている電動トラックは，実験を行っていない時にはこのコイルを使って，静止中と同じ4 cm程のギャップにコイルを降ろして200 kW充電を行っている。すなわちこの電動トラックは車載しているコイルで走行中も静止中もワイヤレス給電が行えるシステムになっている。これは今後の実用的な走行中給電システムを設置するうえで非常に重要な考え方である。

韓国科学技術院（KAIST：Korea Advanced Institute of Science and Technology）は2009年以来，電磁誘導式のOLEV（On-Line Electric

図8　Scaniaの走行中給電トラック

Vehicle)と呼ぶ走行中給電システムについて研究を進め，Segment method と呼んでいる PRIMOVE 技術に似たコイルのスイッチングにより電磁放射を少なくしたシステムを開発し，2013 年 7 月から Daejeon(大田)の東 90 km にある Gumi(亀尾)で 24 km のルートの両端のターミナルで静止中充電，途中の 4 か所でそれぞれ 36 m の走行中給電の運用を始めた(**図 9**)。20 kHz，200 kW 出力のインバータからの電力を幅 80 cm の送電コイルから送電し，20 cm ギャップを通して容量 20 kW，サイズ 170 cm ×80 cm の受電コイル 5 台で最大 100 kW を受

図 9　KAIST の走行中給電バス

電，総合効率は約 82% であった[15]。しかし，運行距離 24 km のうちの僅か 144 m の間で走行中給電を行っているのみで，走行に必要な電力量の大部分は 2 箇所のターミナルでの静止中充電というのが実情である。

　2015 年に米国 Utah 州立大学は，キャンパス内に送電コイルを埋設した長径 500 フィート (152 m)，短径 300 フィート(91 m)の角丸長方形の試験道路を設置し，**図 10** の(A)図のような走行中 WPT 式 e-bus 本体と道路設備それぞれの状態の経過観察を行っている。1/4 マイル (402 m)のテストコースに 120 フィート(37 m)×2 の走行中充電コースを設置し，周波数 20 kHz，最大 25 kW を 8 インチ(20 cm)ギャップにおいて効率 85% で送電でき，最適点から 6 インチ(15 cm)離れても定格出力を維持できる。送電コイル構造は静止型と同じものを間隔をおいて並べ，車の進行に従いスイッチング回路で切り替えるシステムにしている[16]。同じ走行中給電試験道路で図 10(B)図のように通常の静止中給電コイルを搭載した走行中 WPT 式 EV が走行していて，前述の Scania の電動トラックと同様に電動バスと EV が車載しているコイルで，走行中も静止中もワイヤレス給電が行えるシステムになっている。これも各種車両が混在して走る今後の走行中給電システムを考えるうえで重要な示唆である。

　2013 年 9 月にスペインのアンダルシアエネルギー省が Malaga において 5.3 m 長 e-bus への走行中給電，静止中充電などの各種充電システムの検証を行う Project Victoria を実施すると

(A)走行中給電バス

(B)走行中給電 EV

図 10　Utah 州立大学の走行中給電バスと EV

発表した．アンダルシアエネルギー省が3.7百万€（4.8億円，当時の為替レートあるいはそれを元に現在価値に引き直した数値ではなく2018年7月時点の月間平均レート130.2円/€による，以下同じ）の補助を行い，Malaga市，大手エネルギー会社のEndesa，情報通信プロバイダーのISOTROLと運用を行うEmpresa Malagueña de Transportesそれにデータ解析をするMalaga大学が組み，2016年から5kmのルートで運用が始まった（図11）。充電システムとしては接触式充電（夜間充電）1カ所，23.8 kHz, 50 kW静止型WPT2カ所，100 mの走行中WPT1カ所を設置し，走行中給電システムは0.8 m角の静止給電用のコイルを12.5 mの間隔で8基設置し，15 cmのギャップで50 kWを85%の効率で送電し，10 km/hの車速であれば走行に必要な電力をほぼ給電できることを確認した[17]。

図11　Malaga Project Victoriaでの走行中給電バス

2014年から4年間，9百万€（11.7億円@130.2円/€）をかけて実施されたEUのFABRIC（Feasibility analysis and development of on-road charging solutions for future electric vehicles）プロジェクトにおいて，フランスのSatory試験場でVedecomとQualcommが2016年10月からEVへの走行中給電実験を行った。85 kHzの高周波電力が100 mのテストコースに印加され，定常速度70 km/h（最高90 km/h以上）で走る2台のEVにそれぞれ20 kWの電力が効率80～90%で供給された。車を検知したスイッチが送電コイルを切り替えるシステムである[18)19)]。イタリアのTorino市で2018年6月に実施されたFABRIC Final demonstrationにおいてPolitecnico di Torino（POLITO）とCRFは150 kHzの電力を200 mのテストコースに供給して50 km/hで走るEVに効率81%で6.5 kWを送電し，またSAETが80～100 kHzの電力を50 mのテストコースに供給して30 km/hで走行するEVに効率66%で9 kWを送電させることができた[20]。

英国政府は2015年8月に，252ページの走行中給電に関するfeasibility study報告書を公開すると共に，図12のように主要幹線道路に走行しながら充電が可能なEV専用レーンを設けるElectric Highwaysの実験計画を発表し，試験道路システムを開発したい事業者に入札を求めた。英国運輸省は今後5年間で5億£（733.5億円@146.7円/£）の予算を充てるとし，試験用充電レーンは早ければ2015年内にも着工，試験期間は18ヵ月を予定していた。20 cmほどのギャップで給電する磁界共振式で，送電コイルの埋設工事に特殊な重機は使わず，既存のトレンチ掘削作業車や鉄道敷設用車両を利用して工事費のコストダウンを図るとしていた[21]。事業者が全て決まった時に，試験計画の詳細を公表するとしていたが，主体的役割を担うHIGHWAY ENGLANDがこのプロジェクトを続行できなくなり計画は延期，研究はTHE UK Traffic Research Labolatory（TRL）にて実施されることになったが，いまだ実施されていない。

国内でも大学を中心に磁界共振式，電界結合式，平行二線式などによる超小型EVへの走行

※口絵参照

図12　英国の Electric Highways 構想図

中給電実験が行われていて，内閣府による戦略的イノベーション創造プログラム（SIP）第2期において実施されているが，本書の他章にて詳細説明されているので，それに譲る。

4　走行中給電のためのインフラ技術

4.1　耐荷重性

WPT の送電コイルを公道上に設置するにあたっての耐荷重性能として，EV では IEC61980 の Part3 において 5,000±250 N，通過する車の速度を 8±2 km/h とする規格化が進められている[22]。一方，バスではまだ使用周波数帯をようやく 20 kHz 帯あるいは 60 kHz 帯にするかという入り口の段階で，耐荷重等の議論には至っていない。

そこで，国内での静止中給電の実証試験においては，コイル全面を樹脂コンクリートで覆うなどして，T10 クラス対応，すなわち軸重 10 トン，輪重 5 トンに道路の傾斜による偏りを考慮して 6 トン以上の耐荷重対策を施したコイルを採用している。欧州でも IPT Technology も Bombardier も同様の 6 トン以上の耐荷重としているが，中国 ZTE は T25 クラスの適用で 13 トンの耐荷重にしている。

しかしながら，これらは全て静止中給電において車が低速で送電コイル上に乗り上げることを想定している場合で，走行中給電では他の重量車での動荷重，段差がある場合には衝撃荷重，ブレーキング時を含む耐摩耗性，スリップ特性などの規定が求められる。

アスファルト舗装の一般的な施工は砕石を転圧後，150℃前後のアスファルトを引き均し，130～140℃前後の状態で片道 8～11 回の初期転圧し，100～120℃前後の状態で片道 3 回の 2 次転圧のあと 80℃前後で片道 3 回程度の仕上げ転圧をしている。送電コイルをアスファルト内に設置すると，この熱と転圧に耐えねばならない。そこで 2013 年，東亜道路工業㈱は日産自動車㈱と共同で給電コイルの舗装用セメント材として，コイルや給電線が舗装工事中の熱や圧力で破損しないように転圧作業が不要で弾力性のある特殊セメント材を開発，KAIST の工法に比べ施工コストを 1/3 に抑えられると発表した[23]。

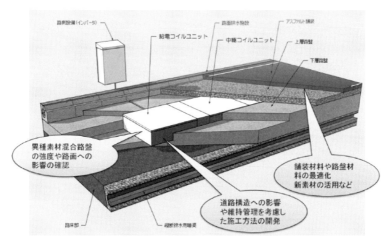

図13　国総研による送電コイル埋設道路構造

　道路表層と基層は舗装打ち替え等のメンテナンスで，掘削埋め戻しが路盤以下の層よりも頻繁に繰り返される。そのため，送電コイルを表層や基層に埋設すると，送電コイルの管理に必要な経費がメンテナンスコストを押し上げる。2013年，国土技術政策総合研究所は大型模型での検討結果から，図13のように送電コイル埋め込み深さは道路メンテナンスの点から最低0.6 m，できれば1 mと結論づけた[24]が，このギャップでWPTでの電力伝送を確保するのは至難である。

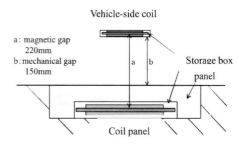

図14　NEXCO総研による送電コイル構造

　そこで2016年，㈱高速道路総合技術研究所(NEXCO総研)は路面表面近くに送電コイルを配置するため，図14のようにコイルを入れレジンで空間を満たした収納箱を組み込んだコンクリートパネルを路盤の上に置き，周囲もコンクリートを打設する方式を発表している。実験の結果，耐荷重と基準値($\mu 80 \geqq 35$)を超えるすべり抵抗を持つコンクリート材料として超速硬ポリマーセメントモルタルを選定している。送電コイル構造はUtah州立大学と同じように静止型を並べ，スイッチング回路で切り替えるシステムにしている[25]。しかしながら最近の高速道路もハイドロプレーン現象による事故率減少に効果のある透水性アスファルト舗装が一般的に実施されていて，コンクリート被覆コイルとの経年性不陸による段差発生の問題がある。コイルと道路舗装材との間には無収縮モルタルを流し込んで不陸や剥がれが起きないようにしているが，直線では踏み付け荷重で無収縮モルタルにひび割れ等が発生し易くなるため，新たな工法が必要と考えられる。

　Bombardierは実用化を目指して，Lommelにおいて，送電コイルを埋設した道路の舗装材の効果を見るためにコンクリートとアスファルトをそれぞれ敷き詰めて走行中給電実験を行った[13]が，その結果については発表していない。

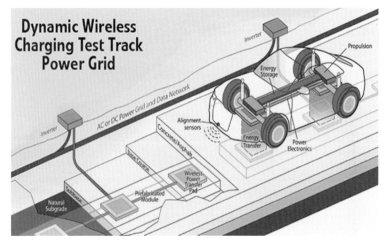

図15　Utah 州立大学でのコイルと道路の構造

Utah 州立大学でも，**図15**のような静止型送電コイルを並べる道路構造の走行中給電システムを試験道路に設置して e-bus を運用し，道路設備の経過状態を観察している[26]。

4.2　レーントレース性

WPT では送受電コイル間に位置ズレがあると，出力および効率の低下，電磁漏洩の増加といった問題があり，特に走行中給電では送電コイル上を正確にトレースして走行しないと受電できず，途中で電欠を引き起こすことにもなる。

静止中充電と同じように車体搭載カメラと画像処理でコイル位置あるいはラインをトレースする，あるいは準天頂衛星により精度補完された GPS を使っての位置制御などが考えられているが[27]，現在，自動車会社が熱心に取り組んでいる自動運転技術が実用化されれば，一気に解決される可能性がある。

4.3　建設コスト

走行中給電は長い距離にわたって送電コイルを埋め込み，電源装置の設置，外部電源インフラとの接続などかなりの建設コストがかかることが考えられる。

最初に建設コストを算出したのは PATH プロジェクトにおいてで，それは 1994 年時点で 0.74〜1.22 M$/km（0.8〜1.4 億円/km @111.4 円/$）と示されている[12]。

KAIST がソウル大公園で 2009 年 11 月から 2010 年 1 月の期間に試験運用を行った全長 372.5 m に敷設された充電設備などの建設費総額が 9.9 億 KRW（0.98 億円 @0.099 円/KRW）で単位距離当たり 26.6 億 KRW/km（2.63 億円/km@0.099 円/KRW）であったと報告している[28]。開発中の第 4 世代は送電コイル設置時間の短縮と建設コストを下げるため，**図16**のように S 字コアにして給電線を縦に配置することで，ギャップは同じ 20 cm で効率が 80％とやや低くはなるものの，道路の開削幅を 10 cm ほどにして建設期間を短くすることで建設コストを下げている。同時に電磁波漏洩量を従来の 1/5 以下にできた[15]。

2015 年に TRL が建設から 20 年間の費用を現在価値に引き直して算出した数値は，建設費

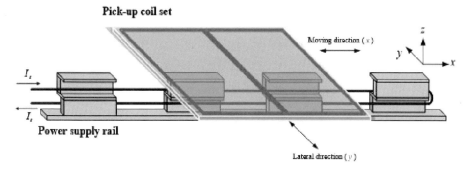

図16　KAISTのS字型コア

が3.9百万£/km（5.7億円/km@146.7円/£）であるのに対し，維持管理費が1.2百万£/km（同じく1.8億円/km），電気代が12百万£/km（同じく17.6億円/km）と両者で建設コストの3.5倍となる[29]。

筆者が2010年に新エネルギー・産業技術総合開発機構（NEDO）の走行中給電プロジェクトで行った試算では条件にもよるが，やはり2～3億円/kmかかると言う結果が得られた。

参考までにWPT走行中給電ではないが，2016年にStockholmに設置された地表に溝状の給電電極を設けるELWAYSシステムでも設置費用は100万€/km（1.3億円/km@130.2円/€）という数値が見られる[30]。

以上は地上にインバータを置いて路車間通信によりインフラ側で給電・充電制御を行っている場合の建設コストの算出であるが，これだと1台のインバータが制御をする送電コイル内に負荷の異なる車両が2台存在すると充電制御ができない。そこでEVの標準化のステージでも考慮され始めているように，車両側に充電器を搭載して充電制御を行わせ，インフラ側は電力供給のみとすれば，1台のインバータ内に複数台の車両が入っても問題はない。そうすることで建設コストは上記よりも安くすることができる。しかしながら車両側は充電器の分のコストと重量が増え，そのコストはユーザーが負担することになる。

算出例から1～6億円/kmの初期の建設コストを誰が負担し，建設コストと建設コストの3.5倍にもなる維持管理費および電気代を，EV走行するユーザーに課金するとして，納得して貰える金額になるかどうか非常に疑問である。

5　おわりに

以上のように日欧米を中心に磁界結合型WPTによる走行中給電実験を通して，コイル構造およびインフラ技術の開発が進み，コイルの埋設についての課題は少しずつ解決されつつある。また，受電コイルが地上コイルからずれると受電できなくなる問題も自動運転技術が実用化されれば，課題は解決される。技術的課題および建設コストの抑え込みは解決されつつあるが，巨額な維持管理費および電力費といったランニングコストをユーザーに負担させるのはかなり難しい問題がある。

第2編　走行中ワイヤレス給電技術

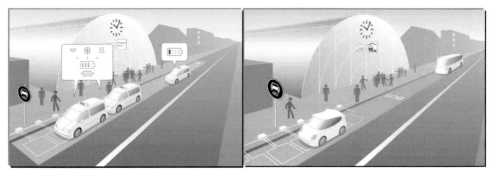

　　　　(A)EV タクシープール　　　　　　　(B)e-Bus 走行レーン

※口絵参照

図 17　IAV の 2050 年ビジョン

図 17 のドイツ IAV（Ingenieurgesellschaft Auto und Verkehr）の 2050 年ビジョン[31]に示されているように，2050 年よりはもう少し近い将来において，ユーザーにとって利益および利便性が高い駅前のタクシーレーンで EV タクシーが少しずつ前進する際に走行中給電をする，あるいは空港のターミナル間の連絡 e-Bus などの限定した場所からの走行中給電が始まるものと思われる。この場合のインフラ側のコストはタクシーやバス業者が負担することになる。ハイウェイの WPT レーンにおいて走行しながら給電を受ける EV あるいは e-Bus，電動トラックを見ることができるのは，その先のことと考える。

文　献

1) M. R. Dickey：Soon, You'll Be Able To Charge An Electric Car Just By Driving Over This Road, Jun. 18,(2013).
　http://www.businessinsider.com/volvos-electric-road-for-charging-cars-2013-6（2019 年 2 月 2 日アクセス）

2) A. Fredrik and S. Richard：Autonomous static charging of electric vehicles using ElOnRoad's electric road technology,(2016).

3) S. Lundberg and H. Säll：Electrified roads –a quieter, cleaner and smarter infrastructure with charging while driving, eRoadArlanda(2016).

4) T. Tajima, H. Tanaka, T. Fukuda, Y Nakasato, W. Noguchi, Y. Katsumasa and T. Aruga：Study of High Power Dynamic Charging System, SAE Technical Paper 2017-01-1245,(2017).

5) World's first electric road opens in Sweden, 22 June 2016,(2016).
　https://www.scania.com/group/en/worlds-first-electric-road-opens-in-sweden/（2019 年 2 月 2 日アクセス）

6) 櫛谷さえ子：VW，ドイツでトロリートラックの公道走行試験プロジェクトを開始, 2018 年 5 月 28 日，
　http://tech.nikkeibp.co.jp/atcl/nxt/news/18/01371/?n_cid=nbpnxt_mled_at（2019 年 2 月 2 日アクセス）

7) M. Hutin and M. Leblanc：Transformer system for electric railways, Patent US527, 857,

8) J. G. Bolger et al.：Inductive Power Coupling for an Electric Highway system, 28th IEEE Vehicular Technology Conference (1978).

9) K. Lashkari et al.：Inductive Power Transfer to an Electric Vehicle, Proc.8th Int. Electric Vehicle Symp. 1986, 258-267 (1986).

10) G. A. Covic and J. T. Boys：Inductive power transfer, Proceedings of the IEEE, vol.101, no.6, 1276-1289, (2013).

11) Popular Mechanics, 'Tech Update：Juiced-up roads to power Electric Cars'. *Hearst Magazines*, August Vol.167, Nr 8, 17 (1990).

12) University of California Berkeley："Roadway Powered Electric Vehicle Project Track Construction and Testing Program Phase 3D Final Report" California PATH Research Paper UCB-ITS-PRR-94-07, ISSN 10551425 (1994).

13) C. Koebel：PRIMOVE-Inductive Power Transfer for Public Transportation, ETEV2012 Session2.3 (2012).

14) D. Naberezhnykh：Latest Developments in Wireless Power Transfer for EVs, European Electric Vehicle Congress, (2015).

15) C. Rim：The Development and Deployment of On-Line Electric Vehicles (OLEV), IEEE ECCE2013 SS3.2 (2013).

16) Z. Pantic：Review of Recent Advances in Dynamic and Omnidirectional Wireless Power Transfer, IEEE Industry Applications Society 2016, pp.27-36, (2016).

17) H. Bladszuweit：Project Victoria, HEV TCP Task 26 Workshop, IEA, (2017).

18) S. Laporte：Versailles-Satory test site integration of a DWPT solution and achievements：The FABRIC project, Final Event Conference Turin, Italy, June 21st 2018, (2018).

19) K. Nahrstedt：Electric Vehicles and Their Impact on Trustworthy Power Grid Informatics, University of Illinois, (2015).

20) P. Guglielmie：The story of the Italian test site：The FABRIC project, Final Event Conference Turin, Italy, June 21st 2018, (2018).

21) Gov. UK Press Release：Off road trials for electric highways technology, Published 11 August 2015, (2015).
https://www.gov.uk/government/news/off-road-trials-for-electric-highways-technology

22) ELECTRIC VEHICLE WIRELESS POWER TRANSFER (WPT) SYSTEMS - Part 3：Specific requirements for the magnetic field wireless power transfer systems：IEC/TS 61980-3 /Ed.1, 2015/8/21

23) 青木和直他：道路舗装の歴史と最新技術，自動車技術，Vol.67, No.10, pp.29-36, (2012).

24) 国総研 社会資本マネジメント研究センター社会資本情報基盤研究室：電気自動車への道路からの非接触給電，
http://www.nilim.go.jp/lab/qbg/bunya/foundation/wtps.html (2019 年 2 月 2 日アクセス)

25) 神谷恵三他：走行中非接触給電システム送電コイルの道路敷設技術開発，自動車技術会，2016 年春季大会学術講演会資料，pp.347-351, (2016).

26) Charles Morris：Utah State University builds a dynamic wireless charging test track, Charged, (2015).

27) 武部健一：〔精度〕準天頂衛星で GPS を補完，測位誤差は 1 m 前後に，2009 年 2 月 12 日
http://itpro.nikkeibp.co.jp/article/COLUMN/20090202/323987/ (2019 年 2 月 2 日アクセス)

28) KAIST OLEV Brochure 2010ver

29) D. Naberezhnykh：EVs and wireless power transfer, (2017).

第2編　走行中ワイヤレス給電技術

30）Gigazine：走行中に給電できる「電気道路」をスウェーデンが公道で開発中　道路＆既存自動車への
　　導入コストも安価，2018年4月13日，
　　https://gigazine.net/news/20180413-swedish-electrified-road-charging-vehicle/（2019年2月2日アク
　　セス）

31）ETEV2012 Session3. 4 Kuemmell-Wireless Charging for Electric Vehicles-Challenges for
　　Integration and Interoperation

第2編　走行中ワイヤレス給電技術

第1章　ワイヤレス給電技術の動向・生体影響

第2節　ワイヤレス給電に関する法規制・標準化動向

(元)京都大学生存圏研究所　**横井　行雄**

　本稿ではワイヤレス給電技術の普及・産業化を実現するうえで不可欠な，利便性と安全性を実現するための，法規制・標準化について国内および国際的な位置づけならびに動向をまとめる[1][2]。

1　法規制と標準規格が求められる背景

① 電波は人類の限られた共有財産。

　電波の利用方法（周波数割り当て）はITU（国際電気通信連合）で勧告などを通じた国際的な合意をふまえて，各国が法規制（例えば日本では電波法など）を整えたうえで厳しく定められている。

② 電波はラジオ・テレビ，緊急無線，電波時計など既に多くの分野で利用され，社会に役立っている。

　ワイヤレス電力伝送など実用化の歴史の浅い利用方法が，既存の電波利用サービスを乱してしまうことは好ましいことではない。電波は遠くまで届くのでこの点ではIEC（国際電気標準会議）の中のCISPR（国際無線障害特別委員会）で国際的な合意が得られた内容を前提にした漏洩電磁界のレベルが国内の法規制が定められていてその制限を遵守することが求められる。

③ 強力な電磁波は人体や生体（犬ネコなど）へ影響を及ぼす可能性が考えられる。

　電磁波は人体や生体（犬ネコなど）へ影響を及ぼす可能性，特にシステムの近傍での影響の評価ならびに配慮が求められている。この点ICNIRP（国際非電離放射線防護委員会）の定めるガイドラインやWHO（世界保健機関）の勧告などを受けて世界各国で国内の法規制を整備し，近傍電磁界の指針を定め，電波からの安全を守っている。日本では電波防護指針が定められている。

④ 製品の安全機能などは各国の主管庁・標準化機関が定め，安全・安心で機能的な製品が世の中に送り出される。

　法規制を踏まえた上で，製品の備えるべき安全機能などは，各国の標準化機関（SDO）によって標準規格として定められ，安心・安全で機能的な製品が世の中に送り出されている。

— 185 —

2 ワイヤレス給電：小電力と大電力の給電

　日本では 50 W 以下の通信を目的としない機器は電波法 100 条の高周波利用設備の許可が不要な設備に分類され，他のシステムへの甚大な影響が出ない限りにおいて，現状では法的な規制の対象にならない（図1）[3]。2017 年暮れに発売された iphone8/X に Qi 方式のワイヤレス充電が採用され話題になったが 10 W 以下程度のため，現時点での規制対象には含まれなかった。

　一方米国では高周波利用設備のような仕組みがないので FCC ないし UL の安全性規格の対象となるため注意が必要となる。日本国内では 2016 年 3 月に個別許可不要な設備（型式指定）に 7.7 Kw 以下の EV（電気自動車）向け給電を含む 3 種類のワイヤレス電力伝送システムが新たに加えられている。その他の 50 W 以上のワイヤレス給電機器は高周波利用設備の許可が必要である。

2.1 EV への充電には大電力が必要

　EV の電池に外部から供給するエネルギーは携帯電話の比ではなく，数 Kw から数 10 Kw，EV バスに至っては数 100 Kw と相当大きくなる。現在主流のケーブルとコネクタによる充電では，大きく重いコネクタやケーブルを扱わなくてはならないのでエネルギーの内蔵電池への補給（充電）が普及の為の大きな課題の 1 つとなっている。ワイヤレス給電が実用化されれば，人がコネクタやケーブルに手を触れずに自動で充電でき，非常に簡便な充電システムが構成できる。自動走行システムについてもこのワイヤレス給電が大きく貢献することが期待されている。

　一方で大電力のワイヤレス給電システムでは，構成する装置から周辺へ漏えいされる電磁界

図 1　高周波利用設備について

による，既存の電波サービス(ラジオ，テレビ，鉄道通信，電波時計など)への影響の低減，近傍の電磁界からの人体・生体の安全性の確保などから，法的な規制を受けることになる。システムの運用にあたっては必要な許可の取得ならびに十分な注意が求められる。

2.2 マイクロ波でもワイヤレス電力伝送

実用化されつつある EV 向けワイヤレス給電に使われる周波数は，搭載される電力デバイスの制約から，大電力では 20 KHz から 85 KHz の長波領域に集約されつつある。一方でマイクロ波(2.5 GHz とか 5.8 GHz)の領域ではかなり前から，宇宙太陽光発電(SPS)で発電した電力を地上に送る方式として研究が進められている。その知見をベースに地上での遠隔センサーへの給電，走行中 EV への給電などの適用の検討が進められている[4]。とりわけマイクロ波の電磁界の安全性を細胞への直接的な影響に着目して行う研究が日本で精力的に進められている[5]。

このようなマイクロ波の給電実験では，高周波利用設備ではなく実験局(無線局)の取得が現状では必要である。関西では内閣府の特区制度なども利用して実験が進められている。なお，2018 年の総務省「電波有効利用成長戦略懇談会報告書」において簡易な精度への見なおしが開始され，総務大臣から情報通信審議会に「空間伝送型ワイヤレス電力伝送システムの技術的条件について」の諮問が 2018 年 12 月に出された[7]。

3 法規制と標準規格の違い

3.1 法規制の目的

電波を利用するシステムから放射される電磁界には，不要輻射といわれる遠方解の領域への影響と，近傍解といわれるシステム周辺への影響があり，システムの円滑かつ安全で安心な運用のために電波法の規制をうけることになる。遠方解の領域では，漏洩電磁界が距離に比例して減衰するが，影響を受ける立場の電波サービスの側の受信感度が極めて高い場合が多く存在するので，給電システムの本来の利用周波数だけでなく，高調波での漏えい電磁界までサービスとの見合いで，法的な規制が及ぶことになる。一方で，近傍解の領域では電磁波の減衰はおおむね距離の 3 乗に反比例して急激に減衰するので影響は大きくないと考えがちだが，10 MHz であればこの境界は 5 m 程度だが，周波数が 20 KHz の場合 2500 m，100 KHz では 10 MHz の百倍の 500 m と長波の場合は長くなる。そのためにこの領域での放射電磁界の人体・生体に及ぼす影響が，安全性の観点から重要視され，電磁界評価を含め法的な規制を受けることになる。

ワイヤレス給電システムの技術的条件の検討に入るにあたり，2013 年に課題として 3 つが挙げられた(図 2)[8]。

3.2 標準規格の必要性

法規制は主に安全性の確保とか，既存の電波サービスとの協調性の確保，国際的な整合性を主眼に行われる。一方標準規格では，法規制の要請を実現するための具体的な手段の共通化や

— 187 —

統一化を示すこと，同種の装置間での相互接続性の確保，その手順を定める役割がある。安全確保，既存システムとの共存は主に法規制面，相互接続性は標準の領域である。製品規格の部分は，各社各装置の競争領域で，性能向上，コストダウンなど差別化ができる領域となる（図3）。

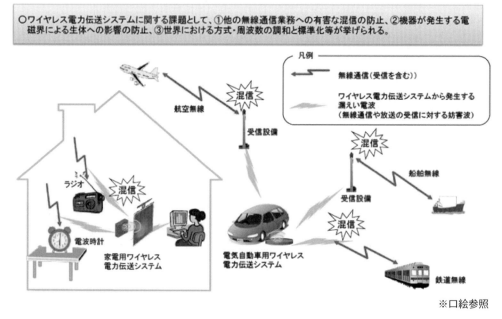

図2　ワイヤレス給電システムの課題

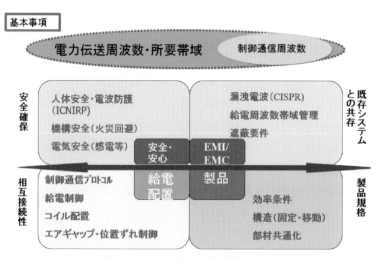

図3　標準化と法規制のスキーム

第1章　ワイヤレス給電技術の動向・生体影響

4 日本の法規制と標準化

4.1 電波法および関連規則

日本の電波法は昭和 25 年 5 月 2 日に公布されその第一条に掲げられた目的は「この法律は，電波の公平かつ能率的な利用を確保することによって，公共の福祉を増進することを目的とする。」とある。第二条 1 項では 3000 GHz 以下が対象と定義されています。そして第百条（第八章　雑則）に高周波利用設備が規定されていてワイヤレス給電システムはこの項の規制が適用されるとされている。

既に高周波利用設備の規制の概要を図 1 に示したが，そのうち通信設備外の設備には多くの設備が掲げられている。その中で型式指定の機器に 2016 年新たに非接触電力伝送装置として 3 種類の設備が加えられた。条件を満たし型式指定許可をとれば，個別許可が不要な設備になり，普及の準備が整った[9]。

EV（電気自動車）については表 1 の電気自動車用 WPT システムの分類にあるように 7.7 Kw までのシステムが対象となった。掲げられた技術的条件を周波数と磁界強度で書き表すと図のようになり，この領域では電界の直接的な測定が難しいので磁界強度の条件が採用された（図 4）[10]。規定された技術的条件は日本が世界に先駆けて制定したもので，この後，CISPR とか IEC などの国際協調の場での基本になっている。

なお，電波法はあくまで電波の公平かつ能率的な利用を確保することであって，日本の法律として機器の安全等については電安法（電気用品安全法（昭和 36 年法律第 234 号））が，消費者向けの電気用品の安全確保について定められている。感電の恐れがないとか，怪我を受けにくいという商品の安全に関してはこの規制を受けることになる。家庭の製品にある PSE マークがそれへの適合を表すが，ワイヤレス給電装置の規定はまだない。

4.2 日本の電波関連標準化機関 ARIB

日本での電波関連の標準化は ARIB（電波産業会）が一手に担っている。2015 年に通信の標準規格の中にワイヤレス電力伝送システム ARIB STD-T113 が規定された[11]。これは世界で最初のワイヤレス電力伝送の標準規格となった。最新の 1.1 版（2015 年 12 月）では 50 W 以下の 3 方式のモバイル機器用ワイヤレス電力伝送システム

第 1 編　400 MHz 帯電界結合方式
第 2 編　6.78 MHz 帯時価結合方式
第 3 編　マイクロ波帯表面電磁界結合方式

表 1　電気自動車用 WPT システムの分類

伝送電力7.7kWで、漏えい磁界強度68.4dBμA/m@10 mとなるシステムを追加。

本報告（案）での電気自動車用WPTシステムの分類	伝送電力	利用周波数における漏えい電波の許容値	利用周波数以外における漏えい電波の許容値	技術的条件として取りまとめ
3 kWクラス（家庭用）	3.3 kW	68.4 dBμA/m@10m	CISPR 11 クラスB準拠（2次〜5次高調波部分のみ10dB緩和等）	
	7.7 kW			
7.7 kWクラス（公共用）	7.7 kW	72.5 dBμA/m@10m		

— 189 —

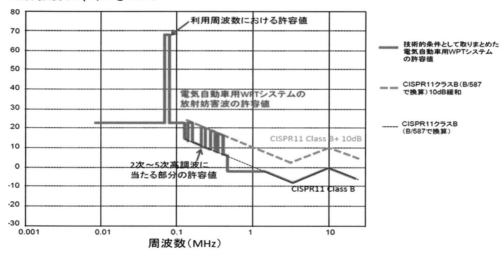

図4　EV向けWPTの漏えい磁界の条件

の標準規格が規定されている。これらはWebで公開されている。EV向けはIEC/ISOでの国際標準が審議中のため規格化されていない。

5　米国でのSAEとULの関係とワイヤレス電力伝送

　SAE(米国自動車技術会)ではオートモーティブ関連の標準を広く取り扱っている。SAEは，自動車，商用車業界の関連技術の技術者および専門家が128,000人以上参加している世界規模の団体で，会員数が世界で40万人を超えているIEEEに次ぐ規模の学会である。SAEではワイヤレス給電の規格にも力を注いでいて1990年代に既にSAE1773というパドル式非接触給電規格を策定した。現在はEV向けの磁界共鳴型をパワークラス(WPT1, 2, 3とされている)で分類したSAE J2954規格の策定を続けていて，まずは11 kWまで充電可能なRP(Recommended Practice)が2017年11月に発行されている。

　一方で，米国ではUL(アメリカ保険業者安全試験所；Underwriters Laboratories Inc.)が米国内での機能と安全性の規格基準を設定し，同時に評価方法を策定する役割を担っている。EV充電規格も例外ではなく，SAEのJ2954規格は指定された車載部品から地上の受電パッドの規格化を担当し，その他の地上設備については，UL2954という独立した規格とされる(図5)。

　なお，ULでは1990年代から電気自動車の安全規格を制定している。ULは現在米国でEVの規格制定及び認証を行う唯一の安全認証機関である(図6)[12]。

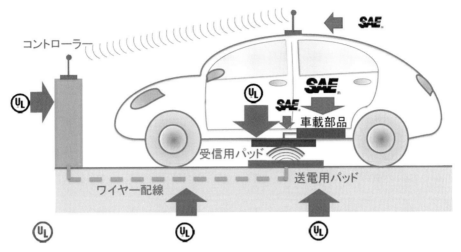

図5　SAEとULの規格の棲み分け

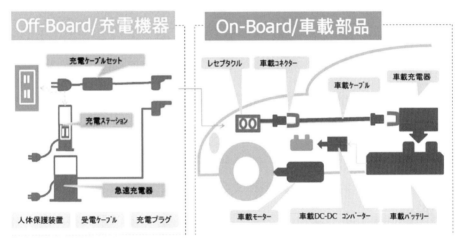

図6　ULの電気自動車関連の安全規格

6　中国でのEV向けワイヤレス充電の標準化

　中国でのワイヤレス充電の研究が国際舞台に登場したのは，2013年北京で開催されたUNECE(国際連合欧州経済委員会)のEVE 7th sessionにZTE(中興)が「Wirerles Power Charging is ready for car NOW」と題した講演を行ったところからと考えられる。2015年12月には厦門で開催された日中韓の標準化団体の会合であるCJK会合で，中国のCCSA：(中国通信標準化協会)とZTEの連名で以下の3つのレベルでのワイヤレス充電の標準化項目を紹介した。
　① 国家規格(中国国家標準化監理委員会)レベル
　　これは国家レベルの規格でGBと呼ばれ，IECとの整合性をとっている。
　② グループ規格(WPTA：ワイヤレス電力伝送同盟)

これは，WPTAがグループとして独自に決めるいわば業界規格。
③　地域規格(特別市独自規格)

深圳市，広東省，上海市などの特別な地域限定の規格の制定で，日本でいえば特区のみ適用される規格。

2017年6月にはアメリカのSAEの会合で，国家電網の中国電力科学研究院が「中国のEVWPTの進捗」と題する講演を行い，乗用車EV充電，商用車充電，走行中給電に取り組み，かつ中国の標準化団体として「中国電力協議会」と「中国汽車技術研究中心」を掲げ，標準化に本格的に取り組んでいる姿勢を日程表まで添えてアピールした[13]。

7　IECとISOの役割とワイヤレス電力伝送

IEC(国際電気標準会議)は1906年6月に創立された電気工学，電子工学，および関連した技術を扱う国際的な標準化団体である。国際規格作成のための規則群(Directives)，規格適合(ISO/IEC 17000シリーズ)，IT技術(ISO/IEC JTC1)など一部はISO(国際標準化機構)と共同で開発している。

各規格は担当のTC(Technical Committee)が決められている。クルマ関連では多くの担当TCがある(図7)[14]。ワイヤレス充電はTC69(Electric road vehicles and electric industrial trucks)のWG7(Electric vehicle wireless power transfer(WPT)systems)でIEC61980のpart1, 2, 3としてワイヤレス充電システムの国際規格の検討が進められている。

ISOは国際標準化機構として1946年10月に設立され日本は日本工業標準調査会(JISC)が1952年加盟した。ISOでもIECと同様に多くのTC(Technical Committee)に分かれて活動していて，クルマ関連のISO/TC22/SC37；Electrically propelled vehiclesの中でWG1で車両

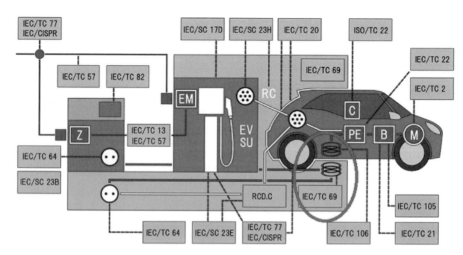

図7　クルマ関連のIEC規格担当TC

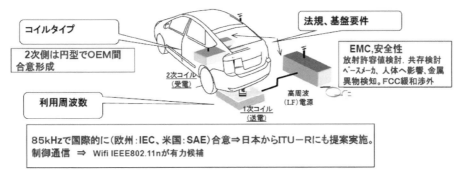

図8　EVワイヤレス充電標準化のポイント

側のワイヤレス充電の主として安全性を主眼にISO19363としてIEC61980と対応して規格化を進めている。標準化制度化のポイントは**図8**に示されている[15]。国際標準化の作業は，一気に国際標準が出来上がるわけではなく，**図9**のような段階を踏んでいく[16]。

2018年秋の段階では，
- IEC61980　part1がIS化を終えて改定作業中
- IEC61980　part2がTSに向けたDraft TSが発行準備中でISに向けDISの審議中
- IEC61980　part3がTSに向けたDraft TSが発行準備中でISに向けDISの審議中
- ISO19363はPASが完了しISに向けたCDの審議中。制御通信にかかわる-2のCDの審議が始まった。

このIEC/ISOによる標準化は，主に欧州EUで重視され，2015年12月に発行されたEU指令EN M/533ではEV向けワイヤレス充電の単一の欧州標準としてIEC61980を基本に2019年12月末までに策定することを要求している。欧州各国ではこの指令を実行すべく大きな努力を払っている。一方でSAEのJ2950は安全性に関わる箇所がUL2750に切り離されてはいるが，その他の内容では緊密に連携していて，国際規格と米国規格にすれ違いが起きないように配慮がされている。

図9　国際標準のステージ

第2編　走行中ワイヤレス給電技術

8 ITU での周波数管理

　国際連合の専門機関の1つであるITUは1865年5月にフランスのパリで設立された万国電信連合(International Telegraph Union)に端を発しているため，世界最古の国際機関とみなされている。その任務は国際電気通信連合憲章に基づき，無線通信と電気通信分野において各国間の標準化と規制の確立を図ることで，加盟国はほぼ全ての国際連合加盟国にバチカンを加えた191ヵ国，セクターメンバーは2008年4月時点で700社以上となっている。その活動はITU-R(無線通信部門)とITU-T(旧CCITTからの電気通信標準化部門)とからなっている。ITU-Rでは国際的な無線周波数資源および衛星軌道資源を管理し，国をまたがる電波の平等で経済的な割当てや，異なる方式の無線電波による相互干渉を防ぐための基準の制定などを行っている。

　ワイヤレス電力伝送に関わる動きとしては[17]，

① 2001年：議長報告にアメリカからの寄与で1997年から2000年にかけてのマイクロ波ビーム送電の研究結果が添付された。

② 2009年5月：SG1の議長報告の付録にQuestion ITU-R 210-2/1 Power transmission via radio frequency beam(wireless power transmission)への作業文書が日本のJAXAの寄与として記載された。

③ 2009年9月：日本とアメリカの寄与が合体してSG1の議長報告に含まれた。

④ 2013年：磁界共鳴方式などの登場を受け，日本から，'Beam' and 'Non-Beam'を分けるように提起した。

⑤ 2014年：Non-Beamの新レポートITU-R SM.2303が採択された。

⑥ 2015年：Non-BeamのQuestionがITU-R SM.2303-1として更新され，PDNR(Preliminary Draft of New Recommendation)が採択された。同時にIEC，ISO，IEEE，URSI，WIPE，WiPoT等へのリエゾン要請文書が発せられた。

　ただ，2016年以降は，[Non-Beam]に対し，欧州のラジオ放送機関が干渉の懸念を表明し，折衝が続いています。各国，各地域では，年に一度のITU会合に向けて各レベルでの調整を進めている。この作業の最終的な目的は一番上に位置する概ね4年に一度のWRC(世界通信会議)でワイヤレス電力伝送に使える周波数の割り当てを受けることである。そうなれば国際的な周波数管理の世界で市民権を受けることになり，産業の発展に大いに寄与すると考えられている。そのためには一番下のように民間のARIBが推進しているCJK会合で，日中韓のレベルを合わせ，次の主管庁(日本では総務省)会合であるAWG会合でアジアの協調を諮ったうえでITU-R会合に臨むことになる(図10)[18]。

9 CISPR での不要輻射制限

　CISPR(国際無線障害特別委員会)の目的は電気・電子機器から発する電磁波障害について，測定法・許容値などの規格を国際的に統一することで，1934年に国際電気標準会議(IEC)の特別委員会として設立されている。ここでは運営委員会と，分野ごとに分かれた以下の6つの

— 194 —

第1章 ワイヤレス給電技術の動向・生体影響

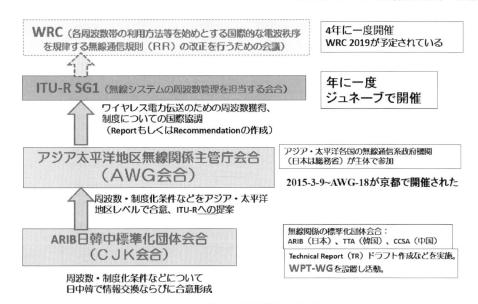

図10　国際的周波数獲得・制度化

小委員会・分科会（Sub Committee：SC）によって構成されている。EV用のワイヤレス充電の輻射制限値は主としてB委員会で検討されている（**図11**）[19]。

IECのCISPR11に規定されているISM機器からの妨害波に関するCISPR規格での機器分類並びにISM機器の放射妨害波の技術基準についてTELECの2012年時点の整理を紹介する（**表2**）。CISPRでは2012年時点では，長波帯を利用するワイヤレス給電は関心の外であった。2013年10月のCISPRオタワ会合で日本（首都大学東京多氣教授）からワイヤレス給電のための技術基準検討の必要性を指摘し，国際的な検討が開始された。

EV用WPTは150 kHz以下の周波数帯で運用されるが，従来のCSIPR 11には9 kHzから150 kHzまでの妨害波許容値の規定がない。そのためこれらの許容値と測定法を新たに設定する必要があるとの認識で，日本が中心になりCISPR B/WG1に設置されたワイヤレス給電ad-hocグループAHG4を立ち上げ活動している。コンビーナにTELECの久保田氏が就任し，

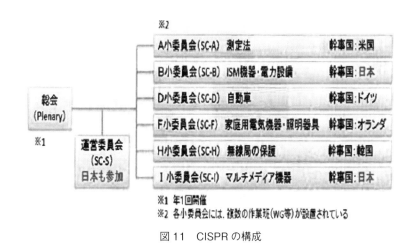

図11　CISPRの構成

— 195 —

第2編　走行中ワイヤレス給電技術

表2　ISM 機器からの妨害波に関する CISPR 規格での機器分類

- ISM 機器のエミッション許容値は CISPR11(*)に規定されている
- ISM 機器を機器の目的別に2つのグループに，また電源環境により2つのクラスに分類

		クラスA	クラスB
		工業用電源環境	家庭用施設・住居用電源に接続するもの
グループ1	グループ2以外のもの	試験装置、電気医療装置、科学装置、半導体電力変換装置、動作周波数が 9 kHz 以下の工業用電気加熱装置、機械工具、工業プロセス測定制御装置、半導体製造装置	
グループ2	材料の処理、検査、分析のために高周波エネルギーを使用するもの	マイクロ波給電UV照射機器、マイクロ波照明機器、動作周波数 9 kHz を超える工業用誘導加熱装置、家庭用誘電加熱調理器、誘電加熱装置、工業用マイクロ波加熱装置、家庭用電子レンジ、電気医療機器、電気溶接装置、放電加工装置、教育訓練のための実演模型	

国際的な活動をリードしている[20]。なお，CISPR/B では次の改訂である CISPR 11 第6.2 版およびその先の第7.0 版に向けた審議を行っている。その中で EV 用 WPT の妨害波許容値とその測定法について新たに追加することが決まっている。

(1)　基本波のクラス B 放射妨害波許容値

日本国内においては 85 kHz 帯における出力 7.7 kW 以下の放射妨害波許容値(68.4 dBuA/m@10 m)を規定し，乗用車用途の EV 用 WPT の型式指定として制度化されている。その経緯により日本はクラス B 許容値について国内の許容値に近い欧州 SRD 規格をベースとした原案許容値(67.8 dBuA/m@10 m)を支持した。

スイス・米国等からこの原案許容値に対して 15 dB の緩和が提案され，審議の結果，7.7 kW を境に出力区分によって許容値を変えることになり，具体的には 7.7 kW 以下の場合は原案許容値とし，7.7 kW を超えるものについては 15 dB 緩和値とし，設置場所の状況によって緩和の実施が可能な場合と不可能な場合の条件が設定された。

欧州の複数の国から出力 1 kW 以下の小型車両(電動自転車，電動バイクなど)について，将来の市場での設置台数が増加した場合，1 台では小出力でも全体で妨害波が大きくなる可能性があることが指摘され，1 kW 以下の場合は原案許容値より 15 dB 厳しくする提案が採用された。これらの結果として，放射妨害波許容値は，7.7 kW 超，1 kW 超 7.7 kW 以下，1 kW 以下の3区分になった。

(2)　基本波のクラス A 放射妨害波許容値

クラス B 同様に許容値は出力区分され，出力 22 kW 以下のときの許容値をベースとし，22 kW を超える場合は 10 dB 緩和する提案が採用され，放射妨害波許容値は2区分になった。

(3)　基本波以外のクラス B 放射妨害波許容値

150 kHz を超える高調波を含むスプリアスについての許容値は本稿執筆時点では審議中であ

る。日本は国内での型式指定の許容値と同様に 85 kHz 帯の第 5 高調波まで 10 dB 緩和することを提案した。一方で他国からは第 9 高調波まで 10 dB 緩和する提案や，高調波の緩和は認めない提案，さらに EBU（欧州放送連盟）や IARU（国際アマチュア無線連盟）からは長波ラジオ放送・中波ラジオ放送およびアマチュア無線の周波数帯について現行の許容値よりも厳しくする提案が出されている。この問題を解決するために，AHG4 のドにタスクフォースを立ち上げて，そこで許容値を検討することになったが，WPT 推進派（EV 用 WPT 装置提供者側）と慎重派（EBU 側・IARU 側）の意見の溝は埋まらずに基本波以外のクラス B 放射妨害波許容値は執筆時点では合意されていない。

（4）基本波以外のクラス A 放射妨害波許容値

従来のクラス A 許容値に対して新たに EV 用 WPT 専用の許容値が提案された。これはクラス B 許容値に対して 150 kHz 以下で 15 dB 緩和，150 kHz 超で 10 dB 緩和に設定されている。高調波の緩和についてはクラス B と同様である。

工場内でのクラス A 許容値を緩和する手段として 150 kHz 超の許容値について，工場内でのみ運用する WPT 装置に関しては従来のクラス A 許容値を適用し，公道を走行する大型車両（バス，トラックなど）に関しては新たに提案された専用の許容値（クラス B 許容値 + 10 dB）を適用することが提案され，それが適切かどうか執筆時点では審議中である。

CISPR 的には空白であった長波帯（85 KHz）を利用するワイヤレス給電の規格検討は地域標準化組織の検討を踏まえて国際規格の検討審議が CISPR B/WG1 精力的に進められているがまだ最終的な国際合意に至っていない。

この**図 12** に示すように，各国際組織が関連しあって，周波数管理の側面，不要輻射制限の側面，製品の国際標準の側面で，努力を続けている。これらの各機関の相関図を表している。

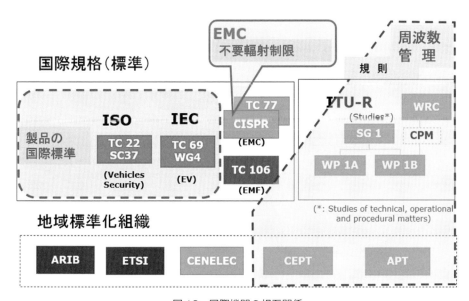

図 12　国際機関の相互関係

10 ICNIRPと日本の電波防護指針

　ICNIRP(国際非電離放射線防護委員会)は疫学，生物学，電気工学などの専門家からなる中立の学術的専門組織として，1992年に設立された。組織は，本委員会と科学専門家グループ(SEG：Scientific Expert Group)で構成されている。主な目的は，非電離放射線へのばく露の防護に関し指導と助言を与えることであり，科学的レビューを行い，その結果は世界保健機関(WHO)のリスク評価活動に取り入れられる。

　また，WHOのリスク評価結果を受けてICNIRPはばく露防護ガイドラインを改定しており，最近では2010年に1〜100 kHzのガイドラインのガイドライン改訂が行われている。図13のように電波の生体への影響には刺激作用と熱作用があり，それに加えて接触電流への配慮の必要性も指摘されている。

　2010年のICNIRPのガイドラインの改定を受けて，見直された日本の電波防護指針の構成を図14に示す。ワイヤレス電力伝送に限らず大電力の通信設備を扱う場合にはこの指針の評価を行う必要がある[21]。EV向けワイヤレス充電の国際規格の中にもICNIRPのガイドラインに沿った規定が盛り込まれている。EV用のワイヤレス電力伝送システムでの磁界参考レベルとの適合性評価方法の手順の国際的検討についてはIECのTC106でばく露評価の検討が進められている[22]。

11 ワイヤレス電力伝送の普及のために

　ワイヤレス電力伝送は1900年代初頭のTeslaの提唱した世界システムをそのルーツにもつが，実用化までには2006年のMITの報告まで待つことになった。その一方で，電力線が私たちの身の回りから消える可能性を秘めたある意味で夢の技術と言える。EVなどへの搭載で，その利便性が飛躍的に高まることが期待されているので，そのためには安全性の確保と，既存

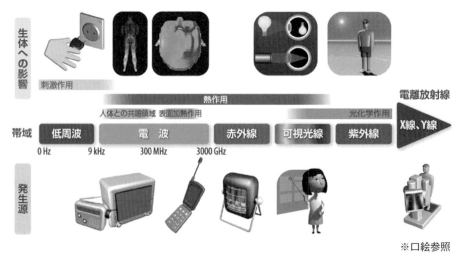

図13　電波の生体への影響

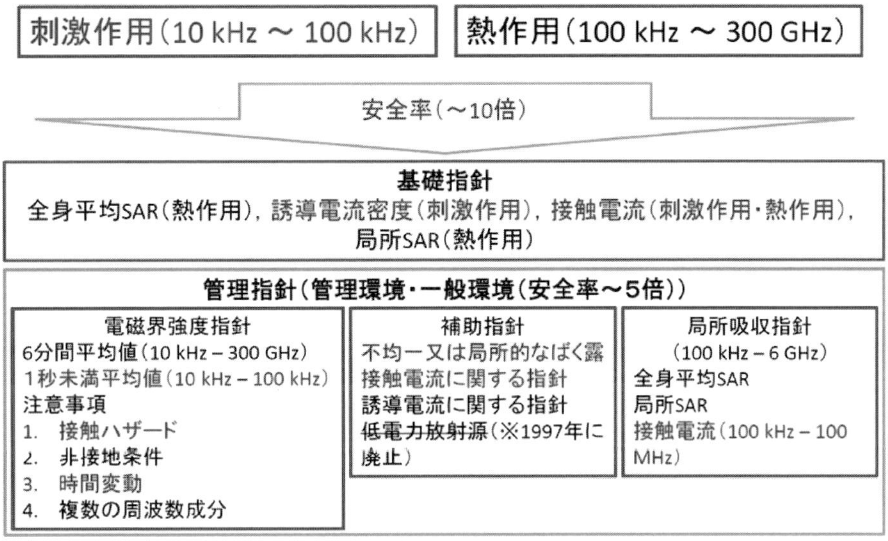

刺激作用（10 kHz 〜 100 kHz）	熱作用（100 kHz 〜 300 GHz）

安全率（〜10倍）

基礎指針
全身平均SAR（熱作用），誘導電流密度（刺激作用），接触電流（刺激作用・熱作用），
局所SAR（熱作用）

管理指針（管理環境・一般環境（安全率〜5倍））

電磁界強度指針	補助指針	局所吸収指針
6分間平均値（10 kHz – 300 GHz） 1秒未満平均値（10 kHz – 100 kHz） **注意事項** 1. 接触ハザード 2. 非接地条件 3. 時間変動 4. 複数の周波数成分	不均一又は局所的なばく露 接触電流に関する指針 誘導電流に関する指針 低電力放射源（※1997年に廃止）	（100 kHz – 6 GHz） 全身平均SAR 局所SAR 接触電流（100 kHz – 100 MHz）

図14 電波防護指針の構成

の電波利用のシステムとの共存が不可欠である。

　EV 向けの法規制の整備，標準化の制定はかなり進んできている。一方でマイクロ波でのワイヤレス電力伝送の法規制，規格化の検討はまだ始まったばかりである。一方で送電電力レベルの拡大，および伝送方式の拡張も，11 kW 程度の電力レベルまでで，それ以上の大電力とか他の方式の検討は，研究レベルは進んでいるが標準化，規制の見直しは道半ばである。さらに最近話題の走行中給電に関しては，各種方式の研究段階といえ，標準化は全く手がついていない。しかし 10 年後のレベルではこの夢の技術が世の中に普及して便利な世界が実現していることを願いロードマップを描いている[23]。

文　献

1) 横井行雄：ワイヤレス電力伝送の法規制と標準規格のお話，RF ワールド，Vol.43, 93-104（2018）.

2) 自動車技術ハンドブック7分冊設計（EV／ハイブリッド編）. ワイヤレス給電の標準化，pp542-546, 自動車技術会.（2016 年 2 月）.

3) 総務省．情報通信審議会 情報通信技術分科会電波利用環境委員会（第 11 回），事務局資料 pp5, 000232507,（2013 年 6 月 5 日）.

4) 外村博史：マイクロ波方式のワイヤレス給電 商用車への適用の可能性，自動車技術会ワイヤレス電力伝送技術委員会資料, 05-10-（2012）.

5) J. Miyakoshi, H. Tonomura et al：Effects of Exposure to 5.8 GHz Electromagnetic Field on Micronucleus Formation, DNA strand breaks, and Heat Shock Protein Expressions in Cells Derived from Human Eye, IEEE Xplore-Engineering Medicine and Biology Society, in press 2018.

6) 総務省：電波有効利用成長戦略懇談会報告書,（2018 年 8 月）.

7) 総務省：空間伝送型ワイヤレス電力伝送システムの技術的条件について，情報通信審議会資料139-4-2,（2018 年 12 月）.

8) 総務省：情報通信審議会 情報通信技術分科会電波利用環境委員会（第 11 回）-資料 11-2, 事務局資料

第2編　走行中ワイヤレス給電技術

　pp12, 000232507,(2013 年 6 月 5 日).

9)　総務省：情報通信審議会 情報通信技術分科会電波利用環境委員会(第 21 回)資料 21-2, 作業班報告概要 pp5,(2015 年 5 月 21 日).

10)　総務省：情報通信審議会 情報通信技術分科会電波利用環境委員会(第 21 回)資料 21-2, 作業班報告概要 pp10,(2015 年 5 月 21 日).

11)　ARIB：標準規格 STD T-113 1.1 版,(2015 年 10 月).

12)　UL Japan；電気自動車の UL 安全規格と急速充電器の規格, UL セミナー資料 pp31,(2010 年 11 月).

13)　W. Bin：Status and Development of China's EV WPT Standards System for SAE J2954 WPT & Alignment Taskforce, China Electric Power Research Institute,(2017 年 6 月).

14)　横井行雄：電気自動車用ワイヤレス充電, 季報エネルギー総合工学, Vol.37, No.1, 3-10(2014 年).

15)　篠原真毅監修, 横井行雄：ワイヤレス電力伝送技術の研究開発と実用化の最前線, シーエムシー出版. pp113-125(2016 年 8 月).

16)　篠原真毅監修, 横井行雄：ワイヤレス給電の歴史と標準化動向, 電磁界結合型ワイヤレス給電技術第 13 章, 科学情報出版. pp.385-413(2014).

17)　Y. Yokoi：Applications of coupling WPT for electric vehicle, Wireless Power Transfer(Chapt.10), pp177-204, edited by Shinohara, IET press.(June. 2018).

18)　総務省：情報通信審議会 情報通信技術分科会電波利用環境委員会(第 21 回)資料 21-3, 電波利用環境委員会報告(案), pp.177,(2015 年 5 月 21 日).

19)　総務省：情報通信審議会 情報通信技術分科会電波利用環境委員会, ワイヤレス電力伝送作業班(第 2 回)参考資料 2-1, 参考資料 2-1, 国際無線障害特別委員会(CISPR)の概要, (2013 年 7 月 30 日).

20)　三沢宣貴：EV 用 WPT の妨害波許容値及び測定法を CISPR 11 に導入するための規格案について, MWE2018, Yokohama,(2018 年 11 月).

21)　総務省：情報通信審議会 情報通信技術分科会電波利用環境委員会, 電波防護指針の在り方に関する検討作業班, 電波防護指針とガイドラインに関する動向について 000308608,(2015 年 3 月).

22)　大西輝夫：WPT に関する IEC TC106 の動向, MWE2018, Yokohama,(2018 年 11 月).

23)　横井行雄：6-11. ワイヤレス給電(情報機器), テクノロジー・ロードマップ 2018-2027〈全産業編〉, pp120-123, 日経 BP 社. (2018 年).

第2編 走行中ワイヤレス給電技術

第1章 ワイヤレス給電技術の動向・生体影響

第3節　高周波による生体影響 ～評価の基礎と国際動向～

京都大学　宮越　順二

1　はじめに

　現代社会の生活環境には種々の電磁波が飛び交っている。特に，世界中で携帯電話や無線LANの利用，携帯電話基地局の新設などが急速に進展したことが主な要因となっている。さらに電気自動車の電波によるワイヤレス給電の急速な普及が近い将来に予想される。近未来社会では，人が生活する上で，静磁場，低周波，中間周波，高周波，さらにミリ波やテラヘルツ波など，多種多様な電磁環境は，ますます増加の一途をたどるであろう。

　電離放射線と同様に，電磁環境は目に見えないこともあり，電磁波の健康への影響について不安を抱いている人が多いのも事実である。高周波の健康影響については，本格的な研究の歴史は放射線に比べれば非常に浅い。ここでは，高周波生体影響研究の基礎，歴史的背景ならびに世界保健機関（WHO）や国際がん研究機関（IARC）をはじめとした国際機関の健康への評価をまとめる。電磁波の生体影響を科学的に正しく理解することに主眼をおくが，まだまだ未解明な部分も多く残されている。また，電気自動車のワイヤレス給電技術の普及に向けて行わなければならない人体影響に関する安全性評価について，簡単に触れる。なお，電磁波の生体影

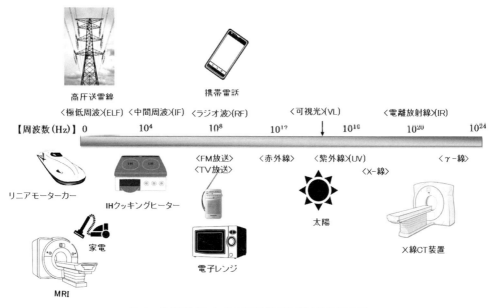

図1　生活環境における周波数別電磁波発生源の例

— 201 —

第2編　走行中ワイヤレス給電技術

響に関する詳細は，すでに刊行されている資料を参照されたい[1)-5)]。

電磁波と健康に関する歴史的背景については，1979年に米国の疫学者が，高圧送電線の近くに住む子供の白血病発生率が高いことを発表したことが始まりである[6)]。その後，1990年代からこれまでに，非電離の電磁波の健康への影響について，国際的に研究や活発な議論が行われてきた。電磁波の発生源として，我々が現在から将来にかけて生活環境の中で曝される可能性が高いのは，医療，通信，家電，運輸など，幅広い周波数領域にわたっている。

図1は，非電離から電離までを含む周波数帯別にみた生活環境における電磁波発生源の例を示す。以下に，これまでの電磁波と健康に関する研究やその評価の現状を紹介する。

2　電磁波の生体影響に関する評価研究

2.1　概　要

これまでに知られている非電離の電磁波に関する生体影響研究の成果としては，おおむね100 kHzの周波数で区切っている。ほぼ100 kHzより低い周波帯では「刺激作用」，それより高い周波帯では「熱作用」のあることが知られている。多くの電磁波生体影響研究に用いられているばく露強度は，居住環境における影響を主眼においているため，その多くは非常に低いものである。そのため，多くの実験研究で，細胞や動物に対する顕著な影響が認められないのは当然かも知れない。

強力な高周波については，人体への発熱作用を利用したがん治療，リュウマチや神経痛の理学療法など，臨床医学で応用されている。ただ，生活環境レベルの高周波については，研究実績が少なく，不明な点が多かった。前述したように，1990年後半からこれまでの十数年の間に，世界中の国々で携帯電話は急速に普及した。当初から，携帯電話は人の脳に近付けて使用するものであり，高周波の影響として，脳腫瘍をはじめ，脳への影響として不安視されるようになっていた。さらに，熱以外の，いわゆる「非熱作用」の有無について議論が高まり，特に子供への影響が問題視されてきた。

電磁波の生体影響を研究する主な手法としては，①ヒトの疫学研究やヒトのボランティア研究，②動物実験研究，および③細胞実験研究がある（表1）。また，研究の対象（ヒト，動物，および細胞）の違いで優劣はつけられないが，ヒトへの影響評価を行う場合，疫学（ヒト）研究→実験動物研究→細胞実験研究の順で結果の重みづけがされている。一方，結果の精度や再現性の高さについては，細胞実験研究→実験動物研究→疫学研究の順となる。また，一般的に研究期間の長さは，ヒト疫学，動物，細胞，の順で長くなる。ゲノムプロジェクトが十数年前に完了し，近年，DNAや遺伝子を標的とした研究が急速に発展している。そのため，以前に比べ，細胞・遺伝子研究の重みが大きくなりつつあると考えられる（図2）。

表1　電磁波生体影響研究の代表的方法

疫学研究	ヒトを対象とした，電磁波と健康（主に発がん）の調査
動物研究	マウスやラットなどの動物を対象とした，電磁波による生体影響評価実験
細胞研究	ヒトやネズミなどの細胞を用いた，電磁波による影響評価のための細胞や遺伝子レベルの実験

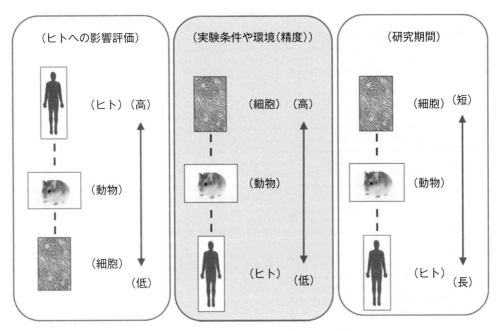

図2 電磁環境生体影響評価研究の分類と特徴

表2 電磁波生体影響の主な評価指標

研究分類	対象	研究内容
細胞実験研究	細胞	細胞増殖，DNA合成，染色体異常，姉妹染色分体異常，小核形成，DNA鎖切断，遺伝子発現，シグナル伝達，イオンチャネル，突然変異，トランスフォーメーション，細胞分化誘導，細胞周期，アポトーシス，免疫応答，エピジェネティクスなど
動物実験研究	実験動物（ラット，マウスなど）	発がん（リンパ腫，白血病，脳腫瘍，神経鞘腫，皮膚がん，乳腺腫瘍，肝臓がんなど），生殖や発育（着床率，胎仔体重，奇形発生など），行動異常，メラトニンを主とした神経内分泌，免疫機能，血液脳関門（BBB）など
疫学研究	ヒト	発がんやがん死亡（脳腫瘍，小児および成人白血病，乳がん，メラノーマ，リンパ腫など），生殖能力，自然流産，神経変性疾患（アルツハイマー病，パーキンソン病など）など
人体影響	ヒト	心理的・生理的影響（疲労，頭痛，不安感，睡眠不足，脳波，心電図，記憶力など），メラトニンを主とした神経内分泌，免疫機能など

　表2に，細胞レベル，動物レベルからヒト個体を対象として，これまで研究が行われてきている電磁波生体影響の主な評価指標をまとめた。研究内容の多くは，電磁波による発がん性への影響を評価することに主眼がおかれている。しかしながら，近年，細胞研究では免疫応答やストレス応答，細胞が損傷したとき，生体に影響を及ぼさないように自滅することを示すアポトーシスなどの機能的側面からの研究も注目され始めている。疫学研究では，発がん以外のアルツハイマー症などの神経変異症も対象とし，評価指標が広がりつつある。

2.2 疫学研究

　疫学研究は，細胞や動物実験に比べて，ヒトのデータという意味で一般社会に対する結果の影響力は大きいものがある。しかしながら，その反面，我々人間は多様な環境で生活しており，

第2編　走行中ワイヤレス給電技術

研究の主題となる因子について純粋に調査することは不可能であり，結果を左右しかねない集団の選別方法や他の影響因子(選択バイアスや交絡因子という)が統計的評価を狂わす可能性は排除できない。

　携帯電話を対象とした高周波に関する疫学研究は，1990年代後半から，国際的に活発に行われてきた。大がかりな研究として，IARCがとりまとめる形で，日本，イギリス，スゥエーデンなど13カ国(ただし米国は不参加)が参加して「The INTERPHONE Study」として行われた。種々の脳腫瘍を疾患対象として，症例–対照研究(case-control study)で実施された。IARCでは参加国全ての研究をとりまとめ，本国際共同研究の最終結論の概要を2010年5月にプレスリリースの形で発表した[7)8)]。結果をまとめると，①定常的携帯電話の使用者の神経膠腫と髄膜腫でオッズ比(OR)がやや低下した。②10年以上長期使用者についての，ORの上昇は観察されていない。③1640時間以上の累積長時間通話者で，神経膠腫のORが1.40(95%信頼区間：1.03〜1.89)とわずかな増加を示した。ここでのオッズ比とは，脳腫瘍発症患者で，携帯電話使用者の確率を携帯電話非使用者の確率で除した統計量の比を表す。結論として「10年以上の長期使用者に対する携帯電話使用による脳腫瘍(神経膠腫と髄膜腫)の上昇はないと考えられる。観察されたORの低下や，累積長時間通話者のORの上昇，その他，携帯使用側頭葉での神経膠腫の上昇など，因果関係の正確な解釈は難しい。」と述べている。

　その他，多くの疫学研究で，発がん増加を示す証拠は見つかっていない。しかし，スウェーデンでの疫学プール分析に見られるように，2000時間を超える通話者は，神経膠腫が3倍になるという報告[9)]や，我が国の疫学研究で，1日20分以上の通話を超える場合に，聴神経腫瘍の増加を示唆する報告[10)]がある。なお，職業的なマイクロ波ばく露と脳腫瘍，白血病，リンパ腫などのがん，ラジオやテレビの電波塔，基地局などからの送信電波と発がん性については，明確な証拠は見つかっていない。

　子供の携帯電話使用と発がんに関する疫学研究は，Cefalo(デンマーク等3ヵ国が参加)とMobiKids(日本を含む15ヵ国が参加)の2つのプロジェクトが行われてきた。Cefaloのプロジェクトは研究が終了し，子供への統計的に有意な影響は認められていない[11)]。MobiKids研究は，2014年1月から，現在，EUのGERoNiMOプロジェクト(Generalized EMF research using novel methods. An integrated approach: from research to risk assessment and support to risk management.)と命名変更し，2018年までの5年間で，新しい大型研究を推進している。このプロジェクトは，これまでの疫学研究のみならず，実験では動物研究，細胞・分子レベルの研究も行っている。さらに，リスクマネージメントやコミュニケーションまでワークパッケージに含まれている。周波数領域も中間周波数帯が加わるなど，非常に幅広い研究計画となっている[12)]。

2.3　動物研究

　高周波については，1997年にトランスジェニックマウスを用いて，電波のばく露により白血病が増加するという報告があり[13)]，2000年代に入り高周波の発がんへの影響評価はさらに活発に行われてきた。欧米や我が国を中心として動物実験研究が推進された。これまでの研究報告からは，2年間の長期ばく露，発がんしやすい動物を用いた研究で，ほとんどの結果は高

— 204 —

周波の影響を認めていない[14]。ただ，複合的発がん研究（化学物質と高周波）では，発がんの増加が複数報告されている[15]-[17]。

その後，2016年6月に米国から大規模な動物実験研究の中間報告[18]が，BioEM2016（ケント，ベルギー）の学会中に行われた。それは，National Institute of Health（NIH，米国国立衛生研究所）のNational Toxicological Program（NTP）研究の1つとして実施されていた。中間報告の研究結果概要は以下の通りである。①寿命：電波ばく露群の方が，コントロール群より，寿命が延びる傾向がある。②脳腫瘍：ばく露によりオスのラットで増加している（GSM（第2世代（2G）規格の通信方式の1つ）ではすべてのばく露，CDMA（第2世代（3G）規格の通信方式の1つ）では6W/kgのみ）。③心臓シュワンノーマ（心臓原発性の神経鞘腫，シュワン細胞の腫瘍）：SAR（specific absorption rate；比吸収率；電波により生体の単位重量あたりに吸収されるエネルギーをW/kgで示したもの）依存的（～6W/kg）に，オスのラットにおいて，GSM，CDMAともに増加している。④メスのラットについて：すべてのばく露による，脳，心臓への影響は認められていない。⑤細胞の遺伝毒性について：脳細胞のコメットアッセイ（DNA鎖切断）試験では，SAR依存的に増加している。しかし，赤血球細胞の小核形成（細胞核フラグメントの分離）試験では，影響なしである。これはNIHの研究であり，権威が高く，国際的な影響は極めて大きい。この時点では，中間報告であったが，以下にその後の研究の進展について述べる。

2018年3月26～28日に，本研究の査読会議（Peer Review of the Draft NTP Technical Reports on Cell Phone Radiofrequency Radiation）が実施された[19]。マウスのデータでは，メスの悪性リンパ腫がばく露群で有意に高かった。当初の判定では，発がん性に関して，何らかの（some），曖昧な（equivocal）証拠という判断だったが，このレビュー結果から，someは，明確な（clear）証拠へ，equivocalは，someへと格上げされる勧告があった。その理由としては，線量-反応関係が成り立っていることが挙げられた。この動物実験は，米国における権威の高いNIHの主導する研究結果であり，今後の，携帯電話からの電波による発がん性評価について，新たな議論を投げかけた形になっている。

2.4 細胞研究

細胞（分子，遺伝子レベルを含む）を対象とした電磁波影響研究は，世界各国で活発に行われてきている。数多くの論文発表があり，ここでは紙面の関係上，詳細は関連資料を参照されたい[1]-[5]。研究の多くは発がんとの関連性から，細胞の遺伝毒性（小核形成，DNA損傷，染色体異常，突然変異など）や機能的変化としての遺伝子発現（がん遺伝子，熱ショックタンパクを主体としたストレスタンパク発現など）に対する電磁波の影響検証が行われている。

高周波については，1990年後半から2000年以降，EU，米国，日本，韓国などで多くの研究が実施されてきた。これまでの研究成果から，細胞の遺伝毒性（発がん性に関与）については，電波による熱効果のないレベルでは，多くの報告は高周波の影響に否定的である。一方，細胞の代謝機能による産物の1つとして熱ショックタンパクに注目した研究が行われている。電波による非熱的な作用としてある種の熱ショックタンパク（たとえばHSP-27）産生が増加するという報告がある[20]。このことは携帯電話や基地局からの電波の生体影響を肯定的に捉える研究

第2編　走行中ワイヤレス給電技術

結果として，再現実験が行われている。この結果は，多くの研究室で確認されたものでなく，また，否定的な報告もあり，現時点では，科学的に明確な結論は出されていない。このように細胞を用いた研究は，遺伝毒性試験や非遺伝毒性試験（免疫機能，遺伝子発現（RNA，タンパク），細胞情報伝達，酸化ストレス，アポトーシス，増殖能力など）で，一部の論文で"陽性"を示す結果があるものの，発熱のない条件で，高周波の作用機構として明確な証拠は得られていない[14]。

3　国際がん研究機関（IARC）や世界保健機関（WHO）の評価と動向

1990年以降，国際的に電磁波の健康影響に関する議論が高まる中，WHOは，1996年に国際電磁波プロジェクト（International EMF Project）を立ち上げた[21]。国際電磁波プロジェクトは，WHOの組織として，電離放射線の健康影響を担当する部署に所属している。また，このプロジェクトはシンポジウムやワークショップなどの開催をはじめとして，その時々における生体影響評価の現状報告や取り組むべき課題の提案などを行ってきた。

高周波（IARCはRF（Radiofrequency）と表記）については，2011年5月に，IARCで発がん性評価会議が開催された。評価会議に参加した15カ国30名のワーキンググループメンバーの結論は以下のとおりである。

① 疫学研究の評価：これまでの研究結果を総合すると，上述した一部の"陽性結果"を判断材料の基礎として，ワーキンググループは，「限定的証拠（Limited evidence in humans）」と評価した。

② 実験動物研究の評価：これまでの研究結果を総合すると，陰性の結果が多いものの，上述した一部の複合的発がん研究の"陽性結果"は発がんの証拠として認められ，ワーキンググループは，「限定的証拠（Limited evidence in experimental animals）」と評価した。

③ 細胞実験研究の評価：一部の論文で"陽性"を示す結果があるものの，ワーキンググループの総合的判断として，「発がんメカニズムについては，弱い証拠（Weak mechanistic evidence）」として評価した。

④ 総合評価：ヒトの疫学研究および実験動物の発がん研究について，それぞれ「限定的証拠」と評価した。細胞研究などの「メカニズムとしての弱い証拠」も含めて，ワーキンググループの高周波発がん性総合評価は，「グループ2B（Possibly carcinogenic to humans」（発がん性があるかもしれない）と決定した。

今回の高周波に関する「2B」の評価は，あくまで，携帯電話からの電磁波と脳腫瘍との関係を「限定的な証拠」として認めたものである。この結果は評価速報として，その概要が報告されている[14]。詳細は，『モノグラフ102巻』として，2013年に出版された[22]。なお，モノグラフ102巻が発刊されたとほぼ同時に，この評価委員の座長やIARC関係者らが，携帯電話の発がん評価に関する独自のコメントを発表した[23]。今後も十分な情報を継続して社会へ発信することが重要であると述べている。

IARCがこれまでに発がん性を評価してきた，生活や労働環境の中の化学物質，電磁波，嗜好品，飲食（料）物，薬，大気環境など，1006項目に達している[24]（2017年6月現在）。発がん

— 206 —

性を評価・分類された各分類グループにおける該当総数とそれらの代表例を**表3**に示す。

　WHO は IARC の高周波発がん性評価を受けて，これまでの健康影響評価の流れでは，発がん以外の健康影響を含めた総合評価，環境保健クライテリア（Environmental Health Criteria：EHC）作成作業を行ってきた。WHO は，2014 年 9 月 30 日に，EHC のドラフト[25]を公開し，同年 12 月 15 日まで，パブリックコメントを求めた。これには，700 件以上のコメントがあった。EHC は全 14 章からなっているが，ドラフトは第 2 章から第 12 章までが公開された。EHC については，第 1 章（要約や推奨研究），第 13 章（健康リスク評価）および第 14 章（防護対策）が重要である。しかしながら，すでに 2018 年に入っているが，EHC 作成に関しては，一向に進んでいないのが現状である。国際電磁波プロジェクトは，2018 年 6 月 21～22 日に国際諮問委員会をスロベニアで開催し，WHO 技術文書と EHC の 2 つの文書作成を決めた。前者は，主に文献レビューが主体となる。EHC に関しては，システマティックレビューが必要なため，現時点では，発刊はいつになるかわからない。

　一方，欧州委員会から要請された，新興および新規に同定される健康リスクに関する委員会（Scientific Committee on Emerging and Newly Identified Health Risk：SCENIHR）が 2015 年 1 月に，電磁界ばく露の健康影響の可能性に関する科学的意見（Opinion on Potential health effects of exposure to electromagnetic fields（EMF））を発表した[26]。RF 電磁波に関する健康影響のまとめを要約すると，以下の通りである。

① 疫学研究結果については，脳腫瘍のリスク上昇について，十分なエビデンスを示していない。頭頚部の他のがんや小児がんを含む他の悪性疾患のリスク上昇を示していない。

② 初期の研究結果は，携帯電話のヘビーユーザーにおいて，神経膠腫および聴神経鞘腫のリスク増加の問題を提起した。直近のコホート研究（ここでは携帯電話の使用頻度と脳腫瘍の発症率について，長期にわたる数十年単位で調査する前向きの疫学手法）および

表3　IARC による発がん性の分類・評価とその代表例

分類	これまでの評価結果の例［1006 種］
グループ 1：発がん性がある	アルコール飲料，喫煙，電離放射線（全種類），太陽光，紫外線（波長 100～400 nm），紫外線を照射する日焼け装置，アスベスト（全形態），カドミウム及びカドミウム化合物，アフラトキシン，ベンゼン，ホルムアルデヒド，ディーゼルエンジン排ガス，トリクロロエチレン，屋外大気汚染，粒子状物質など　　　　　　　　　　　　　　　　　　　　　　　　　　　　［合計 120 種］
グループ 2A：おそらく発がん性がある	アクリルアミド，無機鉛化合物，熱いマテ茶，日内リズムを乱す交代制勤務，マラリア，テトラクロロエチレン，木材などのバイオマス燃料の室内での燃焼，赤肉（牛・豚・羊などの肉）など　　　　　　　　　　　　　　　　　　　　　　　　　　　　　　　　　［合計 82 種］
グループ 2B：発がん性があるかもしれない	鉛，重油，ガソリン，漬物，メチル水銀化合物，クロロホルム，超低周波磁場，ガソリンエンジン排ガス，高周波電磁波（ワイヤレス式電話からのものを含む）など　　　　　　　　　　　　　　　　　　　　　　　　　　　　　　　［合計 302 種］
グループ 3：発がん性を分類できない	静電場，静磁場，超低周波電場，蛍光灯，コーヒー，原油，軽油，カフェイン，お茶，マテ茶，水銀及び無機水銀化合物，有機鉛化合物，など　　　　　　　　　　　　　　　　　　　　　　　　　　　　　　　　　　［合計 501 種］
グループ 4：おそらく発がん性はない	カプロラクタム　　　　　　　　　　　　　　　　　　　　　　　　　　　　　　［1 種］

（2017 年 6 月 18 日時点）

第2編　走行中ワイヤレス給電技術

発症率の時間に依存した研究によると，神経膠腫のリスク上昇の証拠は弱まっている。聴神経鞘腫と RF ばく露の関連の可能性については未解決である。

③　RF ばく露がヒトの認知機能に影響を及ぼすという証拠はない。

④　現行のばく露限度値を下回る RF ばく露レベルによる生殖および発達への有害な影響はない，と結論した先の SCENIHR 意見書内容は，最近の研究データを含めても，この評価結果に変更はない。

4　電磁過敏について

マスコミなどでは，いわゆる「電磁波過敏症」と称しているが，正確には，WHO は「電気的(電磁)過敏症(EHS：electrical hypersensitivity)」と呼んでいる。微弱な電磁波に曝されると，皮膚症状(発赤，灼熱感など)や自律神経系症状(頭痛，疲労感，めまい，吐き気など)が現れる。原因と考えられる電磁波に，特別な周波数帯はなく，低周波でも高周波でも起こりうるらしい。また，WHO は電磁過敏症に関するファクトシートを発表している[27]。EHS は化学物質過敏症(いわゆるシックハウス症候群など)とは異なると考えられている。また，自覚症状を持つ「患者」に盲検法(患者はいつ電磁波に曝されたかわからない)でその因果関係の有無が調査されてきたが，これまでのところ電磁波との関連性は認められていない。現時点で EHS に関する科学的データから，WHO は電磁波の影響としては否定の立場をとっている。しかし，特に，重篤な自覚症状を訴える人もいるので，科学的証拠の有無の追求や医療でのケアは行わねばならないと考える。

5　電磁波の生体影響とリスクコミュニケーション

上述のように，現代社会はいたるところで電気をエネルギーとして動いており，さらに情報通信をはじめ，生活環境における多種多様な電磁波利用の役割は極めて大きく，この流れは，将来にかけてますます加速してゆくものと考えられる。利便性が高くなる一方で，電磁波に対する危惧，特に健康への影響について不安を抱く人々が多いことも事実である。ここで取り上げた高周波は，そのエネルギーとして電離能力もなく，一般的に「放射線」といわれている電離能力のあるエックス線やガンマ線とは異なる電磁波である。エネルギー面からいえば，細胞の DNA を直接傷つけることはないと考えるが，一般社会における「電磁波」という言葉は，「放射線」と同じように受け止められているようにも思われる。関係省庁(経済産業省，総務省，環境省など)やその関連機関では，ホームページを利用するなど一般の人々への周知にも努力している[28]-[32]。生体影響研究を進めつつ，それらの科学的な成果を基にした，電磁波と健康を理解するための，リスクコミュニケーションの必要性を強く感じると共に，汎用化に向けた重要な役割を果たすものと考える。

第1章　ワイヤレス給電技術の動向・生体影響

6　電気自動車のワイヤレス給電技術の普及に向けての人体影響に関する安全性評価

　近年，多様な環境因子の安全性については，常に社会的関心が注がれている。新しい電波利用技術の普及についても，生体影響評価が十分に行われ，安全性が確認されていることが前提条件となる。環境因子としての電磁波という観点からは，商用周波のELF（50-60 Hz）と高周波のRF（数百MHz〜2.4 GHz）については，研究実績も極めて多く，国際的評価はほぼ完了している。電気自動車のワイヤレス電力伝送（WPT）システムに関しては，一例として80 kHz前後の中間周波数領域を想定しており，この周波数帯はこれまでに行われた生体影響研究が極めて少ない。さらに，多くの人（少なくとも10万人以上）に対してのばく露経験もなく，この周波数帯での対象となる疾患を想定した疫学研究は，現時点で不可能であると考えられる。

　最初のステップとしては，電気自動車のWPTシステムを想定したばく露評価，適合性確認（方法も含めて）を行わなければならない[33]。停車中の電気自動車への充電は人が立ち入る可能性がある距離（人体接近距離，20 cmと想定している）における人体，走行中のWPTによる給電については，車内での人体，それぞれに対するばく露評価と適合性確認が必要となる。生体影響評価研究としては，ばく露評価による強度レベルを基準として，細胞と実験動物を対象とした研究が主体となるであろう。さらに，体内植え込み医療機器に対する影響評価も行わなければならない。このように，電気自動車の非接触充電・給電の普及に向けては，電波防護指針を遵守していることはもちろんだが，その安全性を担保するための医学・生物学領域における影響評価研究も重要な位置を占めるものと考えられる。したがって，今後の研究計画・研究体制などを議論してゆく必要がある。

7　まとめ

　電磁波生命科学は，その主たる目標の1つとしては，科学的に信頼のおける研究成果から，電磁波の生体影響を正当に評価することにある。その一方，環境レベルをはるかに超えた磁束密度での生体，細胞や高分子重合体などの電磁波応答研究の成果も本分野の将来への発展につながる重要なものである。これらの成果は，電磁波の線量-効果関係（現在のところ，低周波の場合，線量を磁束密度や誘導電流，高周波の場合，線量を電波のエネルギー比吸収率としており，さらにばく露時間も因子として加えている）に基づいたしきい値の推定を可能とする。

　携帯電話をはじめとして，ワイヤレス給電の分野でも，工学的技術の進歩は目を見張るものがある。その一方，電磁波は新しい環境因子として，社会的に注目されることも考えておかなければならない。電気自動車のワイヤレス給電システム（走行中も含む）など，非接触エネルギー伝送技術をはじめとして，近い将来の電磁波利用は高まるばかりである。このように増加の一途をたどる将来の電磁環境を考えると，電磁波の安全性を科学的なデータから判断するため，未解明な部分については，生命科学の先端技術を駆使して，研究を推進してゆく必要がある。

— 209 —

第2編　走行中ワイヤレス給電技術

文　献

1）宮越順二（編者）：電磁場生命科学，京都大学学術出版会.(2005).

2）宮越順二：RF ワールド，No.35, CQ 出版社. pp.107-115(2016).

3）J. C. Lin(Ed.)：Advances in Electromagnetic Fields in Living Systems, Vol.5, pp.1-33, Springer, (2009).

4）J. Miyakoshi, N. Shinohara(Ed.)：Recent Wireless Power Transfer Technologies via Radio Waves, pp.257-276, River Publisher.(2018).

5）J. Miyakoshi：*Proceedings of the IEEE*. **101**, 1494, June(2013).

6）N. Wertheimer and E. Leeper：*Am. J. Epidemiol*, **109**, 273(1979).

7）INTERPHONESTUDY(http://www.iarc.fr/en/media-centre/pr/2010/pdfs/pr200_E.pdf#search ='IARCWHO Press Release No.200').

8）E. Cardis, B. K. Armstrong, J. D. Bowman, GG. Giles, M. Hours, D. Krewski, M. McBride, M. E. Parent, S. Sadetzki, A. Woodward, J. Brown, A. Chetrit, J. Figuerola, C. Hoffmann, A. Jarus-Hakak, L. Montestruq, L. Nadon, L. Richardson, R. Villegas and M. Vrijheid：*Occup Env, Med*, **68**, 631(2011).

9）L. Hardell, M. Carlberg and M. K. Hansson：*Int. J. Oncol.*, **38**, 1465(2011).

10）Y. Sato, S. Akiba, O. Kubo and N. Yamaguchi：*Bioelectromagnetics*, **32**, 85(2011).

11）D. Aydin, M. Feychting, J. Schüz, T. Tynes, TV Andersen, LS Schmidt, AH Poulsen, C. Johansen, M. Prochazka, B. Lannering, L. Klæboe, T. Eggen, D. Jenni, M. Grotzer, N. Von der Weid, CE. Kuehni and M. Röösli：*J. Natl Cancer Inst*, **103**, 1264(2011).

12）GERoNiMO Project（http://radiation.isglobal.org/index.php/en/geronimo-home）

13）M. H. Repacholi, A. Basten, V. Gebski, D. Noonan, J. Finnie and A. W. Harris：*Radiat Res*, **147**, 631 (1997).

14）R. Baan, Y. Grosse, B. Lauby-Secretan, F. El. Ghissassi, V. Bouvard, L. Benbrahim-Tallaa, N. Guha, F. Islami, L. Galichet and K. Straif：*Lancet Oncology*, **12**, 624(2011).

15）S. Szmigielski, A. Szudzinski, A. Pietraszek, M. Bielec, M. Janiak and J. K. Wrembel：*Bioelectromagentics*, **3**, 179(1982).

16）T. Tillmann, H. Ernst, J. Streckert, Y. Zhou, F. Taugner, V. Hansen and C. Dasenbrock：*Int. J. Radiat. Biol.*, **86**, 529(2010).

17）P. Heikkinen, H. Ernst, H. Huuskonen, H. Komulainen, T. Kumlin, J. Mäki-Paakkanen, L. Puranen and J. Juutilainen：*Radiat. Res.*, **166**, 397(2006).

18）http://dx.doi.org/10.1101/055699

19）https://ntp.niehs.nih.gov/ntp/about_ntp/trpanel/2018/march/roster_20180328_508.pdf#search= 'NTP+Peer+Review+March+2628%2C+2018'

20）D. Leszczynski, S. Joenväärä, J. Reivinen and R. Kuokka：*Differentiation*, **70**, 120(2002).

21）http://www.who.int/peh-emf/project/en/

22）IARC Working Group：Non-Ionizing Radiation, Part 2, Radiofrequency Electromagnetic Fields. Vol.102, IARC Monographs on The Evaluation of Carcinogenic Risks to Humans,(2013).

23）J. M. Samet, K. Straif, J. Schüz and R. Saracci：*Epidemiology*, **25**, 23(2014).

24）http://monographs.iarc.fr/ENG/Classification/

25）http://www.who.int/peh-emf/research/rf_ehc_page/en/

26）http://ec.europa.eu/health/scientific_committees/emerging/opinions/index_en.htm

27）http://www.who.int/mediacentre/factsheets/fs296/en/index.html

28）http://www.tele.soumu.go.jp/j/ele/index.htm

29) http://www.meti.go.jp/policy/safety_security/industrial_safety/sangyo/electric/detail/setsubi_denjikai.html

30) http://www.env.go.jp/chemi/electric/index.html

31) http://www.iee.or.jp

32) http://www.ieice.org/jpn/

33) 和氣加奈子：ワイヤレス電力伝送システムに対する人体防護を考慮した技術基準について，第2回人体の電磁界ばく露評価研究会，NICT/EMC-net，首都大学東京秋葉原サテライトキャンパス，（2015）

第2編 走行中ワイヤレス給電技術

第2章 ワイヤレス給電の技術開発

第1節　マイクロ波送電のワイヤレス給電応用

京都大学　篠原　真毅

1　はじめに

　走行中の電気自動車(EV；Electric Vehicle)へのワイヤレス給電は，電磁誘導や共鳴送電を用いたワイヤレス給電が現在の研究開発の主流である。電磁誘導や共鳴送電を用いたワイヤレス給電は，電磁界の結合によって近距離で高効率化が可能であり，また低周波(MHz以下)であるために回路に用いる半導体が安価で，ワイヤレス給電には簡単なコイルを用いることができるため全体的に安価なシステムとすることができる。そのため電磁誘導や共鳴送電を用いたワイヤレス給電は駐車中のEVワイヤレス充電に適している[1]。

　しかし，電磁誘導や共鳴送電を用いたワイヤレス給電は，送電回路と受電回路が電磁界的に結合しているために，走行中給電のように送受電の位置関係が変化すると回路パラメータが最適値からずれてしまったり，コイルの共鳴(共振)周波数が変化してしまったりした結果，ワイヤレス給電の効率が低下してしまう(図1)[2]。走行中に高効率ワイヤレス給電を維持するためには動的に回路パラメータを最適化する回路を挿入するか，複数の送電システムを密に配置して送受の関係を走行中に切り替えていく必要がある。

　これに対し，マイクロ波を用いたワイヤレス給電は「放射型」と呼ばれており，マイクロ波を含む電波でワイヤレスエネルギーを伝送するために送受電回路間の電磁界的な結合はなく，送受電の位置関係が変わっても回路パラメータが変化することはない[3][4]。その代わりに送受電の位置関係の変化が回路パラメータだけではわからないという弱点があり，受電の位置を検

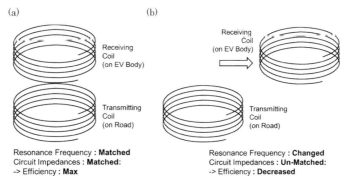

図1　電磁誘導や共鳴送電の場合の送受電コイルの位置と回路パラメータ，
　　　共鳴(共振)周波数と効率の関係
位置に応じて回路パラメータや共鳴(共振)周波数の再調整を行うことで高効率維持が可能

第2編　走行中ワイヤレス給電技術

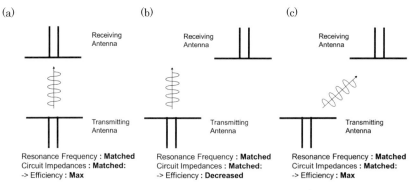

図2　マイクロ波送電の場合の送受電アンテナの位置と回路パラメータ，共鳴（共振）周波数と効率の関係
位置に応じてビーム方向の再調整を行うことで高効率維持が可能

出し，その位置に正確に放射するマイクロ波ビームの方向を制御する必要がある（図2）。マイクロ波ビームの方向制御の範囲はかなり広いために，1つの送電システムである程度の範囲の移動する受電システムへ高効率でワイヤレス給電をすることは可能で，電磁誘導等よりも送電システムの数を減らすことが可能となる。

2　マイクロ波送電を用いた走行中EVへのワイヤレス給電のシステム

マイクロ波送電を用いた走行中EVへのワイヤレス給電のシステムイメージは図3のようになる。例えば外灯のようなところにマイクロ波送電システムを取り付け，走行中のEVの位置を検出し，マイクロ波ビームで追尾するようなイメージである。送電アンテナを頭上に配置することで，送電アンテナを地面に置くことにより不特定多数の人に踏まれ，汚れ，効率が低下するというリスクからも解放される。

マイクロ波ビームでワイヤレス給電をする場合，議論しなければならないのは効率である。マイクロ波送電では用いる周波数は電磁誘導等と比べると5桁以上高いGHz帯であり，半導体や回路の変換効率は低くなる。理論的に送受電アンテナ間の効率を向上させるためにはマイクロ波程度の高い周波数を用いることが必要というジレンマが存在する。図4は1970年頃に米国で行われたラボ実験の例である。周波数は2.45 GHzを用いていた。この実験では送電システムに半導体ではなくマイクロ波真空管を用いており，ビーム方向も制御はできないが，1.7 m

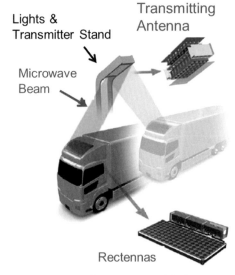

図3　マイクロ波送電を用いた走行中EVへのワイヤレス給電のシステムイメージ

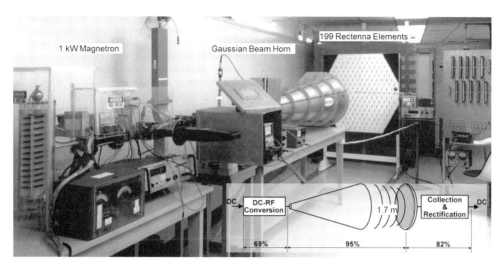

図4　1970年頃に米国で行われたマイクロ波送電ビームによるワイヤレス給電実験

の距離で電気から電気への総合効率として54%を実現している[5]。同時期に同研究グループは1.6 km先へのマイクロ波送電実験にも成功している[5]。このとき送電したマイクロ波電力は2.388 GHzを用いて約450 kWであり，受電した電力は約30 kWであった。54%という効率は電磁誘導等と比べると低いかもしれない。しかし，送電システムの数を減らすことのコスト効果や，大電力のワイヤレス給電だけでなく後述の車載センサーへの給電等の併用等をトータルで考慮すると効率だけではないマイクロ波送電の利点も増えてくる。

　図3のようなマイクロ波送電を用いた走行中EVへのワイヤレス給電のシステムの研究開発は2013〜16年に京都大学とボルボとの共同研究で進められてきた。この共同研究では高効率のビームフォーミング技術の研究を行い，2.45 GHzで送電距離約6 mで均一強度のマイクロ波ビームを実現し，約79.1%の送受電効率を実現(図5(a))するとともに[6]，2.45 GHz-10 kWの受電整流システムを実際に開発し，3.2 kW/m^{2}で約82%の変換効率を実現した(図5(b))[7]。

　これまでマイクロ波送電を用いた駐車中のEVのワイヤレス充電の研究は京都大学や日本のメーカーを中心に行われてきた[8]。マイクロ波送電を用いた駐車中のEVのワイヤレス充電の研究は，電磁誘導等と同じく道路から車体下面への非常に近距離でのワイヤレス充電が提案され，2000年頃から実証実験が行なわれてきた。様々な研究開発が存在するが，共通しているのは，送受電アンテナ間距離はほぼ数十cm程度であり，2.45 GHzの大電力マイクロ波を高効率で発生するマグネトロンというマイクロ波真空管が用いられていた点である。これは先述の1970年頃の米国の実験と同様であった。例えば三菱重工業㈱の実験システムでは一般商用電力網(高圧線)の供給電圧である6.6 kV交流電源を直接整流して6.6 kVでマグネトロンを駆動し，非常に高効率なシステムを実現していた。三菱重工の実証実験では，直流からマイクロ波を介して直流までの送受電効率約38%を確認し(約1 kW)，解析による評価で約70%の送受電効率に改善可能なことを確認していた。本効率は回路効率やアンテナ間の送電効率の他に，熱損失を回収して効率を向上させる熱回収システムによる効率向上を含んでいた。

　マイクロ波送電を用いた駐車中のEVのワイヤレス充電を，走行中ワイヤレス給電に拡張す

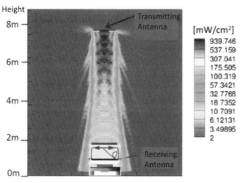

※口絵参照

図5 中長距離マイクロ波EVワイヤレス充電の研究例
(a)電磁界シミュレーションによるマイクロ波ビーム[6]
(b)2.45 GHz-10 kW マイクロ波送受電実験[7]

るためには，走行するEVの位置を検出し，その位置に正確に放射するマイクロ波ビームの方向を制御する送電システムが必須となる。

3 マイクロ波送電用フェーズドアレー

　受電の位置を検出し，その位置に正確に放射するマイクロ波ビームの方向を制御する送電アンテナは一般にフェーズドアレーアンテナと呼ばれる。フェーズドアレーアンテナは通常レーダーやリモートセンシングに用いられる特殊なアンテナである。フェーズドアレーアンテナは図6(a)のように複数の小さなアンテナから構成されたもので，それぞれのアンテナから放射される電波の位相を制御することで電波の干渉を起こしてビームの方向を制御するアンテナである(図6(b)(c))。

　レーダーやリモートセンシング用のフェーズドアレーアンテナは世界中で多数開発されている。しかし，これらはビーム方向の制御精度を高めることに特化して開発されており，高効率システムとは言いがたく，そのままではワイヤレス給電用には応用しにくい。そこでわが国では1990年代よりマイクロ波送電のための高効率フェーズドアレーアンテナの研究開発を行っており，それらを用いたマイクロ波送電のフィールド実験にも多数成功している(図7)[9]。フェーズドアレーアンテナに用いられる半導体は1990年代はGaAsが主流であったが，近年はGaNワイドバンドギャップ半導体が多く用いられている。GaNは大電力高効率高周波に応用が可能で，近年研究開発が盛んな半導体である。フェーズドアレーアンテナは半導体回路との親和性が良く，レーダー等では半導体を用いたフェーズドアレーアンテナしか開発されていないが，マイクロ波送電ではコストや効率を考慮したうえでマグネトロンを用いたものも多く開発されている[10][11]。

　フェーズドアレーアンテナを用いてマイクロ波ビーム方向を制御するためには，まず受電アンテナの位置を正確に知らなければならない。GPSや超音波等，我々の身近に位置検出方法

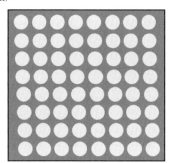

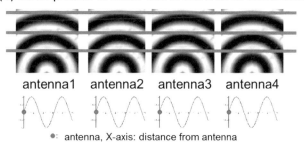

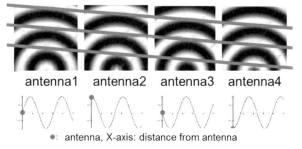

※口絵参照

図6　(a)フェーズドアレーアンテナ(それぞれの丸がアンテナ)
(b)(c)各アンテナからの位相を制御して干渉により電波ビームの方向を制御する

は存在するが，精度が十分とはいえない。そこでマイクロ波送電ではレトロディレクティブ方式と呼ばれる，電波を用いた目標位置検出方法が良く用いられる。レトロディレクティブ方式では，受電側よりまず電波を放射する。この電波はパイロット信号と呼ばれる。放射された電波は送電用のフェーズドアレーアンテナに届き，フェーズドアレーアンテナ内の各アンテナごとに異なるパイロット信号の位相が検出されることになる。この各アンテナごとの位相には，受電側の位置と共に，送電フェーズドアレーアンテナのアンテナ面の変形等の情報も含まれる。受けたパイロット信号をそのままの位相で各アンテナから再放射すると鏡と同じ動作原理となり，対照位置にマイクロ波ビームが向いてしまうが，位相をすべて反転(プラスとマイナスに，マイナスをプラスに)して，マイクロ波ビームを放射すると，正確にマイクロ波ビームを受電側へ送り返すことができる(図8)。これがレトロディレクティブ方式の原理であり，

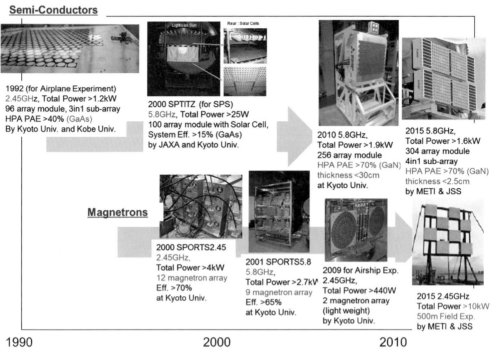

図7 マイクロ波送電用フェーズドアレーアンテナ開発の歴史[9]

フェーズドアレーアンテナとの組み合わせでその特性を最大限に生かすことができる方式である。レトロディレクティブ方式目標追尾方式はこれまで様々な開発や実証実験が行われており，走行中のEVへのマイクロ波送電でも必要な技術である。

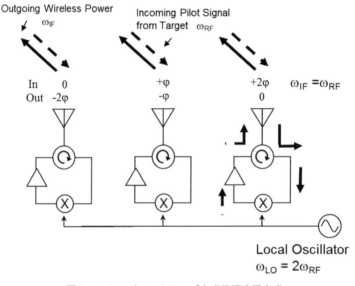

図8 レトロディレクティブ方式目標追尾方式

4 マイクロ波送電の車載センサー駆動応用

このようにマイクロ波を用いても走行中のEVへのワイヤレス給電は技術的には可能であるが，有線や電磁誘導型ワイヤレス充電に比べると効率や出力，コスト面でまだ課題が多い。しかし，マイクロ波送電は有線や電磁誘導型ワイヤレス充電では難しい複数の車載センサー等をワイヤレス給電するという応用も同時に可能であり，複合的に考えれば他の技術よりも利点がある。例えば京都大学では車のエンジンルーム内の様々なセンサーを電池レスで駆動するシステムの研究をデンソーと2013～14年度に共同研究を実施していた[12]。通常の空間では電磁波は距離の2乗に逆比例して広がってしまうために送受電効率の減少が大きいため，本研究ではエンジンルーム内の反射を利用して送電効率を向上させる取組みをしていた(図9)。またマイクロ波送電の距離によるマイクロ波の広がりと効率減少を抑えるアイデアとして車載のワイヤーハーネス用の閉鎖空間(管)を利用してマイクロ波送電を行い距離減衰を最小限に抑え，様々な位置に配置された車載のセンサーの近くで空間にマイクロ波を放射してマイクロ波送電を行うシステムの研究会開発も行っている[13]。本研究は2016年度より京都大学と古野電気との共同研究で実施している。

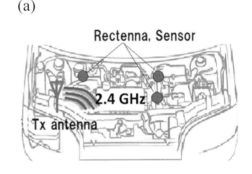

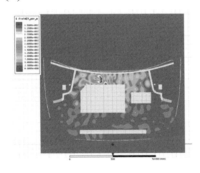

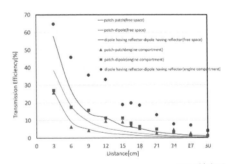

※口絵参照

図9　(a)エンジンルーム内のマイクロ波給電センサーのイメージ
　　　(b)電磁界シミュレーションによるエンジンルーム内のマイクロ波伝搬
　　　(c)エンジンルーム内での距離と送受電効率の関係

5 おわりに

効率やコストでまだ研究開発課題は多いが，その汎用性からマイクロ波送電は次世代の走行中のEVワイヤレス給電システムの候補の1つであると考える。技術的な課題のみならず，EVの充電が求める数十kW以上の大電力をマイクロ波で送る本システムでは，実現までに必ず電磁波の安全性問題の対策，既存電磁波との干渉影響の低減技術やこれらを合わせた周波数

第2編　走行中ワイヤレス給電技術

の獲得と技術の標準化が必須である。これらの課題が解決されない限りマイクロ波送電のEV応用の実用化は考えられない。しかし，これまではすべてのマイクロ波送電システムが安全性と干渉が問題だとして法制化や商品化の議論の土俵にも乗ることができなかったが，近年，世界中でまずは前述の電池レスセンサー等弱い電力のマイクロ波送電応用の議論を始めようという機運が高まっている[14)15)]。今後は大電力のマイクロ波送電も含め，「マイクロ波送電」というキーワードが世界的に認知され，マイクロ波送電全般の実用化が進むことを期待している。

文　献

1) I.-S. Suh, (ed.)："Wireless Charging Technology and the Future of Electric Transportation", SAE Books, (2015.6).

2) N. Shinohara, (ed.)："Wireless Power Transfer: Theory, Technology, and Applications", Inst of Engineering & Technology, (2018.8).

3) N. Shinohara, (ed.)："Recent Wireless Power Transfer Technologies Via Radio Waves", River Publishers, (2018.5).

4) N. Shinohara："Wireless Power Transfer via Radiowaves (Wave Series)", ISTE Ltd. and John Wiley & Sons, Inc., (2014.1).

5) W. C. Brown："The History of Power Transmission by Radio Waves", *IEEE Trans. MTT*, Vol.**32**, No.9, pp.1230-1242, (1984).

6) N. Shinohara, Y. Kubo and H. Tonomura："Mid-Distance Wireless Power Transmission for Electric Truck via Microwaves", Proc. of 2013 International Symposium on Electromagnetic Theory (EMT-S2013), pp.841-843, (2013).

7) 古川実他："電動トラック用 2.4 GHz 帯 10 kW レクテナへの送電実験", 電子情報通信学会 WPT 研究会，WPT2012-47 (2013-03), (2013).

8) 篠原真毅，"マイクロ波ワイヤレス給電 (電気自動車)", 「電気自動車のためのワイヤレス給電とインフラ整備」監修：堀洋一，横井行雄，第 I 編 7 章，シーエムシー出版，pp.78-88 (2011).

9) N. Shinohara："Beam Control Technologies With a High-Efficiency Phased Array for Microwave Power Transmission in Japan", Proceeding of IEEE, Vol.101, Issue 6, 10.1109/JPROC.2013.2253062, 0020-SIP-2012-PIEEE, pp.1448-1463, (2013).

10) 松本紘，篠原真毅："マグネトロン周波数 / 位相制御回路とマグネトロンを用いたマイクロ波発生装置", 3697504 号, (2005.7.15).

11) N. Shinohara et al.："Phase-Controlled Magnetron Development for SPORTS：Space Power Radio Transmission System", The Radio Science Bulletin, No.310, pp.29-35, (2004).

12) N. Shinohara et al.："Experimental Study on Sensors in a Car Engine Compartment Driven by Microwave Power Transfer", Proc. of 9th European Conference on Antenna and Propagation (EuCAP2015), Proceedings C12-4, (2015).

13) 石野祥太郎他："導波管，無線電力伝送システム，および無線通信システム", 特願 2015-25677 号, 2015.2.12, 特開 2016-149650 号, 2016.8.18, (出願中)

14) ITU-R Report SM.2392-0 "Applications of wireless power transmission via radio frequency beam", http://www.itu.int/pub/R-REP-SM.2392, (2016).

15) 産経新聞記事："「長距離無線充電」制度化へ 総務省，20 年度実用化後押し", http://www.sankeibiz.jp/macro/news/180705/mca1807050500001-n1.htm, 2018.7.5

第2編 走行中ワイヤレス給電技術

第2章 ワイヤレス給電の技術開発

第2節 電磁誘導方式と磁界共振結合の統一理論

東京大学 居村 岳広

1 はじめに

　磁界共振結合(磁界共鳴)方式によるワイヤレス電力伝送は，大きなエアギャップと位置ずれを許容でき，高効率の電力伝送を可能とする[1]-[5]。本技術は，2007年にMITから発表され[1]，結合モード理論により，1次側の共振コイルと2次側の共振コイルが同じ共振周波数で動作すると，大きなエアギャップで高効率かつ大電力のワイヤレス電力伝送が可能であることが示された[1][2]。音叉による説明，現象の解明[3]や，等価回路化の提案[4][6]-[8]やバンドパス理論を用いた解釈[9][10]，kQ積による解釈[11][12]，効率最大化の提案[13]，動作周波数の拡大[14]，中継コイル[15][16]，複数負荷への給電[17]-[22]など多くの発表があった。また，この技術は，様々な応用が期待され，電気自動車へのワイヤレス給電[23][24]や走行中の電気自動車へのワイヤレス給電[25]，家庭内の家電へのワイヤレス給電[26]等，様々な検討がされている。

　一方で，電磁誘導方式と磁界共振結合方式の相違については，発表当初から指摘されており[27]，近年では，電磁誘導方式の回路条件を絞ったものが磁界共振結合方式であるという認識が広がっている。多くの文献の端々に個々の回路の記述や一部の比較は存在している[28]-[32]が，一貫性を持たず，また，主張する論点が相違に関して述べているとは限らないので，統一理論としての体を成していなかった。文献33)，34)では，電気回路の基礎的かつ一般的に知られているフェーザ図を軸として，5つの回路を比較することで，従来の電磁誘導方式の回路トポロジとは違い，磁界共振結合方式が大エアギャップ時でも高効率かつ大電力になるメカニズムを示している。つまり従来の電磁誘導方式からの遷移を示すことにより，電磁誘導方式の回路条件を絞ったものが磁界共振結合方式であることを示し，電磁誘導方式と磁界共振結合方式は統一的に解釈できることが示されており，本稿では文献33)，34)を基に記す。

　2項では，比較する回路の全体像を示す。3項では，一番基本的な電磁誘導方式である，共振を用いない非共振回路と，電磁誘導方式における2次側共振コンデンサによる効率改善方式について検証し，4項では，電磁誘導方式における1次側コンデンサによる力率補償方式について解説し，5項では，磁界共振結合方式のS-S方式について検証し，6項でまとめを述べる。

2 比較回路の全体像

　ここでは，定義を明確にするため，電源周波数に対し1次側の共振周波数f_1と2次側の共振周波数f_2を同じにして磁界で結合しワイヤレスで電力伝送を行う方式を磁界共振結合方式

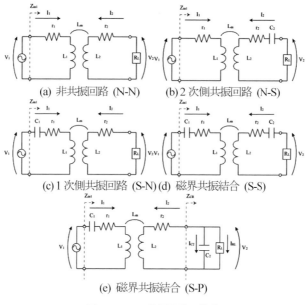

図1　5つの共振回路の構成

と呼ぶ[1,2,4-6]。比較対象の5つの回路を図1に示す。図1(a)は，共振がないタイプの電磁誘導方式であり，変圧器と同様である。但し，ワイヤレス電力伝送で使用する場合は，結合係数kは1よりも小さくなる。共振コンデンサがないので，非共振回路(N-N：Non-resonant-Non-resonant)と呼ぶ。図1(b)は，2次側に共振コンデンサC_2を挿入したタイプの電磁誘導方式である。つまり，2次側共振回路(N-S：Non-resonant-Series)である。図1(c)は，1次側に共振コンデンサC_1を挿入したタイプの電磁誘導方式である。つまり，1次側共振回路(S-N)である。

図1(d)は，1次側に共振コンデンサC_1を挿入し，2次側にも共振コンデンサC_2を挿入し，送受各々の共振周波数を同じにするという条件付けがある磁界共振結合方式である。ここでは，C_1もC_2も直列に接続してあるのでS-S型の磁界共振結合方式である。図1(e)は，図1(d)と同様に，1次側に共振コンデンサC_1を挿入し，2次側にも共振コンデンサC_2を挿入し，送受各々の共振周波数を同じにするという条件付けがある磁界共振結合方式であるが，C_1は直列，C_2は並列に接続してあるのでS-P(Series-Parallel)型の磁界共振結合方式であるが詳細は文献33)，34)に詳しい。各々の回路は2007年の磁界共振結合方式が発表される前から研究されており，個別検討はそちらの文献に譲る。

例えば，2次側共振回路の最大効率実現については，文献35)に詳しく，磁界共振結合方式の最大効率実現については，文献13)，36)などがあるので，詳細はそちらを参照されたい。本稿ではそれらを踏まえた上で磁界共振結合方式との関係性を軸にして，なぜ電源周波数に対し1次側の共振周波数と2次側の共振周波数を同じにして磁界で結合させた磁界共振結合方式が高効率かつ大電力を大エアギャップ時に実現できるかという事を，1つの流れを持って説明することを目的としている。つまり，等価回路を示した時点[4,6]で電磁誘導方式の回路条件を絞ったものが磁界共振結合方式であると述べる事は容易であるが，N-NからS-Sまでの推移

表1 回路とコイルパラメータ

	Cal.	Exp.		Cal.	Exp.		Exp.
f [kHz]	100.0	100.0	C_1 [nF]	15.9	15.9	Outer radius [mm]	300
L_1 [uH]	159.2	158.7	C_2 [nF]	15.9	15.9	Inner radius [mm]	100
L_2 [uH]	159.2	159.2	r_1 [Ω]	1.3	1.4	turns	27.5
L_m [uH]	15.9	15.9	r_2 [Ω]	1.3	1.3	a [mm]	2
k [-]	0.10	0.10	Q_1 [-]	75.6	72.6	s [mm]	2
			Q_2 [-]	75.6	78.7		

を示すことで確固たるものとして示し,かつ,なぜ大エアギャップ時に磁界共振結合方式の条件で高効率かつ大電力が実現できるのかを明快に示すことで,本現象のメカニズムを統一的に説明する。

図1に示した本稿で使用する回路パラメータとコイルの寸法を表1に示す。但し,回路構成によっては共振条件の関係上,C_1とC_2の値が表1と異なることがあるので,その場合は別途各表

図2 コイルパラメータに利用した送電コイルと受電コイル

に示す。aは導線の太さ,sは導線間の距離である。図2に送受電コイル写真を示す。実測よりエアギャップ$g=16.2$ cmの時に結合係数$k=0.10$となる。$k=1$に比べ1/10の値を設定することで,大エアギャップ時の特性を確認する事を目的としている。これは,N-Nかつ$k=1$では理想変圧器となり,ワイヤレスの特性が表れないからである。本稿では,電力伝送効率はηで表し,式(1)で表される。P_1,P_{r1},P_{r2},P_2は各々,式(2),(3),(4),(5)で表される。r_1,r_2,R_Lは各々,1次側内部抵抗,2次側内部抵抗,負荷抵抗である。内部抵抗には放射抵抗も含まれている。大電力になるか否かの判断をするに当たって,全ての回路方式において等しい入力電圧V_1を印加した条件で比較する。

$$\eta = \frac{P_2}{P_1} = \frac{P_2}{P_{r1} + P_{r2} + P_2} \tag{1}$$

$$P_1 = \mathrm{Re}\left\{I_1 \overline{V_1}\right\} \tag{2}$$

$$P_{r1} = \mathrm{Re}\left\{I_1 \overline{I_1} r_1\right\} \tag{3}$$

$$P_{r2} = \mathrm{Re}\left\{I_2 \overline{I_2} r_2\right\} \tag{4}$$

$$P_2 = \mathrm{Re}\left\{I_2 \overline{I_2} R_L\right\} \tag{5}$$

3　非共振回路(N-N)と2次側共振回路(N-S)の比較

本項では,図1(a)で示したCなしの非共振タイプの電磁誘導方式(N-N)と,図1(b)で示した2次側に共振コンデンサC_2のみを挿入した2次側共振回路(N-S)を比較検証する。

3.1 非共振回路(N-N)の等価回路

　ここでは，まず，C なしの非共振タイプについて検討する(図1(a))。より現象を理解するために，$L_1 - L_m$ の部分を一括で描かずに分離させた，拡張型のT型等価回路を用いて検証する(図3)。この拡張型のT型等価回路から更に，Z_2' 以降のインピーダンスをまとめ，かつ2次側は誘導起電力 V_{Lm2} を用いて表した等価回路を図4に示す。2次側のインピーダンスが反映された Z_2' を本稿では便宜的に2次側変換インピーダンス回路と呼ぶ。2次側変換インピーダンス回路 Z_2' と，2次側変換インピーダンス回路 Z_2' を組み込んだ全体の回路は，図5で示される。

　1次側の電圧と2次側の電圧の式(6)，(7)は式(8)，(9)となるので，電流 I_1，I_2 が式(11)，(12)の様に求まる。ω は角周波数である。この時，2次側に励起される誘導起電力 V_{Lm2} の定義式は式(10)である。また，I_1 と I_2 の比率は式(13)で表される。

$$V_1 = V_{L1} + V_{r1} + V_{Lm1} \tag{6}$$

$$0 = V_{L2} + V_{r2} + V_2 + V_{Lm2} \tag{7}$$

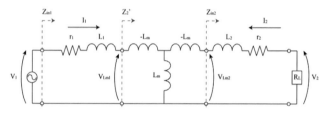

図3　拡張型のT型等価回路(N-N)

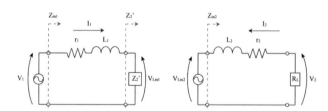

図4　2次側変換インピーダンスと誘導起電力(N-N)

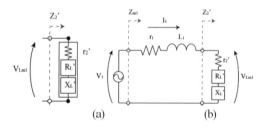

図5　(a)2次側変換インピーダンス回路(N-N)　(b)2次側変換インピーダンス回路 Z_2' を組み込んだ全体の回路

$$V_1 = j\omega L_1 I_1 + I_1 r_1 + j\omega L_m I_2 \tag{8}$$

$$0 = j\omega L_2 I_2 + I_2 r_2 - I_2 R_L + j\omega L_m I_1 \tag{9}$$

$$V_{Lm2} = j\omega L_m I_1 \tag{10}$$

$$I_1 = \frac{r_2 + R_L + j\omega L_2}{(r_1 + j\omega L_1)(r_2 + R_L + j\omega L_2) + \omega^2 L_m^2} V_1 \tag{11}$$

$$I_2 = -\frac{j\omega L_m}{(r_1 + j\omega L_1)(r_2 + R_L + j\omega L_2) + \omega^2 L_m^2} V_1 \tag{12}$$

$$\frac{I_1}{-I_2} = \frac{j\omega L_2 + r_2 + R_L}{j\omega L_m} \tag{13}$$

式(10)に，1 次側電流 I_1 の式(11)を代入すると，式(14)となる。

$$V_{Lm2} = \frac{j\omega L_m (r_2 + R_L + j\omega L_2)}{(r_1 + j\omega L_1)(r_2 + R_L + j\omega L_2) + \omega^2 L_m^2} V_1 \tag{14}$$

よって，2 次側入力インピーダンス Z_{in2} は，式(12)と式(14)や式(13)，もしくは，図 4 より直接インピーダンスを考えることにより，式(15)となる。

$$Z_{in2} = \frac{V_{Lm2}}{-I_2} = \frac{j\omega L_m I_1}{-I_2} = r_2 + R_L + j\omega L_2 \tag{15}$$

式(15)を使い Z_2' を表現すると，式(16)となる。これは，イミタンス特性，K-インバータ特性とも呼ばれている。よって，Z_{in1} は式(17)となる。式(15)より，$j\omega L_2$ があるので，2 次側の入力インピーダンス Z_{in2} は純抵抗にはならず，2 次側入力力率 $\cos\theta_{Zin2}$ は 1 とならない。後述する様にこれが効率の悪化を招いている。更に，式(15)～(17)より，Z_{in1} は $j\omega L_1$ と $j\omega L_2$ が含まれる Z_2' があるので，1 次側力率が非常に悪化し小電力となってしまう。

$$Z_2' = \frac{V_{Lm1}}{I_1} = \frac{j\omega L_m I_2}{I_1} = \frac{(\omega L_m)^2}{Z_{in2}} \tag{16}$$

$$Z_{in1} = r_1 + j\omega L_1 + Z_2' \tag{17}$$

次に，効率について考察すると，まず，式(3)～(5)と，式(11)，(12)より，電力比は式(18)となる。

$$P_{r1} : P_{r2} : P_2 = \left\{ (r_2 + R_L)^2 + (\omega L_2)^2 \right\} r_1 : (\omega L_m)^2 r_2 : (\omega L_m)^2 R_L \tag{18}$$

そのため，式(1)と式(18)より，効率の式は式(19)となる。式(20)から最大効率となる条件負荷式(21)が得られる。この式を式(19)に代入すれば，最大効率が得られる。

— 225 —

$$\eta = \frac{(\omega L_m)^2 R_L}{\left\{(r_2 + R_L)^2 + (\omega L_2)^2\right\} r_1 + (\omega L_m)^2 r_2 + (\omega L_m)^2 R_L} \tag{19}$$

$$\frac{\partial \eta}{\partial R_L} = 0 \tag{20}$$

$$R_{Lopt} = \sqrt{r_2^2 + \frac{r_2(\omega L_m)^2}{r_1} + (\omega L_2)^2} \tag{21}$$

1次側入力インピーダンスを考えると,式(15),式(16),式(17),もしくは式(11)より,Z_{in1}は式(22)となる。上述した通り,1次側力率は非常に悪くなる。

$$Z_{in1} = \frac{V_1}{I_1} = \frac{(r_1 + j\omega L_1)(r_2 + R_L + j\omega L_2) + \omega^2 L_m^2}{r_2 + R_L + j\omega L_2} \tag{22}$$

3.2 2次側共振回路（C_2のみ）の等価回路（N-S）

ここでは,2次側共振回路について検討する（図1(b)）。2次側のL_2とC_2で共振させるタイプである。拡張型のT型等価回路を図6に示す。2次側インピーダンス変換と誘導起電力による等価回路を図7に示す。共振時の2次側変換インピーダンス回路Z_2'と共振時にZ_2'を組み込んだ全体の回路を図8に示す。

図1(b)の等価回路より,1次側の電圧と2次側の電圧の式(23),(24)は式(25),(26)となるので,電流I_1,I_2が式(27),(28)の様に求まる。I_1とI_2の比率は式(29)で表される。

$$V_1 = V_{L1} + V_{r1} + V_{Lm1} \tag{23}$$

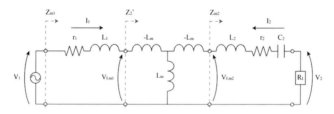

図6　拡張型のT型等価回路（N-S）

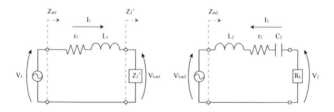

図7　2次側変換インピーダンスと誘導起電力（N-S）

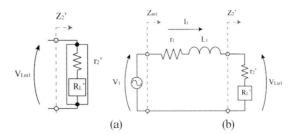

図8 (a)共振時の2次側変換インピーダンス回路, Z_2'(N-S) (b)共振時に2次側変換インピーダンス回路 Z2'を組み込んだ全体の回路(N-S)

$$0 = V_{L2} + V_{C2} + V_{r2} + V_2 + V_{Lm2} \tag{24}$$

$$V_1 = j\omega L_1 I_1 + I_1 r_1 + j\omega L_m I_2 \tag{25}$$

$$0 = j\omega L_2 I_2 + \frac{1}{j\omega C_2} I_2 + I_2 r_2 - I_2 R_L + j\omega L_m I_1 \tag{26}$$

$$I_1 = \frac{r_2 + R_L + j\left(\omega L_2 - \dfrac{1}{\omega C_2}\right)}{(r_1 + j\omega L_1)\left\{r_2 + R_L + j\left(\omega L_2 - \dfrac{1}{\omega C_2}\right)\right\} + \omega^2 L_m^2} V_1 \tag{27}$$

$$I_2 = -\frac{j\omega L_m}{(r_1 + j\omega L_1)\left\{r_2 + R_L + j\left(\omega L_2 - \dfrac{1}{\omega C_2}\right)\right\} + \omega^2 L_m^2} V_1 \tag{28}$$

$$\frac{I_1}{-I_2} = \frac{j\omega L_2 + \dfrac{1}{j\omega C_2} + r_2 + R_L}{j\omega L_m} \tag{29}$$

各部位のインピーダンス,Z_{in2}は式(30),Z_2'は式(31),Z_{in1}は式(32)となる.

$$Z_{in2} = \frac{V_{Lm2}}{-I_2} = \frac{j\omega L_m I_1}{-I_2} = j\omega L_2 + \frac{1}{j\omega C_2} + r_2 + R_L \tag{30}$$

$$Z_2' = \frac{V_{Lm1}}{I_1} = \frac{j\omega L_m I_2}{I_1} = \frac{(\omega L_m)^2}{Z_{in2}} \tag{31}$$

$$Z_{in1} = r_1 + j\omega L_1 + Z_2' \tag{32}$$

更に,2次側の共振条件は式(33)であり,その時の共振角周波数は式(34)となる.この式を満たすと,電流 I_1,I_2 が式(35),(36)の様に求まる.また,I_1 と I_2 の比率は式(37)で表される.

— 227 —

第2編　走行中ワイヤレス給電技術

$$V_{L2} + V_{C2} = \left(j\omega L_2 + \frac{1}{j\omega C_2} \right) I_2 = 0 \tag{33}$$

$$\omega_2 = \sqrt{\frac{1}{L_2 C_2}} \tag{34}$$

$$I_1 = \frac{r_2 + R_L}{(r_1 + j\omega L_1)(r_2 + R_L) + \omega^2 L_m^2} V_1 \tag{35}$$

$$I_2 = -\frac{j\omega L_m}{(r_1 + j\omega L_1)(r_2 + R_L) + \omega^2 L_m^2} V_1 \tag{36}$$

$$\frac{I_1}{-I_2} = \frac{r_2 + R_L}{j\omega L_m} \tag{37}$$

また，この2次側共振時は，2次側に励起される誘導起電力 V_{Lm2} の定義式は式(10)なので，1次側電流 I_1 の式(35)を代入すると，式(38)となる。

$$V_{Lm2} = \frac{j\omega L_m (r_2 + R_L)}{(r_1 + j\omega L_1)(r_2 + R_L) + \omega^2 L_m^2} V_1 \tag{38}$$

一方，式(33)より，式(24)は以下となる。

$$V_{Lm2} = -(V_{r2} + V_2) \tag{39}$$

つまり，非共振回路の Z_{in2} の式(15)とは違い，2次側共振時には，2次側の入力インピーダンス Z_{in2} が純抵抗になるという事である。別の見方をすれば，2次側の入力力率が1となる。これは式(35)，(36)を用いて算出した式(40)からもわかる。

$$Z_{in2} = \frac{V_{Lm2}}{-I_2} = \frac{j\omega L_m I_1}{-I_2} = r_2 + R_L \tag{40}$$

次に，効率について考察する。はじめに共振条件を適応しない式を求める。まず，式(3)〜(5)と，式(27)，(28)より，電力の比率は，式(41)となる。

$$P_{r1} : P_{r2} : P_2 = \left\{ (r_2 + R_L)^2 + \left(\omega L_2 - \frac{1}{\omega L_C} \right)^2 \right\} r_1 : (\omega L_m)^2 r_2 : (\omega L_m)^2 R_L \tag{41}$$

そのため，式(1)と式(41)より，効率の式は式(42)となる。

$$\eta = \frac{(\omega L_m)^2 R_L}{\left\{ (r_2 + R_L)^2 + \left(\omega L_2 - \frac{1}{\omega C_2} \right)^2 \right\} r_1 + (\omega L_m)^2 r_2 + (\omega L_m)^2 R_L} \tag{42}$$

共振条件式(33)より，2次側共振時は，電力比の式(41)と効率の式(42)より，各々式(43)，式(44)となる。

— 228 —

$$P_{r1} : P_{r2} : P_2 = (r_2 + R_L)^2 \, r_1 : (\omega L_m)^2 \, r_2 : (\omega L_m)^2 \, R_L \tag{43}$$

$$\eta = \frac{(\omega L_m)^2 \, R_L}{(r_2 + R_L)^2 \, r_1 + (\omega L_m)^2 \, r_2 + (\omega L_m)^2 \, R_L} \tag{44}$$

　非共振回路での効率の式(19)もしくは，2次側共振回路の共振前の式(42)と共振後の式(44)を比べると，L_2 の成分を C_2 で打ち消すことにより，分母が小さくなり効率が改善される。これは，1次側内部抵抗で生じる P_{r1} による損失の割合を減らすことができ，効率が大幅に改善するためである。一方，式(18)より，C_2 による共振がない場合，P_{r1} の割合が大きくなる。これは，2次側にあるインダクタ L_2 が2次側の電圧のほとんどを担ってしまうためである。これらのことは以下のように説明できる。非共振回路では，2次側への誘導起電力 V_{Lm2} を励起させるために，1次側電流 I_1 を流す必要がある。その限られた誘導起電力の電圧 V_{Lm2} が負荷で使われる割合に対して2次側コイルで使われる割合が大きくなる。これにより，I_2 に対して無駄に I_1 の割合が増えてしまい，相対的に P_{r1} の割合が増えてしまう。このことは，I_1 と I_2 の比率の式(13)，(29)，(37)からわかる。電流の割合が増えると，そこで消費される電力が増えることは電力式(3)〜(5)からわかる。一方，2次側共振回路では，L_2 の成分を C_2 で打ち消すことにより，I_1 に流れる電流の割合に対して I_2 の割合を増やすことで効率が上がる。その条件は式(40)の様に2次側入力インピーダンス Z_{in2} が純抵抗になることであり，2次側入力力率が1となることである。

　式(42)と式(45)から最大効率となる最適負荷の条件式(46)が得られる。これを式(42)に代入すれば，最大効率が得られる。更に，共振条件式(33)を満たすと，負荷条件式は式(47)になる。

$$\frac{\partial \eta}{\partial R_L} = 0 \tag{45}$$

$$R_{Lopt} = \sqrt{r_2^2 + \frac{r_2 (\omega L_m)^2}{r_1} + \left(\omega L_2 - \frac{1}{\omega C_2} \right)^2} \tag{46}$$

$$R_{Lopt} = \sqrt{r_2^2 + \frac{r_2 (\omega L_m)^2}{r_1}} \tag{47}$$

　一方，1次側入力インピーダンスは，式(30)〜(32)もしくは，式(35)より，式(48)となる。

$$Z_{in1} = \frac{V_1}{I_1} = \frac{(r_1 + j\omega L_1)\left\{ r_2 + R_L + j\left(\omega L_2 - \dfrac{1}{\omega C_2} \right) \right\} + \omega^2 L_m^2}{r_2 + R_L + j\left(\omega L_2 - \dfrac{1}{\omega C_2} \right)} \tag{48}$$

　式(34)で表される，2次側共振条件下では，式(49)となる。

$$Z_{in1} = \frac{V_1}{I_1} = \frac{(r_1+j\omega L_1)(r_2+R_L)+\omega^2 L_m^2}{r_2+R_L} \quad (49)$$

また，入力電力は，式(50)の様にも書くことができる。

$$P_1 = \frac{V_1^2}{Z_{in1}} \quad (50)$$

式(50)をもとに，式(48)と式(49)を比べると C_2 により力率の変化が生じるが，1次側コイルによる $j\omega L_1$ の影響が大きく，大きな力率改善とならず，小電力のままとなってしまっている。

3.3　非共振回路と2次側共振回路の計算結果比較

本項では計算結果を用いて，N-N と N-S の比較を行う。計算条件としては，常に最大効率を実現できる最適負荷が接続され，入力電圧 V_1 は 100 V 固定である。この条件は，他の回路検討でも同じである。C_2 挿入の影響を説明するためにその遷移を表した概形図を図9に示す。実際の N-N の計算結果は表2(a)に，N-S の計算結果は表2(b)に示す。N-N の全体フェーザ図を図10に，拡大図を図11に示す。

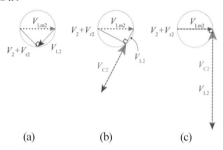

図9　N-NからN-Sへの遷移　(a)非共振時かつC_2なし　(b)非共振時かつC_2あり　(c)共振時かつC_2あり

表2　計算結果，N-NとN-S

(a) N-N

	Re	Im	ABS	θ
I_1 [A]	0.0	-1.0	1.0	271.0
I_2 [A]	-0.1	0.0	0.1	136.6
V_{L1} [V]	100.5	1.8	100.5	1.0
V_{R1} [V]	0.0	-1.3	1.3	271.0
V_{Lm1} [V]	-0.5	-0.5	0.7	226.6
V_{Lm2} [V]	10.0	0.2	10.0	1.0
V_{L2} [V]	-4.8	-5.1	7.0	226.6
V_{R2} [V]	-0.1	0.1	0.1	136.6
V_2 [V]	5.1	-4.9	7.1	316.6
Z_{in1} [Ω]	1.8	99.5	99.5	89.0
Z_2' [Ω]	0.5	-0.5	0.7	315.5
Z_{in2} [Ω]	101.8	100.0	142.7	44.5
P_1 [W]	1.8	100.0	100.5	89.0
P_2 [W]	0.5	$\theta_{I2/I1}(I_2/I_1)$ [deg]		225.5
P_{r1} [W]	1.3	$\theta_{V2/V1}(V_2/V_1)$ [deg]		316.6
P_{r2} [W]	0.0	$\theta_1(V_1/I_1)$ [deg]		89.0
Efficiency [%]	27.1	$\theta_2(V_2/-I_2)$ [deg]		0.0
R_{Lopt} [Ω]	100.5	$\theta_{Zin2}(V_{Lm2}/-I_2)$ [deg]		44.5

(b) N-S

	Re	Im	ABS	θ
I_1 [A]	0.1	-1.0	1.0	275.8
I_2 [A]	-0.9	-0.1	0.9	185.8
V_{L1} [V]	99.0	10.0	99.5	5.8
V_{R1} [V]	0.1	-1.3	1.3	275.8
V_{Lm1} [V]	0.9	-8.7	8.7	275.8
V_{Lm2} [V]	9.9	1.0	9.9	5.8
V_{L2} [V]	8.8	-86.8	87.2	275.8
V_{C2} [V]	-8.8	86.8	87.2	95.8
V_{R2} [V]	-1.1	-0.1	1.2	185.8
V_2 [V]	8.8	0.9	8.8	5.8
Z_{in1} [Ω]	10.0	100.0	100.5	84.3
Z_2' [Ω]	8.8	0.0	8.8	0.0
Z_{in2} [Ω]	11.4	0.0	11.4	0.0
P_1 [W]	10.0	99.0	99.5	84.2
P_2 [W]	7.7	$\theta_{I2/I1}(I_2/I_1)$ [deg]		270.0
P_{r1} [W]	1.3	$\theta_{V2/V1}(V_2/V_1)$ [deg]		5.8
P_{r2} [W]	1.0	$\theta_1(V_1/I_1)$ [deg]		84.2
Efficiency [%]	76.8	$\theta_2(V_2/-I_2)$ [deg]		0.0
R_{Lopt} [Ω]	10.1	$\theta_{Zin2}(V_{Lm2}/-I_2)$ [deg]		0.0

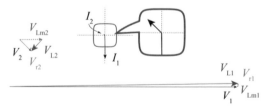

図10　全体のフェーザ図，N-N

L_2 と C_2 で共振状態における N-S の全体フェーザ図を**図12**に，拡大図を**図13**に示す．各フェーザ図は固定値 V_1 を基準としている．図10と図12では，電流の値が小さく，1 V が 10 A に等しいスケールで描かれている．後述する1次側共振回路や磁界共振結合方式に比べると，この2つの回路は電流が小さく，それに伴い電圧も比較的小さい．最大電圧も，入力電圧の 100 V 前後である．

これらグラフより，次のことが言える．図9(a)，図10，図11(b)では，N-N の2次側はコンデンサがないために，誘導起電力 V_{Lm2} という2次側に生じる電源に対して，コイル L_2 と抵抗 (r_2+R_L) の直列回路となる．そのため，誘導起電力 V_{Lm2} を直径とした円で描いた範囲に収まる．さらに，V_{Lm2} の電圧は V_2 と V_{r2} だけでなく，V_{L2} で使用されており，電圧の利用率が悪い．誘導起電力 V_{Lm2} でなく，通常の電圧源であれば，2次側コイルでただ電圧が上がるだけなので電圧の利用率が悪いことが損失にはならないが，2次側に発生している電圧は，式(10)の通り，1次側の電流で作られている誘導起電力 V_{Lm2} である．1次側の電流を流さないと発生できない電圧を，負荷でないコイルの電圧で使用することは，無駄な電圧の利用となり，損失につながる(式(15))．別の見方をすれば，N-N の2次側の入力力率 $\cos\theta_{Zin2}=0.71$ であり，この値が悪く効率の悪化を招いている．また，I_1 に対する I_2 の比率が効率を考える上で重要なことは先述したとおりであり，式(29)より，14.3倍も I_2 に対して I_1 が大きく効率が悪い．フェーザ図において2次側力率1であれば $V_{Lm2}//I_2$ となるが，$V_{Lm2}//I_2$ となっておらず2次側力率が1でないことが確認できる．次に，共振が生じない程度の C_2 を挿入した図9(b)では，電圧の利用率である，2次側入力力率が改善される．しかし，コイルの電圧に使用しており無駄がある．

そこで，2次側で共振をおこす C_2 を挿入した場合である図9(c)，図12，図13(b)をみると，コイルの電圧は共振コンデンサで打ち消され，誘導起電力 V_{Lm2} が全て V_2 と V_{r2} で使用されている．これは，式(35)で確認したことと一致する．そのため，1次側電流で作った2次側の誘導起電力 V_{Lm2} を無駄なく使用しているとい

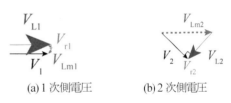

(a) 1次側電圧　　(b) 2次側電圧

図11　フェーザ図の拡大図，N-N

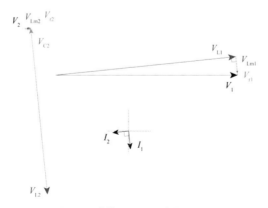

図12　全体のフェーザ図，N-S

える。この時，2次側の入力力率 $\cos\theta_{Zin2}=1$ となる。フェーザ図において $V_{Lm2}//I_2$ であり，2次側力率が1であることが確認できる。式(37)より，I_2 に対して I_1 は 1.1 倍程度である。N-N 時は効率 $\eta=27.1\%$ であったが，N-S では効率 $\eta=76.8\%$ まで向上する。以上が高効率を達成できるメカニズムである。

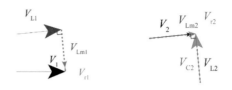

(a) 1次側電圧　　(b) 2次側電圧

図13　フェーザ図の拡大図，N-S

一方で，非共振時だけでなく2次側共振時においても，1次側は，入力電圧 100 V に対して，負荷側に生じる誘導起電圧 V_{Lm2} は約 10 V と小さい。非共振時の1次側入力位相 $\theta_1=89.0°$ に対し，N-S の1次側入力位相 $\theta_1=84.2°$ であり，わずかに改善はするが効果が小さい。つまり，1次側の力率が悪いために，電源電圧の多くを1次側のコイルで使用してしまい，流せる電流が非常に小さいので，小電力の電力伝送となる。N-N 時は $P_2=0.5$ W が，N-S では，$P_2=7.7$ W とわずかに向上する。しかし，100 V 入力に対しては小さな電力であり，これでは大エアギャップ時に高効率であるが，大電力は達成できていない。

以上，第3項の N-N と N-S をまとめる。N-N は2次側と1次側の入力力率はともに1とならず，低効率かつ小電力となる。一方，N-S は2次側力率が1となり，しかしながら1次側力率が1とならないので，高効率かつ小電力となる。

4　力率補償 C1（1次側力率補償）

図1(c)は，1次側に共振コンデンサ C_1 を挿入したタイプの電磁誘導方式である。拡張型のT型等価回路を図14に，2次側インピーダンス変換と誘導起電力による等価回路を図15に示す。2次側変換インピーダンス回路 Z_2' と，L_1 と C_1 による共振時に Z_2' を組み込んだ全体の回路は図16となる。

図1(c)の等価回路より，1次側の電圧と2次側の電圧の式(51)，(52)は式(53)，(54)となるので，電流 I_1，I_2 が式(55)，(56)の様に求まる。

$$V_1 = V_{L1} + V_{C1} + V_{r1} + V_{Lm1} \tag{51}$$

$$0 = V_{L2} + V_{r2} + V_2 + V_{Lm2} \tag{52}$$

$$V_1 = j\omega L_1 I_1 + \frac{1}{j\omega C_1} I_1 + I_1 r_1 + j\omega L_m I_2 \tag{53}$$

$$0 = j\omega L_2 I_2 + I_2 r_2 - I_2 R_L + j\omega L_m I_1 \tag{54}$$

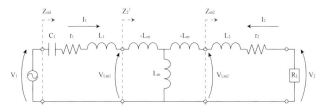

図14 拡張型のT型等価回路(S-N)

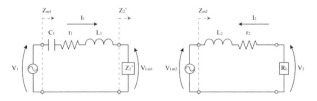

図15 2次側変換インピーダンスと誘導起電力(S-N)

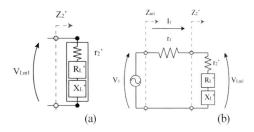

図16 (a)共振時の2次側変換インピーダンス回路,Z_2'(S-N) (b)共振時に2次側変換インピーダンス回路Z_2'を組み込んだ全体の回路(S-N)

$$I_1 = \frac{r_2 + R_L + j\omega L_2}{\left\{r_1 + j\left(\omega L_1 - \frac{1}{\omega C_1}\right)\right\}(r_2 + R_L + j\omega L_2) + \omega^2 L_m^2} V_1 \qquad (55)$$

$$I_2 = -\frac{j\omega L_m}{\left\{r_1 + j\left(\omega L_1 - \frac{1}{\omega C_1}\right)\right\}(r_2 + R_L + j\omega L_2) + \omega^2 L_m^2} V_1 \qquad (56)$$

また,I_1とI_2の比率は式(57)で表される。これは,非共振回路での式(13)と同じである。

$$\frac{I_1}{-I_2} = \frac{j\omega L_2 + r_2 + R_L}{j\omega L_m} \qquad (57)$$

2次側入力インピーダンスZ_{in2}は,式(55),(56)より,式(58)となる。$j\omega L_2$があるので,2次側の入力インピーダンスZ_{in2}は純抵抗にはならない。つまり,2次側の入力力率が悪く,2次側入力力率は1にならないことを示している。また,この式は,非共振回路の時の式(15)と同じである。よって,非共振回路と同じく効率はよくないことが想像できる。

第2編　走行中ワイヤレス給電技術

$$Z_{in2} = \frac{V_{Lm2}}{-I_2} = \frac{j\omega L_m I_1}{-I_2} = r_2 + R_L + j\omega L_2 \tag{58}$$

　効率改善効果がないことに関しては，効率の式において厳密に検証でき，C_1の影響は全く受けない。式(3)〜(5)と式(55)，(56)からもわかるが，C_1の影響は電流の分母に影響しており，I_1, I_2の大きさは変わるが，効率には影響しないことがわかる。各々の電力比は，式(3)〜(5)と，式(64)の条件を適応していない式(55)，(56)より，式(59)となる。

$$P_{r1} : P_{r2} : P_2 = \left\{ (r_2 + R_L)^2 + (\omega L_2)^2 \right\} r_1 : (\omega L_m)^2 r_2 : (\omega L_m)^2 R_L \tag{59}$$

　よって，式(1)と式(59)より，効率の式は式(60)となる。この式からも，C_1の値がないことから，1次側コンデンサが効率に与える影響がないことがわかる。つまり，1次側共振回路の効率は非共振回路の効率式(19)と一致する。

$$\eta = \frac{(\omega L_m)^2 R_L}{\left\{ (r_2 + R_L)^2 + (\omega L_2)^2 \right\} r_1 + (\omega L_m)^2 r_2 + (\omega L_m)^2 R_L} \tag{60}$$

　最大効率となる最適負荷の式も最大効率の式も非共振回路と同じである。一方，2次側変換インピーダンス Z_2' は式(61)，1次側入力インピーダンス Z_{in1} は式(62)で表される。

$$Z_2' = \frac{V_{Lm1}}{I_1} = \frac{j\omega L_m I_2}{I_1} = \frac{(\omega L_m)^2}{Z_{in2}} \tag{61}$$

$$Z_{in1} = r_1 + j\omega L_1 + \frac{1}{j\omega C_1} + Z_2' \tag{62}$$

　よって，1次側入力インピーダンスは，式(58)，(61)，(62)，もしくは，式(55)より，式(63)となる。

$$Z_{in1} = \frac{V_1}{I_1} = \frac{\left\{ r_1 + j\left(\omega L_1 - \frac{1}{\omega C_1} \right) \right\}(r_2 + R_L + j\omega L_2) + \omega^2 L_m^2}{r_2 + R_L + j\omega L_2} \tag{63}$$

4.1　1次側共振条件（C_1のみ）としての設計

　次項5で扱う磁界共振結合方式では，1次側の L_1 と C_1 で共振させ，かつ，2次側の L_2 と C_2 で共振させた上で，磁界を用いて結合しているが，本項の様に，2次側に共振コンデンサ C_2 がない状態で，1次側に共振コンデンサ C_1 を入れた場合は，2次側の虚数成分が見えてしまうので，単純に L_1 と C_1 の共振としてとらえることができない。そのため，1次側共振回路を力率補償として動作させるための共振条件は $\cos\theta_{Zin1} = 1$ となるように設計するので，4.2で取り扱うように，式(70)，(71)の条件で考えることになる。一方，磁界共振結合方式の時の C_1 の値を使って，L_1 と C_1 を用いて1次側のみの共振条件を作り出し，計算すると，式(64)であり，その時の角周波数は式(65)となる。この時の条件を，ここでは一次側共振条件と呼ぶ。

$$V_{L1} + V_{C1} = \left(j\omega L_1 + \frac{1}{j\omega C_1} \right) I_1 = 0 \tag{64}$$

— 234 —

$$\omega_1 = \sqrt{\frac{1}{L_1 C_1}} \tag{65}$$

この式を満たすと，電流 I_1，I_2 が式(66)，(67)の様に求まる。

$$I_1 = \frac{r_2 + R_L + j\omega L_2}{r_1\left(r_2 + R_L + j\omega L_2\right) + \omega^2 L_m^2} V_1 \tag{66}$$

$$I_2 = -\frac{j\omega L_m}{r_1\left(r_2 + R_L + j\omega L_2\right) + \omega^2 L_m^2} V_1 \tag{67}$$

この時，2次側に励起される誘導起電力 V_{Lm2} の定義式は式(10)なので，1次側電流 I_1 の式(66)を代入すると，式(68)となる。

$$V_{Lm2} = \frac{j\omega L_m\left(r_2 + R_L + j\omega L_2\right)}{r_1\left(r_2 + R_L + j\omega L_2\right) + \omega^2 L_m^2} V_1 \tag{68}$$

しかし，1次側に C_1 を挿入しても，2次側のインピーダンスに影響しないので，式(58)のままであり2次側入力力率は変わらない。式(58)，(61)より，1次側共振条件下では，1次側入力インピーダンスは式(69)となる。しかしこの条件下では，$Z_2{}'$ の中には $j\omega L_2$ が含まれているので，力率1にはならない。

$$Z_{in1} = r_1 + Z_2{}' \tag{69}$$

4.2　全体共振条件（力率1）としての設計

1次側入力力率 $\cos\theta_{Zin1} = 1$ となる条件は，式(63)の虚数が0となる時であるので，下記式(70)を計算すると，

$$\mathrm{Im}\{Z_{in1}\} = 0 \tag{70}$$

C_1 の条件式(71)を得る。この条件を本稿では全体共振条件と呼ぶ。この C_1 の式を代入すると，式が煩雑になるので，4.3において，この式の値を代入して，力率1の時の計算結果を用いて検証する。

$$C_1 = \frac{\left(r_2 + R_L\right)^2 + \left(\omega L_2\right)^2}{\omega\left[\omega L_1\left\{\left(r_2 + R_L\right)^2 + \left(\omega L_2\right)^2\right\} - \omega L_2\left(\omega L_m\right)^2\right]} \tag{71}$$

4.3　1次側共振条件と全体共振条件の計算結果比較

ここでは計算結果を用いて，1次側に共振コンデンサ C_1 を挿入した1次側共振回路における，1次側共振条件と全体共振条件（力率1）の比較を行う。また，適宜 C なしの非共振回路との比較を行う。1次側共振条件の計算結果を表3(a)に，全体共振条件の計算結果を表3(b)に示す。L_1 と C_1 で共振した状態における1次側共振条件の計算結果の全体のフェーザ図を図17

表3 計算結果, S-N

(a) 1次側共振条件

	Re	Im	ABS	θ
I_1 [A]	51.1	13.8	53.0	15.1
I_2 [A]	-1.8	-3.2	3.7	240.6
V_{L1} [V]	-1377.5	5114.9	5297.2	105.1
V_{C1} [V]	1377.5	-5114.9	5297.2	285.1
V_{R1} [V]	67.7	18.2	70.1	15.1
V_{Lm1} [V]	32.3	-18.2	37.1	330.6
V_{Lm2} [V]	-137.8	511.5	529.7	105.1
V_{L2} [V]	323.3	-182.2	371.2	330.6
V_{R2} [V]	-2.4	-4.3	4.9	240.6
V_2 [V]	183.2	325.0	373.0	60.6
Z_{in1} [Ω]	1.8	-0.5	1.9	341.8
Z_2' [Ω]	0.5	-0.5	0.7	315.4
Z_{in2} [Ω]	101.8	100.0	142.7	44.6
P_1 [W]	5114.9	1377.5	5297.2	15.1
P_2 [W]	1384.5	$\theta_{I2/I1}(I_2/I_1)$ [deg]		225.5
P_{r1} [W]	3712.1	$\theta_{V2/V1}(V_2/V_1)$ [deg]		60.6
P_{r2} [W]	18.2	$\theta_1(V_1/I_1)$ [deg]		344.9
Efficiency [%]	27.1	$\theta_2(V_2/-I_2)$ [deg]		0.0
$R_{L,opt}$ [Ω]	100.5	$\theta_{Zin2}(V_{Lm2}/-I_2)$ [deg]		44.5

(b) 全体共振条件

	Re	Im	ABS	θ
I_1 [A]	54.9	0.0	54.9	0.0
I_2 [A]	-2.7	-2.7	3.8	225.5
V_{L1} [V]	0.0	5485.9	5485.9	90.0
V_{C1} [V]	0.0	-5459.0	5459.0	270.0
V_{R1} [V]	72.6	0.0	72.6	0.0
V_{Lm1} [V]	27.4	-26.9	38.4	315.5
V_{Lm2} [V]	0.0	548.6	548.6	90.0
V_{L2} [V]	274.3	-269.3	384.4	315.5
V_{R2} [V]	-3.6	-3.6	5.1	225.5
V_2 [V]	270.7	275.6	386.3	45.5
Z_{in1} [Ω]	1.8	0.0	1.8	0.0
Z_2' [Ω]	0.5	-0.5	0.7	315.5
Z_{in2} [Ω]	101.8	100.0	142.7	44.5
P_1 [W]	5485.9	0.0	5485.9	0.0
P_2 [W]	1485.0	$\theta_{I2/I1}(I_2/I_1)$ [deg]		225.5
P_{r1} [W]	3981.4	$\theta_{V2/V1}(V_2/V_1)$ [deg]		45.5
P_{r2} [W]	19.5	$\theta_1(V_1/I_1)$ [deg]		0.0
Efficiency [%]	27.1	$\theta_2(V_2/-I_2)$ [deg]		0.0
$R_{L,opt}$ [Ω]	100.5	$\theta_{Zin2}(V_{Lm2}/-I_2)$ [deg]		44.5
C_1 [nF]	16.0			

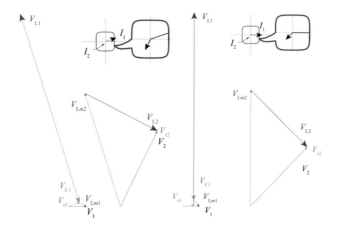

(a) 1次側共振条件 (b) 全体共振条件

図17 全体のフェーザ図, S-N

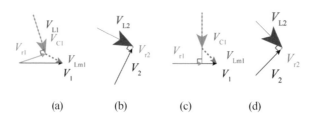

(a) 1次側共振条件での1次側 (b) 1次側共振条件での2次側
(c) 全体共振条件での1次側 (d) 全体共振条件での2次側

図18 フェーザ図の拡大図, S-N

(a)に，拡大図を図18(a)，(b)に示す．1次側入力力率 $\cos\theta_{Zin1}=1$ とした全体共振条件の計算結果の全体のフェーザ図を図17(b)に，拡大図を図18(c)，(d)に示す．但し，V_{L1} と V_{C1} に関しては，1/6のスケールに圧縮してある．各々のフェーザ図は V_1 を基準として，ベクトルを描いている．電流に関しては1Vが1Aに等しいスケールで描かれている．

まず，効率は，1次側共振条件と全体共振条件も同じ値となり，かつ，非共振回路とも同じになる．これは，式(60)，式(19)と一致する．効率の値は27.1％と低い．I_2 と I_1 の位相差 $\theta_{I2/I1}$ は全て225.5°であり C_1 を変えても一定である．式(57)より，I_2 と I_1 の振幅も C_1 の値は関係しない．よって，V_{Lm2} と(V_2+V_{r2}) と V_{L2} で作られる3角形は図17(a)と図17(b)では相似の関係となり，効率は変わらない．

次に，大電力を実現させるための力率改善効果については，1次側入力位相 θ_1 は，非共振回路の時の $\theta_1=89.0°$ に比べ，1次側共振条件の時は，$\theta_1=344.9°=-15.1°$ に改善する．全体共振条件の時は，当然 $\theta_1=0°$ に改善する．2次側共振回路の1次側入力位相 $\theta_1=84.2°$ に比べても共に大きな改善である．

この事は，フェーザ図の I_1, V_1 からも確認できる．全体共振条件では，図17(b)にあるように，$V_{L1}\neq V_{C1}$ であるが，$I_1 // V_1$ であり，力率1となる．一方，1次側共振条件では図17(a)にあるように，I_1 と V_1 は同じ向きにならない．1次側の L_1 と C_1 で共振させているので，$V_{L1}=V_{C1}$ となり，インダクタンス成分をきれいに共振コンデンサ C_1 のキャパシタンス成分で消しているが，その事に対して設計としての大きな利点は見られない．P_1 の値より，大きな電力は得られるので，大電力化の効果はあるが，あえて L_1 と C_1 で共振させる意味はない．但し，最大電力ではなく，比較的大きな電力がほしいという場合には，全体共振条件の1次側入力力率1の共振条件式(71)に比べ，式(65)の方が C_1 の値が簡単に計算できるという利点は残っている．また，力率もそれほど悪くはならない．

以上，第4項のS-Nをまとめる．S-Nは2次側力率が1とならない，しかしながら1次側力率を1にできるので，低効率かつ大電力となる．

5　磁界共振結合（S-S）方式

本項では磁界共振結合方式のS-S回路について検討する（図1(d)）．拡張型T型等価回路を図19に示す．2次側インピーダンス変換と誘導起電力による等価回路を図20に示す．共振時の2次側変換インピーダンス回路 Z_2' と共振時に Z_2' を組み込んだ全体の回路を図21に示す．各インピーダンスは，Z_{in2} は式(72)，Z_2' は式(73)，Z_{in1} は式(74)となる．式(73)からわかる通り，負荷

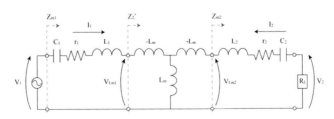

図19　拡張型のT型等価回路（S-S）

第2編 走行中ワイヤレス給電技術

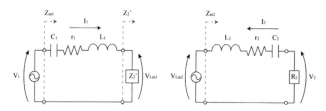

図20 2次側変換インピーダンスと誘導起電力(S-S)

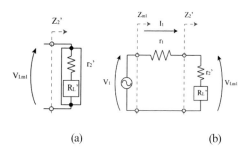

(a)   (b)

図21 (a)共振時の2次側変換インピーダンス回路, Z_2'(S-S)　(b)共振時に
2次側変換インピーダンス回路 Z_2' を組み込んだ全体の回路(S-S)

が純抵抗であれば, Z_2' は純抵抗のままである.

$$Z_{in2} = j\omega L_2 + \frac{1}{j\omega C_2} + r_2 + R_L \tag{72}$$

$$Z_2' = \frac{V_{Lm1}}{I_1} = \frac{j\omega L_m I_2}{I_1} = \frac{(\omega L_m)^2}{Z_{in2}} \tag{73}$$

$$Z_{in1} = r_1 + j\omega L_1 + \frac{1}{j\omega C_1} + Z_2' \tag{74}$$

図1(d)の等価回路より, 1次側の電圧と2次側の電圧の式(75), (76)は式(77), (78)となるので, 電流 I_1, I_2 が式(79), (80)の様に求まる.

$$V_1 = V_{L1} + V_{C1} + V_{r1} + V_{Lm1} \tag{75}$$

$$0 = V_{L2} + V_{C2} + V_{r2} + V_2 + V_{Lm2} \tag{76}$$

$$V_1 = j\omega L_1 I_1 + \frac{1}{j\omega C_1} I_1 + I_1 r_1 + j\omega L_m I_2 \tag{77}$$

$$0 = j\omega L_2 I_2 + \frac{1}{j\omega C_2} I_2 + I_2 r_2 - I_2 R_L + j\omega L_m I_1 \tag{78}$$

$$I_1 = \frac{r_2 + R_L + j\left(\omega L_2 - \dfrac{1}{\omega C_2}\right)}{\left\{r_1 + j\left(\omega L_1 - \dfrac{1}{\omega C_1}\right)\right\}\left\{r_2 + R_L + j\left(\omega L_2 - \dfrac{1}{\omega C_2}\right)\right\} + \omega^2 L_m^2} V_1 \tag{79}$$

$$I_2 = -\frac{j\omega L_m}{\left\{r_1 + j\left(\omega L_1 - \dfrac{1}{\omega C_1}\right)\right\}\left\{r_2 + R_L + j\left(\omega L_2 - \dfrac{1}{\omega C_2}\right)\right\} + \omega^2 L_m^2} V_1 \tag{80}$$

また，I_1 と I_2 の比率は式(81)で表される。

$$\frac{I_1}{-I_2} = \frac{r_2 + R_L + j\left(\omega L_2 - \dfrac{1}{\omega C_2}\right)}{j\omega L_m} \tag{81}$$

更に，2次側の共振条件は式(82)であり，かつ，1次側の共振周波数も式(83)となる。1次側と2次側の共振周波数を同じにすると，この時の共振角周波数は式(84)となる。

$$V_{L2} + V_{C2} = \left(j\omega L_2 + \frac{1}{j\omega C_2}\right)I_2 = 0 \tag{82}$$

$$V_{L1} + V_{C1} = \left(j\omega L_1 + \frac{1}{j\omega C_1}\right)I_1 = 0 \tag{83}$$

$$\omega_0 = \omega_1 = \sqrt{\frac{1}{L_1 C_1}} = \omega_2 = \sqrt{\frac{1}{L_2 C_2}} \tag{84}$$

これらの共振条件の式を満たすと，電流 I_1，I_2 が式(85)，(86)の様に求まる。

$$I_1 = \frac{r_2 + R_L}{r_1(r_2 + R_L) + \omega^2 L_m^2} V_1 \tag{85}$$

$$I_2 = -\frac{j\omega L_m}{r_1(r_2 + R_L) + \omega^2 L_m^2} V_1 \tag{86}$$

また，I_1 と I_2 の比率は式(87)で表される。共振時のこの式は，2次側共振回路の時の式(37)と同じである。

$$\frac{I_1}{-I_2} = \frac{r_2 + R_L}{j\omega L_m} \tag{87}$$

この時，2次側に励起される誘導起電力 V_{Lm2} の定義式は式(10)なので，1次側電流 I_1 の式(85)を代入すると，式(88)となる。

$$V_{Lm2} = \frac{j\omega L_m(r_2 + R_L)}{r_1(r_2 + R_L) + \omega^2 L_m^2} V_1 \tag{88}$$

一方，式(76)より，式(89)は以下となる。

第2編 走行中ワイヤレス給電技術

$$V_{Lm2} = -\left(V_{r2} + V_2\right) \tag{89}$$

つまり，共振時には，2次側の入力インピーダンス Z_{in2} が純抵抗になる。つまり，2次側の入力力率が1となる。これは，式(85)，(86)を用いて算出した，式(90)からもわかる。

$$Z_{in2} = \frac{V_{Lm2}}{-I_2} = \frac{j\omega L_m I_1}{-I_2} = r_2 + R_L \tag{90}$$

V_{Lm2} の値は，2次側共振回路とは違うが，Z_{in2} の値は同じになり，式(90)の様に2次側が純抵抗に見えることや，2次側入力力率が1であることは同じである。

次に，効率について考察する。はじめに共振条件を適応しない式を求める。まず，式(3)～(5)と，共振条件を使用していない式(79)，(80)より，電力比の式(91)と効率の式(92)が求まる。

$$P_{r1} : P_{r2} : P_2 = \left\{\left(r_2 + R_L\right)^2 + \left(\omega L_2 - \frac{1}{\omega C_2}\right)^2\right\} r_1 : \left(\omega L_m\right)^2 r_2 : \left(\omega L_m\right)^2 R_L \tag{91}$$

$$\eta = \frac{\left(\omega L_m\right)^2 R_L}{\left\{\left(r_2 + R_L\right)^2 + \left(\omega L_2 - \frac{1}{\omega C_2}\right)^2\right\} r_1 + \left(\omega L_m\right)^2 r_2 + \left(\omega L_m\right)^2 R_L} \tag{92}$$

この式からも，C_1 の値がないことから，1次側コンデンサが効率に与える影響がないことがわかる。影響を与えているのは，C_2 の値である。更に式(82)～(84)の共振条件を考えた場合，電力比は式(93)効率の式は(94)となる。

$$P_{r1} : P_{r2} : P_2 = \left(r_2 + R_L\right)^2 r_1 : \left(\omega L_m\right)^2 r_2 : \left(\omega L_m\right)^2 R_L \tag{93}$$

$$\eta = \frac{\left(\omega L_m\right)^2 R_L}{\left(r_2 + R_L\right)^2 r_1 + \left(\omega L_m\right)^2 r_2 + \left(\omega L_m\right)^2 R_L} \tag{94}$$

つまり，磁界共振結合方式の効率は2次側共振回路の効率式(44)と一致する。最大効率となる最適負荷の式も最大効率の式も2次側共振回路と同じである。また，磁界共振結合方式の最大効率実現については，文献13)，36)に詳しい。

次に，電力について考える。1次側入力インピーダンスは，式(79)より，式(95)となる。

$$Z_{in1} = \frac{V_1}{I_1} = \frac{\left\{r_1 + j\left(\omega L_1 - \frac{1}{\omega C_1}\right)\right\}\left\{r_2 + R_L + j\left(\omega L_2 - \frac{1}{\omega C_2}\right)\right\} + \omega^2 L_m^2}{r_2 + R_L + j\left(\omega L_2 - \frac{1}{\omega C_2}\right)} \tag{95}$$

更に共振条件式(82)～(84)，もしくは，式(85)より，式(96)となる。これは，共振条件を適応した上で式(72)～(74)を使用しても算出できる。

— 240 —

$$Z_{in1} = \frac{V_1}{I_1} = \frac{r_1(r_2 + R_L) + \omega^2 L_m^2}{r_2 + R_L} \tag{96}$$

この様に，1次側の入力からみると純抵抗となっている。つまり，1次側入力力率1となる。通常，式(83)にあるような，L_1 と C_1 による1次側だけの共振は，2次側のコイル成分 L_2，つまり，虚数がみえてしまい，式(83)としては，全体の力率改善は出来ないので，1次側共振回路における C_1 の式(71)の様な複雑な共振条件が必要であり，1次側の L_1 と C_1 での共振という発想がない。しかし，磁界共振結合方式の条件下では，2次側が共振しており，つまり，2次側入力インピーダンスが純抵抗となる。式(73)より，負荷が純抵抗であれば，Z_2' は純抵抗のままである。つまり，L_m が関与する結合部分を表したK-インバータを通しても，この場合，位相は変わらないので，Z_2' は純抵抗のままである。そのため，2次側共振条件下で1次側共振を行うと回路全体としても力率1になる。回路全体の力率が1なので，大電力で動作させることができる。以上が，磁界共振結合が大エアギャップ時に，高効率かつ大電力で動作できるメカニズムである。つまり，電源周波数に対し1次側の共振周波数 f_1 と2次側の共振周波数 f_2 を一致させたうえで，磁界で結合させると，大エアギャップ時に高効率かつ大電力が実現できるという事の背景としては，上記の様なメカニズムがある。

以上をまとめると，種々考えられる電磁誘導方式の回路トポロジの中で，2次側に C_2 を挿入し2次側共振を起こし2次側力率を1にし，かつ，1次側に C_1 を挿入し1次側力率も1にし，かつ，電源周波数に対し1次側の共振周波数 f_1 と2次側の共振周波数 f_2 を一致させるという条件付けを行うことで磁界共振結合方式として動作するので，電磁誘導方式の回路条件を絞ったものが磁界共振結合方式と結論づけられる。

5.1 磁界共振結合 S-S 方式の計算結果

上述した磁界共振結合のメカニズムについて，計算結果を用いて検討を行う。1次側共振条件の計算結果を**表4**に示す。計算結果の全体のフェーザ図を**図22**に，拡大図を**図23**に示す。図22では，電流の値が小さく，1Vが10Aに等しいスケールで描かれている。まず，効率は非共振回路に比べ大幅に改善され，かつ，2次側共振回路と同じ値 $\eta_{max} = 76.8\%$ となる。最適負荷の値も $R_{Lopt} = 10.1\,\Omega$ で同じである。高効率になるのは，2次側の L_2 と C_2 が共振して，2次側入力力率 $\cos\theta_{Zin2}$ が1となるためである。つまり，Z_{in2} が純抵抗となる。フェーザ図からも $V_{Lm2}//I_2$ となり，2次側入力力率が1であることが確認できる。

表4 計算結果, S-S

	Re	Im	ABS	θ		Re	Im	ABS	θ
I_1 [A]	9.9	0.0	9.9	0.0	V_2 [V]	0.0	87.6	87.6	90.0
I_2 [A]	0.0	-8.7	8.7	270.0	Z_{in1} [Ω]	10.1	0.0	10.1	0.0
V_{L1} [V]	0.0	991.4	991.4	90.0	Z_2' [Ω]	8.8	0.0	8.8	0.0
V_{C1} [V]	0.0	-991.4	991.4	270.0	Z_{in2} [Ω]	11.4	0.0	11.4	0.0
V_{R1} [V]	13.1	0.0	13.1	0.0	P_1 [W]	991.4	0.0	991.4	0.0
V_{Lm1} [V]	86.9	0.0	86.9	0.0	P_2 [W]	761.5	$\theta_{I2I1}(I_2/I_1)$ [deg]		270.0
V_{Lm2} [V]	0.0	99.1	99.1	90.0	P_{r1} [W]	130.0	$\theta_{V2I1}(V_2/V_1)$ [deg]		90.0
V_{L2} [V]	868.8	0.0	868.8	0.0	P_{r2} [W]	99.9	$\theta_1(V_1/I_1)$ [deg]		0.0
V_{C2} [V]	-868.8	0.0	868.8	180.0	Efficiency [%]	76.8	$\theta_2(V_2/I_2)$ [deg]		0.0
V_{R2} [V]	0.0	-11.5	11.5	270.0	R_{Lopt} [Ω]	10.1	$\theta_{Zin2}(V_{Lm2}/I_2)$ [deg]		0.0

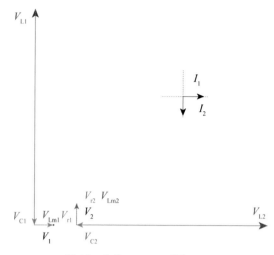

図22　全体のフェーザ図，S-S

一方，1次側入力力率 $\cos\theta_1$ も1となり，1次側に大電流が流れ大電力が実現できている。フェーザ図の $I_1 // V_1$ からも1次側入力力率が1であることが確認できる。この時，L_1 と C_1 の共振条件が，そのまま，1次側入力力率1に一致している。このことが，1次側共振回路との違いである。つまり，2次側変換インピーダンス Z_2' が純抵抗なので，1次側のインダクタ成分 L_1 を1次側共振コンデンサ C_1 で消すだけでよいことになる。I_1 に対する I_2 の比率は，式(81)より，I_2 に対して I_1 は1.1倍程度である。

以上より，磁界共振結合方式のメカニズムを確認できたが，最大効率の実現時のメカニズムについて述べる。負荷の最適化と損失の割合を図24に示す。この値は，2次側共振回路と同じであるが一括してここに記した。負荷の値を変えても，効率の値が変わるだけであるので，

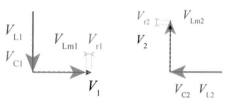

(a) 1次側電圧　　(b) 2次側電圧

図23　フェーザ図の拡大図，S-S

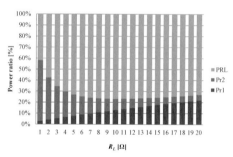

※口絵参照

図24　S-Sの R_L に関する損失分離

フェーザ図において振幅の変動はあるが，位相は変わらない。つまり，矢印の大きさは変わるが，向きは変わらない。電力比は式(93)より，負荷の値が小さくなり過ぎると，$r_2 : R_L$ の割合で2次側の内部抵抗における損失 P_{r2} が支配的になってしまう。一方，負荷の値が大き過ぎると，1次側の内部抵抗による損失 P_{r1} の割合が増えてしまう。最適な負荷 $R_{Lopt} = 10.1\Omega$ の場合，一番負荷での消費電力 P_2 の割合が大きく最大効率となる。また，S-S方式の磁界共振結合方式として動作する時には，$\theta_{V2V1} = 90°$ になる。

以上，本項のS-Sをまとめる。S-Sは2次側と1次側の入力力率はともに1となり高効率かつ大電力となる。最適負荷値は小さい。

6 まとめ

　本稿では，電磁誘導方式と磁界共振結合方式の比較という視点を持って，フェーザ図という電気回路の基礎的な手段を用いて電磁誘導方式と磁界共振結合方式の統一理論を示し，なぜ磁界共振結合方式の条件である，1次側共振周波数と2次側共振周波数を同じにして磁界で結合させると，大エアギャップ時に，高効率，大電力が達成できるのかということについて，解説した．まず，2次側共振コンデンサ C_2 が効率と電力を決定し，1次側共振コンデンサ C_1 は効率には関与せず，電力のみを決定することをフェーザ図などを用いて示した．その上で，2次側共振回路は，1次側の電流で作られる誘導起電力を無駄なく使っているという事が本質であり，それが達成されることは，2次側の入力力率が1になることと等価となる．もし，2次側共振がない場合，2次側コイル L_2 のインダクタ成分が残ってしまうため，1次側に電流を流して2次側に励起した誘導起電力 V_{Lm2} を負荷ではなく，2次側インダクタ L_2 がほとんどを担ってしまう．つまり，2次側への誘導起電力 V_{Lm2} を励起させるために，1次側電流 I_1 を流す必要があるが，その限られた誘導起電力 V_{Lm2} の電圧が負荷で使われる割合に対して2次側コイルで使われる割合が大きくなってしまう．よって，相対的に1次側での消費電力の割合が大きくなり，I_2 に対して I_1 に無駄に流れる電流の割合が増え，よって，P_{r1} が増えるため，効率がよくない．つまり，C_2 による共振がないと，P_{r1} の割合が大きくなる．2次側共振回路では，C_2 を挿入し，共振させることで I_1 に対する I_2 の割合を増やし P_2 の割合を大きくする事で高効率の電力伝送を実現させている．

　磁界共振結合方式の S-S 方式は，この2次側共振回路条件下において，1次側に C_1 を挿入して，L_1 と C_1 の共振を作る事になる．2次側共振回路の条件下では，結合部分にあたる L_m が関わる回路の，K-インバータ回路を介して1次側から見える2次側インピーダンスは純抵抗になる．磁界共振結合方式の S-S 方式では，1次側コイルと1次側コンデンサ C_1 で作られる共振時において，大電力を達成できるのは，1次側から見た2次側インピーダンスが純抵抗だからである．そのため，1次側コイル L_1 と1次側コンデンサ C_1 で作られる共振がそのまま，全体の力率1に一致する．もし，2次側共振が実現していなければ，力率は1にならず，大電力の電力伝送とはならない．この時，結果として，2次側の共振周波数と1次側の共振周波数は一致する．以上が，磁界共振結合方式の S-S 方式である．これらの高効率かつ大電力となるメカニズムをフェーザ図を用いて示した．つまり，磁界共振結合方式の条件である，電源周波数に対し1次側の共振周波数と2次側の共振周波数を一致させたうえで，磁界で結合させると，大エアギャップ時に高効率かつ大電力が実現できる背景としては，上記のようなメカニズムがあるという事を示した．以上より，電磁誘導方式の回路条件を絞ったものが磁界共振結合（磁界共鳴）方式であるといえる．現在，SAE の J2954 で使われている回路もベースは S-S であり，大きなエアギャップにおいては磁界共振結合を使うことが一般的になりつつある．

文　献

1) A. Kurs, A. Karalis, R. Moffatt, J. D. Joannopoulos, P. Fisher and M. Soljačić："Wireless Power Transfer via Strongly Coupled Magnetic Resonances," in *Science Express* on 7 June, Vol.**317**, no.5834, 83-86(2007).

2) A. Karalis, J. D. Joannopoulos and M. Soljačić："Efficient wireless non-radiative mid-range energy transfer," *Annals of Physics*, Vol.**323**, Issue 1, January 2008, 34-48,(2008).

3) Q. Chen, L. Li and K. Sawaya："Numerical Analysis on Transmission Efficiency of Evanescent Resonant Coupling Wireless Power Transfer System," *IEEE Trans. Antennas Propag.*, vol.**58**, no.5, 1751-1758(2010).

4) 居村岳広, 堀洋一："電磁界共振結合による伝送技術", 電気学会誌, Vol.**129**, No.7, 414-417(2009).

5) 居村岳広, 岡部浩之, 内田利之, 堀洋一："共振時の電磁界結合を利用した位置ずれに強いワイヤレス電力伝送", 電気学会論文誌 D 電学論 D, Vol.**130**, No.1, 76-83(2010).

6) 居村岳広, 内田利之, 堀洋一：「近傍界用磁界アンテナの共振を利用した高効率電力伝送の解析と実験―基本特性と位置ずれ特性―」, 平20年度電気学会産業応用部門大会, Vol.II, 2-62, pp.539-542 (2008.8)

7) 平山裕, 小澤俊之, 平岩洋介, 菊間信良, 榊原久二男："無線電力伝送の共鳴モードと等価回路表現", 電子情報通信学会技術研究報告. A・P, アンテナ・伝播, vol.**109**, No.183, pp.35-40, Aug.(2009).

8) 居村岳広, 岡部浩之, 内田利之, 堀洋一："等価回路から見た非接触電力伝送の磁界結合と電界結合に関する研究", 電気学会論文誌 D, Vol.**130**, No.1, pp.84-92,(2010).

9) 粟井郁雄："共鳴型ワイヤレス電力伝送の新しい理論", 電学論 C, Vol.**130**, No.6, pp.966-971(2010).

10) 粟井郁雄："磁気結合共振器型ワイヤレス給電システムの BPF 理論による設計法," 電気学会論文誌. C, Vol.**130**, No.12, pp.2192-2197(2010).

11) 居村岳広："電磁界共振結合", パワーエレクトロニクスハンドブック, 1 編 11 章 5.2 節, pp.195-198, オーム社.(2010.7).

12) 遠井敬大, 金子裕良, 阿部茂："非接触給電の最大効率の結合係数 k とコイルの Q による表現", 電気学会論文誌, Vol.**132**, No.1, pp.123-124(2012.1.1).

13) 居村岳広, 堀洋一："等価回路から見た磁界共振結合におけるワイヤレス電力伝送距離と効率の限界値に関する研究", 電気学会論文誌 D, Vol.**130**, No.10, pp.1169-1174(2010).

14) 居村岳広, 岡部浩之, 堀洋一："kHz～MHz～GHz における磁界共振結合によるワイヤレス電力伝送用アンテナの提案", 電子情報通信学会総合大会講演論文集, S-24-S25, BS-9-5(2010.3).

15) 居村岳広："磁界共振結合のワイヤレス電力伝送における中継アンテナの等価回路化", 電気学会論文誌 D, Vol.**131**, No.12, pp.1373-1382(2011).

16) A. Shimada, Y. Ito, H. Uehara and T. Ohira："Effect of hop counts on power division ratio in multi-hop power transfer via magnetic resonance," Wireless Power Transfer(WPT), 2013 *IEEE*, pp.179, 182, 15-16(May 2013).

17) L. Benjamin, J. F. Cannon, D. Hoburg, D. Stancil and S. C. Goldstein：Magnetic Resonant Coupling As a Potential Means for Wireless Power Transfer to Multiple Small Receivers, *IEEE TRANSACTIONS ON POWER ELECTRONICS*, Vol.**24**, No.7, 1819-1825,(JULY 2009).

18) 安倍秀明, 秋山稔博, 尾崎保, 辻本豊彦, 小原弘士, 小笠原潔："複数の 2 次コイルで受電する機器のワイヤレス給電に適用可能な等価回路", 電子情報通信学会ソサイエティ大会講演論文集, B-1-50, No.1, p.50,(2012).

19) T. Imura and Y. Hori："Optimization using Transmitting Circuit of Multiple Receiving Antennas for Wireless Power Transfer via Magnetic Resonance Coupling", 4p, INTELEC.(2011.10.10).

20) J. J. Casanova, Z. N. Low and J. Lin："A Loosely Coupled Planar Wireless Power System for Multiple Receivers," Industrial Electronics, IEEE Transactions on, vol.**56**, no.8, pp.3060-3068,(Aug.

2009).

21) I. Awai, K. Yamaguchi, T. Ishida and T. Ishizaki："Design of a resonator-coupled WPT system with multiple loads based on measurement with a VNA instead of an oscilloscope," Microwave Conference Proceedings(APMC), 2012 Asia-Pacific, pp.824, 826, 4-7(Dec. 2012).

22) K. Kim, E. Beh, T. Chuan, T. Imura and Y. Hori：Multi-receiver and Repeaters Wireless Power Transfer via Magnetic Resonance Coupling － Impedance Matching and Power Division Utilizing Impedance Inverter－, The 15th International Conference on Electrical Machines and Systems (ICEMS2012),(2012).

23) Y. Yokoi, A. Taniya, M. Horiuchi and S. Kobayashi："Development of kWClass Wireless Power Transmission System for EV Using Magnetic Resonant Method", 1st International Electric Vehicle Technology Conference(2011.5).

24) 居村岳広, 加藤昌樹, 堀洋一："磁界共鳴による EV 用ワイヤレス給電技術", まぐね, vol.9, no.3, pp.105-110,(2014).

25) 加藤昌樹, 居村岳広, 堀洋一："走行中ワイヤレス給電用アンテナに関する受電位置と効率に関する検討", 平成 24 年電気学会産業応用部門大会, Vol.II, pp.219-222,(2012.8.23).

26) 庄木裕樹："ワイヤレス電力伝送の技術動向・課題と実用化に向けた取り組み", 信学技報, WPT2010-07, July(2010).

27) 居村岳広, 内田利之, 堀洋一："非接触電力伝送における電磁誘導と電磁界結合の統一的解釈", 電気学会自動車研究会, VT-09-007, pp.35-40(2009.1).

28) O. H. Stielau and G. A. Covic："Design of loosely coupled inductive power transfer systems", Proc. 2000 Int. Conf. Power System Technology, Vol.1, pp.85-90(2000).

29) 長塚裕一, 江原夏樹, 金子裕良, 阿部茂：一次直列二次直列共振コンデンサを用いた非接触給電の給電効率, 電気学会産業応用部門大会講演論文集, 2-27,(2009).

30) Q. Yuan, Q. Chen and K. Sawaya："Maximum transmitting efficiency of wireless power transfer system with resonant/non-resonant transmitting/receiving elements", Proc. 2010 IEEE Antennas and Propagation Society International Symposium, p.521.6, Toronto, Canada, July(2010.7).

31) 甲斐敏祐：トロンナムチャイクライソン, "電気自動車用途における非接触充電の受電回路トポロジの検討," 電気学会論文誌. D, 産業応用部門誌, vol.132, no.11, pp.1048-1054,(2012).

32) Y. Kaneko, S. Nakadachi, Y. Sato and S. Abe："Characteristic Comparison of Resonance Circuits in Wireless Power Transfer Systems for Electric Vehicles", 201444022,(2014.5).

33) 居村岳広, 堀洋一："電磁誘導方式と磁界共振結合方式の統一理論", 電気学会論文誌 D, Vol.135, No.6, pp.697-710,(2015).

34) 居村岳広："磁界共鳴によるワイヤレス電力伝送" 森北出版. 416 頁,(2017).

35) 松崎亨, 松木英敏："FES 用経皮的電力伝送コイルの特性改善に関する考察", 日本応用磁気学会誌, 18 巻, 2 号, pp.663-666(1994).

36) M. Kato, T. Imura and Y. Hori："Study on Maximize Efficiency by Secondary Side Control Using DC-DC Converter in Wireless Power Transfer via Magnetic Resonant Coupling", Electric Vehicle Symposium and Exhibition, pp.1-5, Barcelona, Spain,(2013).

第2編　走行中ワイヤレス給電技術

第2章　ワイヤレス給電の技術開発

第3節　電界結合と磁界結合の統一理論

豊橋技術科学大学　**大平　孝**

1　放射方式と結合方式

　ワイヤレス電力伝送（Wireless Power Transfer：WPT）は遠方界を用いる「放射方式」と近傍界を用いる「結合方式」に大別される。遠方とは波長およびアンテナ寸法に比べて送電と受電の間の距離が十分長いという意味である。例えば歴史的にみると世界で初めてのWPT実験と言われているテスラの無線給電システムは放射方式に属する。遠方界での電力伝送性能はフリスの式すなわち自由空間中での電波伝搬式

$$\eta = \frac{P_{\text{out}}}{P_{\text{in}}} = G_T \left(\frac{\lambda}{4\pi d} \right)^2 G_R \tag{1}$$

が基本となる。この式を用いれば送電電力 P_{in} に対するは受電電力 P_{out} の割合すなわち電力伝送効率 η（イータ）を見積もることができる[1]。このとき必要なパラメータは送電アンテナ利得 G_T，受電アンテナ利得 G_R，波長 λ，送受電間距離 d である。π は円周率 3.1416 である。

　一方，結合方式では送電器から受電器までの距離が波長に比べて短い。つまり放射現象を利用するのではなく近傍界で結合させる。したがって上記フリスの式が使えない。そうなると η を一体どのようにして見積もればいいのだろうか。頼もしいことに WPT の理論研究がここ10年間で大きく進み，近傍界にも適用できる電力伝送効率の公式

$$\eta = \frac{P_{\text{out}}}{P_{\text{in}}} \leq \frac{\rho - 1}{\rho + 1} \tag{2}$$

が見いだされた[2]。この公式が等式ではなく不等式となっているのは右辺が効率の上限であることを意味する。一般に η は受電器に接続する負荷のインピーダンスに依存する。η が最も高くなるような負荷インピーダンスがただひとつだけ存在し，そのときに上式の等号が成立する。このときの η を最大電力伝送効率と呼び

$$\eta_{\text{max}} = \frac{\rho - 1}{\rho + 1} \tag{3}$$

と書く。η_{max} はその結合系固有の性能を示す評価指標である。結合系すなわち送電器受電器の構造およびそれらの相対位置関係が決まれば η_{max} が一義的に決まる。

　式(2)と(3)の右辺に登場した ρ は結合系の結合係数 k と Q ファクタの積から

— 246 —

図1 kQ積の直角三角形

表1 kQ積から最大効率への換算数値例

kQ	0	1	2.2	4.7	10	22	47	100	∞
η_{max} [%]	0	17	41	66	82	91	96	98	100

$$\rho = \sqrt{1+(kQ)^2} \qquad (4)$$

で定義される媒介変数である。この関係は図1に示す直角三角形を描くことで視覚的に覚えやすい。

式(3)と(4)から計算した数値例を表1に示す。また同式を変形することにより近似表現

$$\eta_{max} = \begin{cases} \dfrac{1}{4}(kQ)^2 & @ \quad kQ \ll 1 \\ 0.24kQ - 0.07 & @ \quad kQ \approx 1 \\ 1 - \dfrac{2}{kQ} & @ \quad kQ \gg 1 \end{cases} \qquad (5)$$

が導かれる。これによりkQに対するη_{max}の振る舞いを感覚的に捉えることができる。どの場合にもη_{max}はkQとともに単調増加することがわかる。つまり、結合器を設計するにはkQができるだけ高くなるように形状や寸法を決定することが要点になる。kQは結合器を自分で設計製作するときのみならず市販の結合器を選ぶときにも役立つ。kQの計算方法を以下の2で述べる。

2　一般化kQ積

本来的にkQ積とは磁界結合における結合係数kとQファクタの積を意味していた。現実の結合器は構成要素として集中定数LCR素子だけでなく分布定数線路や立体平面構造が含まれていることもあれば、さらにはアンテナ間結合のように等価回路で表現することさえ困難な場合もある。

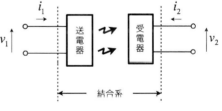

図2　結合系のブロックダイヤ

近年、理論研究が進み、kやQが定義できないような任意構造の結合系においても統一的にkQ積を算出する概念「一般化kQ積」が編み出された[3]。一般化kQ積は磁界結合、電界結合、アンテナ結合などあらゆる結合系に有効である。ここでその理論を概説する。

送電器と受電器からなる任意の結合系をブロックダイヤで図2に示す。入力ポートと出力ポートの電圧と電流をそれぞれv_1, i_1, v_2, i_2と書く。これら4つの変数の間には線形結合

― 247 ―

$$v_1 = Z_{11}i_1 + Z_{12}i_2$$
$$v_2 = Z_{21}i_1 + Z_{22}i_2 \quad (6)$$

の関係がある。4つの比例係数 $Z_{11}, Z_{12}, Z_{21}, Z_{22}$ を2ポートZパラメータと呼ぶ。

一般にZパラメータは複素数であり、それぞれを実部(抵抗成分)と虚部(リアクタンス成分)に分解して

$$Z_n = R_n + jX_n ; \quad n = 11, 12, 21, 22 \quad (7)$$

と表示する。ここでjは虚数単位 $\sqrt{-1}$ である。WPTシステムにおいては4つのZパラメータの中でとりわけ Z_{21} が重要である。その絶対値

$$|Z_{21}| = \sqrt{R_{21}^2 + X_{21}^2} \quad (8)$$

を伝達インピーダンス(または相互インピーダンス)と呼ぶ。この関係は図3に示す直角三角形を描くことで視覚的に覚えやすい。

伝達インピーダンスに加えてもうひとつZパラメータから導かれる重要な物理量が等価スカラー抵抗

$$\sqrt{S} = \sqrt{R_{11}R_{22} - R_{12}R_{21}} \quad (9)$$

である。これは1ポート素子の等価直列抵抗(ESR)を2ポート回路網に次元拡張した上位概念である。上式の平方根の中身は図4に示す平行四辺形の面積Sに相当する。

伝達インピーダンス $|Z_{21}|$ と等価スカラー抵抗 $\sqrt{S}$ はどちらも抵抗の次元(単位：オーム)を有している。それらの比として無次元のスカラ量

$$kQ = \frac{|Z_{21}|}{\sqrt{S}} \quad (10)$$

が導かれる。これが一般化kQ積の公式である。結合性能を高めるには伝達インピーダンスを大きくし、かつ、等価スカラー抵抗を小さくすることが成功への鍵であることがわかる。この式の物理的意味を以下の節で述べる。

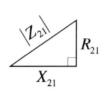

図3 伝達インピーダンスの直角三角形

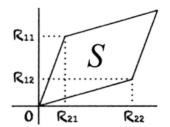

図4 等価スカラ抵抗の平行四辺形

3 磁界結合

2つのコイルを隣接して配置するとそれらの間に鎖交磁力線による結合が生じる。その等価回路を図5に示す。一次側巻線の自己インダクタンスを L_1、巻線抵抗を R_1 と書く。二次側も同様とする。これらが相互インダクタンス M で結合されている。

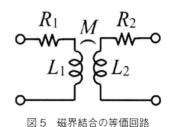

図5 磁界結合の等価回路

図5を2ポート回路網とみなしてその特性を Z パラメータで表現すると

$$Z_{11} = R_1 + j\omega L_1$$
$$Z_{12} = Z_{21} = j\omega M \quad (11)$$
$$Z_{22} = R_2 + j\omega L_2$$

となる。$\omega = 2\pi f$ は所望伝送角周波数である。これを式(8)に代入すると伝達インピーダンスが

$$|Z_{21}| = \omega M \quad (12)$$

となる。同じく式(9)に代入すると等価スカラ抵抗が

$$\sqrt{S} = \sqrt{R_1 R_2} \quad (13)$$

となる。これらを式(10)に代入することにより最終的に

$$kQ = \frac{\omega M}{\sqrt{R_1 R_2}} \quad (14)$$

が得られる。これで磁界結合の kQ 積が導き出せた。高い kQ 積を得るにはコイルの形状や相対位置などを工夫して相互インダクタンスを大きくし、巻線抵抗を小さくすることが肝要である。とくに巻線抵抗については一次側と二次側の抵抗値が相乗平均で効くことがこれで証明された。さらに自己インダクタンス $L_1 L_2$ が kQ に直接関与しないことにも気づく。

4 電界結合

互いに向かい合う平板電極の間に電圧を印加すると電極を結ぶ電気力線が発生する。これを2組用いることで電界結合 WPT が構成できる[4]。電界結合は磁界結合に比べて結合器構造が極めてシンプルである。そのうえ磁界結合で深刻な問題となる漏洩磁界、近接金属での渦電流発生、横方向の位置ずれ問題などを解決することが期待できる。このような優位性があるにも関わらずこれまで電界結合の報告例は比較的少なかった。その要因の1つに設計理論が未成熟だったことが挙げられるだろう。ここでは一般化 kQ 積を用いることで前項の磁界結合の場合と同様に電界結合の理論説明が可能であることを示す。

電界結合の等価回路を図6に示す。対向する2組の平板電極の静電容量をC_Mとする。一次側および二次側のポートにおける寄生容量をそれぞれC_1, C_2と書く。また各ポートの絶縁抵抗をそれぞれR_1, R_2と書く。図5で説明した手続きと同様に図6を2ポート回路網とみなす。ただし，この場合は並列に接続されている素子が多いのでインピーダンスよりもアドミタンスで表示する方が簡明かつエレガントである。

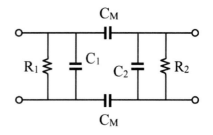

図6 電界結合の等価回路

式(6)で示した電圧と電流を逆転した関係式

$$i_1 = Y_{11}v_1 + Y_{12}v_2 \\ i_2 = Y_{21}v_1 + Y_{22}v_2 \tag{15}$$

を用いる。これに伴って用いる係数がZパラメータからYパラメータに変更となる。各Yパラメータを実部(コンダクタンス成分)と虚部(サセプタンス成分)に分解して

$$Y_n = G_n + jB_n \; ; \; n = 11, 12, 21, 22 \tag{16}$$

と表現する。

図6を2ポート回路網とみなしてその特性をYパラメータで表すと

$$Y_{11} = \frac{1}{R_1} + j\omega\left(C_1 + \frac{1}{2}C_M\right) \\ Y_{12} = Y_{21} = \frac{1}{2}j\omega C_M \\ Y_{22} = \frac{1}{R_2} + j\omega\left(C_2 + \frac{1}{2}C_M\right) \tag{17}$$

となる[5]。$\omega = 2\pi f$ は所望伝送角周波数である。これより伝達アドミタンスが

$$|Y_{21}| = \sqrt{G_{21}^2 + B_{21}^2} = \frac{1}{2}\omega C_M \tag{18}$$

となる。同じく等価スカラコンダクタンスが

$$\sqrt{S} = \sqrt{G_{11}G_{22} - G_{12}G_{21}} = \frac{1}{\sqrt{R_1 R_2}} \tag{19}$$

となる。これらより最終的に

$$kQ = \frac{|Y_{21}|}{\sqrt{S}} = \frac{1}{2}\omega C_M \sqrt{R_1 R_2} \tag{20}$$

が得られる。これで電界結合のkQ積が導出できた。高いkQ積を得るには電極の形状や相対

位置などを工夫して結合容量 C_M を大きくし，各ポートの絶縁抵抗を大きくすることが肝要である。絶縁抵抗については一次側と二次側の抵抗値が相乗平均で効く。各ポートの寄生容量 $C_1 C_2$ は kQ に直接寄与しないことがわかる。

5 まとめ

電界結合，磁界結合，電波放射など様々な方式に統一的に適用可能な最大効率の算出法を示した。最大効率は kQ 積から一義的に決定される。kQ 積は結合系を 2 ポート回路網とみなして観測される Z または Y パラメータから求まる。本稿で登場した数式の中から特に重要な公式を表 2 にまとめる。これらの公式は WPT システムの新規設計や最適化，試作品の特性測定，既存製品との公正な優劣比較を行う際に汎用的な性能指標として役立つ。

表 2　公式便覧

kQ積から最大効率を求める公式
$$\eta_{\max} = \frac{\rho - 1}{\rho + 1}, \quad \rho = \sqrt{1 + (kQ)^2}$$
一般化kQ積
$$kQ = \frac{|Z_{21}|}{\sqrt{S}}$$
電界結合のkQ積
$$kQ = \frac{1}{2}\omega C_M \sqrt{R_1 R_2}$$
磁界結合のkQ積
$$kQ = \frac{\omega M}{\sqrt{R_1 R_2}}$$

文　献

1) H. T. Friis : "A note on a simple transmission formula," Proc. IRE, vol.34, pp.254–256 (May 1946).

2) 大平孝 : "ワイヤレス電力伝送の 10 年," RF ワールド，no.40, pp.42–53 (2017 年 10 月).

3) 大平孝 : "ワイヤレス電力伝送の基礎," RF ワールド，no.43, pp.17–28 (2018 年 7 月).

4) 大平孝 : "電界結合ワイヤレス電力伝送," MOTOR エレクトロニクス，(出版準備中).

5) T. Ohira : "Power transfer theory on linear passive two-port systems (invited)," IEICE Transactions Electronics, vol.E101-C, no.10, pp.719–726 (Oct. 2018).

第2編　走行中ワイヤレス給電技術

第3章　走行中EVへのワイヤレス給電技術

第1節　高速道路での走行中給電技術

株式会社高速道路総合技術研究所　田中　薫　　株式会社高速道路総合技術研究所　東　晋一郎

1　日本の高速道路とEVの普及および利用の現状

　経済産業省の「EV・PHVロードマップ検討会資料報告書」[1]によると2020年のEV・PHVの普及目標を100万台としているが(図1)，2016年時点では14万台[2]に留まっている。しかしながら，2015年に発生したディーゼル不正によりCO_2規制対応の主体は，世界中の自動車メーカーがEVにシフトしてきたことやこれと前後して欧州各国では2025年から30年にかけて化石燃料を使用する自動車の販売を禁止する発表が次々となされていることから，EVの保有台数は今後大きな伸びを見せる可能性がある。

　一方，2018年7月にACEA(European Automobile Manufacturers Association)が発表したところによると[3]CO_2の排出目標(マイナス30％)を達成するためには，2025年までに，少なくとも2百万基の充電ステーションがEU全域で必要になると試算した。これを実現するためには，現在存在する10万基の充電ステーションに加え，毎日700基あまりを新設し続ける必要があることになる。さらにEU議会が提案しているCO_2削減目標値を50％まで引き上げると毎年70万基の充電ステーションを今後12年間作り続けることになり，CO_2削減をEV主体に考えることは現実性に欠けるとしている。

　今後EVの普及が急速に進むのかどうか？　という問題はさておいて，日本の高速道路の現状に目を向けてみると休憩施設のうち，ほぼ全てのサービスエリア(休憩施設のうち比較的規

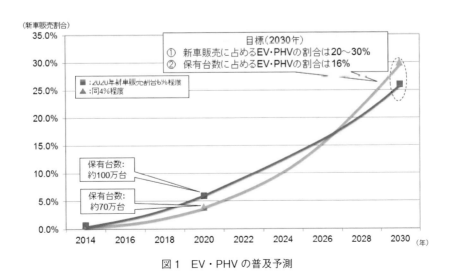

図1　EV・PHVの普及予測

— 253 —

第2編 走行中ワイヤレス給電技術

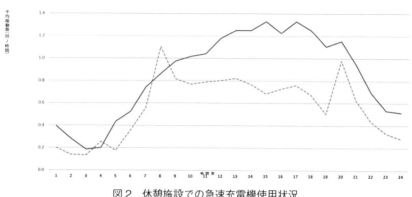

図2 休憩施設での急速充電機使用状況

模が大きくおおよそ50kmおきに設置）に1台もしくは2台の急速充電スタンドが設置されており，東名高速道路の海老名SAを例にとると（図2）休日には1日の半分の時間帯において1時間に1台以上の利用がなされていることがわかる。高速道路会社に集まるお客様の声でも充電渋滞についての時より苦情が寄せられることがあることや，筆者が利用時に偶然充電渋滞に遭遇（図3）したことを考えると今後充電渋滞が多発していくと考えられる。

図3 足柄サービスエリアでの充電渋滞

東名高速道路を走行するEVが全車の10%になると休憩施設1箇所あたりの必要急速充電スタンド数は，60基程度必要であるとの報告がある[4]。急速充電スタンドは，1基の充電出力が50kWなので，60基を賄う電力量は3,000kWとなり，特別高圧での大規模な受配電設備が必要となる。また交通変動の大きい高速道路では充電スタンド利用（図2）変動が大きく適正な配備計画が難しく，また給電待ちなど利用マナーにかかわるトラブル対応など，インフラ側は厳しい運用を強いられる可能性がある。これらの問題は，EVの走行可能距離がガソリン車並になり，150kWの急速充電機が主流になったとしても，有線でのEVへの高速道路休憩施設での充電は，いずれ破綻する可能性があると考えている。

2　高速道路会社におけるEV及び給電技術に関する研究

中日本高速道路㈱（以下「NEXCO中日本」）では，2012年から維持作業用車両のEV化の実証実験を行った。実証実験の対象車両は自走式標識車（図4）である。この実験は，CO_2排出量抑制を目的として行なわれた。長い充電時間，短い走行可能距離等EV特有のデメリットが，業務用車両として使用する自走式標識車にEVを使うことにどれだけ影響するか探るもので

— 254 —

あった。

自走式標識車は，工事規制に使用される車両で，その名のとおり標識を積載しており本線車線上に停止し，工事規制の開始等を走行中の車両に伝えることを目的とした車両である。実験対象事務所での，作業実施日の85%程度において，一日の走行距離が100 km以下となっており，試作したEV標識車の製作仕様である走行可能距離100 kmであっても，業務を選択することにより実施可能であることが，確認できた。

図4　EV自走式標識車

また，当該車両は，車両側面に非接触給電装置を設置してあり，基地に帰還後決められた車庫に停止するだけで翌朝には，満充電になっているという運転操作員の作業効率性向上も確認できた。非接触の給電装置は，磁界共鳴方式を採用し，3 kWの電力を30 cm程度離れても問題なく給電できることを確認した。

3　高速道路上走行中非接触給電に関する検討

2014年から高速道路総合技術研究所は，高速道路上での走行中非接触給電に関する共同研究を民間企業4会社と2大学の共同研究をNEDO（国立研究開発法人　新エネルギー・産業技術総合開発機構）が公募した「平成26年度戦略的省エネルギー技術革新プログラム」の助成を受け開始した。

開始した理由は，前述の佐藤の文章[4]にあるとおり，EVが普及することにより休憩施設での充電が難しくなることが考えられることに加え，日本国内での運輸部門の二酸化炭素排出量（2億1,700万トン）のうち，自動車全体では運輸部門の86.0%（日本全体の14.8%），さらに旅客自動車が運輸部門の50.8%（日本全体の8.7%），貨物自動車が運輸部門の35.1%（日本全体の6.0%）を排出しているとされている。排出量削減のためエネルギー効率の高い電気自動車（EV）の普及が二酸化炭素削減への有効な打ち手であるからである。しかしながら，EVは，ガソリン車に比べ走行距離が短い，充電時間が長いなど課題があり，特に高速道路利用には不向きとされている。また，国内では高速道路走行を可能とする大型EVの開発などは発表されておらず，環境負荷低減のためにも，早急な開発が望まれるところであるが，充電インフラ整備の必要量を考えると日本の大型車両メーカーが，完全EV化された車両の開発に積極的でないのも納得できる。

筆者らが想定したユースケースは，2010年の道路交通センサスから小型車の高速道路利用動向を基に走行距離を分析した結果，高速道路利用の前後の一般道走行距離の平均では10.7 kmで，全体の9割（90%タイル値）の小型車はその距離が21 km以下となっていた。また高速道路本線の走行距離では90%タイル値が85 kmであった。よってEVでの高速道路を利用しての多くの利用シーンをカバーできる往復254 kmの航続距離を，停車しての長時間充電

第2編　走行中ワイヤレス給電技術

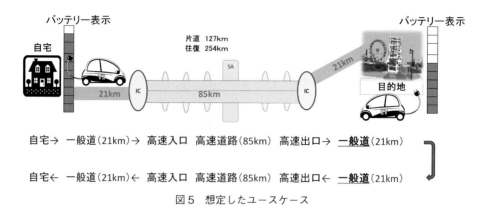

図5　想定したユースケース

なしで走行できる環境を整備することが，EV普及に大きく貢献すると考えた(図5)。その中では，普及に適した給電システムや，社会実装化の検討を行った。

3.1　開発システムの概要
3.1.1　コイル方式
　検討の前提となるシステムは，停車中の給電システムとの相互互換性を考慮し，また位置ズレ特性に優れているソレノイドコイルを前提とした。残念ながら停止中給電標準化動向としては，サーキュラー型(円形)となってきているが，検討途中での決定であったためソレノイドコイルで走行テストを実施することとした。

3.1.2　開発システムの特徴
　検討したシステムは地上コイルを図6に示すように「飛び石方式」で配置するものである。車載コイルが1→2→3と移動していく間，1と2の中間部であっても，位置ずれにより電送効率は低下するが地上コイルAとB双方と共振・結合され，連続的給電が可能な状態を作り出している。これは進行方向の位置ずれに強いソレノイドコイルの特性を活かしたもので，その設置間隔の最適化を図ることにより連続的給電を目指しているところである。
　また図7のように地上コイルは1基の高周波電源に複数個が接続され，車両コイルと結合する地上コイルのみに高周波電源から制御レスで，電力供給される構成になっている。よって地上には車両検知のセンサーは不要となり，インフラ側システムがよりシンプルに構築できるメリットがある。

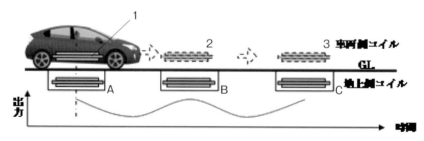

図6　飛び石地上側パネル配置による走行中非接触給電システム概念図

— 256 —

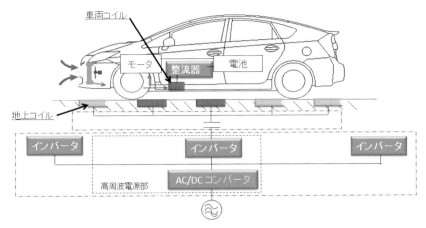

図7 非接触給電システム全体概念図

3.1.3 コイル装置の開発目標
開発しているコイル装置の目標を以下に示す。
- 給電区間での走行速度 … 50 km/h
- 対象車種 … 普通車
- 給電性能 … 25 kW
- 電源周波数 … 85 kHz
- コイル間磁気的ギャップ … 170 mm
- 正対時最大総合効率 … 90%
- コイルパネルの耐久性 … 20 年

3.2 インフラシステム検討内容
3.2.1 受配電設備及び配線計画検討
電力供給を行うインフラ側からみると、その受配電設備容量等は重要な検討項目となる。特に供用中道路への受配電機器設置は、その設備規模によっては土木構造物に及ぼす影響は大きく、地上コイルの埋設同様交通運用等考慮した施工性を十分に吟味する必要がある。

まず受配電設備等の規模を算定するため、負荷容量を確定する必要がある。東名高速道路の交通量パターンから走行中給電車両が普及した場合を想定し、負荷容量の算定を行った。管路内配線の対象は受配電設備から高周波電源装置（AC/DC コンバーター）間までとしている。受配電設備対象を図8に示す。

3.2.2 地上コイルの埋設方法の検討
走行中非接触給電に用いる地上コイルは耐久性と低価格化を両立させるため、コイルは小型化を図りパネル内に格納し、コイルパネル表面が直接交通荷重を受ける方式とした。コイルパネルに求められる主な条件は以下のとおりである。
① 磁気的ギャップを可能な限り確保するためその表面は舗装路面と段差なくフラットな状態で埋設する。

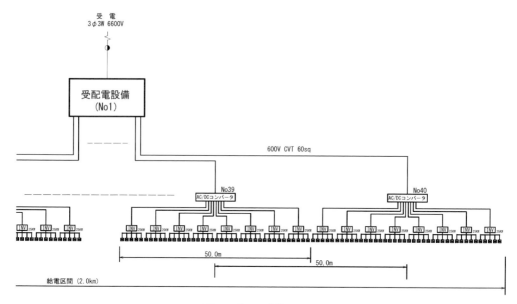

図8 受配電設備概要図

② 材質は磁性に影響ない素材を採用する。
③ 機械強度は周辺のコンクリート板と同等なものとし，また舗装路面と同等なすべり抵抗をも確保する。
④ 電源からのコイルへの配線は，路肩より個々のコイルへ配管を用いて配電する。
⑤ コイルパネルは長期耐久性（20年間）を確保する。

地上コイルの埋設イメージを図9に示す。

今回コイルパネルを試作し，回転式舗装試験機（図10）等で，機械強度や耐久性の評価を行った。コイルの素材に対しては非磁性材料において，機械強度・耐久性が確認できた。

またコイルパネルへの配管埋設深さも，比較的薄い被り（50 mm～90 mm）でもその耐久性があることが確認できた。しかしながら，システム全体から考察すると以下の課題が明らかとなった。

① コイルパネルと配管取り出し部の施工性

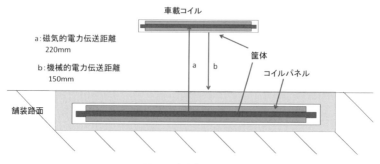

図9 地上側コイル

第3章 走行中EVへのワイヤレス給電技術

図10 回転式舗装試験機

② 機器故障，仕様陳腐化時等，パネル内部品交換手法

これらの課題解決には表層の舗装面だけでなく，路盤構造を含め検討する必要がある。

4 社会受容性の検討

持続性社会実現のため，走行中非接触給電システムが有効であってもインフラ整備とシステムを装備したEVの普及が同時並行に進んでいく必要がある。そのためには実用展開シナリオを明確にすることが重要となる。そのため海外の情勢を確認し，システムの開発と並行して非技術開発項目に着目して，実装化シナリオおよびその他給電以外の問題点について検討を行った。

4.1 欧州の開発動向

2016年，欧州における走行中給電の開発動向などの調査を行なっている。ここでは，技術自体の紹介ではなく，開発環境や実装化に向けた取り組みについて概要を紹介する。

4.1.1 イギリスでのフィージビリティスタディ

高速道路運営会社のハイウェイイングランドが実施した「イギリス幹線道路でのEV車への電力供給」に関するフィージビリティスタディでは，全道路の2%を占める戦略的道路ネットワーク(主要幹線高速道路)に電力供給設備を整備することで，貨物輸送の66%を超低排出ガス車両に置き換えることができるとのシナリオから[5](図11)，システムの実現可能性について単体非接触給電技術からインフラ設備仕様(図12)，さらにはコスト(表1，表2)まで検討を加えている。

— 259 —

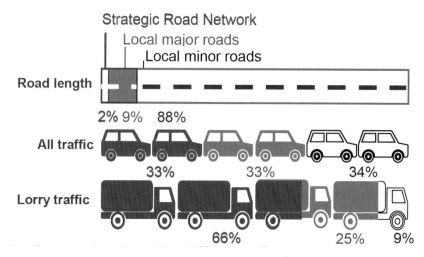

図11 イギリス道路別輸送負荷[6]

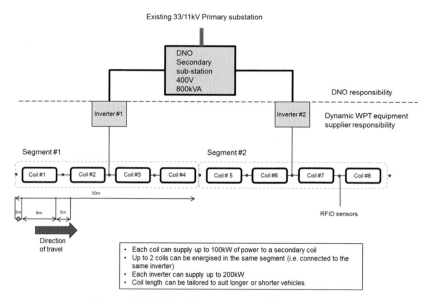

図12 非接触走行中給電インフラ側設備レイアウト

表1 非接触給電設備設置20年間正味現在価値(NPV)

項目	NPV(正味現在価値 20年間)(円/km)
DWPTインフラ設備費用	420,799,232
電力設備接続費用	119,664,782
メンテナンス費用	82,217,600
バックオフィス費用(経理，総務等)	82,937,534
電気料金(電気会社への支払い)	1,658,749,714
原文は英文及びポンド表記。為替レートは£1=138.13円(平成29年4月6日)	

表2 環境負荷軽減に対する金額換算

対象物質	削減量(/km・20年)	削減量を金額換算 地方部(円/km)	削減量を金額換算 都市部(円/km)
NOx	55,886 t	7,239,808	164,504,404
PM	572 kg	3,842,915	9,338,555
CO_2	34,686 t		274,346,485

原文は英文及びポンド表記。為替レートは£1＝138.13円(平成29年4月6日)

図13 高速道路を用いた実証実験中のシステム

4.1.2 スウェーデンの実証実験事例

スウェーデンでは，高速道路上に大型ハイブリッド車への電力供給施設として2kmにわたって電力架線を敷設し，実証実験を行なっている(図13)。将来的には，EU向けの輸出港であるイェブレを中心とし，100km程度離れた生産拠点と本システムで結ぶシステムを構築し，運送会社も含めた実証実験に発展させる計画である。なお本実験は，EU内の生産システムの効率化，持続可能社会実現に向けたプロジェクトとしてEUから資金提供を受ける予定である。

4.2 社会実装化検討

システムの開発と並行して，システムの実用化を想定し，高速道路でのユースケースを想定し検討を進めた。
　ケース1：高速道路における休憩施設での非接触給電設備導入による給電作業の効率化
　ケース2：二酸化炭素削減効果のさらなる向上，車載バッテリーコストの削減を目指し大型車への展開

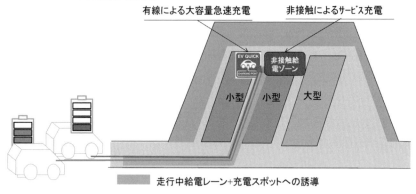

図14 休憩施設での非接触給電

4.2.1 休憩施設への非接触給電設備の導入

前述の通り，現状の走行台数で週末に充電渋滞が発生している状況の中，高速道路会社は，充電装置の分散化と増設で対応しているが，限界がある。また，例えある程度の充電器が整備されたとしても充電完了後他人の車に装着されたソケットの抜き差しは難しいことや駐車スペースと充電ケーブル長の関係から効率的な運用にも難がある。そこで，図14に示す通り，非接触給電と有線給電を併設し，お客様のニーズによる分散充電を実現することによりお客様の効率的な充電，設備の稼働率の向上を実現できると考えた。

4.2.2 大型車への給電手法

ユニット化された25 kW車載コイルを中型や大型車などには，そのボディー長を活かし，積載量（電費）に応じて複数個取り付ける。その取り付け間隔は地上コイルの埋設間隔に合致させるものとする。また車両1台あたりの車載搭載の最大は受電側の制約や回路数増に伴う配線状況から，4基（25 kw×4基／台＝100 kW）までとした。図15に大型車の給電イメージを示す。

4.2.3 大型車給電を考慮したインフラ側非接触給電設備

中型・大型車が積載したバッテリーの電力を使用せずに高速道路を通過するためには，10 kmの高速道路のうち4.6 kmに今回検討しているシステムを設置する必要がある。以下にインフラシステム側の給電容量を算出する。

その算定にあたっては，まず高速道路の利用状況を解析し想定したEV普及率を基に給電区間に存在するEV車台数を求める。利用状況における車種構成は，『高速道路便覧2015』より，日平均道路別全線平均交通量車種構成の東名高速道路における普通車60％，中型10％，大型

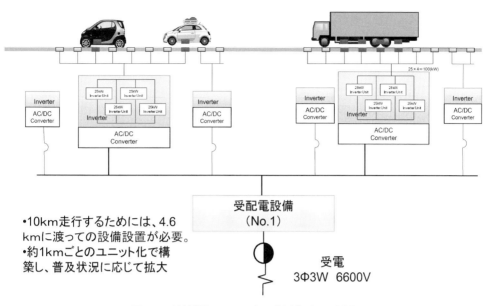

図 15 高速道路における中・大型車両への展開

車 19% を使用した。ただしここでの車種区分は，高速道路料金区分における車種区分である。

また日平均(上下線合計)交通量から，片側車線の時間交通量の換算にはネクスコ設計要領から下記の式①を用いた。

片側車線時間交通量

= 日(上下線合計)交通量 × (K/100) × (D/100) ①

ここで，

K：年平均交通量(上下線合計)に対する 30 番目時間交通量の割合

D：上下線合計の交通量(1 時間単位)に対する重方向交通量側の割合

東名高速道路の路線区分を都市近郊型とし，K 値 8，D 値 60 を適用する。

また各車種別の EV 普及率を 20%，1 インターチェンジ区間を 10 km，走行速度は 50 km/h と仮定すると，給電区間(4.6 km)に存在する EV 車両台数は，**表 3** となる。

表 3 想定 EV 走行台数

車種	日交通量〔台/日〕	車種混入率	想定 EV 混入率	4.6 km 中の EV 台数
軽自動車	5,402	8.7%	0%	0
小型車	37,469	60.1%	20%	33
中型車	6,270	10.1%	20%	6
大型車	11,968	19.2%	20%	11
特大車	1,252	2.0%	0%	0
合計	62,361	100%	—	49

第2編　走行中ワイヤレス給電技術

　次に本ケースにおける車両台数から必要な給電用量を求める。本ケースでは普通車搭載コイルは25 kW 1個，中型車は2個，大型車4個をそれぞれ搭載するものとした。4.6 km区間の普通・中型・大型の存在車両に25 kWコイル搭載数を掛け合わせ合算する89個のコイルが存在することとなる。

$$（33台×1個／台）+（6台×2個／台）+（11台×4個／台）= 89個 \qquad ②$$

コイルの給電容量は25 kWとして

$$必要給電量 = 89個×25\,kW = 2,225\,kW \qquad ③$$

2,225 kWとなる。しかしながら，高速道路が通過する山間部では2,000 kWを超え特別高圧での供給は厳しい箇所が多いと思慮され，また高周波電源への引き回しも，最長部で2 kmを超えての配線となり，ケーブサイズも太くなり経済的とはならない。

　よって，1 km〜2 km程度で，高圧での引き込みとし，その受電容量は750 kVA（JISC4304に規定する変圧器容量からその受電設備を適用）とする（**図16**）。またEVの普及率向上に合わせ，区画を段階的に増設追加していく方法で対処するのが現実的である。**表4**に検討結果を示す。

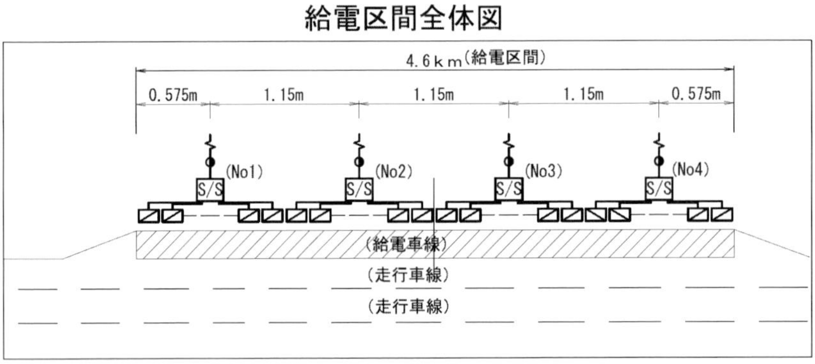

給電区間全体図

図16　中・大型車利用を考慮した受配電設備概要図

表4　非接触給電用受配電設備

	設定項目	
対象車両（NEXCO料金区分による）	普通車 中型車 大型車	
車両速度	50 km/h	
EV普及率	20%	
供給延長	4.6 km	
非接触給電対象車両台数	普通車	33台
	中型車	6台
	大型車	11台
受配電設備	2,225 kW（750 kVA×4箇所受電）	

4.3 その他課題の検討―課金システムの検討

インフラ側の整備手法やビジネスモデルなど制度面を構築する必要がある。給電料金を徴収する場合，既設急速充電の決済方法との調和を前提に，ETC 利用での課金が考えられる。しかしながら筆者らは自動運転での路車間通信などの展開を踏まえ，GNSS 衛星利用での課金方式が優位と考える。

---

5 高速道路展開への課題と展望

5.1 給電技術の確立

走行中給電には，電力伝送方式，接触－非接触，路面－側面－上方からの給電のほかさまざまな方式が考えられる。われわれが検討したシステムは静止中給電車両の延長線上に走行中給電を置くことが普及への早道であると考えた。これは走行中非接触給電技術普及のためにはコストが大きく影響すると考えており，利用者側のコストを抑え，導入しやすくするためである。インフラ側は，巨大な設備になることが予測され，多様な給電方法は，コストに跳ね返ることになり，普及の足かせになるため，給電方式の規格化が望まれる。

5.2 路面埋設方法の確立

コイルパネルは給電レーンに連続的に埋設される。アスファルト舗装路面に性質の異なる部材を部分的に埋設することは，これまで管路，交通量計測装置等の実績はあるが段差の発生，ひび割れ等問題が起こることが多く，今回検証を行ったものは，コンクリート舗装上にコンクリートパネルを設置するというものであった。欧州では，車線中央にトラフを設置し，その上に FRP 製蓋を設置するものであり，路面に設置された機器にアクセスするという面では優位性があるが，長期的な安全性，耐久性といった面では，コンクリートパネルが優位である。ただし，舗装の排水性，走行ノイズといった観点からは，アスファルトが優位であり，日本の高速道路がほぼ100％アスファルト舗装であることからも，今後この分野については更なる検討が必要であると考えている。

5.3 ビジネスモデルの検討

インフラ側のシステムの規模を想定し，課金システムは GNSS を利用したシステムを提案したが，そもそも電力を課金する際に従量制なのか定額制なのか，課金レーンに入った人は全て課金するのかそれも利用者の判断にゆだねるのか？ インフラ管理者だけでは全体システムをイメージすることは難しい。今後導入に向けてこういった課題も誰がイニシアティブを持って検討していくのか考える必要がある。

文　献

1) 経済産業省：「EV・PHV ロードマップ検討会資料　報告書」
　　http://www.eti.go.jp/press/2015/03/20160323002/20160323002.html

2) 一般社団法人次世代自動車振興センター：「EV 等保有台数統計」
http://www.cev-pc.or.jp/tokei/hanbai.html

3) ACEA Press release「unrealistic CO2 targets proposed by EU Parliament ignore lack of charging points」
https://www.acea.be/press-releases/article/electric-cars-unrealistic-co2-targets-proposed-by-eu-parliament-ignore-lack

4) 佐藤元久：高速道路ワイヤレス走行中給電への期待, OHM, **5**, 25-27(2015).

5) highways England：「Powering electric vehicles on England'S major roads」
https://s3.amazonaws.com/assets.highways.gov.uk/specialist-information/knowledge-compendium/2014-2015/Feasibility+study+Powering+electric+vehicles+on+Englands+major+roads.pdf

6) Department for Transport：「Strategic Road Network Statistics」
https://assets.publishing.service.gov.uk/government/uploads/system/uploads/attachment_data/file/448276/strategic-road-network-statistics.pdf

第2編 走行中ワイヤレス給電技術

第3章 走行中EVへのワイヤレス給電技術

第2節 走行中給電のリアルタイム最大効率制御技術

東京大学　畑　勝裕

　EVの走行中ワイヤレス給電では送電コイル上に進入してから通過するまでの時間はあっという間であり，目的とする制御動作を実現するためにはリアルタイム性を重視した高応答な制御系を実装しなければならない。本稿では走行中に送受電コイル間の結合状態を推定しながら，伝送効率を最大化させる「リアルタイム最大効率制御」について紹介する。

1 磁界共振結合方式による走行中ワイヤレス給電

1.1 回路構成と効率特性

　本研究では磁界共振結合方式のワイヤレス電力伝送（Wireless Power Transfer：WPT）を基本として，走行中ワイヤレス給電システムを構成する。このとき，送受電コイルに接続する共振コンデンサの回路構成は複数存在するが，本稿では送電側および受電側に共振コンデンサを1つずつ使用し，図1に示す4つの回路方式からシステム構成を検討する。なお，コンデンサ（C成分）やインダクタ（L成分）を複数利用することで回路特性を変更あるいは調整できるLCL回路方式やLCC回路方式なども提案されているが，素子数の増加に応じて共振条件および設計指針が複雑となるため，ここでは取り上げないこととする。

　まず，EVのワイヤレス給電では大電力伝送が要求されるため，損失による発熱を低減するために高効率動作が必要不可欠である。しかし，送電側および受電側の共振条件を満たす限り，図1に示す4つの回路方式における伝送効率の理論最大値 η_{max} はいずれも等しく，

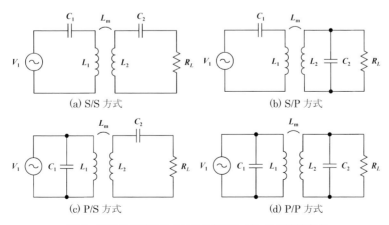

図1　磁界共振結合における共振コンデンサの接続方式

第2編　走行中ワイヤレス給電技術

$$\eta_{\max} = \frac{k^2 Q_1 Q_2}{\left(1 + \sqrt{1 + k^2 Q_1 Q_2}\right)^2} \tag{1}$$

で与えられる。ここで，k は送受電コイルの結合係数，$Q_i (i = 1, 2)$ は送受電コイルの Q 値であり，

$$k = \frac{L_m}{\sqrt{L_1 L_2}} \tag{2}$$

$$Q_i = \frac{\omega_0 L_i}{R_i} \quad (i = 1, 2) \tag{3}$$

で表される。各パラメータは図1に示す通りであり，ω_0 は電源の動作角周波数である。

　式(1)より，WPT システムの高効率動作を実現するためには k および Q_i が大きくなるように送受電コイルを設計することが重要となる。しかし，走行中ワイヤレス給電ではシステムの構成上，k を大きく設計することが難しいため，Q_i の大きい送受電コイルを利用すべきである。

1.2　伝送効率を最大化する最適負荷

　次に，具体的な動作条件に応じて回路方式を選択する。図1に示す4つの回路方式の理論最大効率は一致するが，伝送効率を最大化する条件は各方式で異なる。特に，最大伝送効率を得るためには負荷条件の最適化が必要であり，最適な等価抵抗値となる最適負荷を接続しなければならず，この値がアプリケーションに対して適していなければならない。

　EV のワイヤレス給電では大電力伝送が要求される一方で，安全性を考慮するとあまり高い電圧（例えば，直流で 750 V，交流で 600 V 以上の高圧）を使用することは難しく，現在の EV の仕様を考えてもこの範囲での運用が適切と考えられる。したがって，大電力を得るためには大電流を扱う必要があり，数 kW～数十 kW 程度の電力要求を満たすときの等価的な負荷抵抗値は数Ω～数十Ω程度となる。

　各方式における最適負荷の大きさは回路パラメータによって多少変動するが，傾向は概ね表1に示す通りである。また，後述する電力変換回路を用いた等価抵抗変換も利用できるが，変換比が大きくなると電力変換回路の効率が低下するため，なるべく負荷の等価抵抗値と最適負荷値が近い方式を選ぶべきである。したがって，EV のワイヤレス給電では S/S 方式または P/S 方式であれば最大伝送効率を得やすい。

表 1　磁界共振結合における回路方式の比較

	S/S 方式	S/P 方式	P/S 方式	P/P 方式
最適負荷	小（数～数十Ω）	大（数 k～数十 kΩ）	小（数～数十Ω）	大（数 k～数十 kΩ）
共振条件 （C の設計値）	k によらない	k に依存	k に依存	k に依存

（k：送受電コイルの結合係数，C：共振コンデンサの静電容量）

1.3 走行中ワイヤレス給電への適用

次に，各回路方式の共振条件に着目する。磁界共振結合方式の高効率かつ大電力伝送が可能な特性は共振条件を満たすことで実現されるため，送受電器の共振周波数を定める共振コンデンサの静電容量を適切に設計しなければならない。

しかし，走行中ワイヤレス給電では送電コイルと受電コイルの位置関係が常に変化するため，送受電コイル間の結合係数 k は一定とならず，クルマの走行に応じて変化する。このとき，設計すべき共振コンデンサの静電容量が k によって変化してしまうと，可変コンデンサあるいは切替回路が必要となり，システムが煩雑となってしまう。しかし，S/S 方式の回路構成では共振条件が k に依存せず，

$$\omega_0 = \frac{1}{\sqrt{L_1 C_1}} = \frac{1}{\sqrt{L_2 C_2}} \tag{4}$$

として与えられる。

したがって，S/S 方式の磁界共振結合 WPT では各共振コンデンサの静電容量 C_1, C_2 を送受電コイルの自己インダクタンス L_1, L_2 から設計できるため，最もシンプルで使いやすく，ここでは S/S 方式の回路構成を採用して検討する。

1.4 S/S方式における最適負荷

S/S 方式の磁界共振結合 WPT における基本的な回路特性を理解するため，**図2**に示すT型等価回路を利用する[1]。式(4)の共振条件を仮定すれば，回路解析に寄与するパラメータは送受電コイルの内部抵抗 R_1, R_2，相互インダクタンス L_m，等価負荷抵抗 R_L のみとなる。

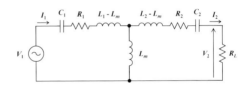

図2　S/S方式の磁界共振結合によるワイヤレス電力伝送のT型等価回路

図2の回路解析より，送電側と受電側の電圧比 A_V および電流比 A_I は

$$A_V = \frac{V_2}{V_1} = \frac{\omega_0 L_m R_L}{R_1 R_2 + R_1 R_L + (\omega_0 L_m)^2} \tag{5}$$

$$A_I = \frac{I_2}{I_1} = \frac{\omega_0 L_m}{R_2 + R_L} \tag{6}$$

と計算でき，伝送効率 η は

$$\eta = \frac{V_2 \cdot I_2}{V_1 \cdot I_1} = A_V \cdot A_I = \frac{(\omega_0 L_m)^2 R_L}{(R_2 + R_L)\{R_1 R_2 + R_1 R_L + (\omega_0 L_m)^2\}} \tag{7}$$

として与えられる（共振条件より力率1のため，各電圧・電流の実効値のみ利用している）。

したがって，伝送効率 η は等価負荷抵抗 R_L によって変化し，この特性を**図3**に示す。ここ

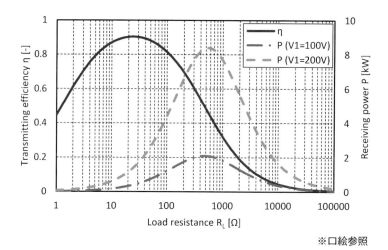

※口絵参照

図3　S/S方式の磁界共振結合によるワイヤレス電力伝送の伝送効率

で，最大伝送効率$\eta_{\max}$はある最適負荷抵抗$R_{L\eta\max}$によって与えられ，

$$R_{L\eta\max} = \sqrt{R_2\left\{\frac{(\omega_0 L_m)^2}{R_1} + R_2\right\}} \quad (8)$$

を満たすことで最大効率動作を実現できる[2]。

なお，図3のPは受電電力を示しているが，ηとPのピークは一致していないことがわかる。これらの特性は回路パラメータに大きく依存するが，傾向は概ね一致する。ここでは受電電力Pに関する詳細は割愛し，伝送効率ηに着目して議論を進める。

2 受電側制御による最適負荷の実現

2.1 電力変換回路による等価抵抗変換

EVの走行中ワイヤレス給電では送受電コイルの結合変化に加えて，実際の負荷も大きく変動することが想定される。したがって，式(8)に示した最適負荷を常に満たすように等価抵抗値を受電側で適切に制御しなければならない。ここでは，受電側の電力変換回路を用いて等価的な負荷抵抗値を変換する手法を紹介する(図4)。

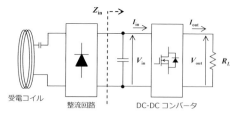

図4　受電側の電力変換回路による等価抵抗変換

まず，整流回路の後段に昇圧コンバータ(入力電圧V_{in}＜出力電圧V_{out})を用いた場合の動作例を示す。電力変換回路の損失を無視すれば，エネルギー保存則から

$$V_{in}I_{in} = V_{out}I_{out} \quad (9)$$

が成り立つため，昇圧コンバータの出力電流I_{out}は入力電流I_{in}に対して小さくなる。このとき，電力変換回路の入出力電圧・電流の関係から

$$\frac{V_{\text{in}}}{I_{\text{in}}} \leq \frac{V_{\text{out}}}{I_{\text{out}}} \tag{12}$$

が得られる．ここで，電力変換回路の出力に接続される等価負荷抵抗 R_L は

$$R_L = \frac{V_{\text{out}}}{I_{\text{out}}} \tag{10}$$

となり，電力変換回路の入力から見た等価負荷抵抗 Z_{in} は

$$Z_{\text{in}} = \frac{V_{\text{in}}}{I_{\text{in}}} \tag{11}$$

と記述できるため，WPT システムの整流回路に接続される等価負荷抵抗 Z_{in} は

$$Z_{\text{in}} \leq R_L \tag{13}$$

となる．

　したがって，電力変換回路として昇圧コンバータを用いた場合には WPT システムに接続される等価負荷抵抗 Z_{in} を実際の負荷抵抗 R_L よりも小さく見せることができ，同様にして降圧コンバータや昇降圧コンバータを用いた場合には表2に示す範囲で等価的な負荷抵抗値を変換できる[3]．

　以上の検討より，実際の等価負荷抵抗 R_L が最適負荷抵抗 $R_{L\eta\max}$ より大きければ昇圧コンバータ，R_L が $R_{L\eta\max}$ より小さければ降圧コンバータ，R_L が $R_{L\eta\max}$ をまたいで大きく変化する場合には昇降圧コンバータを用いることで最適負荷抵抗 $R_{L\eta\max}$ を実現できる．ただし，昇圧動作として入出力電圧比を無限大まで上げることは不可能であるため，実用上動作可能な範囲内で利用しなければならない．

2.2　定電圧負荷へのワイヤレス給電

　これまで，S/S 方式の磁界共振結合 WPT における基本的な回路特性を理解するために等価的な負荷抵抗 R_L を用いて解析してきたが，実際のアプリケーションでは抵抗負荷を使うことはほとんどない．そのため，ここでは定電圧負荷へのワイヤレス給電について検討する．特に，EV のワイヤレス給電であれば最終的な負荷はバッテリーとなることが多いほか，走行中ワイヤレス給電でも外部回路によって受電側電圧を安定化する場合には定電圧負荷として解析できる．

表2　電力変換回路を用いた等価抵抗変換の動作可能範囲

電力変換回路	昇圧コンバータ	降圧コンバータ	昇降圧コンバータ
入出力電圧比（$V_{\text{out}}/V_{\text{in}}$）	1 より大きい	1 より小さい	1 をまたいでどちらも可
変換可能領域（実際は限界がある）	$0 < Z_{\text{in}} \leq R_L$	$R_L \leq Z_{\text{in}} < \infty$	$0 < Z_{\text{in}} < \infty$

まず，想定するワイヤレス給電システムを図5に示す。送電側インバータは矩形波電圧駆動させ，動作周波数を送受電器の共振周波数に一致させる。ここで，受電側のダイオード整流回路を介して定電圧負荷に接続するとき，受電側電圧は整流後の直流リンク電圧 V_{dc} を振幅とする矩形波になることが知られている[4]。したがって，送電側電圧および受電側電圧の基本波実効値 V_1, V_2 はフーリエ級数展開より

$$V_1 = \frac{2\sqrt{2}}{\pi} V_S \tag{14}$$

$$V_2 = \frac{2\sqrt{2}}{\pi} V_{dc} \tag{15}$$

と表せる。ここで，V_S は送電側の電源電圧であり，ダイオードの順方向電圧は十分小さいとして無視している。

次に，最適負荷を満たす受電側電圧 $V_{2\eta\max}$ を求める。送受電間の電圧比 A_V は送電側電圧 V_1 と受電側電圧 V_2 の比であり，最適負荷 $R_{L\eta\max}$ は式(8)で与えられるため，伝送効率を最大化する $V_{2\eta\max}$ は式(5)，(8)より，

$$V_{2\eta\max} = \sqrt{\frac{R_2}{R_1}} \frac{\omega_0 L_m}{\sqrt{R_1 R_2 + (\omega_0 L_m)^2} + \sqrt{R_1 R_2}} V_1 \tag{16}$$

と求められる[5]。ここで，(14)，(15)式を(16)式に代入すると，最適負荷を満たす整流後の直流リンク電圧 $V_{dc\eta\max}$ は

$$V_{dc\eta\max} = \sqrt{\frac{R_2}{R_1}} \frac{\omega_0 L_m}{\sqrt{R_1 R_2 + (\omega_0 L_m)^2} + \sqrt{R_1 R_2}} V_S \tag{17}$$

と表せるため，整流後の直流リンク電圧 V_{dc} を適切に制御すれば最大効率動作を実現できる。

なお，常に最適負荷を満たすためには受電側制御によって $V_{dc}=V_{dc\eta\max}$ となるように追従させればよいが，式(17)で示される $V_{dc\eta\max}$ は送受電コイルの相互インダクタンス L_m によって変化するため，走行中ワイヤレス給電においては一定の値とならない。そのため，EV 側では走

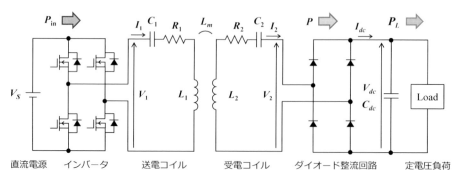

図5　定電圧負荷へのワイヤレス給電

行中に相互インダクタンス L_m をリアルタイムで推定し，式(17)に基づいて制御目標値となる $V_{dc\eta\max}$ を適切に計算しなければならない．また，EV がコイル上を通過するよりも早く目標値に追従できなければ制御する意味がないため，高応答な制御系設計が重要となる．

3 相互インダクタンスのリアルタイム推定

3.1 相互インダクタンスの推定式

ここでは EV 側だけの情報を利用したリアルタイム L_m 推定法を示す．なお，本稿で示す制御系設計では送電設備と EV 間での通信は行わず，通信の遅れや断絶などに影響されない，高速かつ安定した制御系の実装を目指す．

まず，相互インダクタンス L_m の推定式を導出するため，EV 側で取得可能な受電側電流 I_2 に着目する．式(4)に示す共振条件を満たすとき，図2および図5の回路方程式は送電側および受電側の電圧・電流の位相条件に注意して

$$
\begin{bmatrix} V_1 \\ jV_2 \end{bmatrix} = \begin{bmatrix} R_1 & j\omega_0 L_m \\ j\omega_0 L_m & R_2 \end{bmatrix} \begin{bmatrix} I_1 \\ -jI_2 \end{bmatrix}
\tag{18}
$$

と記述できる．このとき，送電側電流 I_1 と受電側電流 I_2 は

$$
\begin{bmatrix} I_1 \\ -jI_2 \end{bmatrix} = \begin{bmatrix} R_1 & j\omega_0 L_m \\ j\omega_0 L_m & R_2 \end{bmatrix}^{-1} \begin{bmatrix} V_1 \\ V_2 \end{bmatrix}
\tag{19}
$$

として計算できるため，

$$
I_1 = \frac{R_2 V_1 + \omega_0 L_m V_2}{R_1 R_2 + \left(\omega_0 L_m\right)^2}
\tag{20}
$$

$$
I_2 = \frac{\omega_0 L_m V_1 - R_1 V_2}{R_1 R_2 + \left(\omega_0 L_m\right)^2}
\tag{21}
$$

が得られる．ここでは EV 側から L_m を推定するため，受電側電流 I_2 の理論式を利用する．

送電設備の簡単化のため，送電側電圧 V_1 が一定であると仮定すれば，相互インダクタンスの推定値 $\hat{L}_m$ は式(21)から

$$
\hat{L}_m = \frac{V_1 \pm \sqrt{V_1^2 - 4R_1 I_2 \left(V_2 + R_2 I_2\right)}}{2\omega_0 I_2}
\tag{22}
$$

として求められる．ここで，式(22)は2つの解を持つが，走行中ワイヤレス給電に適用される範囲では値が大きくなる方の解を利用すればよい[6]．したがって，EV 側において受電側電圧 V_2 および受電側電流 I_2 を測定すれば $\hat{L}_m$ を計算できる．

ここで，L_m の推定式は定常状態における回路方程式より導出していることに注意しなければならない．つまり，WPT システムの受電側電流が過渡状態にあるときには式(22)の推定式を

— 273 —

第2編　走行中ワイヤレス給電技術

利用することはできない。しかし，WPT システムの過渡応答は EV の走行による L_m 変化に対して十分に早いため，受電側電流の過渡応答を無視しても問題とはならない。したがって，式(22)を用いた L_m 推定はリアルタイム性を失わず，走行中ワイヤレス給電にも応用可能である。

また，式(22)を用いた L_m 推定では V_2 および I_2 の測定に交流センサが必要となるが，整流後の直流リンク電圧・電流を用いた L_m 推定も可能である。全波整流後の平均電流 I_{dc}（直流電流）は式(14), (15), (21)より

$$I_{dc} = \frac{2\sqrt{2}}{\pi} I_2 = \frac{2\sqrt{2}}{\pi} \frac{\omega_0 L_m V_1 - R_1 V_2}{R_1 R_2 + (\omega_0 L_m)^2} = \frac{8}{\pi^2} \frac{\omega_0 L_m V_S - R_1 V_{dc}}{R_1 R_2 + (\omega_0 L_m)^2} \tag{23}$$

で与えられるため，相互インダクタンスの推定値 $\hat{L}_m$ は

$$\hat{L}_m = \frac{4V_S \pm \sqrt{16{V_S}^2 - \pi^2 R_1 I_{dc}\left(8V_{dc} + \pi^2 R_2 I_{dc}\right)}}{\pi^2 \omega_0 I_{dc}} \tag{24}$$

と求められる。ここで，V_{dc}, I_{dc} は直流センサの測定値から計算でき，交流側で電圧・電流を測定することなく，L_m を推定可能である。

3.2　逐次最小二乗法によるノイズ処理

L_m 推定では電圧・電流センサによって取得した測定値を利用するため，観測ノイズなどの影響を低減するために逐次最小二乗法によるノイズ処理を行う。制御工学の分野ではシステム同定やパラメータ推定における誤差を低減する手法が数多く提案されており，逐次最小二乗法もそのうちの1つである。また，最小二乗法は一括処理式と逐次式が存在するが，走行中ワイヤレス給電ではリアルタイム性が要求されるため，ここではオンライン処理が可能な逐次最小二乗法を採用している。

ここで，出力 $y[i]$，リグレッサー $\phi[i]$ を式(24)より，

$$y[i] = 4V_S + \sqrt{16{V_S}^2 - \pi^2 R_1 I_{dc}[i]\left(8V_{dc}[i] + \pi^2 R_2 I_{dc}[i]\right)} \tag{25}$$

$$\varphi[i] = \pi^2 \omega_0 I_{dc}[i] \tag{26}$$

と定義する。$y[i]$, $\phi[i]$ の決め方は任意であるが，ここではわかりやすく式(24)の分母と分子で分けている。i は今のサンプル点を示しており，$i-1$ は1つ前のサンプル点として用いる。

このとき，$L_m[i]$, $\varepsilon[i]$, $P[i]$ を以下の式に基づいて逐次更新し，過去の推定値に基づいて L_m の推定結果を統計的に修正する。

$$\hat{L}_m[i] = \hat{L}_m[i-1] + \frac{\varphi[i]P[i-1]}{\lambda + \varphi[i]^2 P[i-1]} \varepsilon[i] \tag{27}$$

$$\varepsilon[i] = y[i] - \varphi[i]\hat{L}_m[i-1] \tag{28}$$

— 274 —

$$P[i] = \frac{1}{\lambda}\left\{P[i-1] + \frac{\varphi[i]^2 P[i-1]^2}{\lambda + \varphi[i]^2 P[i-1]}\right\} \quad (29)$$

ここで，λ は忘却係数を示しており，過去の情報を指数的に忘却させることで，新しいデータの重みを大きくし，古いデータの重みを小さくしている（図6）。ここでは $\lambda = 0.95$ とし，$20(=1/(1-\lambda))$ 個以上過去のデータに対する重みが 0.3 以下となるように設計している。また，それぞれの初期値は $L_m[0] = 0$, $P[0] = 1$ として与える。

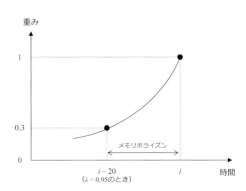

図6 忘却係数を用いた指数的忘却

4 高応答化を実現する制御系設計

前述のリアルタイム L_m 推定によって制御目標値である $V_{dc\eta\max}$ を演算できるため，ここでは高応答な電圧制御系の設計手法について示す。主にフィードバック制御器の設計法について示し，制御対象（プラント）のモデルに基づいて理論的に制御器を設計するモデルベースの設計手法を紹介する。

制御器設計では DC-DC コンバータのモデル化（伝達関数モデルの導出），フィードバック制御器を含む閉ループ系の極配置設計（極配置法による制御器設計），プログラムによる制御器の実装（制御器のデジタル再設計）を行う。

4.1 DC-DC コンバータのモデル化（状態空間平均化法）

まず，DC-DC コンバータの回路図を図7に示す。本項では上側スイッチ S_1 のデューティ比を $d(t)$ と定義する。ここではモデルの簡単化のため，S_1, S_2 の各スイッチを相反的に動作させることで，インダクタ電流が常に流れる電流連続モードとして解析を行う。これより，DC-DC コンバータの動作モードは図8に示す2通りの回路図で表現できる。

次に，各動作モードに対して状態方程式を導出し，状態空間平均化法を用いて DC-DC コンバータのモデル化を行う。回路方程式より，図8(a) の状態方程式は

$$\frac{d}{dt}\begin{bmatrix} i_L(t) \\ v_{dc}(t) \end{bmatrix} = \begin{bmatrix} -\dfrac{r}{L} & \dfrac{1}{L} \\ -\dfrac{1}{C} & 0 \end{bmatrix}\begin{bmatrix} i_L(t) \\ v_{dc}(t) \end{bmatrix} + \begin{bmatrix} -\dfrac{1}{L} & 0 \\ 0 & \dfrac{1}{C} \end{bmatrix}\begin{bmatrix} E \\ i_{dc}(t) \end{bmatrix} \quad (30)$$

と表すことができ，図8(b) の状態方程式は

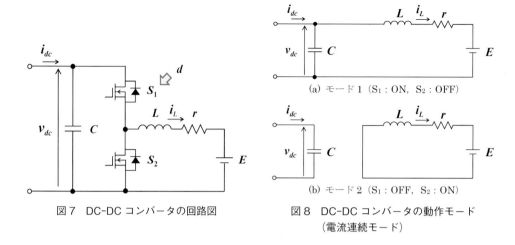

図7 DC-DCコンバータの回路図　　図8 DC-DCコンバータの動作モード（電流連続モード）

$$\frac{d}{dt}\begin{bmatrix} i_L(t) \\ v_{dc}(t) \end{bmatrix} = \begin{bmatrix} -\dfrac{r}{L} & 0 \\ 0 & 0 \end{bmatrix}\begin{bmatrix} i_L(t) \\ v_{dc}(t) \end{bmatrix} + \begin{bmatrix} -\dfrac{1}{L} & 0 \\ 0 & \dfrac{1}{C} \end{bmatrix}\begin{bmatrix} E \\ i_{dc}(t) \end{bmatrix} \tag{31}$$

と求められる。

ここで，デューティ比 $d(t)$ は $0 \leq d(t) \leq 1$ であり，図8(a)の動作モードとなる割合は $d(t)$，図8(b)の動作モードとなる割合は $1-d(t)$ となる。したがって，デューティ比 $d(t)$ に応じて重み付けし，これらを平均化した状態方程式は式(30)の $d(t)$ 倍および式(31)の $(1-d(t))$ 倍を足し合わせて

$$\frac{d}{dt}\begin{bmatrix} i_L(t) \\ v_{dc}(t) \end{bmatrix} = \begin{bmatrix} -\dfrac{r}{L} & \dfrac{d(t)}{L} \\ -\dfrac{d(t)}{C} & 0 \end{bmatrix}\begin{bmatrix} i_L(t) \\ v_{dc}(t) \end{bmatrix} + \begin{bmatrix} -\dfrac{1}{L} & 0 \\ 0 & \dfrac{1}{C} \end{bmatrix}\begin{bmatrix} E \\ i_{dc}(t) \end{bmatrix} \tag{32}$$

として得られる。これを一般化して表すと

$$\frac{d}{dt}\boldsymbol{x}(t) = \boldsymbol{A}(d(t))\boldsymbol{x}(t) + \boldsymbol{B}\boldsymbol{u}(t) \tag{33}$$

$$v_{dc}(t) = \boldsymbol{c}\boldsymbol{x}(t) \tag{34}$$

$$\boldsymbol{A} := \begin{bmatrix} -\dfrac{r}{L} & \dfrac{d(t)}{L} \\ -\dfrac{d(t)}{C} & 0 \end{bmatrix} \quad \boldsymbol{B} := \begin{bmatrix} -\dfrac{1}{L} & 0 \\ 0 & \dfrac{1}{C} \end{bmatrix} \quad \boldsymbol{c} := \begin{bmatrix} 0 & 1 \end{bmatrix}$$

$$\boldsymbol{x}(t) := \begin{bmatrix} i_L(t) & v_{dc}(t) \end{bmatrix}^T, \quad \boldsymbol{u}(t) := \begin{bmatrix} E & i_{dc}(t) \end{bmatrix}^T$$

と記述できる。なお，このモデルは非線形であるため，定常状態である平衡点とその周りの微小変動を用いて線形化を行う。

4.2　モデルの線形化（小信号モデルの導出）

$i_L(t)$，$v_{dc}(t)$，$i_{dc}(t)$，$d(t)$の平衡点をI_L, V_{dc}, I_{dc}, D，これらの微小変動を$\Delta i_L(t)$，$\Delta v_{dc}(t)$，$\Delta i_{dc}(t)$，$\Delta d(t)$とするとき，これらの関係式は

$$i_L(t) := I_L + \Delta i_L(t), \quad v_{dc}(t) := V_{dc} + \Delta v_{dc}(t)$$

$$i_{dc}(t) := I_{dc} + \Delta i_{dc}(t), \quad d(t) := D + \Delta d(t)$$

と表現できる。これらを式(33)に代入し，下記の点に注意して解析を行う。

① 定常値の微分は0である。

② 微小変動と微小変動の積は0と近似する。

③ 定常状態の解析から，平衡点は次の2式を満たす。

$$I_L = \frac{I_{dc}}{D} \tag{35}$$

$$V_{dc} = \frac{ED - rI_{dc}}{D^2} \tag{36}$$

以上を考慮して展開すると，微小変動を用いた小信号モデルは

$$\frac{d}{dt}\Delta \boldsymbol{x}(t) = \Delta \boldsymbol{A}\Delta \boldsymbol{x}(t) + \Delta \boldsymbol{B}\Delta \boldsymbol{u}(t) \tag{37}$$

$$\Delta v_{dc}(t) = \Delta \boldsymbol{c}\Delta \boldsymbol{x}(t) \tag{38}$$

$$\Delta \boldsymbol{A} := \begin{bmatrix} -\dfrac{r}{L} & \dfrac{D}{L} \\ -\dfrac{D}{C} & 0 \end{bmatrix} \quad \Delta \boldsymbol{B} := \begin{bmatrix} \dfrac{V_{dc}}{L} & 0 \\ -\dfrac{I_L}{C} & \dfrac{1}{C} \end{bmatrix} \quad \Delta \boldsymbol{c} := \begin{bmatrix} 0 & 1 \end{bmatrix}$$

$$\boldsymbol{x}(t) := \boldsymbol{X} + \Delta \boldsymbol{x}(t), \quad \boldsymbol{X} := \begin{bmatrix} I_L & V_{dc} \end{bmatrix}^T, \quad \Delta \boldsymbol{x}(t) := \begin{bmatrix} \Delta i_L(t) & \Delta v_{dc}(t) \end{bmatrix}^T$$

$$\boldsymbol{u}(t) := \boldsymbol{U} + \Delta \boldsymbol{u}(t), \quad \boldsymbol{U} := \begin{bmatrix} D & I_{dc} \end{bmatrix}^T, \quad \Delta \boldsymbol{u}(t) := \begin{bmatrix} \Delta d(t) & \Delta i_{dc}(t) \end{bmatrix}^T$$

として求められる。

4.3　ワイヤレス電力伝送の特性を利用したモデル化[7]

DC-DCコンバータの小信号モデルは式(37)，(38)として求められるが，$\Delta i_{dc}(t)$は直接制御できないため，外乱として扱わなければならない。しかし，S/S方式の磁界共振結合WPTの回路

第2編　走行中ワイヤレス給電技術

解析より，$\Delta i_{dc}(t)$ を ΔA の中に含めることができる。

　ここで，整流後の受電側電流 $i_{dc}(t)$ は式(23)と同様に

$$i_{dc}(t) = \frac{2\sqrt{2}}{\pi} i_2(t) = \frac{2\sqrt{2}}{\pi} \frac{\omega_0 L_m V_1 - R_1 v_2(t)}{R_1 R_2 + (\omega_0 L_m)^2} = \frac{8}{\pi^2} \frac{\omega_0 L_m V_S - R_1 v_{dc}(t)}{R_1 R_2 + (\omega_0 L_m)^2} \tag{39}$$

と表せるため，微小変動 $\Delta i_{dc}(t)$ に着目すると

$$\Delta i_{dc} = -\frac{8}{\pi^2} \frac{R_1}{R_1 R_2 + (\omega_0 L_m)^2} \Delta v_{dc} \tag{40}$$

を得る。これを式(37)に代入して状態方程式を整理すると

$$\frac{d}{dt} \Delta \boldsymbol{x}(t) = \Delta \boldsymbol{A} \Delta \boldsymbol{x}(t) + \Delta \boldsymbol{B} \Delta u(t) \tag{41}$$

$$\Delta v_{dc}(t) = \Delta \boldsymbol{c} \Delta \boldsymbol{x}(t) \tag{42}$$

$$\Delta \boldsymbol{A} := \begin{bmatrix} -\dfrac{r}{L} & \dfrac{D}{L} \\ -\dfrac{D}{C} & -\dfrac{8}{\pi^2} \dfrac{R_1}{C\{R_1 R_2 + (\omega_0 L_m)^2\}} \end{bmatrix} \quad \Delta \boldsymbol{B} := \begin{bmatrix} \dfrac{V_{dc}}{L} \\ -\dfrac{I_L}{C} \end{bmatrix} \quad \Delta \boldsymbol{c} := \begin{bmatrix} 0 & 1 \end{bmatrix}$$

$$\boldsymbol{x}(t) := \boldsymbol{X} + \Delta \boldsymbol{x}(t), \quad \boldsymbol{X} := \begin{bmatrix} I_L & V_{dc} \end{bmatrix}^T, \quad \Delta \boldsymbol{x}(t) := \begin{bmatrix} \Delta i_L(t) & \Delta v_{dc}(t) \end{bmatrix}^T$$

$$u(t) := U + \Delta u(t), \quad U := D, \quad \Delta u(t) := \Delta d(t)$$

が得られ，小信号モデルの入力を 2 変数から 1 変数に変換できる。

4.4　伝達関数 $\Delta P_v(s)$ の計算と平衡点の導出

　以上の解析より，DC-DC コンバータの小信号モデルが得られたため，ここでは状態空間表現から伝達関数表現に変換する。伝達関数モデル $\Delta P_v(s)$ は式(41), (42)より，

$$\Delta P_v(s) = \Delta C(sI - \Delta A)^{-1} \Delta B \tag{43}$$

として与えられるため，$\Delta d(s)$ から $\Delta v_{dc}(s)$ までの伝達関数 $\Delta P_v(s)$ は

$$\Delta P_v(s) = \frac{\Delta v_{dc}}{\Delta d} = \frac{b_{p1} s + b_{p0}}{s^2 + a_{p1} s + a_{p0}} \tag{44}$$

$$b_{p1} := -\frac{I_L}{C}, \quad b_{p0} := -\frac{D V_{dc} + r I_L}{LC}$$

$$a_{p1} := \frac{r}{L} + \frac{8}{\pi^2} \frac{R_1}{C\left\{R_1 R_2 + (\omega_0 L_m)^2\right\}}, \quad a_{p0} := \frac{1}{LC}\left\{D^2 + \frac{8}{\pi^2} \frac{rR_1}{R_1 R_2 + (\omega_0 L_m)^2}\right\}$$

と計算できる。しかし，式(44)は平衡点を含むため，これらを適切に計算しなければならない。

まず，V_{dc} は $V_{dc\eta\max}$ を目標値とするため

$$V_{dc} = V_{dc\eta\max} = \sqrt{\frac{R_2}{R_1}} \frac{\omega_0 L_m}{\sqrt{R_1 R_2 + (\omega_0 L_m)^2} + \sqrt{R_1 R_2}} V_S \tag{45}$$

として与える。次に，I_{dc} は式(39)より

$$I_{dc} = \frac{8}{\pi^2} \frac{\omega_0 L_m V_S - R_1 V_{dc}}{R_1 R_2 + (\omega_0 L_m)^2} \tag{46}$$

と計算できる。残りの平衡点 D, I_L は DC-DC コンバータの制約条件である式(35), (36)より，

$$D = \frac{E + \sqrt{E^2 - 4rV_{dc}I_{dc}}}{2V_{dc}} \tag{47}$$

$$I_L = \frac{I_{dc}}{D} \tag{48}$$

と求められる。ここで，D は二つの解を持つが，$0 \leq D \leq 1$ かつ値が大きい方を利用する。以上の検討より，平衡点の計算および小信号モデルが得られたため，これらに基づいてフィードバック制御器を設計する。

4.5 極配置法による制御器設計

本項では極配置法を用いてフィードバック制御器を設計し，閉ループ系の極を任意に与える手法を紹介する。プラントモデル（制御対象，ここでは DC-DC コンバータ）は式(44)より 2 次の伝達関数で表されるため，閉ループ系の極を任意に決定するために式(49)に示す PID 制御器を利用する（ここでは τ_D も設計パラメータとする）。

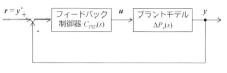

図9 フィードバック制御系の構成

$$C_{PID}(s) = K_P + \frac{K_I}{s} + \frac{K_D s}{\tau_D s + 1} = \frac{b_{c2}s^2 + b_{c1}s + b_{c0}}{s^2 + a_{c1}s} \tag{49}$$

このとき，閉ループ系（フィードバック制御系，図9）における目標値 r から制御量 y までの伝達関数は

$$\frac{y}{r} = \frac{B_{cl}(s)}{A_{cl}(s)} = \frac{C_{PID}(s)\Delta P_v(s)}{1+C_{PID}(s)\Delta P_v(s)} = \frac{N_c(s)N_p(s)}{D_c(s)D_p(s)+N_c(s)N_p(s)} \quad (50)$$

と求められるため，閉ループ系の極は特性多項式 $A_{cl}(s)$ で決定される。ここで，$\omega\,[\mathrm{rad/s}]$ に 4 重根を持つように極配置をするとき，特性方程式は

$$A_{cl}(s) = (s+\omega)^4 \quad (51)$$

を満たせばよいため，式(50)の $A_{cl}(s)$ と式(51)が一致するように制御器の各ゲインを設計する。このとき，シルベスタ行列は

$$\begin{bmatrix} 1 & 0 & 0 & 0 & 0 \\ a_{p1} & 1 & b_{p1} & 0 & 0 \\ a_{p0} & a_{p1} & b_{p0} & b_{p1} & 0 \\ 0 & a_{p0} & 0 & b_{p0} & b_{p1} \\ 0 & 0 & 0 & 0 & b_{p0} \end{bmatrix} \begin{bmatrix} 1 \\ a_{c1} \\ b_{c2} \\ b_{c1} \\ b_{c0} \end{bmatrix} = \begin{bmatrix} 1 \\ 4\omega \\ 6\omega^2 \\ 4\omega^3 \\ \omega^4 \end{bmatrix} \quad (52)$$

と記述されるため，PID 制御器の各ゲイン a_{c1}, b_{c2}, b_{c1}, b_{c0} はプラントモデルの各係数 a_{p1}, a_{p0}, b_{p1}, b_{p0} および任意の極 ω によって一意に設計できる。

なお，極配置法によって設計したフィードバック制御器は連続時間系で与えられるため，マイコンや DSP といった計算機に実装する際には制御器の離散化（デジタル再設計）が必要となる。このとき，連続時間系から離散時間系に変換する手法は数多く存在するが，本節では離散化誤差が少ない Tustin 変換（双一次変換）を利用して実装する。

4.6 リアルタイム最大効率制御の全体像

以上の検討より，リアルタイム最大効率制御に必要となる L_m 推定および高応答な電圧制御系を設計できたため，これらをまとめたリアルタイム最大効率制御のブロック線図を図 10 に示す。

まず，EV の走行に応じて変化する相互インダクタンス L_m を直流リンク電圧 v_{dc} および整流

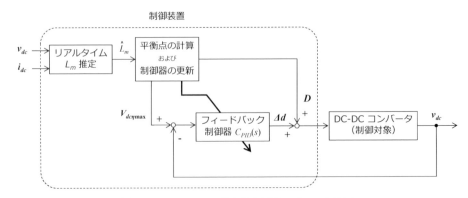

図 10　リアルタイム最大効率制御のブロック線図

後の受電側電流 i_{dc} からリアルタイムに推定し，制御目標値 $V_{dc\eta\max}$ を計算する。このとき，同様にして4つの平衡点を計算し，フィードバック制御器の更新を行う。

ここで，平衡点 D はフィードバック制御器の更新以外に DC–DC コンバータの動作点を与える「フィードフォワード制御器」としても利用している。そのため，平衡点の計算を0次のフィードフォワード制御器とすれば，図10に示す制御系は2自由度制御系としてみなせる。なお，一般的にはフィードフォワード制御器も次数を持っており，フィードバック制御器と合わせて利用することで目標値追従特性および外乱抑圧特性のトレードオフに制限されることなく，制御性能を向上させることが可能になる。

5 実験検証

5.1 模擬システムの構築

5.1.1 コイル可動装置

EV の走行中ワイヤレス給電における受電コイルの移動を模擬する試験装置を**図11(a)**に示す。本装置は実際に想定されるシステムの1/3スケール相当として設計しており，受電コイルの移動速度は 20 km/h 程度まで模擬できる仕様となっている。また，受電コイルの移動はサーボモータを用いたベルトドライブによって実現しており，移動速度は装置の全長およびモータの定格出力などによって制約される。

受電コイルの移動は図11(b)に示すサーボパックを用いて制御しており，速度指令値はDSP（PE-PRO/F28335A, Myway）から与えている。速度軌道は台形軌道として実装しており，受電コイルが送電コイル上を通過する際に一定速度となるように設定している。なお，加減速時の実験も可能であるが，これらの動作は模擬したい実験条件に応じて適切な速度軌道を設計すればよい。

本装置を利用する最大の利点は再現性のある実験環境を構築できることにあり，走行中ワイヤレス給電における制御動作の振る舞いや提案手法の有効性を理論と実験の両方から確認できる。また，静的なシステムでは観測できない新たな課題の抽出や実車試験に至るまでの基礎実験など，本装置を利用できる用途は幅広く，様々なケースで活用可能である。

5.1.2 送受電コイル

本装置で使用している送受電コイルを図11(c)に示す。送電コイルは進行方向に長い長方形コイルとし，受電コイルは EV 底部に設置されることを考慮したサイズとした（1/3スケール）。今回は一般的な KV 線を用いて簡易的に試作したが，交流抵抗の小さいリッツ線や送受電コイル間の結合を強めるフェライトなどを利用することで高効率化を実現できる。

しかし，今回の試作では走行中ワイヤレス給電における電力伝送動作および制御動作の振る舞いを確認することが目的であったため，各コンポーネントの最適化による高効率化は今後の課題とした。

第2編　走行中ワイヤレス給電技術

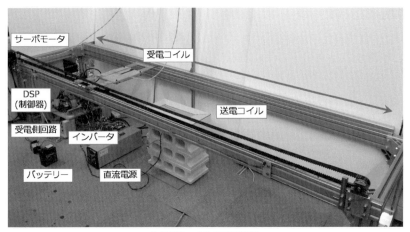

(a)受電コイルの可動装置

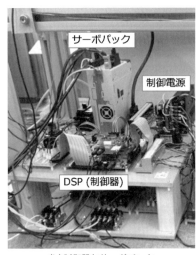

(b)制御器とサーボパック

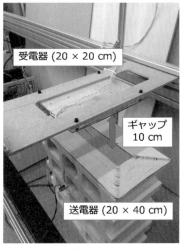

(c)送受電コイル

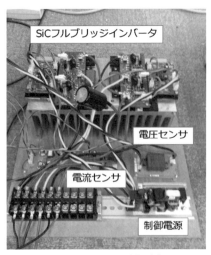

(d)SiC インバータ(送電側)

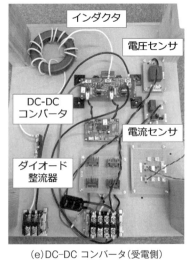

(e)DC-DC コンバータ(受電側)

※口絵参照

図11　走行中ワイヤレス給電の模擬システム

― 282 ―

5.1.3 電力変換回路

次に，試作した電力変換回路を図11(d)，(e)に示す。送電側インバータは比較的に高周波動作が必要なため，ここでは高速動作に適したSiC-MOSFETを用いて構築した。また，受電側はダイオード整流回路を用いて整流した電力をDC-DCコンバータ(降圧チョッパ)を介してバッテリーに給電する構成とした。

なお，受電側の整流回路も高速動作できるデバイスが求められるため，本装置ではショットキーバリアダイオード(Schottky-Barrier Diode：SBD)を選定している。ここで，50 W以下の基礎実験であればSi-SBDでも問題なく利用できるが，実車相当の大電力実験を行う場合にはSiC-SBDが必要となる。一方で，DC-DCコンバータは電力伝送部と比較してさほど周波数を上げないため，ここではSi-MOSFETを利用しており，必要に応じてSi-IGBTやSiC-MOSFETなどを選定すればよい。

5.2 実験条件

本実験で用いる走行中ワイヤレス給電システムの回路図を図12に示す。直流電源は18 V一定とし，送電側インバータは100 kHzで矩形波電圧駆動させた。このとき，受電コイルが受け取ったエネルギーはダイオード整流回路によって整流され，DC-DCコンバータを介してバッテリーに充電される。

受電コイルは20 km/hで送電コイル上に進入させ，結合係数kが0.05程度となったタイミングで送電側インバータを動作させた。また，受電コイルが送電コイル上を通過し，$k<0.05$となったタイミングでインバータを停止させることで，低効率時に大電流が流れることを防いでいる。受電側は電力を受け取ってすぐに結合係数$k(=L_m/\sqrt{L_1 L_2})$の推定を始め，伝送効率を最大化する制御目標値$V_{dc\eta\max}$に追従するようにDC-DCコンバータの制御を行う。

リアルタイムL_m推定に用いる直流リンクの電圧・電流v_{dc}およびi_{dc}は各センサで取得してDSPに接続しており，これらに基づいて$\hat{L}_m$を推定した。また，推定結果に応じて制御目標値$V_{dc\eta\max}$の計算および制御器の更新を行い，DC-DCコンバータのデューティ比を操作した。このとき，フィードバック制御器は閉ループ極が$s=-500$ rad/sに4重根を持つように各ゲインを設計しており，L_mの推定値に応じて適宜更新している。

本実験ではリアルタイム最大効率制御の有無による伝送効率を比較するため，DC-DCコンバータのデューティ比$d=0.95$一定とした場合(w/o control，制御なし)とリアルタイム最大

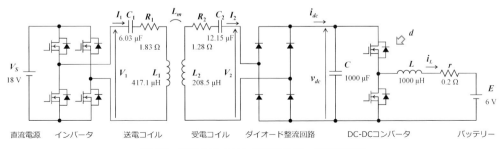

図12　走行中ワイヤレス給電に用いる実験回路

効率制御によって $V_{dc} = V_{dc\eta\max}$ に追従させた場合(w/ control，制御あり)について，それぞれ検証を行った。

5.3 実験結果

実験結果を図 13 に示す。図 13(a) より，結合係数 k の推定結果は真値に対して遅れることなく，リアルタイムに動作していることが確認できる。また，逐次最小二乗法を利用することで推定値のばらつきを抑制できており，高精度な推定結果が得られている。

図 13(b) は k の推定結果に応じて計算された制御目標値 $V_{dc\eta\max}$ と制御の有無による V_{dc} の変化を示しており，提案制御を実装した場合には V_{dc} を目標値付近に追従させることができている。ここで，追従までに若干の遅れが生じているが，数十 ms 程度の応答性を実現できている。図 13(c) は DC-DC コンバータのデューティ比 d を示しており，本項で設計した制御器によって適切に操作されているが，更なる高応答化を実現することで提案制御の適用範囲を拡大できると考えられる。

また，図 13(d) に示す伝送効率より，リアルタイム最大効率制御を実装することで約 10%

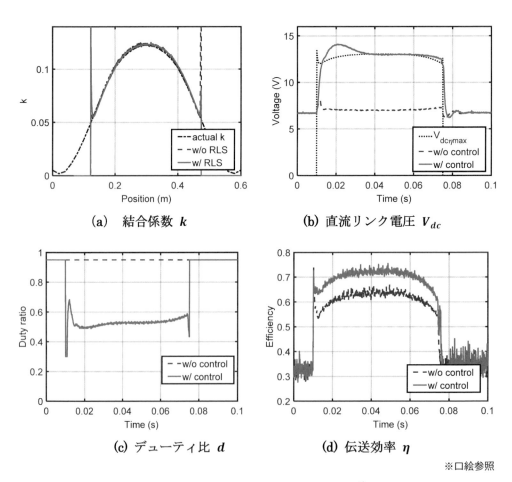

(a) 結合係数 k　　(b) 直流リンク電圧 V_{dc}

(c) デューティ比 d　　(d) 伝送効率 η

※口絵参照

図 13　リアルタイム最大効率制御の実験結果[5]

も効率改善できており，提案手法の有効性を確認できた。ここで，伝送効率は送電側インバータと受電側の整流回路までを含めた DC to DC の効率で評価しているため，送受電器間のAC to AC の効率はより高い値を実現できている。なお，これらの効率は送受電コイルや電力変換回路の最適設計によって改善の余地があるが，いずれにしても制御系設計の有無によってシステム効率が大きく変化しているため，本節で紹介した制御技術の重要性が示された。

6　まとめ

　本稿では走行中ワイヤレス給電における伝送効率を最大化するため，EV 側で送受電コイルの結合状態をリアルタイムに推定しながら高応答な電圧制御を行う「リアルタイム最大効率制御」を紹介した。特に，走行中ワイヤレス給電では EV が送電コイル上をあっという間に走り去ってしまうため，リアルタイム性を重視した制御系設計が重要であり，送受電間の通信を用いない推定技術と理論に基づくモデルベースの制御技術を示した。

　また，試作した走行中ワイヤレス給電システムの模擬装置を紹介し，再現性の高いデータ収集および多様な実験条件に対応できる本システムの有用性を示した。ここで紹介した提案制御の有効性も実機検証を行い，制御技術の重要性を明らかにした。今後は産業応用を考慮した大電力・高効率化および制御技術による高機能化に向けた検討を進めていく。

文　献

1)　居村岳広，岡部浩之，内田利之，堀洋一：電気学会論文誌 D, **130**(1), 84(2010).

2)　M. Kato, T. Imura and Y. Hori：Proc. IEEE Int. Telecommun. Energy Conf. pp.1-5(2012).

3)　森脇悠介，居村岳広，堀洋一：平成 23 年電気学会産業応用部門大会講演論文集，Vol.**2**, pp.403-406 (2011).

4)　平松敏幸，黄孝亮，加藤昌樹，居村岳広，堀 洋一：電気学会論文誌 D, **135**(8), 847(2015).

5)　M. Kato, T. Imura and Y. Hori：Proc. Int. Electric Vehicle Symp. Exhibition, pp.1-5(2013).

6)　小林大太，居村岳広，堀洋一：電気学会論文誌 D, **136**(6), 425(2016).

7)　K. Hata, T. Imura and Y. Hori：Proc. IEEE Appl. Power Electron. Conf. Expo., pp.3301-3306(2015).

第2編　走行中ワイヤレス給電技術

第3章　走行中EVへのワイヤレス給電技術

第3節　走行中給電に対応したワイヤレスインホイールモータ

日本精工株式会社　郡司　大輔　　東京大学　藤本　博志

1　第1世代ワイヤレスインホイールモータ

1.1　インホイールモータの課題と第1世代ワイヤレスインホイールモータ

　インホイールモータ（以下IWM）には左右独立駆動による車両運動制御性能の向上，駆動系の軽量化，車両デザイン自由度が高いといった多くのメリットがあるが，これまで量産EVに採用された例はない。IWMの課題として次の2つが挙げられる。
　①　ホイール内の限られたスペースで必要な駆動性能（トルク・出力）を満たすことが難しい
　②　モータを動作させるための配線の耐久性を確保できない

　1つ目の課題に対しては変速機の採用[1]が検討されているほか，モータの技術水準向上により解決可能であると考えられる。一方，2つ目の課題が問題である。モータを動作させるためには駆動用インバータとモータを配線でつなぐ必要があるが，この配線には大きな電流が流れるためこれに適した太い配線を使う必要がある。ところが，IWMはホイール内に配置されるので，路面の凹凸によるサスペンションの動きや，操舵による動きで配線は繰り返し曲げられることになる。このような条件で配線が自動車部品として求められる耐久性を満たすことは困難であった。

　そこで筆者らは東京大学・東洋電機製造株式会社・日本精工株式会社の共同研究において，IWMから配線をなくすことを試みた。これを実現させるためには，車体側からワイヤレスで電力を送ってモータを駆動する必要がある。このような構成のIWMをワイヤレスIWMと名付けた。ワイヤレスIWMの概念図を図1に示す。ワイヤレス給電の制御技術を確立するため，まずは車体とIWMの間をワイヤレスにする第1世代ワイヤレスIWMを2015年に開発し，実車での走行に成功した[2,3]。第1世代ワイヤレスIWMを搭載した実験車両を図1(c)に示す。

(a)従来のIWM

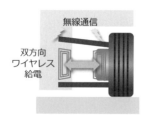
(b)ワイヤレスIWM

(c)第1世代ワイヤレスIWMを搭載した実験車両

図1　従来のIWMとワイヤレスIWM

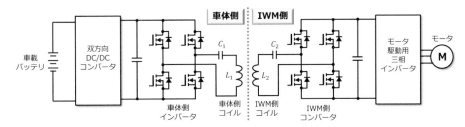

図2　第1世代ワイヤレスIWMの回路構成

1.2　第1世代ワイヤレスIWMの構成と制御手法

1.2.1　回路構成

ワイヤレスIWMを実現するために，給電回路は以下の要件を備えていなければならない。

①　回生動作に対応するため車体側・IWM側で双方向にワイヤレス給電可能であること

②　コイル間の距離はサスペンション機能を損なわない距離を確保すること

そこで，ワイヤレス給電方式としては磁界共振結合方式を採用し，車体側とIWM側の回路を対称とするために各共振コンデンサをコイルと直列とするSeries-Series（SS）方式とした。また，車体側，IWM側ともにフルブリッジスイッチング回路を設けた。コイル間距離は100 mmとした。

第1世代ワイヤレスIWMの回路構成を図2に示す。自動車の停車中給電ではSAE J2954に対応するため85 kHz付近の周波数が使われる。そこでワイヤレスIWMにおいても共振周波数の設計値を85 kHzとした。85 kHzでのスイッチング回路を高効率に構成するため，車体側，IWM側ともにSiC-MOSFETを採用した。車体側にはインバータ入力電圧 E を可変とするため双方向DC/DCコンバータを設けているが，これは研究用であり必須ではない。車体側からIWM側への給電時は，車体側フルブリッジ回路がインバータ，IWM側がコンバータとして動作する。このとき，IWM側コンバータは後述のDCリンク電圧安定化制御を行なう。反対に，IWM側から車体側に給電（回生動作）するときは，IWM側がインバータ，車体側がコンバータとして動作する。

1.2.2　DCリンク電圧安定化制御

SS方式のワイヤレス給電回路の等価回路は図3(a)で示される。ワイヤレスIWMの場合，負荷がインバータ駆動されるモータであるため，変動電力負荷であることが特徴である。このとき，共振状態が満たされているとして基本波成分のみに着目すると，負荷電圧と受電電力 P_R の関係は次式で表される。

$$P_R = \frac{2\sqrt{2}}{\pi}\frac{\omega_0 L_m V_{11} V_{dc} - \frac{2\sqrt{2}}{\pi}R_1 V_{dc}^2}{R_1 R_2 + (\omega_0 L_m)^2} \tag{1}$$

ここで ω_0 は共振角周波数［rad/s］，は L_m 相互インダクタンス［H］，V_{11} は送電側電圧基本波実効値［V_{rms}］，V_{dc} は直流負荷電圧［V］，R_1, R_2 は各コイル抵抗［Ω］である。式(1)は図4(b)

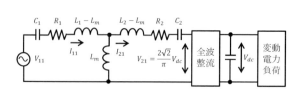
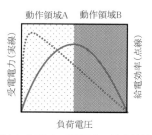

(a)SS方式ワイヤレス給電回路の等価回路　　(b)負荷電圧-受電電力・効率特性

図3　等価回路と電力伝送特性

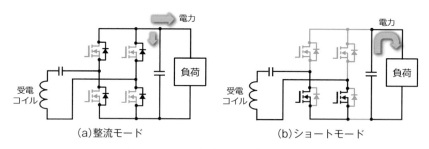

(a)整流モード　　(b)ショートモード

図4　2モード方式による受電側制御

に示す上に凸の特性を示す。このとき，極値よりも低電圧側の動作領域Aと高電圧側の動作領域Bで負荷電力の変動に対する振る舞いが異なる。動作領域Aでは負荷電圧-受電電力特性の傾き(式(1)をV_{dc}で微分)が正である。つまり，負荷電力のわずかな変動に対して，受電電力がそれを助長するように変化するため動作領域Aでは不安定な挙動となる。一方，動作領域Bでは傾きが負であるため安定な挙動となる。ここで負荷電圧に対する給電効率η(変換回路の損失は除く)は次式で表される。

$$\eta = \frac{2\sqrt{2}}{\pi}\frac{\omega_0 L_m V_{11} V_{dc} - \frac{2\sqrt{2}}{\pi} R_1 V_{dc}^2}{R_2 V_{11}^2 + \frac{2\sqrt{2}}{\pi}\omega_0 L_m V_{11} V_{dc}} \tag{2}$$

式(1)が極大となるV_{dc}を求めて式(2)に代入すると，動作領域Bでは給電効率が50%より低くなることがわかる。加えて，回路構成素子の耐電圧の観点からも動作領域Bを用いることは実用的でない。

動作領域Aは不安定であるため，動作点とするためには負荷電圧(すなわち受電側DCリンク電圧)を所定の目標値にフィードバック制御する必要がある。このとき，車体側(送電側)とIWM側(受電側)の通信の遅延や途絶を考慮すると，DCリンク電圧のフィードバック制御系は受電側で閉じていることが望ましい。そこで，受電側のフルブリッジコンバータを用いてDCリンク電圧を制御する。ここで再び等価回路より受電側電流I_{21}を求めると式(3)が得られる。

$$I_{21} = \frac{\omega_0 L_m V_{11} - \frac{2\sqrt{2}}{\pi} R_1 V_{dc}}{R_1 R_2 + (\omega_0 L_m)^2} \tag{3}$$

ここで受電側コンバータがショート状態，すなわち $V_{dc}=0$ になったとしても，I_{21} は過大な値とならないことがわかる。SS 方式のワイヤレス給電回路では，送電側を電圧源駆動した場合，受電側が電流源のような振る舞いとなる。ただし，式(3)より明らかなように，厳密には受電側は定電流源とはならず負荷電圧 V_{dc} に従って I_{21} は減少する。

受電側コンバータをショート状態にした場合，受電した電力は負荷に供給されない。この状態では負荷電力は DC リンクコンデンサから供給されるため負荷電圧（DC リンク電圧）は低下する。一方，受電側コンバータを整流状態にすると受電電力は負荷に供給される。ここで，受電電力＞負荷電力ならば余剰の電力は DC リンクコンデンサに蓄えられ DC リンク電圧は上昇する。つまり，受電側コンバータの動作状態を整流・ショートと繰り返し切り替えることで，DC リンク電圧を所望の値に制御できる。なお，送電側電流 I_{11} は式(4)で表される。

$$ I_{11} = \frac{R_2 V_{11} + \dfrac{2\sqrt{2}}{\pi} \omega_0 L_m V_{dc}}{R_1 R_2 + (\omega_0 L_m)^2} \tag{4} $$

多くの場合 $R_2 \ll \omega_0 L_m$ であるので，受電側がショート状態（$V_{dc}=0$）になると送電側電流が小さくなり，送電側に大きな損失は発生しない。なお，詳細については文献4)を参照されたい。

このような動作を実現する方法としては，①同期整流方式②2モード方式の2つの方法が考えられる。同期整流方式は受電側電流と同期してコンバータをスイッチングし，その duty 比を操作量とする方法である。制御性能には優れるが，電流と同期させるため PLL などを用いる必要があり実装が複雑となる。一方，2モード方式は図4に示すように整流モードとショートモードをある時間間隔で繰り返す方法である。制御性能には劣るが実装が容易である。第1世代ワイヤレス IWM では整流効率を高めるため，整流状態を同期整流とし，2モード方式で DC リンク電圧を制御する間欠同期整流方式[5]を用いた。

2 走行中給電に対応した第2世代ワイヤレス IWM

2.1 特徴と構成

2.1.1 IWM への直接走行中給電のメリット

従来の走行中給電の研究例はオンボード方式の EV を想定したもので，地上側コイル（路面コイル）から車体底面に設置した受電コイルに給電する形態であり，IWM 方式 EV に適した走行中給電の研究はなされていなかった。そこで筆者らは地上側コイルから IWM に直接走行中給電する，第2世代ワイヤレス IWM を開発した（図5）[6]。IWM に直接走行中給電するメリットは以下の3つである。

① 地上側⇒車体⇒IWM という経路に比べて高効率である
② 地上側と受電コイルとの距離変化が少ない
③ コイルを小さくできる可能性がある

車体に受電コイルを設置した場合，乗車人数や路面凹凸によって地上側と受電コイルの距離が変わる。磁界共振結合によるワイヤレス給電では，送受電コイル間の距離が変わると伝送効率や伝送電力が変わってしまうため，距離変化が大きいと設計の最適化が難しい。一方，受電

— 289 —

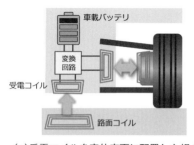
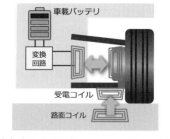

(a)受電コイルを車体底面に配置した場合　　(b)受電コイルをIWMに配置した場合
（従来研究の走行中給電＋ワイヤレスIWM）　　　（第2世代ワイヤレスIWM）

図5　第2世代ワイヤレスIWMの特徴

コイルをIWMに取り付けた場合，地上側との距離がほとんど変わらない。そのため，設計の最適化ができ高い伝送効率を実現できる。また，コイル間距離のマージンを大きく取る必要がないので，車体底面配置に比べコイル間距離を短くできる。一般に送受電コイル間の距離が短いほど結合係数が大きくなり高い伝送効率が得られる。結合係数をある狙いの値に設計する場合，送受電コイル間の距離が短いほど各コイルの寸法を小さくすることができる。

2.1.2　構成・諸元

第2世代ワイヤレスIWMを搭載した実験車両を**図6**(a)に，構成図を**図6**(b)に示す。第2世代は走行中給電可能であるだけでなく，モータ最大出力12kWと駆動性能も大幅に向上しており，4輪に搭載することで市販小型EVと同等の走行性能となるよう設計した。また，減速機構成の工夫などにより前輪への搭載を可能とした。

第2世代ワイヤレスIWMでは，走行中給電を可能とする以外にIWM内にエネルギーを蓄える蓄電デバイスを搭載した。これにより減速時の回生エネルギーの一部をワイヤレス給電で車体側に戻すことなくIWM内で貯めて次の加速時に効率的に使うことができる。蓄電デバイスにはエネルギー密度の高いリチウムイオンキャパシタ（LiC）を採用した。

第2世代ワイヤレスIWMの回路構成を**図7**に示す。ワイヤレス給電の動作周波数は第1世代と同じく85kHzであり，各変換回路のスイッチング素子にはSiC-MOSFETを用いている。

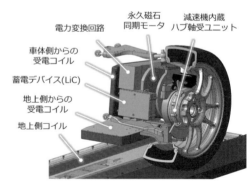

(a)実験車両と地上側コイル　　　　　　(b)構成図

図6　開発した第2世代ワイヤレスIWM

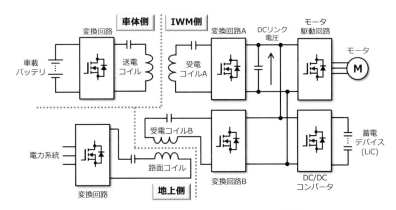

図7 第2世代ワイヤレスIWMの回路構成

第1世代との違いは,走行中給電の受電部分が追加されたこと,蓄電デバイスに電力を出し入れするためのDC/DCコンバータが追加されたことである。

2.2 パワーフロー制御

IWM内部での電力の流れに着目すると,IWMには①走行中給電P_{IMC} ②車体とのワイヤレス給電P_{WPT} ③蓄電デバイスP_{LiC} ④モータ(負荷)P_Lという4つの電力源が存在している。IWM側DCリンク電圧を所望の値に制御するためには,これらの電力のバランスが取られていなければならない。すなわち,

$$P_L = P_{IMC} + P_{WPT} + P_{LiC} \tag{5}$$

となるように各電力変換回路を制御する。さらに,蓄電デバイスの充電量(SOC)も任意の状態に制御する必要がある。そこで,短時間の電力バランスはP_{LiC}で,長時間のバランスはP_{WPT}で制御する制御系を構築した。

蓄電デバイスに出入する電力P_{LiC}は,IWM側DCリンクと蓄電デバイスとの間に設けた双方向DC/DCコンバータによって制御される。DCリンク電圧を制御量として,DC/DCコンバータを状態空間平均化法でモデル化し,PID制御器を設計する。なお,制御系設計の詳細は文献7)を参照されたい。

一方,車体とのワイヤレス給電による電力P_{WPT}は変換回路Aによって制御する。また,走行中給電からの電力P_{IMC}も変換回路Bによって制御可能である。したがって,負荷電力とのバランスをとりつつ,式(5)右辺の3つの電力の比率を制御可能である。これにより,モータの力行・回生,蓄電デバイスのSOC制御,走行中給電の有無といった実走行で起こり得る状況に対応することができる。構成した制御系のブロック図を図8に示す。

2.3 地上側構成と制御手法
2.3.1 構 成

地上側設備の構成図を図9に示す。各地上側コイルの大きさは車両進行方向1.5 m,幅方向0.5 mであり,共振コンデンサが内蔵されている。これを車両の進行方向に一定の間隔で設置

第2編　走行中ワイヤレス給電技術

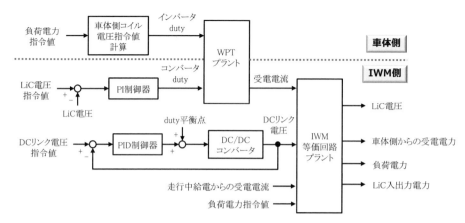

図8　第2世代ワイヤレスIWMのパワーフロー制御

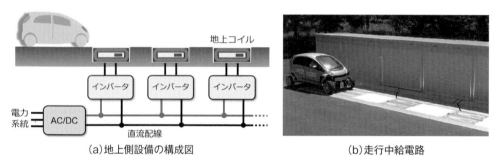

(a)地上側設備の構成図　　　　(b)走行中給電路

図9　走行中給電の地上側設備構成

し，1つの電力変換回路(インバータ)が1つの地上側コイルを駆動する。電力系統の交流電源を直流に変換して各インバータに供給する。このような構成では多数のインバータが必要となるが，1つの地上側コイル上に存在し得る車両が1台に限られるので各インバータの容量を小さくできる。また，各インバータへの配線が直流なので，高周波の交流配線を引き回す方法に比べて配線での損失が少ない。

2.3.2　車両検出方法

地上側給電設備から効率よく走行中給電を行なうためには，地上側コイル上に受電コイルがあるときのみ地上側から給電するようにコントロールする必要がある。地上側に専用センサを設置して車両検知する方法も考えられるが，本研究では専用センサなしで車両を検出する方法を開発した[8]。

式(4)においてIWM側がショート状態($V_{dc}=0$)であるとき，地上側コイル電流I_{11}は次式で表される。

$$I_{11} = \frac{R_2 V_{11}}{R_1 R_2 + (\omega_0 L_m)^2} \tag{6}$$

ここで地上側コイル上に受電コイルが存在しない(相互インダクタンス$L_m=0$)場合，

— 292 —

$I_{11} = V_{11}/R_1$ となり地上側コイルに大きな電流が流れる。一方, 受電コイルが存在すると L_m が大きくなり, I_{11} が小さくなる。したがって, I_{11} の変化から受電コイルの有無を検出できる。

車両検出・給電開始から終了までの流れの概要を**図 10** に, フローチャートを**図 11** に示す。検出モードでは地上側インバータの duty 比を小さく(すなわち出力電圧 V_{11} を小さく)する。受電コイルが存在しない場合 I_{11} が大きくなり, 閾値に達した時点で受電コイルが存在しないと判断してインバータ出力を停止する。これを一定の時間間隔で行なう。地上側コイル上に車

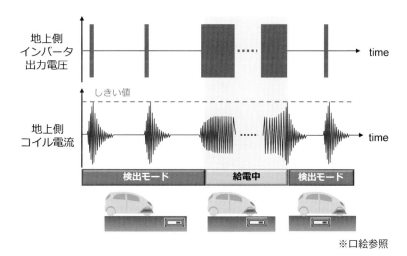

図 10 走行中給電の車両検出・給電制御方法の概要

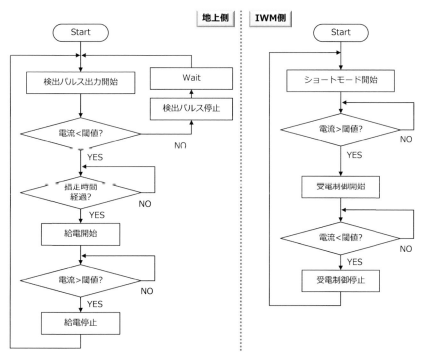

図 11 走行中給電における地上側・車両側制御フローチャート

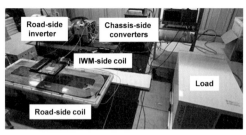

(a) ベンチ試験装置 外観

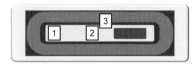

(b) コイル位置

図12　ベンチでの給電効率測定

両が進入して受電コイルが存在する場合，I_{11} が小さくなる．ある一定時間経過後に閾値を超えなかった場合，受電コイルが存在すると判断して給電モードに移行する．給電モードでは地上側インバータのduty比を1にする．車両が進行して地上側コイル上から外れるとふたたび I_{11} が増加するので，閾値を超えた時点で給電を停止し，検出モードに戻る．つまり地上側と車両側の間で一切の通信をすることなく，車両の検出・給電開始・終了を制御できる．

2.4 給電実験

2.4.1 ベンチでの給電効率測定

実走行では地上側と車両側で同時に詳細な測定を行なうことが難しいため，ベンチ試験装置において静止状態での給電効率(変換回路での損失を含むDC to DC効率)を測定した．ベンチ試験装置の外観を図12(a)に示す．なお，負荷はモータでなく直流回生電源を用いた．コイル間のギャップはおよそ100mmであり，図12(b)に示すようにIWM側受電コイルの位置を変えて測定を行なった．地上側からの伝送電力を変えた際に，伝送効率が最大となるようIWM側DCリンク電圧を調整した．つまり，最適負荷条件での測定を行なった．

測定結果を図13に示す．結果としてIWM側受電コイル位置①において最も良い効率が得られており，送電8.2kWに対して受電7.4kW，効率は90.2%であった．このとき，動作周波数は89kHz，地上側DC電圧は448.7V，IWM側DCリンク電圧は451.6Vであった．IWM側受電コイルが横方向にずれた③の位置においても86%以上の高い伝送効率が得られており，走行中給電において多少の位置ずれが許容できることを確認した．なお，測定の詳細は文献6)を参照されたい．

2.4.2 実験車両での走行中給電実験

第2世代ワイヤレスIWMを実験車両の前2輪に搭載し，給電レーン上を走行して走行中給電実験を行なった．IWMのトルク指令値は運転者のアクセルペダル操作で生成した．地上側コイルは走行方向に1.6m間隔で右輪側のみの

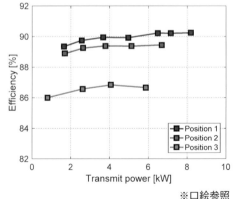

※口絵参照

図13　ベンチ試験結果(伝送電力 v.s. 給電効率)

計3つを設置した。地上側設備では2.3で述べた方法により受電コイルの有無を検出し，給電の開始・終了をコントロールした。このとき，検出の時間間隔は10 msとしたので，仮に車両の速度が36 km/hであっても車両の移動距離10 cm以内毎に車両の有無を判定できる。

実験結果を図14に示す。なお，車両側(図14(a)〜(c))と地上側(図14(d),(e))でそれぞれデータを取得したため時系列が異なっていることに注意されたい。

図14(a)より車両が徐々に加速し，時速8 km/h程度で地上側コイル上を通過している。3つの地上側コイル上でIWM側に電力が給電されている。図14(c)はIWM側コンバータの動作モードを表しており，受電コイル電流の増加を検出して受電モードに移行し，電流減少とともにショートモード(待ち受け状態)に移行していることがわかる。

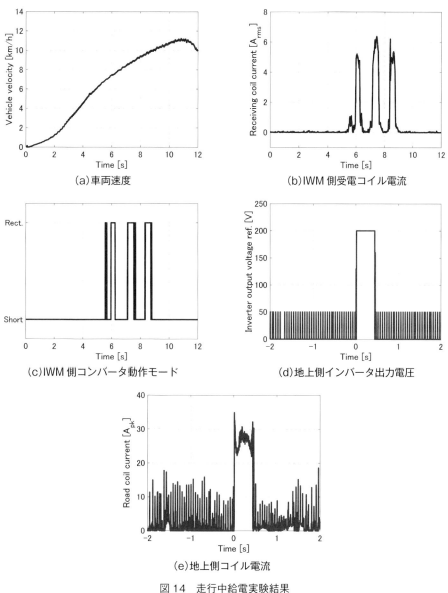

図14　走行中給電実験結果

図14(d)は1つの地上側コイルを駆動するインバータ出力電圧を表している。図中50 Vのパルス状になっている部分は検出モード動作に対応している。時刻0 secで地上側コイル電流変化から車両を検出し，給電モードに移行してインバータ出力電圧を200 Vとしている。その後，車両が通過してコイル間の結合が弱まると地上側コイル電流が増加し，閾値を超えた時点で給電モードを終了し，再び検出モードに移行していることがわかる。

以上の実験結果より，図11のフローチャートに基づく方法によって車両検出，走行中給電の開始・終了を制御できることを確認した。

3　まとめと課題

本稿ではインホイールモータの配線をワイヤレス化した第1世代ワイヤレスIWMの構成・制御手法と，走行中給電に対応した第2世代ワイヤレスIWMと走行中給電の地上側設備の構成・制御手法について述べた。走行中給電は電気自動車の航続距離に関する課題を解決する有力な技術であるが，大規模なインフラ設置が必要であるため経済成立性についても十分に検討する必要がある。また，耐久性や工事作業性を考慮した実際の道路への設置方法についても開発が必要である。今後，各産業分野において研究開発が進められることを期待する。

文　献

1) 山本慎，松田靖之，大池充，森田竜峰，郡司大輔：「2モータ式ホイールハブモータを搭載した実験車両とその走行評価」，自動車技術会2016年秋季学術講演会，No.1-98，pp.50-53(2016).

2) 藤本博志，山本岳，佐藤基，郡司大輔，居村岳広：「ワイヤレスインホイールモータを搭載した電気自動車の実車評価」，自動車技術会2015年春季大会学術講演会，pp.1389-1394(2015).

3) M. Sato, G. Yamamoto, D. Gunji, T. Imura and H. Fujimoto："Development of Wireless In-Wheel Motor Using Magnetic Resonance Coupling", *IEEE Trans. Power Electronics*, Vol.**31**, No.7, pp.5270-5278(2016).

4) 郡司大輔，居村岳広，藤本博志：「変動電力負荷へのワイヤレス給電における受電側回路構成の検討」，電気学会産業応用部門 半導体電力変換・モータドライブ研究会，SPC-17-033/MD-17-033(2017).

5) 佐藤基，G. Guidi，居村岳広，藤本博志：「ワイヤレスインホイールモータの高効率化および高応答回生の実現に関する研究」，電気学会論文誌D，Vol.**137**，No.1，pp.36-43(2017).

6) 藤本博志，竹内琢磨，畑勝裕，居村岳広，佐藤基，郡司大輔：「走行中ワイヤレス電力伝送に対応した第2世代ワイヤレスインホイールモータ」，自動車技術会2017年春季大会学術講演会，文献番号20175050，No.10-17，pp.277-282(2017).

7) 竹内琢磨，居村岳広，郡司大輔，藤本博志，堀洋一：「スーパーキャパシタを搭載したワイヤレスインホイールモータのパワーフロー制御法」，電気学会論文誌D，Vol.**138**，No.3，pp.219-226(2018).

8) K. Hata, K. Hanajiri, T. Imura, H. Fujimoto, Y. Hori, M. Sato, and D. Gunji："Driving Test Evaluation of Sensorless Vehicle Detection Method for In-motion Wireless Power Transfer", Proc. of IPEC 2018 -ECCE Asia-, pp.1-6(2018).

第2編　走行中ワイヤレス給電技術

第3章　走行中EVへのワイヤレス給電技術

第4節　On Line Electric Vehicle「OLEV」

KAIST（韓国科学技術院）　Seungyoung Ahn

＊執筆者の意図を正確にお伝えするために原文での掲載といたしました。

【抄訳】　　　　　　　　　　　　　　　　　　(元)京都大学生存圏研究所　横井　行雄

1　背景

　韓国 KAIST（Korea Advanced Institute of Science and Technology）による走行中給電 EV（OLEV）の開発は 2009 年に開始された。

　インバータから送電コイルに電力を供給し，送電コイルで発生する磁界を介して受電コイルに電力が無線で伝わる。このように無線で電力を送ることが出来るので，駐車場だけでなく，もし車両が動いていても道路上で電力を受け取ることが可能になる。したがって EV がどこにいても電力を受け取ることが可能になれば，EV 搭載の駆動エネルギー用電池容量を格段に削減できる。OLEV の概念図を **Fig.1** に示す。

　2018 年 12 月の時点では WPT の概念は専門家だけでなく，一般にも広く知られている。

　しかし 10 年前には OLEV の試行開発は極めて野心的であった。当時この計画を推進した KAIST 所長の Nam P. Suh 教授，副所長でプロジェクトリーダであった Dong Ho Cho 教授ならびに多大なる支援を行った韓国政府に感謝する。

2　OLEV のシステム設計

　OLEV に先行して技術開発が米国・日本・ニュージーランドなどで行われてきている。カリフォルニア州での PATH プロジェクトでも同様のダイナミック WPT システムが開発されてきた。ただ，これらの先行開発は，効率の低さ，大きなサイズ，音響雑音のために商用化ができなかった。さらに言えば，従来はエアギャップ（送信コイルと受信コイルの間隙）がダイナミック充電に適用するにはあまりにも狭かった。

　OLEV のシステムは，車体，車輪，モータ，電源回路，WPT モジュール，パワーインバータ等々からなる，機械的・電気的に複雑なシステムで構成されている。OLEV と通常のコネクタを用いる EV との最大の相違は，20 cm 以上のエアギャップを介してエネルギーを伝送するための WPT モジュールと電源回路の存在である。20 kHz の交流をインバータで生成し，その電流を道路に設置したコイルからの磁界に変換し，その磁界を車上で受電し，電力に変換

— 297 —

第2編　走行中ワイヤレス給電技術

する。これが OLEV システムのキーテクノロジーである。エアギャップを拡大するためには送受信のための共鳴回路の精密な同調を取る必要がある（**Fig.2**）。

Fig.3 は 20 kW の WPT モジュールの構造図である。このモジュールを 5 個搭載して OLEV は最大 100 kW の無線電力伝送を実現している。詳細は文献［2］［3］［4］を参照のこと。

電力伝送する共振周波数は PATH プロジェクトでは 400 Hz であったが，OLEV では 20 kHz を使用する。この 20 kHz の理由は，人間の可聴周波数の上限に近く，100 kHz 以上になるとインバータの実現性が難しく，かつ韓国および他の国の周波数配分を考慮したためである。

OLEV 用の WPT システムでは出力パワーと伝送効率の最適化が重要である。

初期，2009 年では効率 72%，出力 60 kW であったが，2012 年から 2013 年の時点では効率 85%，出力 100 kW を実現している（**Fig.4**）。

WPT システムは色々な場面で利便性を大いに高める期待のシステムである。とはいえ現状では，研究が進むにつれていくつかの課題が注目されてきた。WPT 技術が商用化されるにつれて，システムからの放射電磁界の課題が注目されてきている。100 kW をワイヤレス電力伝送する OLEV システムでは車両の周りに強力な磁場を発生することになる。この放射電磁界に関しては，人体への影響と，他の電子機器への影響の 2 側面に留意する必要がある。もちろん主波の電磁界放射は電力伝送に不可欠であるが，それ以外の漏洩電磁界は低減しなければならない。

OLEV の漏洩電磁界を低減するために担当する研究者は，［reactive shielding］のような磁性体を付加した。詳細は文献［4］［5］［6］［7］を参照のこと。研究者は現在も生体影響に関して，国際的，国内的な規制および国際標準に関して検討を続けている。

3　OLEV の応用

OLEV システムは韓国内の多くの場所に適用されている。まず最初の OLEV システムが 2011 年に，韓国最大の遊園地と動物園である Seoul Grand Park に，騒音も大きく環境にも優しくないディーゼル車両から置き換えられた。ここは OLEV の最初の商用運行であったが，運行は遊園地内に限定されていた。2014 年に至って OLEV が公共空間で商用化された。現在では 4 台のワイヤレス充電バスがグミ市（亀尾市）の 34 km のルートを他のバスと同様に運行している（**Fig.5**）。そのバスはターミナルで最大 100 kW をワイヤレス充電している。

4　将来の研究開発について

OLEV システムで開発された技術は他の多くのシステムに展開可能であり，とりわけ電車への応用は最適である。列車では構造上，常に上部の電力線と鉄路が必要であるが，WPT であればこのような現状の有線の電力供給システムを置換できる（**Fig.6**）。軽便鉄道であれば 1 MW 程度で，高速鉄道でも 10 MW で運行可能である。注目すべき点は大電力であっても大規模のバッテリの搭載を要しないことである。電力を増強するために共振周波数を OLEV バ

— 298 —

スの3倍の60 kHzとする。同時に送信と受信コイルの間隙が小さくできるので，鉄のレールと車輪のごく微小な垂直と水平方向の配置の変更ですむ。これはWPTの効率向上とパワー増大に極めて有用である。このようにWPTの鉄道システムへの適用は，建設コストの低下，保守コストの低減，そして更なる高速化が期待できる。

最近のITU-R，IEC，CISPRなどにおける利用周波数の検討，放射・漏洩電磁波の測定法ないし低減のための勧告，標準化などのための各国の努力は，WPTシステムの商用化に極めて重要な動きである。

5 まとめ

OLEVプロジェクトが2008年に開始されたころには，多くの専門家がこの技術が社会に実装可能とは信じていなかった。現在，2018年末の時点では，走行中給電技術（Dynamic Charging Technology）は十分に認識され，期待の技術となっている。OLEVプロジェクトの次のステップやこの技術をベースにした他の応用が進行中であり，WPT搭載の乗用車型EVの商用化も間近い。

1 Background of Dynamic Charging Electric Vehicle

The exhaustion of fossil fuels and the environmental problems of CO_2 emission are the major concerns of the world, and the efforts to solve these problems have been done for more than 10 years in Korea. Especially, the transportation system is playing a very important role in these issues because the internal combustion engine is one of the major sources of low-efficiency energy consumptions and CO_2 emissions. The use of electric vehicle can be a good candidate solution for these problems. However, the electric vehicle has a very significant disadvantage in electric energy storage. Although the energy density of Lithium battery has been improved much, still far smaller than gasoline and diesel fuels, and the weight of the battery in the vehicle is large. Moreover, the long charging time of the battery is a serious problem. The research project to develop the wireless charging electric vehicle started with this background in 2009.

On-Line Electric Vehicle (OLEV) is the electric vehicle that receives electric power wirelessly from the underground electric power supply, which was developed by Korea Advanced Institute of Science and Technology (KAIST), Korea. The powered track including transmitting coil is embedded underground, and the pickup system with receiving coil is attached at the bottom of the vehicle. The power inverter is supplying current to transmitting coil. The magnetic field generated by the transmitting coil is transferred to the receiving coil and power is transferred wirelessly. If power is transferred wirelessly in this way, the electric vehicle can receive power from the parking lot or on the road while it is moving. If the electric vehicle can receive electric power in any place, the amount of battery embedded in the vehicle can be reduced.

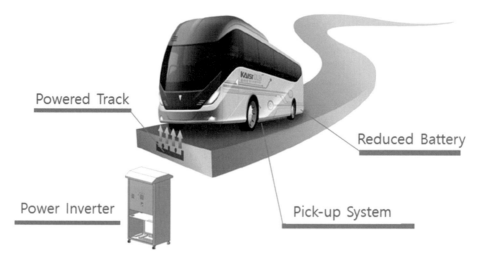

Figure 1   Concept of the On-Line Electric Vehicle (OLEV)

As of December 2018, this concept of wireless power transfer (WPT) already became popular not only to professionals but also to general public, however, the try to develop OLEV was very challenging 10 years ago. Thanks to the strong will of Prof. Nam P. Suh, the former President of

KAIST, and Prof. Dong Ho Cho, the former Vice President of KAIST and the Project Leader, and huge support from the Korean government finally made this project a great success[1].

2 Design of OLEV System

Prior to OLEV system, some technology development was performed in other countries such as United States, Japan, and New Zealand. In the California Partners for Advanced Transit and Highways (PATH) project, similar technology of dynamic charging was developed. However, the developed dynamic charging electric vehicle was not commercialized due to its low efficiency, bulky size, and audio noise. Moreover, the air gap, which is the distance between transmitter and receiver, was too small for dynamic charging.

The OLEV system is a very complex mechanical and electrical system including vehicle body, wheels, motors, power circuits, WPT modules, power inverter, and so on. When OLEV system is compared with a general electric vehicle with wired connector, the biggest difference is the WPT modules and power circuits to transfer power through the air gap larger than 20 cm. The AC current with 20 kHz should be generated from the inverter, the current should efficiently generated magnetic field from the transmitting coil on the road, and the magnetic field should be received to generate the power at the vehicle. This process is the key technology of the OLEV system. To enhance the air gap, the resonant circuits in transmitter and receiver were applied and very precise tuning of each circuit was necessary.

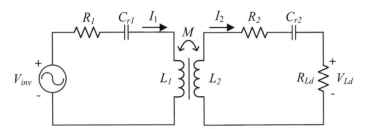

Figure 2 Simplified equivalent circuit model with LC resonance of WPT parts in OLEV system

Figure 3 shows the structure of wireless power transfer module with 20 kW and five modules are embedded in an OLEV for 100 kW of maximum wireless charging. Litz wire and Ferrite material are used in transmitter and receiver coil for maximum efficiency. Three receiving coils are used to minimize the leakage electromagnetic field with minimal degradation of the system efficiency. More detail of design methodologies to effectively transfer power wirelessly in OLEV is well described in several research papers[2][3][4].

In the PATH project, the resonance frequency of WPT system was 400 Hz, which was quite lower than the resonance frequency of recent WPT systems. The OLEV used 20 kHz as a resonance frequency. There were some reasons why 20 kHz is chosen; the 20 kHz is almost maximum

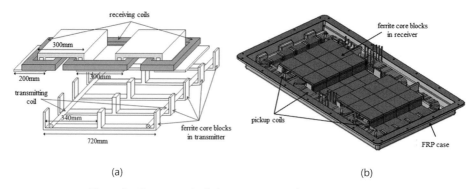

Figure 3　Structure of wireless power transfer module in OLEV
（a）transmitting and receiving coil with magnetic core material　（b）package of a pickup module

frequency of audible range for human, the inverter with a frequency higher than 100 kHz was very difficult to implement, and the frequency allocation status of Korea and most of country was considered.

In the design of the WPT parts of OLEV system, the transfer power and efficiency were the key objective functions in design optimization. In the first phase of the OLEV project in 2009, the target overall efficiency from 60 Hz to DC was 72 % and the target power was 60 kW. In the third phase from 2012 to 2013, the final outcome was the commercialization of the OLEV system and the target efficiency and power were increased to 85 % and 100 kW, respectively. The measured overall efficiency of the WPT system in OLEV is shown in **Figure 4**.

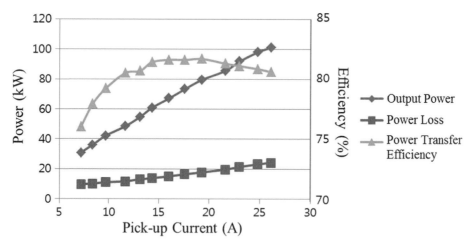

Figure 4　Overall efficiency of WPT system in OLEV as a function of output power

The WPT system is considered as one of the most promising technologies to enable ultimate convenience in many applications. However, as the researches on WPT technologies progress, the issues and limitations are also found. The electromagnetic problems of the WPT systems are getting more attention as the products with WPT technologies are becoming commercialized. The OLEV system uses a 100 kW of power for wireless charging, and this induces strong magnetic field around the vehicle. The electromagnetic effect can be considered in two aspects; the effect on the human body and the effect on the other electronic devices. Although the main magnetic field of resonant magnetic WPT system should be generated for power transfer, the leakage magnetic field should be reduced. Researches on the reduction of magnetic field from OLEV by shaping of magnetic material, adding shielding structure such as reactive shield, and have been done, and the reactive shielding was applied to other WPT systems[4][5][6][7]. Also, the researches on the biological effect, international and domestic regulations, and standard measurement methods are now in research.

3 Application of the OLEV

The developed OLEV systems were applied in many places in Korea. In 2011, the first version of OLEV was installed at Seoul Grand Park, which has the biggest amusement park and zoo, to replace noisy and non-environment friendly diesel vehicles. This was the first commercialization of OLEV system but the use of OLEV is limited in the area of the park. In 2014, the OLEV buses are commercialized in the public place. Currently four OLEV buses are running 34 km of route like the other buses in Gumi city. The buses are wirelessly charged with maximum of 100 kW at the terminal.

Figure 5　Applications of OLEV buses in Korea

4 Future Researches

The WPT technologies developed for OLEV system can be applied to many other systems, and the electric trains is one of the best applications. The trains alway have the overhead power lines structure and iron rails, for power supply, and WPT system can be substituted for this conventional wired power supply system. In case of light rail system, 1 MW of power is required for operation, and about 10 MW of power is required for high-speed express train system. It can be noted that the electric train does not contain large battery because of high power. To increase the power, the resonance frequency of WPT system is increased to 60 kHz which is three times of the resonance frequency of OLEV bus. Also, the distance between transmitter and receiver coils can be reduced and the iron rail and wheels make very small change in the vertical and horizontal alignment, which are very beneficial to WPT system efficiency and higher power transfer. By applying the WPT in electric railway system, lower construction cost, lower maintenance costs, and higher speed are expected.

Figure 6 Application of wireless power transfer technology to electric railway system to remove the overhead power line and pantograph system

Recently the standardization of electric vehicle has started, and many projects are actively going on to determine the recommendation frequency, standard measurement, and electromagnetic field radiation by many countries in organizations of International Telecommunication Union - Radiocommunication Sector (ITU-R), International Electrotechnical Commission (IEC), and Comité International Spécial des Perturbations Radioélectriques (CISPR). These activities are very important in the commercialization of the WPT system.

5 Summary

When the OLEV project was going to start in the end of 2008, many professionals did not believe this technology can be implemented. Now in the end of 2018, the dynamic charging technology for electric vehicle is well-known promising technology. The next step of OLEV project and other applications based on this technology is in progress and commercialization in passenger car is expected in near future.

References

[1] Nam P. Suh and Dong Ho Cho, "The On-line Electric Vehicle: Wireless Electric Ground Transportation Systems," Springer, 2016.

[2] Jaegue Shin, Seungyong Shin, Yangsu Kim, Seungyoung Ahn, Seokhwan Lee, Guho Jung, Boyune Song, Seongjeub Jeon, and Dong Ho Cho, "Design and Implementation of a Shaped Magnetic Resonance Based Wireless Power Transfer System for Roadway-Powered Moving Electric Vehicles," IEEE Transactions on Industrial Electronics, Vol. 61, No. 3, pp. 1179-1192, Mar. 2014.

[3] Seungyoung Ahn, Nam Pyo Suh, and Dong-Ho Cho, "Charging Up the Road," IEEE Spectrum, pp. 48-54, Apr. 2013.

[4] Jiseong Kim, Jonghoon Kim, Sunkyu Kong, Hongseok Kim, In-Soo Suh, Nam Pyo Suh, Dong-Ho Cho, Joungho Kim, and Seungyoung Ahn, "Coil Design and Shielding Methods for a Magnetic Resonant Wireless Power Transfer System," Proceedings of the IEEE, Vol. 101, No. 6, pp. 1332-1342, Jun. 2013.

[5] Seonghwan Kim, Hyun Ho Park, Jonghoon Kim, Jiseong Kim, and Seungyoung Ahn, "Design and Analysis of a Resonant Reactive Shield for a Wireless Power Electric Vehicle," IEEE Transactions on Microwave Theory and Techniques, Vol. 62, No. 4, pp.1057-1066, Apr. 2014.

[6] Hwansoo Moon, Sungkyu Kim, Hyun Ho Park, and Seungyoung Ahn, "Design of a Resonant Reactive Shield with Double Coils and a Phase Shifter for Wireless Charging of Electric Vehicles," IEEE Transactions on Magnetics, vol. 51, no. 3, Apr. 2015.

[7] Minho Kim, Hongseok Kim, Dongwook Kim, Yongmin Jeong, Hyun-Ho Park, Seungyoung Ahn, "A Three-Phase Wireless-Power-Transfer System for Online Electric Vehicles with Reduction of Leakage Magnetic Fields," IEEE Transactions on Microwave Theory and Techniques, Vol. 63, No. 11, pp. 3806-3813, Nov. 2015.

[8] Jaehyoung Park, Dongwook Kim, Hyun Ho Park, Jong Hwa Kwon, Sang Il Kwak, and Seungyoung Ahn, "A Resonant Reactive Shielding for Planar Wireless Power Transfer System in Smart Phone Application," IEEE Transactions on Electromagnetic Compatibility, vol. 59, no. 2, pp. 695-703, Jan. 2017.

第2編 走行中ワイヤレス給電技術

第3章 走行中EVへのワイヤレス給電技術

第5節　電界結合方式によるEV走行中給電技術

豊橋技術科学大学　塚本　悟司　　豊橋技術科学大学　坂井　尚貴　　豊橋技術科学大学　大平　孝

1　まえがき

　電気自動車の給電用途を考えた場合，キロワット級の電力を効率良く伝送する近距離ワイヤレス給電技術として，電界結合方式と磁界結合方式がある。最低地上高として10 cm近い距離が必要な電気自動車への給電では，磁界結合方式での開発が先行している。しかしながら，電界結合方式は，コストやメンテナンスの点で優位性がある。そこで，タイヤを介して電界結合する方式「Via-Wheel Power Transfer：V-WPT」を考案した[1]。スケールモデルでの原理確認[2]やキロワット級の停車中給電実験[3]を経て，最終的に市販の電気自動車による電界結合方式での走行中給電を実現した[4]。このV-WPTと，実現に必要な要素技術であるタイヤ集電機構，電化道路の構造，走行時の整合維持について本稿で説明する。

2　タイヤ集電方式（V-WPT方式）

　電界結合方式は，①水平方向の位置ズレに強く，高い伝送効率を維持して走行中給電が可能である。加えて，走行時に多少蛇行しても伝送効率が低下しない。②電極に鉄やステンレススチールなどの安価な材料が使用可能である。磁界結合方式で使われる低抵抗な導電体である銅や，コイルのコア材としてのフェライト等磁性材料が不要なため敷設コストが低く抑えられる。③メッシュやプレート形状の電極が使用可能で，構造的に破損しにくく万一変形しても機能を維持するので高信頼である。④電極のメンテナンスが不要であるため，路面内に敷き込むことができる。⑤高価な銅線を用いないので盗難の心配がない。⑥車両設計の面からは，金属箔でも十分な電界シールド効果が得られるので設計上の制限が少ない。⑦車載電極がコイルに比べて軽量である。などの長所がある。

　しかしながら，電界結合方式にも大きな短所がある。それは電極間距離の変動により伝送効率が大きく低下する点である。その解決策が，図1に示した道路下に埋設された路面電極とタイヤ内のスチールベルトを電界結合させて電力を伝送するV-WPT方式である。スチールベルトからホイールへも電界結合により高周波電力

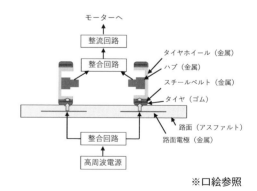

※口絵参照

図1　V-WPTの概念図（電力伝送経路）

第3章　走行中EVへのワイヤレス給電技術

表1　電界結合方式（タイヤ集電方式）と磁界結合方式の比較

項　目	電界結合方式（V-WPT）	磁界結合方式
伝搬エネルギー	交番電界	交番磁界
伝達経路	路面，タイヤゴム	空気（一部磁性体）
エアギャップ	ゼロ	最低地上高
送受電電極材料	鉄・アルミニウム （プレート・メッシュ）	銅 （コイル）
界遮蔽材	車体（鉄），金属等の導電体	フェライト等の磁性体
主な使用周波数帯	MHz	kHz

を伝送している。図1内の黄色矢印で示した部分が電界結合による高周波電力伝送部分である。タイヤは走行中も路面に常時接地しているので垂直方向の距離変化がほとんど発生しない。また，電極間に存在するゴムは誘電体として作用するため，電極間の容量が増加することで伝送効率の向上に寄与する。さらに，電力伝送経路に空隙を介さない（エヤギャップレス）ので外部空間への電界漏洩低減効果も期待できるなど，多くの利点を備えている。

　このV-WPT方式と磁界結合方式の比較を表1にまとめた。V-WPT方式は磁界結合方式に対して多くの点で優位であるが，路面電極とホイール間に生じる電極間容量で，伝送に必要な結合を得るためには使用周波数がメガヘルツ帯となる。そのため高周波電源の効率やコストの点では，やや不利となっている。しかし，近年の半導体技術の進歩に伴い，これも解消するものと期待される。

3　タイヤ集電技術

　自動車のタイヤに広く使用されているスチールラジアルタイヤは，タイヤのゴム内部に金属製のスチールベルトがタイヤ円周に沿って入れられている。図1ではタイヤ断面の接地面の上に青色で示した部分にあたる。この他に多数のスチールワイヤがスチールベルトからホイール接触部分に向けて入れられている。また，タイヤのゴムは絶縁体であるが，誘電体として機能するため同じ電極間距離でも，空気に比べてより多くの結合容量が得られる。これらの働きにより，タイヤの接地面積や電極の対向面積がそれほど広くなくてもメガヘルツ帯の高周波での電力伝送が可能な数十pFの結合容量が路面電極とホイール間で得られている。

　V-WPTでは左右の路面電極からそれぞれタイヤを経由して左右のホイール間に高周波電圧が印加される。そのため，左右のホイールを高周波的に絶縁するとともにここから高周波電力を整流回路に引き入れる必要がある。

　左右ホイールの絶縁を実現する集電技術として，初めの案では車体とホイールを仲介するアップライトを樹脂製に置き換えるアップライト絶縁構造を提案した（図2）。この構造により，後述の世界初走行中給電の実証実験に成功している。しかしながら，車体構造上アップライトは交換が難しく樹脂製では耐久性について心配がある。また，ベアリングに高周波電力を流すことによる電食問題が生じる可能性もある。

　上記問題を解決する改善策として，ホイール絶縁構造を考案した（図3）。図3上の写真に示

— 307 —

したとおりツーピースホイールのディスク部を繊維強化樹脂とした特殊ホイールを使用するとともに，ホイールのリムのすぐ内側にアルミ製のリム側電極(図3左下)を取り付けている。車体から絶縁して固定した車体側ドラム電極(図3右下)により，ホイールからの電力を集電する。リム側電極と車体側電極間の距離を5 mm程度とすることで結合容量を増やし，伝送効率改善を図った。その結果，13.56 MHzで最大有能伝送効率92.8%が得られた。これは，これまでのアップライト絶縁による90.2%に対して同等以上の性能となっている。

図2 集電のための絶縁機構
（アップライト絶縁）

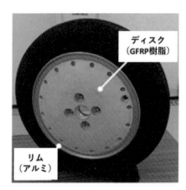

a)ホイール外側の絶縁部

b)ホイール内側のリム側電極

c)車体側ドラム電極

図3 改良版絶縁機構（ホイール絶縁）

4 電化道路

路面内に送電電極を有する電化道路は，高周波電力を効率良く車体側電極に伝送，道路自体での電力損失が少ないことが求められる。加えて，安価な材料や敷設の容易さによる初期費用の低減，維持費の削減なども重要である。

図4に実証実験のために計画した，全長30mの電化道路の断面構造を示す。路面に埋設されている電極とホイール（金属）との間で構成されるコンデンサが高周波電流の主な伝送経路となる。高い電力伝送効率を得るためには，このコンデンサの容量が大きく，電気的損失が少ないことが望ましい。同時に，埋設されている左右の電極間に生じる寄生容量の電気的損失も少ないことが望まれる。

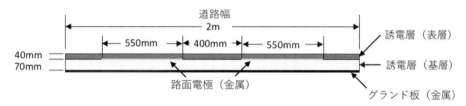

図4　計画した電化道路の断面構造

そのためには，道路表層を電気的損失の度合いを表す誘電正接の小さい材料とする必要がある。そこで，通常のアスファルト道路に使用される骨材を砂岩等の一般砕石から誘電正接の小さいセラミックス系砕石に変更することで効率向上を図った。表2上に一般砕石とセラミックス系砕石の電気特性測定結果を示す。比誘電率については大きな差がないが，誘電正接はセラミックス系砕石のほうが桁違いに低い値である。誘電正接は誘電体内部でのエネルギー損失量を示し，この値が小さいほど低損失であることから，一般砕石の代わりにセラミックス系砕石を用いることで損失低減が期待できる。なお，セラミックス系骨材は通常の道路にも用いられ，普通自動車の通過輪数10万回の強度を有することが道路舗装会社により確認されている[5]。

表2下に一般砕石を骨材としたアスファルト板と骨材をセラミックス系に変更して試作した特殊アスファルト板の電気特性測定結果を示す。特殊アスファルトは誘電正接がひと桁低く低損失であることがわかる。また，比誘電率が若干低くなっている。この結果から，特殊アスファルトは電力伝送効率の点で有利である。さらに，この数値を用いて直線電化道路30mの電力伝送効率をシミュレーションにより求めた。その結果，一般アスファルトの電化道路は電力伝送効率が18％，特殊アスファルトを採用した電化道路では96％となった。

これらの検討に基づき，特殊アスファルトを用いた実証実験のための電化道路を設計し，豊橋技術科学大学の構内に直線30mの電化道路を敷設した。施工工程は，まず一般砕石を敷設し下層路盤を形成し，次に，下層路盤上にグラ

表2　アスファルトの骨材材料と板状試作品の電気特性

材料・品名	比誘電率	誘電正接
一般砕石	2.95	0.013
セラミック系砕石	2.29	0.004
アスファルト板	6.44	0.33
特殊アスファルト板	4.97	0.01

a) グランド板施工

b) 基層施工

c) 電極敷設

d) 表層仕上げ

図5　電化道路施工

ンド板を施工(図5左上)した。グランド板はその上部に敷設する電化道路の電気特性を安定化させる効果を狙ったものである。そして，敷設したグランド板上にセラミックス系砕石などで構成される基層(図5右上)及び電極線路を施工(図5左下)し，最後に表層として特殊アスファルトを施工(図5右下)し電化道路が完成した。

5　走行中の整合維持と伝送効率

電化道路では路面電極とホイール間のワイヤレス結合部分の他に，電力伝送効率を左右する要素がある。それは道路を一定距離で区切って給電することで，道路長が有限となることに起因する定在波である[6]。例えば，高速道路での車間距離等を想定して道路を数十メートル毎の区間に分割し，各区間にそれぞれ電源を設置することを考える。つまり各区間に車両が1台走行しており，それに1つの電源から高周波電力が供給されると仮定する。高周波の周波数を十数メガヘルツとすると，道路上での高周波の波長は電極間隔等にもよるが十数メートルとなる。電化道路の1区間は数十メートルなので，そこに埋設されている電極が連続する長さは高周波の波長よりも数倍程度となる。したがって電極は高周波に対して分布定数線路として振る舞う。分布定数線路となる伝送線路では，入力端から電力を供給すると，他端を適正な負荷により終端して到達した全電力を吸収しない限り，その端部で高周波が反射し定在波が発生する

という性質がある。定在波とは伝送線路に沿って高周波電圧振幅の山と谷が交互に現れる現象である。入力する進行波と終端部で反射される反射波の合成により，その電圧振幅の最大値をプロットすると図6に示すように一定の位置に定在して生じる。この影響により車両が電圧振幅の山の位置にあるときは高い伝送効率が得られるが，谷の位置では十分な電圧振幅が得られないことから効率が大きく低下する。

定在波の山や谷の位置は端部での反射波の位相とその地点からの距離によって決まる。そこで，反射波の位相を変えるためのリアクタ素子を道路の端部に装荷し，このリアクタ素子の有無や素子値（リアクタンス値）を可変することで反射波の位相を変え，車両が走行する位置付近に定在波の山を常に移動させる制御[7]を行う。図6の例では，終端を開放したことでの反射波によりAの位置に生じている定在波の山を，リアクタンス接続により反射波の位相を変えることでBの位置に移動させている。これにより，位置依存性を軽減し安定した走行中給電を可能にしている。

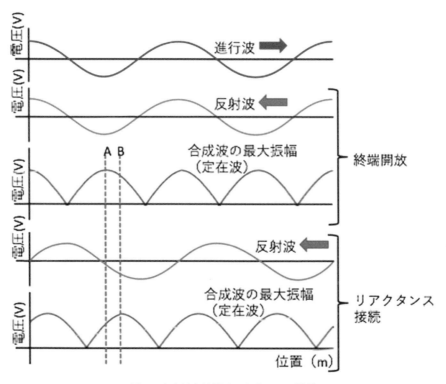

図6 定在波と終端リアクタンスの関係

6 実証実験

以上に述べた要素技術を基に，市販の小型電気自動車であるトヨタ車体株式会社製のコムスを改造した。エレクトロニック コントロール ユニット（ECU）を安定動作させるための補助電池を除いた全てのバッテリを取り外した。バッテリに代えて整合回路，整流回路，モーターの

状態よる負荷変動を吸収するためのレギュレータ回路からなる受電回路を搭載した。電化道路とともに高周波利用設備としての許可を総務省東海総合通信局より 2016 年 2 月 26 日に得た。これは「走行中小型電気自動車への非接触給電」を目的として我が国で許可された第 1 号の事例である。

バッテリーレスコムスをワイヤレス給電による電力のみで走らせる実験を学内の 30 m 電化道路で行った。図 7 はその時の実験風景である。最大 5 kW の電力が給電可能な電化道路において，人が乗って小型電気自動車の発進，走行を行った。この実験成功により，タイヤ集電による電界結合方式，V-WPT による走行中給電の実現可能性を示した。

図 7　世界初の走行中給電の実証実験

最近では，本方式の有効性を示す開発事例が各種技術展示会[8]においてデモ展示されている。

文　献

1) 大平孝：" 電化道路電気自動車," 自動車技術, vol.**67**(10), pp.47-50(2013).
2) 鈴木良輝, 水谷豊, 杉浦貴光, 坂井尚貴, 大平孝：電化道路をタイヤ集電で走行する電気自動車の 1/32 スケールモデル試作実験," 電気学会論文誌 D, vol.**134**(7), pp.675-682(2014).
3) N. Sakai, D. Itokazu, Y. Suzuki, S. Sakihara and T. Ohira："One-kilowatt capacitive power transfer via wheels of a compact electric vehicle," IEEE Wireless Power Transfer Conference, WPTC (2016).
4) T. Ohira："A battery-less electric roadway vehicle runs for the first time in the world(invited)," IEEE International Conference Microwave Intelligent Mobility, pp.75-78(2017).
5) 崎原孫周, 遠藤哲夫, 伊藤一教, 大澤和也, 陣内浩, 坂井尚貴, 大平孝：" 走行中の電気自動車へワイヤレス給電するための道路インフラ「電化道路」の開発," 月刊 JETI, vol.**66**(10), pp.56-61(2018).
6) 大平孝：" 電化道路：自動車の電動化に向けた走行中給電インフラ," 高速道路と自動車, vol.**61**(2), pp.5-8(2018).
7) S. Sakihara, S. Kitabayashi, N. Sakai and T. Ohira："Far-end reactor matching to a traveling load along an RF power transmission line," IEICE Trans. Electron., E101-A(2), pp.396-401(2018).
8) Microwave Workshops & Exhibition(MWE2018), 特別展示, パシフィコ横浜(2018).

第2編 走行中ワイヤレス給電技術

第3章 走行中EVへのワイヤレス給電技術

第6節　平行2線伝送線路を用いた走行中ワイヤレス給電

奈良先端科学技術大学院大学　岡田　実

1 はじめに

　移動中における磁界結合ワイヤレス給電を実現するためには，走行路上に多数の送電コイルを配置する必要がある。現在，走行中ワイヤレス給電に関して多くの研究開発が行われている[1)-4)]。筆者らは，これらの研究開発をベースとして，できるだけ低コストで効率の高い走行中給電を実現するため，平行2線伝送線路を用いたワイヤレス給電システムを検討している[5)]。このシステムでは，平行2線伝送線路を走路下に埋設し，移動体上の受電部コイルとの間の磁界結合を用いてワイヤレス給電を行うもので，受電部が平行2線伝送線路上で移動してもワイヤレス給電を行うことが可能である。

　以下では，平行2線伝送線路を用いた走行中ワイヤレス給電システムの原理といくつかの実験結果を紹介し，走行中給電が可能であることを明らかにする。

2 平行2線伝送線路を用いた走行中給電

2.1　基本原理

　平行2線伝送線路を用いたワイヤレス給電(WPT：Wireless Power Transfer)の構成を図1に示す。図において，送電側平行2線伝送線路(#1)の片側は整合回路を含めた電源 V_s に接続され，もう一方の側はリアクタンス X_T で終端されている。受電側コイル(#2)は，送電側平行2線伝送線路の上に配置されており，平行2線伝送線路の上を移動することができる。受電側コイルには共振用コンデンサおよび負荷抵抗が接続されているが，以下でさらに詳細に説明する。

　図2に平行2線伝送線路WPTのより詳細な構造を示す。図2a)の側面図において，長さ l の伝送線路の電源側から l_G の位置に受電側コイルが置かれている。受電コイルの長さは l_s で

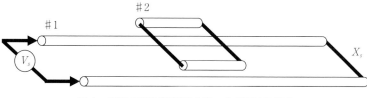

図1　平行2線伝送線路を用いたWPTの構成

ある。受電コイルから終端までの距離は $l_T = l - l_G - l_s$ となる。伝送線路および受電コイルは，図2b)の断面図で示すように配置されている。ここでは，送受電側ともに，半径 R の断面が円形の導体を D 間隔に配置している。伝送線路と受電コイル間の間隔は H である。

図2c)および d)に送電側及び受電側回路を示す。まず，図2c)において送電側平行2線伝送線路は，送信端(左側)に整合回路(Matching 回路)を介して電源 V_s が接続されている。もう一方(右側)はリアクタンス X_T が接続されている。一方，受電コイル側は，共振用コンデンサ C_2 および負荷抵抗 R_L が接続されている。

次に，特性解析を行うために，等価回路による近似を行う。**図3**に受電部近傍の伝送線路および受電コイル間の磁界結合をトランスでモデル化した等価回路を示す。ここで L_1 は受電コイル長 l_s の区間における伝送線路の自己インダクタンス，L_2 は，受電コイルの自己インダクタンス，M は伝送線路と受電コイル間の相互インダクタンスである。r_1 および r_2 は，それぞれ，伝送線路の l_s 区間の内部抵抗及び受電コイルの内部抵抗に対応している。

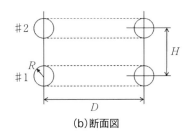

図2　平行2線伝送線路 WPT の構造

図2の構造を仮定すると，インダクタンスは次式で表すことができる。

$$L_1 = \frac{\mu l_s}{\pi} \log\left(\frac{D-R}{R}\right) \tag{1}$$

$$L_2 = \frac{\mu}{\pi}\left[\begin{array}{l} 2\sqrt{l_s^2 + D^2} - 2(l_s + D) - l_s \log\left(\dfrac{l_s + \sqrt{l_s^2 + D^2}}{l_s}\right) \\ -D \log\left(\dfrac{D + \sqrt{l_s^2 + D^2}}{D}\right) + l_s \log\left(\dfrac{2l_s}{R}\right) + D \log\left(\dfrac{2D}{R}\right) \end{array}\right] \tag{2}$$

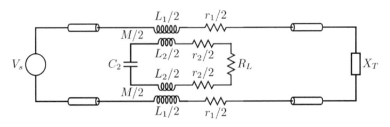

図3　受電部近傍の磁界結合を考慮する等価回路

$$M \sim \frac{\mu l_s}{\pi} \log\left(\frac{\sqrt{D^2 + H^2}}{H}\right) \tag{3}$$

ここで，$\mu = 4\pi \times 10^{-7}\,\mathrm{H/m}$ は真空中の透磁率である。

以上の形を仮定し，以下の項においてより詳細な解析を行う。

2.2 平行2線伝送線路の基本特性

さて，受電コイル位置の移動に伴う特性変化を解析する準備として，平行2線伝送線路の特性とスミスチャートによる表現について簡単に紹介する。まず，原点 $(l=0)$ における進行波の振幅を a，反射波の振幅を b とする。このとき，位置 l における伝送線路間の電圧および電流は次式で表される。

$$V(l) = ae^{-j\beta l} + be^{+j\beta l} \tag{4}$$

$$Z_0 I(l) = ae^{-j\beta l} - be^{+j\beta l} \tag{5}$$

ここで，Z_0 は伝送線路の特性インピーダンス，$\beta = 2\pi/\lambda$ は波数，λ は波長である。伝送線路の単位長あたりのリアクタンス $L\,\mathrm{H/m}$ 及びキャパシタンス $C\,\mathrm{F/m}$ とし，伝送線路における損失が無視できるとしたとき，特性インピーダンス Z_0 は次式で表される。

$$Z_0 = \sqrt{\frac{L}{C}} = \sqrt{\frac{\mu_0}{\pi^2 \epsilon_0}} \sim 120 \log\left(\frac{D}{R}\right) \tag{6}$$

なお，平行2線伝送線路では，$L = \frac{\mu_0}{\pi} \log\left(\frac{D}{R}\right)$，$C = \pi \varepsilon_0 / \log\left(\frac{D}{R}\right)$ で近似値が求められる。

さて，以上のように仮定したとき，位置 l におけるインピーダンスは次式で求められる。

$$Z(l) = \frac{V(l)}{I(l)} = Z_0 \cdot \frac{ae^{-j\beta l} + be^{+j\beta l}}{ae^{-j\beta l} - be^{+j\beta l}} = Z_0 \cdot \frac{1 + \gamma(l)}{1 - \gamma(l)} \tag{7}$$

ここで，

$$\gamma(l) = \frac{be^{+j\beta l}}{ae^{-j\beta l}} = \gamma_0 e^{+2j\beta l} \tag{8}$$

は，l における反射係数である。反射係数 γ は絶対値 $|\gamma| \leq 1$ の複素数である。式(8)より，反射係数は伝送線路上の位置により $2\beta l$ だけ複素平面上を回転することがわかる。

さらに，特性インピーダンスで正規化したインピーダンス $z(l) = Z(l)/Z_0$ とすると，下記のように整理できる。

$$z(l) = \frac{1 + \gamma(l)}{1 - \gamma(l)} = \frac{1 + \gamma_0 e^{+2j\beta l}}{1 - \gamma_0 e^{+2j\beta l}} \tag{9}$$

γ 平面上において対応する正規化インピーダンスを表示したものがスミスチャートである。

図4にスミスチャートを示す。図4a)において，外周円は$|\gamma|=1$を，中心点は$\gamma=0$に対応している。内側の破線で描かれている複数の円はインピーダンスを$z=r+jx$としたとき，抵抗成分r一定の線，右側から左側に向かって放射状に伸びている実線の曲線はリアクタンス成分x一定の線である。スミスチャートにおいて，上半円は，誘導性($x>0$)，下半円は容量性($x<0$)の領域になっている。

スミスチャートを用いると，分布定数回路におけるインピーダンスの変化を簡単に求めることができる。例えば，長さlの伝送線路に負荷z_Aを接続したとき，電源側から見たインピーダンスz_Bは図4b)で示すように，スミスチャート上のz_Aに対応する点Aを角度$2\beta l = 4\pi l/\lambda$だけ負方向に回転した点Bに対応するインピーダンスとなる。また，RLC素子を直列に接続したときの合成インピーダンスは，図4c)に示すようになる。まず，抵抗を直列に接続したときは，等リアクタンス線(実線)に沿って$r=R/Z_0$を加える方向に移動する。一方，Lを直列接続した場合は，等抵抗線(破線)に沿って時計回りに$x=\omega L/Z_0$だけ移動する。Cを接続したときは，Lと逆に反時計回りに$x=1/\omega C Z_0$だけ移動することになる。

RLC素子を並列に接続したときも，スミスチャートを用いて簡単にその変化を表すことができる。まず，並列接続のときは，アドミッタンス$y=1/z=g+jb$を用いて考える。アドミッタンスと反射係数との関係は式(9)より次式で表される。

$$y = \frac{1}{z} = \frac{1-\gamma}{1+\gamma} = \frac{1+(-\gamma)}{1-(-\gamma)} \quad (10)$$

式(10)より，アドミッタンスは，反射係数γを$(-\gamma)$で置き換えることで表すことができる。すなわち，図4のスミスチャートを180度回転させることで，アドミッタンスと読み替えることができる。

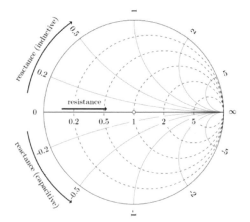

(a)スミスチャート

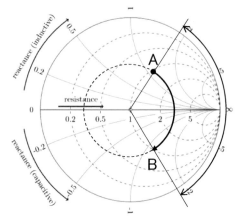

(b)伝送線路によるインピーダンス変化

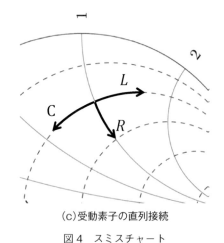

(c)受動素子の直列接続

図4　スミスチャート

2.3 等価回路解析

まず,受電コイルの右側のリアクタンス X_T で終端された長さ l_T の伝送線路を集中定数のリアクタンス $\widetilde{X_T}$ で置き換える。$\widetilde{X_T}$ の変化を**図5**に示す。ここでは,$X_T=0$,すなわち,伝送線路の終端をショートした場合の変化を示している。このとき,スミスチャート上では,インピーダンスは図a)のように l_T の変化に応じて,スミスチャートの外周円 $|\gamma|=1$ 上を移動する。また,図b)は,$\widetilde{X_T}/Z_0$ と波長で正規化した距離 l_T の関係を示したものである。これらの図から,$\widetilde{X_T}/Z_0$ は l_T の変化に応じて $\lambda/2$ 周期で繰り返し変化しており,かつ,$-\infty$ から $+\infty$ まで大きく変化することがわかる。

このようにして求めた $\widetilde{X_T}$ により,図3の等価回路をさらに簡略化する。**図6**に簡略化した等価回路を示す。まず図6a)では,上下2つのトランスを1つにまとめ,右側の伝送線路を $\widetilde{X_T}$ で置き換えている。さらに,図6b)において,トランスをT型の回路で置き換える。図6b)は,電源までの伝送線路(TL)を除けば,従来のワイヤレス給電の等価回路と同じである。

この等価回路の入力端Aの電圧および電流

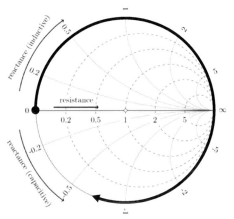

(a)スミスチャート上の軌跡

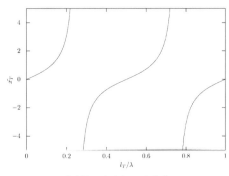

(b)リアクタンスの変化

図5　リアクタンス終端時のインピーダンス変化

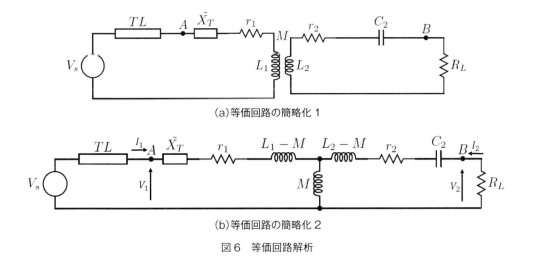

(a)等価回路の簡略化1

(b)等価回路の簡略化2

図6　等価回路解析

第2編　走行中ワイヤレス給電技術

を V_1 および I_1，出力端 B の電圧および電流を V_2 および I_2 と定義する。このとき，回路の電流及び電圧の関係を次式で表現することができる。

$$\begin{bmatrix} V_1 \\ V_2 \end{bmatrix} = \begin{bmatrix} Z_{11} & Z_{12} \\ Z_{21} & Z_{22} \end{bmatrix} \begin{bmatrix} I_1 \\ I_2 \end{bmatrix} \tag{11}$$

ここで，$Z = \begin{bmatrix} Z_{11} & Z_{12} \\ Z_{21} & Z_{22} \end{bmatrix}$ は，インピーダンス行列である。図 6b) の回路のインピーダンス行列は次のように表すことができる。

$$Z = R + jX = \begin{bmatrix} r_1 + j\big(\omega(L_1 - M) + \widetilde{X_T}\big) & j\omega M \\ j\omega M & r_2 + j\omega(L_2 - M) \end{bmatrix} \tag{12}$$

ここで，R および X はそれぞれ，Z の実部成分および虚部成分を表している。文献 6) において，Z が与えられると，この回路で伝送するときの最大電力伝送効率が導出されている。式(12)をこの最大電力伝送効率の式に代入すると，次式が得られる。

$$\eta_m = 1 - \frac{2}{1 + \sqrt{1 + (kQ)^2}} = 1 - \frac{2}{1 + \sqrt{1 + \left(\dfrac{\omega M}{r_1 r_2}\right)^2}} \tag{13}$$

ただし，

$$kQ = \frac{|Z_{21}|}{\sqrt{|R|}} = \frac{\omega M}{r_1 r_2} \tag{14}$$

である。ここで，式(13)および式(14)には，受電コイル位置に依存する項である $\widetilde{X_S}$ が含まれていない。すなわち，最大電力伝送効率は受電コイル位置によらず一定である。すなわち，インピーダンス整合をとることができれば，位置にかかわらず，高効率でワイヤレス給電を行うことが可能である。

2.4　インピーダンス整合

　最大伝送効率は受電コイル位置にかかわらず一定であることを示した。実際に効率の良いワイヤレス給電を行うためには，インピーダンス整合が重要である。ここでは，インピーダンス整合の一例を示す。以下では，簡単のため，内部抵抗 r_1，r_2 は無視する。図 7 にインピーダンス整合の様子をスミスチャート上にプロットした。図 7 のスミスチャートにおいて，負荷インピーダンスは R_L/Z_0 位置に対応する。ここに直列にリアクタンス成分が接続されている。ここにキャパシタンス C_2 を直列に接続することにより，インピーダンスは反時計回りに移動する。次に相互結合に対応する $j\omega M$ が並列に接続される。スミスチャートの節で説明したとおり並列接続では，γ を $-\gamma$ と読み替えることでアドミタンスとして計算できるので，原点対称位置に点を写し，アドミタンス成分 $Z_0/j\omega M$ だけ点を移動させる。この点の原点対称点を求めて再びインピーダンス表示に戻す。電源側のリアクタンス成分 $j\big(\widetilde{X_T} + \omega(L_1 - M) - \frac{1}{\omega C_1}\big)/Z_0$ だけ変化させる。このとき，最終的な点が原点に到達するようにリアクタンス成分を調整する

— 318 —

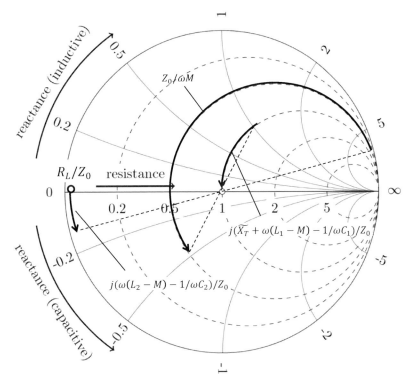

図7 スミスチャート上におけるインピーダンス整合の様子

ことで，インピーダンス整合がとれることになる。

$\widetilde{X_T}$ は，受電コイル位置により変動するため，常に整合条件を満たすためには，C_1 を動的に制御する必要がある。しかし，$\widetilde{X_T}$ の変動幅は非常に大きいため，特に $|\widetilde{X_T}|$ が大きい領域では，うまくインピーダンス整合が取れるように設計することができない。

この問題を解決するため，セグメント化平行2線伝送線路によるワイヤレス給電方式を提案している[7]。提案手法を図8に示す。伝送線路に周期的にCを直列に装荷しており，$|\widetilde{X_T}|$ を小さい値に抑えることができる。このことで，整合可能な範囲を大きくすることができ，ンス

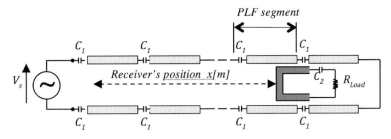

図8 セグメント化平行2線伝送線路によるワイヤレス給電

— 319 —

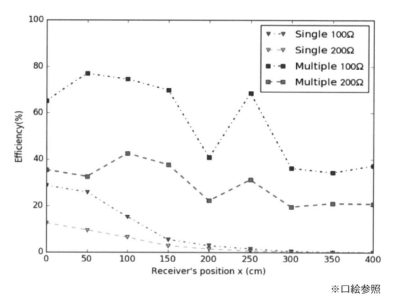

図9 セグメント化平行2線伝送線路による電力伝送効率改善効果

テム全体の電力伝送効率を向上させることが可能である。図9にセグメント化平行2線伝送線路による電力伝送効率改善効果の実験結果を示す。グラフは，受電コイルと電源との間の距離に対する電力伝送効率の変化を表している。ここで，single は通常の伝送線路を用いた場合，multiple はセグメント化を行った場合の効率である。周波数 13.56 MHz を用いた。図より single では，受電コイルが電源から離れると伝送効率が大幅に低下し，250 cm 以上になると効率は 0%（ほとんど電力伝送ができていない）ことがわかる。一方，multiple では，距離が大きくなっても 20%（負荷インピーダンス 200Ω）以上の伝送効率が達成できている。このことからセグメント化を行うことで，大幅な伝送効率の向上が可能になることがわかる。

3　走行中 WPT の実験結果

前項で原理を説明した平行2線伝送線路を用いた走行中 WPT の大規模実験を行っている[*1]。図10に実験系の図を示す。ここでは，路上に平行2線伝送線路を敷設し，その上を車両が走行することを想定する。平行2線伝送線路は，コンクリートの溝の上に発泡スチロールを置き，その上に伝送線路を配置している。車両側は，車両の下部に受電コイルを配置している。ここでは，周波数として 13.56 MHz を使用している。

受電部の構成を図11に示す。受電コイル（結合器）は発泡スチロールパネルに1ターンの方形ループをおいた形となっている。受電コイルの出力はショットキーダイオードによる全波整

[*1] 株式会社ダイヘンと奈良先端科学技術大学院大学との共同研究

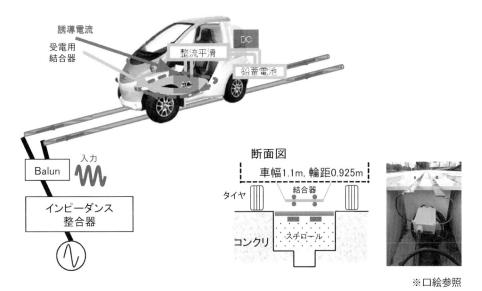

図 10　平行 2 線伝送線路を用いた走行中 WPT 実験系

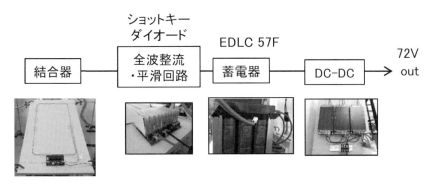

図 11　受電部の構成

流回路に入力され，整流後，電力を安定化させるため電気二重層コンデンサに充電する。電力はDC-DCコンバータに入力され72Vの安定した電圧が生成されるようになっている。

図12に受電コイル位置と受電電力の関係を示す。ここでは，セグメント化などの整合対策を行っていないため，1/2波長ごとに受電電力が低下する。そのため，連続した走行を行うために，最小限のバッテリや電気二重層コンデンサを配置することが必要である。なお，このときの，整流器を含めた総合効率は約60%であった。

実用化にあたっては，漏洩電磁界を規定値内に収めることが重要である。ここでは，平行2線伝送線路から1m離れた点における電界および磁界の大きさを計算機シミュレーションにより求めた。その結果を**図13**に示す。本システムでは，1kWの電力を印加したときの電界は約20V/m，磁界は0.07A/mであり，規制値を満足していることがわかる。

— 321 —

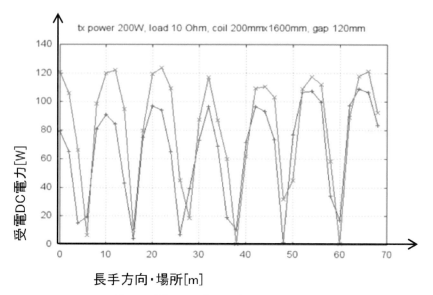

図12 受電コイル位置と受電電力との関係

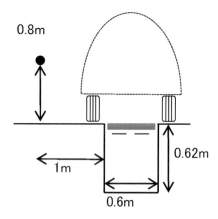

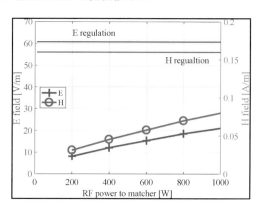

図13 漏洩電磁界の影響

4 まとめ

本稿では，平行2線伝送線路を用いた走行中WPTシステムの原理を解説し，さらに，いくつかの実験結果を紹介した．本システムを用いることにより，位置によらずワイヤレス給電が可能であることを明らかにした．実用化にあたっては，さらなる大電力給電が必要となってくるが，そのためには，さらなる漏洩電磁界の削減や，伝送効率の改善が必要となってくる．また，複数車両が同時に平行2線伝送線路上を走行するような状況[8)-10)]についても検討を行う必要がある．

文　献

1) S. Ahn and J. Kim："Magnetic field design for high efficient and low EMF wireless power transfer in on-line electric vehicle," Proceedings of the 5th European Conference on Antennas and Propagation(EUCAP), pp.3979–3982(2011).

2) T. Ohira："Via-wheel power transfer to vehicles in motion(invited)", IEEE Wireless Power Transfer Conference, WPTC2013, pp.242–246(2013).

3) Electrified roads – a sustainable transport solution of the future.
https://eroadarlanda.com/(2018)

4) Y. Gaku, T. Imura and H. Fujimoto："Investigation on Maximizing Power Transfer Efficiency of Wireless In-wheel Motor by Primary and Load-Side Voltage Control." Proc. the 1st IEEJ International Workshop on Sensing, Actuation, and Motion Control, TT4–2–1.(2015).

5) T. Higashino, Z. Ma, M. Okada, Y. Tatsuta, Y. Goto, Y. Tsuruda and R. Tanaka："A New Configuration of Magnetic Coupled Power Transfer using Parallel Line Feeder," Proc. of WPTC 2013,(2013).

6) T. Ohira："Angular expression of maximum power transfer efficiency in reciprocal two-port systems," Proc of WPTC 2014,(2014).

7) W.–F. Brou, D. Q. Thang and M. Okada："Experimental Evaluation of Inductive Power Transfer System Using Multiple Concatenated Parallel-Line-Feeder Segments," 2016 International Symposium on Antennas and Propagation(ISAP2016),(Nov. 2016).

8) W.–F. Brou, D. Q. Thang* and M. Okada："Multiple-Input Multiple-Output Dynamic Charging Using Multiple Parallel Line Feeders," 2016 IEEE International Workshop on Antenna Technology IWAT2016, 2(Mar.2016).

9) D. Q. Thang and M. Okada："Maximum Efficiency Formulation for Multiple-Input Multiple-Output Inductive Power Transfer Systems," IEEE Transactions on Microwave Theory and Techniques,(Early Access)(2018).

10) D. Q. Thang and M. Okada："Receive Power Control in Multiuser Inductive Power Transfer System Using Single-Frequency Coil Array," IEICE Transactions on Communications, 2017EBP3387, vol.E101-B, no.10,(to be published)(2018).

第2編 走行中ワイヤレス給電技術

第4章 走行中ワイヤレス給電システムの関連技術

第1節　走行中非接触給電システム向け高周波電源

長岡技術科学大学　日下　佳祐

1　はじめに

　本稿では，電気自動車に対するワイヤレス給電技術において中核技術である高周波電源技術について解説する。磁界を用いて電力伝送を行う電磁誘導方式において，伝送コイルの大きさは伝送周波数に強く依存する。すなわち，電磁誘導方式によるワイヤレス給電システムを車載可能な大きさにするためには，数十kHzから数MHz程度の高周波電力により伝送を行う必要があり，そのためには直流から高周波交流への電力変換回路が必要となる。そこで，まず初めに1次側直列・2次側直列共振（S/S）を用いた場合を例として，伝送電力・出力電圧と伝送コイルのインダクタンスとの関係を示し，コイルの小型化のために高周波化が必要であることを示す。その後，走行中・停止中を区別せずに，これまで開発されたワイヤレス給電システムの伝送周波数の推移や，高周波電源回路方式について解説する。

2　高周波電源の必要性

　図1(a)に1次側直列-2次側直列共振（S/S）を用いたワイヤレス給電システムの等価回路を示す。ここで，定電圧源 V_{dc1} から電力伝送を行い，出力電圧 V_{dc2} 時に定格電力 P を伝送できるよう設計することを考える。

　まず初めに，定格出力電圧 V_{dc2} 及び定格出力電力 P から2次側整流器のモデル化を行う。ダイオードのオン電圧降下が無視でき，2次側平滑コンデンサが十分大きいとすると，キャパシタ入力形ダイオードブリッジ整流器は式(1)で示される交流等価抵抗 R_{eq} として扱うことができる[1)2)]。

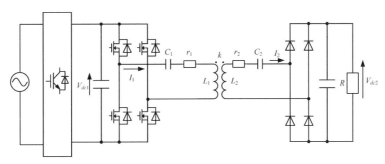

図1　1次側直列-2次側直列共振を用いたワイヤレス給電システム

第2編　走行中ワイヤレス給電技術

$$R_{eq} = \frac{8}{\pi^2} \frac{V_{dc2}^2}{P} \tag{1}$$

　伝送効率を最大とするため，等価交流抵抗と2次側励磁インダクタンスのインピーダンスが等しくなるよう2次側自己インダクタンス L_2 を決定する。巻線抵抗がコイルのインピーダンスに対して十分小さく，かつ後述する共振条件が満たされている場合，2次側自己インダクタンスは式(2)で設計できる[2]。ただし，ここで k_0 は伝送コイルがノミナル位置の場合の結合係数，ω_0 は伝送角周波数である。

$$L_2 = \frac{R_{eq}}{\omega_0 k_0} \tag{2}$$

　共振条件下における入出力の電圧条件より，1次側コイルの自己インダクタンスが決定される。

$$L_1 = \frac{R_{eq}}{\omega_0 k_0} \frac{V_{dc1}^2}{V_{dc2}^2} \tag{3}$$

　式(2)，(3)より，伝送角周波数 ω_0 を高周波化することで小さいインダクタンスでも同電力が伝送可能であることがわかる。例えば，結合係数 $k = 0.2$，1次側電圧と2次側電圧がそれぞれ282 V，207 V の時，3.3 kW の電力を伝送しようとすると，伝送周波数 85 kHz では1次側コイルの自己インダクタンス 98.4 μH，2次側コイルの自己インダクタンス 182.6 μH となる。しかしながら，商用周波数 50 Hz での伝送を考えると，1次側自己インダクタンス 310 mH，2次側自己インダクタンス 167 mH となり，高周波電源なしではワイヤレス給電の伝送コイルの大きさが現実的な値とならないことがわかる。

　なお，本項の目的に反することとはなるが，補足として共振コンデンサ C_1，C_2 の選定式を示す[3]。図1において，1次側コイルに通流する電流と2次側コイルに通流する電流は式(4)，(5)で計算できる。ただし，ここで L_m は相互インダクタンスである。

$$\dot{I}_1 = \frac{r_2 + R_{eq} + j\left(\omega L_2 - \dfrac{1}{\omega C_2}\right)}{\left\{r_1 + j\left(\omega L_1 - \dfrac{1}{\omega C_1}\right)\right\}\left\{r_2 + R_{eq} + j\left(\omega L_2 - \dfrac{1}{\omega C_2}\right)\right\} + \omega^2 L_m^2} \dot{V}_1 \tag{4}$$

$$\dot{I}_2 = \frac{j\omega L_m}{\left\{r_1 + j\left(\omega L_1 - \dfrac{1}{\omega C_1}\right)\right\}\left\{r_2 + R_{eq} + j\left(\omega L_2 - \dfrac{1}{\omega C_2}\right)\right\} + \omega^2 L_m^2} \dot{V}_1 \tag{5}$$

　式(4)，(5)より，電源からみた力率及び2次側誘起電圧からみた力率を改善するよう，1次側共振コンデンサ C_1 と2次側共振コンデンサ C_2 を選定する。すなわち，式(6)，(7)を満足するようコンデンサを選定する。

$$C_1 = \frac{1}{L_1 \omega^2} \tag{6}$$

$$C_2 = \frac{1}{L_2 \omega^2} \tag{7}$$

3 電源の高周波化の歴史

3.1 伝送周波数の推移

図2にIEEE Transaction，電気学会論文誌及びこれら学会主催の国際会議において報告されたワイヤレス給電システムの伝送周波数を示す。図2において横軸は文献の発表年を示している。なお，本図中では走行中給電と静止給電の両者を区別していない。これは走行中給電であっても，自動車の移動速度が伝送周波数に対して十分遅く，電源側からみると電源一周期中ではほぼ定常状態として扱うことができるためである。図2(a)は縦軸が対数表記となっており，図2(b)はそのうち200 kHz以下の低周波数領域に着目した図である。

最初に報告されたワイヤレス給電システムは1978年，米国J. G. Bolgerらにより報告された走行中ワイヤレス給電システムである[4]。この論文で報告されているワイヤレス給電システムは，レール上に配置した巻線上を走行する自動車に対して給電する構成で，1次側2次側ともに共振用コンデンサを有しており，現在主に研究されているワイヤレス給電システムとほぼ同様の構成をとっている。しかしながら，この文献では商用周波数で回転する電動機に機械的にカップリングした発電機を高周波電源（150 Hz～210 Hz）として用いている。当時，半導体電力変換技術は発展途上にあり小容量のMOSFETが開発されたばかりの頃であった。そのため，非接触給電に必要な高周波出力を連続的かつ高効率に発生させる方法が確立されていなかったことが，このような構成を取らざるを得なかった理由として挙げられる。この後，いくつかの続報が報告されているが，実用化には至っていない。J. G. Bolgerらの試みから十年以上経ち，パワートランジスタの発展や，MOSFET，IGBTなどの半導体スイッチが実用化段階を迎えたことを受け，半導体スイッチを用いた高周波電源がワイヤレス電力伝送用電源とし

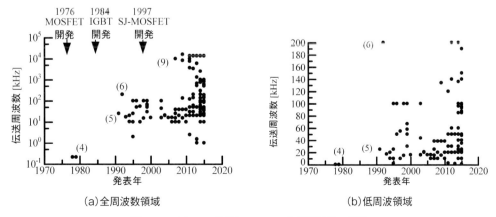

図2　ワイヤレス給電システムの伝送周波数の推移

第2編　走行中ワイヤレス給電技術

て用いられ始めることになる。例えば，A. Esser らは1991年に多軸ロボット向けの回転トランスとして650 V 耐圧のIGBTを用いて25 kHzで非接触給電を行っている[5]。また，1992年にはMOSFETを用いたC級増幅器(200 kHz)を伝送周波数として用いた非接触給電システムが報告されている[6]。

このように，当初数百Hzという低周波で開発されていた非接触給電システムは，半導体スイッチの発展に伴い徐々に高周波化が進められ，2000年頃までは上記のように数十 kHz から数百 kHz を用いたワイヤレス電力伝送システムが活発に開発されるようになった。特に近年では，数十 kHz～数百 kHz の低周波領域とMHz以上の周波数帯域を用いる高周波領域に二分化する傾向にある。低周波領域では，これまでも半導体電力変換回路が広く適用されている周波数帯であることから，すでに電力変換技術が確立されていることが利点となる。また，自動車向け非接触給電システムの標準化が85 kHz近傍で進められていることの影響もある[7][8]。

一方，MHz以上の周波数帯域は2007年のMassachusetts Institute of TechnologyのA. Kursらが10 MHz近傍で非接触給電システムを報告したことが大きく影響している[9]。文献9)では，非接触給電の原理を結合モード理論により説明していたため，当初「Magnetic resonance」「磁気共鳴方式」「磁界共振結合方式」などと呼ばれ，従来の電磁誘導現象とは異なる現象を用いていると認識された。そのため多くの技術者，研究者がMHz帯を用いた非接触給電システムの開発に取り組むようになった。そのためMITの発表を境にMHz帯を用いた非接触給電システムの報告が急増する。しかしながら，現在はMITによる報告は電磁誘導現象を用いたワイヤレス給電の一種であると認識され始めたため[10]，現在では主に伝送システムの小型化を狙った研究においてMHz帯が用いられている。

3.2　伝送周波数と伝送電力の関係

図3にこれまで報告されているワイヤレス給電システムの伝送周波数と伝送電力の関係を示す。図3(a)は1次側電力変換器の構成，図3(b)は2次側電力変換器の構成毎にプロットにより分類した。非接触給電システムは小容量では1 W 未満から52 kW の大容量まで幅広い電力範囲で研究開発が行われている。

大容量の非接触給電システムの1つとして，バス等の大型電気自動車をアプリケーションとした52 kW，20 kHzの非接触給電システムがある[11]。また，鉄道車両向け非接触給電システムの研究も行われている。鉄道車両向けとしては数百 kW 以上の伝送が求められており[12]，大容量化に向けた検討は続けられているものの，現在のところスケールモデルを用いた検証段階である。反対に，10 W 未満の非接触給電も多く見られる[13]-[15]。このような小電力を伝送した報告が見られる理由として，WPCにより策定されているQi規格の最大供給電力が5 Wであったことが挙げられる。ただし，最大供給電力15 W にて新しい規格が策定されつつあるため，Qi規格対応システムは今後伝送電力が徐々に増加していくことが見込まれる。一方，数MHzから数十 MHz を超える非接触給電システムでは伝送電力が数 mW から数百 mW 程度であることが多い。これらは高周波化に向けた取り組みの中で，ベクトルネットワークアナライザ(VNA)を用いた理論的な検証が含まれているためである。

伝送周波数に着目すると，20 kHz近傍を用いた非接触給電が多く報告されている。20 kHz

— 328 —

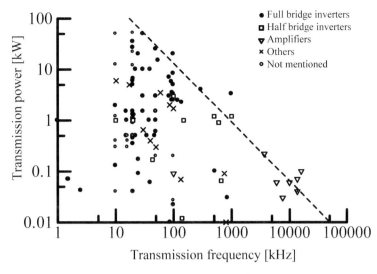

(a) 1次側変換器による分類

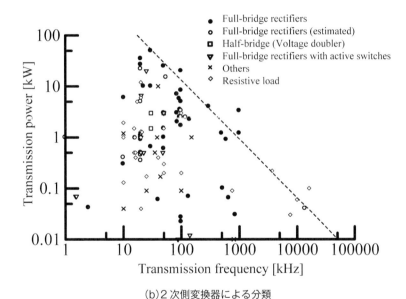

(b) 2次側変換器による分類

図3 伝送周波数と伝送電力及び高周波電源回路の関係

近傍はパワーエレクトロニクス回路でキャリア周波数として従来から広く用いられている周波数であるため，電力変換器の導入が容易であるという背景がある。また，20 kHz が人間の可聴域外であるという利点もある。次に多く見られるのが 100 kHz 近傍である。これは，近年自動車向け非接触給電システムの標準化が 85 kHz 帯（79 kHz～90 kHz）で進められていることが影響している[7)8)]。次に，伝送電力と伝送周波数の関係に着目する。図3に示した通り，伝送周波数と伝送電力には密接な関係がある。非接触給電システムの大容量化を実現するためには伝送周波数を低くする必要がある。一方，伝送周波数を高周波化することでコイルの小型化

が可能となるが，供給可能な電力が制限される。ここで，伝送周波数 f[Hz]と伝送電力 P[W]の積を新しい指標 $k_{pf} = Pf$[W/s]として導入する。図2の結果をみると，現在まで報告されている非接触給電システムは $kPf < 3.3 \times 10^9$[W/s]の領域内にプロットされる。なお，これは単にこれまで報告されたシステムが本領域に存在していることを示すだけであり，非接触給電システムの高周波化及び大容量化の物理的な限界を意味するものではない点に注意が必要である。しかしながら，この領域内であれば非接触給電システムの開発実績があることを意味する。そのため，これから非接触給電システムの研究を始めようとする技術者には，本領域内及び本領域の近傍で伝送電力及び伝送周波数を選択することを推奨したい。例えば，100 kW の伝送を行う場合には，伝送周波数が約 33 kHz 未満の非接触給電システムであれば実現性が高いといえる。反対に，伝送周波数が標準化等の理由により 85 kHz に制限された場合には，実現が容易な伝送電力の目安が約 39 kW であるといえる。

3.2.1　1次測電力交換器

次に1次側電力変換器の構成に着目する。図3(a)中において，各シンボルの違いは，非接触給電部の駆動に使用されている1次側電力変換器の構成を示している。**図4**に主な1次側変換器の回路構成例を示す。

フルブリッジインバータの適用例に着目すると，10 kHz から 100 kHz までの周波数領域において，伝送電力が数百 W から 50 kW までの広範囲で用いられている。そもそも，フルブリッジインバータはパワーエレクトロニクス分野で最も一般的に用いられている回路であり，このような周波数帯で多くの実績があるため，適用が容易であったことが背景として考えられる。また，大容量化を図った場合にも，各スイッチングデバイスで生じる発熱が4つのスイッチングデバイスで均等に分担されるため，大電力伝送時にも冷却が容易である。しかしながら，スイッチングデバイスが4個必要とされる点や，上側スイッチのゲート駆動用に絶縁電源を用意する必要があるといった理由から，低コスト化が求められる小容量の非接触給電システムに対しては不利である。これらの観点から，フルブリッジインバータは大容量のシステムに適する。本回路自体は古くから実用化例があり，既に確立された技術である。しかしながら，制御法についてはまだ議論が十分ではない。本回路を方形波駆動する場合，電力の制御を行うためには直流電圧の制御が必要となり，前段にチョッパ回路を挿入する必要がある[16]。一方，本回

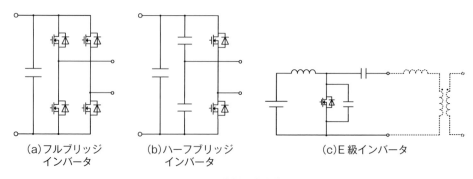

図4　1次側電力変換器

路を位相シフト制御することで出力電圧を3レベル波形とすれば，前段のチョッパ回路なしで電力を制御できる。しかしながら，インバータで生じるスイッチング損失と高調波に起因して巻線で生じる銅損が増加する[17]。

　ハーフブリッジインバータは特に1MHz付近で1kW程度の非接触給電システムにおいて用いられることが多い。しかしながら，全体の適用数ではフルブリッジインバータには及ばない。また，ハーフブリッジインバータを用いているシステムの最大伝送電力は文献18)の3kWであり，フルブリッジインバータと比較して比較的小容量で用いられている事例が多い。ハーフブリッジインバータは，アクティブスイッチの数が2個でよいという利点がある。しかしながら，ハーフブリッジインバータの出力電圧はフルブリッジインバータの1/2であり，電圧利用率が低い。したがって同じ直流電圧で比較した場合，同電力を得るためにはフルブリッジインバータに対して2倍の電流を流さなければならないため，伝送コイルの銅損とアクティブスイッチで生じる導通損失が増加する。したがって，スイッチングデバイスの電流定格は小さくはできず，低コスト化への寄与は小さい。ただし，ソース電位がフローティングとなる素子数が1個となるため，駆動回路のコストは低減できる。これらの理由から，フルブリッジインバータよりも適用範囲が限定され，中容量の機器に対してハーフブリッジインバータは用いられる。

　5MHz以上の高周波領域では線形増幅回路を用いた非接触給電システムが多く報告されている。これは，数MHz以上の領域において安価なスイッチング方式の電源が一般的ではないためである。しかしながら線形増幅回路の効率は低く，A級増幅器の理論効率は50%，B級増幅器を用いても理論効率は78.5%に留まる。したがって，これらの電源を用いた場合システムの高効率化は望めない。E級インバータは高周波の非接触給電システムへ適用されることが多い。E級インバータはスイッチングデバイスがターンオン時にスイッチの両端電圧がゼロであり，かつ電圧波形の傾きがゼロとなるE級スイッチングが実現できる[19]。しかしながら，負荷によってE級スイッチング条件を満たさない条件があり，電力変換効率が急激に低下する。本回路はスイッチングデバイスが1つで構成されており，スイッチのソースが主回路のグラウンド電位と共通であるため，ゲート駆動回路の絶縁がなくとも動作可能である。これらの理由から，低コスト化の要求が強い小容量のアプリケーションで主に用いられる。なお，スイッチングデバイスに印加される電圧は負荷によって変動し，入力直流電圧以上の電圧が印加されうる。したがって，スイッチングデバイスの電圧ストレスが大きくなることから，大容量化には不向きであるとされてきた。しかしながら，現在活発に開発が進められている高耐圧のSilicon Carbide（SiC）MOSFETの適用によって従来よりも大電力のシステムにおいても良好な特性を示すことが期待できる。

　なお，本稿ではフルブリッジインバータの定義を「2つのレグから構成され，レグ1つあたり自己点弧及び自己消弧が可能なスイッチ（以下，「アクティブスイッチ」）を2個用いるもの」とする。また，ハーフブリッジインバータは「1つのレグから構成され，レグ1つあたりにアクティブスイッチを2個用いるもの」としている。なお，詳細については文献20)を参照されたい。

3.2.2 2次側電力変換器

図3(b)に示した2次側回路の回路構成に着目する。**図5**に主な2次側変換回路を示す。なお、図中では各アクティブスイッチをMOSFETとして示しているが、IGBTの適用例もある。

伝送周波数によらず、図5(a)のダイオードブリッジ整流器が広い範囲で使用されている。これは、ダイオード整流器は多くの実用化例があるため大電力のシステムでも適用が可能であることに加え、制御が不要であるため高周波領域においても適用が容易であるためである。本回路は最も単純な回路構成である反面、回路単体では制御機能がないため、制御機能を付与するために後段にチョッパ回路等が接続される[16]。図5(b)のアクティブスイッチを用いたフルブリッジ整流器に着目すると、ダイオード整流器に次いで多く用いられている。ダイオードをスイッチにすることで、同期整流による効率改善効果や、双方向非接触給電動作、出力電圧制御機能等の機能を付与する目的でダイオードをアクティブスイッチに置き換える例が多い。しかしながら、非接触給電システムは商用周波数と比較して高い周波数で駆動されることとなるため、PWMが用いられることは少なく、1次側電力変換器と同様に2次側電力変換器も1パルス動作することが一般的である。そのため、アクティブスイッチを用いた2次側電力変換器は主に10 kHzから50 kHzの伝送周波数範囲で用いられる。PWMを用いる場合、スイッチング損失は大幅に増加することとなるが、アクティブスイッチを整流器入力電流のゼロクロスに同期してスイッチングする場合、スイッチング損失の増加は限定的である。なお、アクティブスイッチを用いることで同期整流動作となり、ダイオードブリッジ整流器に対して導通損失を低減できる。

一方、図5(c)のハーフブリッジ整流器を用いた報告例は少なく、3件にとどまる。本回路は倍電圧整流器とも呼ばれ、ダイオード2個でフルブリッジ整流器の倍の電圧が出力可能である。しかしながら、ダイオードに要求される耐圧が倍となることや、出力電圧リプルが増加するといった問題があり、ハーフブリッジ整流器を適用する利点は大きくない。

図5(d)はダイオードブリッジ整流器の下側スイッチのみをアクティブスイッチにした回路であり、ブリッジレス整流器とも呼ばれる。下側スイッチは、レグ間に位相シフト制御を導入し、下側スイッチの同時オン期間を設けることで生じる2次側コイルの短絡期間により出力電圧を制御する用途で用いられる[21)-23)]。これにより、追加デバイスなしで出力電圧の制御が可能となる利点がある。入力電流のゼロクロスを検出してスイッチングを行う場合にはスイッチン

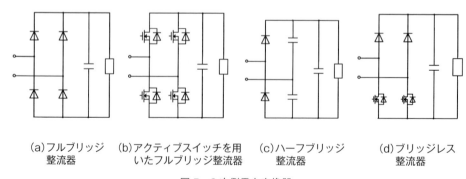

(a)フルブリッジ整流器　(b)アクティブスイッチを用いたフルブリッジ整流器　(c)ハーフブリッジ整流器　(d)ブリッジレス整流器

図5　2次側電力変換器

グ損失の増加は限定的となるが，制御方法が限定される[23]。電流ゼロクロスに同期せずスイッチングを行う場合にはスイッチング損失の発生が防げない[22]。

---

4 まとめ

　本稿では，ワイヤレス給電に用いられる高周波電源について解説した。ワイヤレス給電システムが活発してきた背景には，半導体電力変換技術の発展により連続した高周波電源の生成が可能となってきたことが挙げられる。高周波電源により，ワイヤレス給電用コイルの物理的な大きさが実用的な値となってきたのである。本稿では，さらにこれまで開発されてきたワイヤレス給電システムに用いられている電源の構成に着目し，調査を行った。調査の結果，伝送周波数と伝送電力に応じて高周波電源の回路構成が使い分けられている傾向が見え，例えば，数十 kW 以上のワイヤレス給電システムでは数十 kHz の周波数でフルブリッジインバータがよく用いられる。このように，システム全体の効率を考慮して電力変換器の構成を選択することが重要である。

文　献

1)　R. L. Steigerwald："A Comparison of Half-Bridge Resonant Converter Topologies," *IEEE Trans. Power Electronics*, Vol.3, no.2, pp.174-182,(Apr. 1988).

2)　R. Bosshard, J. W. Kolar, J. Muhlethaler, I. Stevanovic, B. Wunsch and F. Canales："Modeling and $\eta-\alpha$ -Pareto Optimization of Inductive Power Transfer Coils for Electric Vehicles," *IEEE J.*, vol.3, no.1, pp.50-64,(Mar. 2014).

3)　Y. H. Sohn, B. H. Choi, E. S. Lee, G. C. Lim, G. Cho and C. T. Rim："General Unified Analyses of Two-Capacitor Inductive Power Transfer Systems：Equivalence of Current-Source SS and SP Compensations," *IEEE Trans. On Power Electronics*, Vol.30, No.11, pp.6030-6045(2015).

4)　C. E. Zell and J. G. Bolger："Development of an engineering prototype of a roadway powered electric transit vehicle system：A public/private sector program," 32nd IEEE Vehicular Technology Conference 1982, Vol.32, pp.435-438(1982)

5)　A. Esser and H. Skudelny："A New Approach to Power Supplies for Robots," *IEEE Trans. On Industry Applications*, Vol.27, No.5, pp.872-876(1991).

6)　H. Sakamoto and K. Harada："A Novel Circuit For Non-contact Charging Through Electromagnetic Coupling", 23rd IEEE Power Electronics Specialists Conference, pp.168-174(1992).

7)　SAE International："SAEJ2954 Wireless Power Transfer for Light-Duty Plug-In/Electric Vehicles and Alignment Methodology"(2017).

8)　ISO："ISO/PAS19363 Electrically propelled road vehicles -Magnetic field wireless power transfer- Safety and interoperability requirements"(2017).

9)　A. Kurs, A. Karalis, R. Moffatt, J. D. Joannopoulos, P. Fisher and M. Soljacic："Wireless Power Transfer via Strongly Coupled Magnetic Resonances," *Science*, Vol.317, pp.83-86(2007).

10)　T. Imura and Y. Hori："Unified Theory of Electromagnetic Induction and Magnetic Resonant Coupling," *IEEJ Trans. D*, Vol.135, No.6, pp.697-710(2015).

11)　S. Lee, J. Huh, C. Park, N. Choi, G. Cho and C. Rim："On-Line Electric Vehicle using Inductive Power Transfer System," IEEE Energy Conversion Congress & Expo 2010, pp.1598-1601(2010).

第2編　走行中ワイヤレス給電技術

12) K. Yamamoto, T. Maruyama, K. Kondo and T. Kashiwagi："A Method for Designing a High-Power Contactless Power Transformer Considering Reactive Power", *IEEJ Trans*. D, Vol.**133**, No.3, pp.378-385(2013)

13) H. Abe, H. Sakamoto and K. Harada："Load matching for Non-Contact Charging System", *IEEJ Trans*. D, Vol.**119**, No.4, pp.536-543(1999).

14) S. Aldhaher, P. C. luk, K. E. K. Drissi and J. F. Whidborne："High-Input-Voltage High-Frequnecy Class E Rectifiers for Resonant Inductive Links", *IEEE Trans. On Power Electronics*, Vol.**30**, No.3, pp.1328-1335(2015).

15) Z. Pantic, K. Lee and S. M. Lukic："Receivers for Multifrequency Wireless Power Transfer：Design for Minimum Interference", *IEEE Journal of Emerging and Selected Topics in Power Electronics*, Vol.**3**, No.1, pp.234-241(2015).

16) R. Bosshard, J. W. Kolar, J. Muhlethaler, I. Stevanovic, B. Wunsch and F. Canales："Modeling and eta-alpha-Pareto Optimization of Inductive Power Transfer Coils for Electric Vehicles", *IEEE Journal of Emerging and Selected Topics in Power Electronics*, Vol.**3**, No.1, pp.50-64(2015).

17) M. Sato, G. Giuseppe, T. Imura and H. Fujimoto："Study on High Efficiency and High Response of Regeneration for Wireless In-wheel Motor", *IEEJ Trans*. D, Vol.**137**, No.1, pp.36-43(2016).

18) H. Sakamoto, K. Harada and K. Yamasaki："A Novel High Power Converter for Non-contact Charging with Magnetic Coupling", International Conference on Power Electronics and Variable-Speed Drives, pp.461-464(1995).

19) H. Sekiya, T. Suetsugu and K. Shirota："Loosely Coupled Inductive Wireless Power Transfer Systems with Class-E Transmitter and Multiple Receivers", IEEE Energy Conversion Congress & Expo 2014, pp.675-680(2014).

20) 日下佳祐, 伊東淳一：「伝送周波数と伝送電力に着目した電磁誘導現象を用いた非接触給電システムの開発動向」, 電気学会論文誌 D, Vol.**137**, No.5, pp.445-457(2017).

21) T. Diekhans and R. W. D. Doncker："A Dual-Side Controlled Inductive Power Transfer System Optimized for Large Coupling Factor Variations and Partial Load", *IEEE Trans. On Power Electronics*,(103)(111)Vol.**30**, No.11, pp.6320-6328(2015).

22) K. Colak, E. Asa, M. Bojarski, D. Czarkowski and O. C. Onar："A Novel Phase-Shift Control of Semibridgeless Active Rectiber for Wireless Power Transfer", *IEEE Trans. On Power Electronics*, Vol.**30**, No.11, pp.6288-6297(2015).

23) M. Sato, G. Giuseppe, T. Imura and H. Fujimoto："Study on High Efficiency and High Response of Regeneration for Wireless In-wheel Motor", *IEEJ Trans*. D, Vol.**137**, No.1, pp.36-43(2016).

第2編 走行中ワイヤレス給電技術

第4章 走行中ワイヤレス給電システムの関連技術

第2節 ワイヤレス給電機器からの漏えい電磁界に関する評価・解析について

株式会社パナソニックシステムネットワークス開発研究所　金子　哲也

1 はじめに

　近年普及が進んでいるワイヤレス電力伝送（WPT）システム[1]を住宅内に設置した際に，WPTシステムから漏えいする電磁界が他の電子機器に影響（干渉）を与える可能性がある。このため，住宅内における漏えい電磁界の状況を把握・解析する技術の確立が課題となっている。筆者らは，戸建て住宅などWPTシステムが設置される環境において漏えい電磁界の状況を評価・解析するための技術確立を目的とし，いくつかの取り組みを行った。図1に設置イメージを，図2には想定されるWPTシステムとそれらから干渉を受けるであろう被干渉機器の例を示す。この干渉には，WPTシステムの送電の基本波（発振周波数そのもの）によるものと，その高調波（発振周波数の整数倍の成分）によるものとがある。85 kHz，受電電力3 kWの電気自動車（EV）用WPTを試作，実験住宅に設置し，漏えい磁界を評価した例を図3に示す。駐車場，屋内共に電磁界プローブを3次元で移動できる測定系と測定データを可視化する表示系を構築した。ポイントは，測定結果に影響を与えるであろう「測定系の電気配線」を極力減らすために，光ファイバーを使ったところである。また，測定を自動化したことにより，再現性が高く安定した測定を実現した。

　2項以降では，WPTシステムの漏えい電磁界を小電力な1次側コイルのみで簡易に模擬することを目的としたWPTエミュレータ装置の試作開発について示し，「2次コイルの有無による近傍磁界強度分布の比較」「コイル間ギャップと漏えい磁界の関係」「漏えい磁界・距離減衰

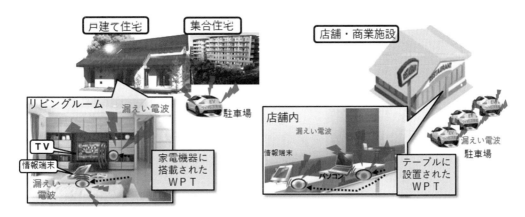

図1　WPTの利用環境イメージ

第2編　走行中ワイヤレス給電技術

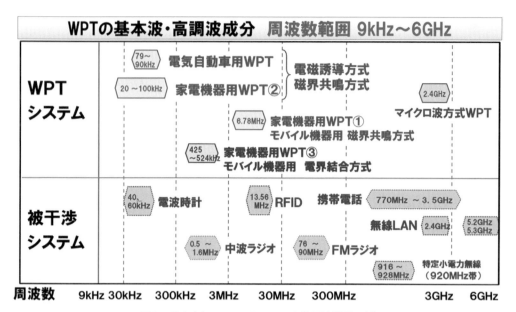

図2　想定されるWPTシステムと被干渉機器の例

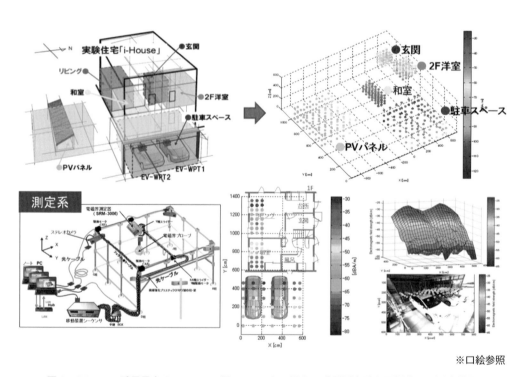

※口絵参照

図3　85 kHz，受電電力3 kWのEV用WPTからの漏えい磁界測定系と可視化した測定結果

— 336 —

の周波数特性」などの解析による漏えい発生原理検証結果にも触れる[2]。この装置では1W程度の入力電力にて，3kWを給電するEV用WPTの漏えい磁界の模擬を実現している。また，EV用WPTを模擬したWPTエミュレータを戸建て実験住宅に設置した際の「隣家内の漏えい電磁界分布」，家電機器用WPTを模擬した「複数のWPTエミュレータ」を戸建て実験住宅に設置した際の漏えい電磁界分布に関して，測定と大規模計算機シミュレーションの両面から比較検証した結果を示す[3)4)]。40kHzから5.3GHzまでの漏えい磁界を模擬・測定し，評価周波数帯に応じて3種類の解析方法を適用したシミュレーションとの比較を行った。住宅丸ごとのシミュレーションでは解析メッシュ数が50億を超えるケースもあったが，ペタFLOPS級のスーパーコンピュータを活用することで12時間という短時間での解析を実現している。測定結果とシミュレーション結果との差分に関しては前述の全周波数帯域にて5dB以下まで押さえることができており，任意の区間でのWPT漏えい磁界を解析する際に，本手法が有用であることが確認できた。さらに，解析空間が280×280×60mにも及ぶ商業施設モデルでの大規模電磁界解析についても紹介し，最後に，走行中ワイヤレス給電の際の懸念として，ある条件での漏えい磁界シミュレーション結果を示す。

2　WPT漏えい磁界エミュレータの開発

　実物のWPTシステムがなくても漏えい磁界による干渉影響評価をするために，持ち運びも設置も簡易にできるWPT漏えい磁界模擬装置「WPTエミュレータ」を開発した(図4)。WPTシステムとは異なり，1つのコイルだけで磁界を発生させる。WPTシステムの漏えい磁界の正体は，合成されたコイル電流が作る無効電力であり，伝送効率と直接的な関わりはない(図5)。2次コイルがある場合，コイル間の磁気結合により，2次コイルに逆相磁界が発生す

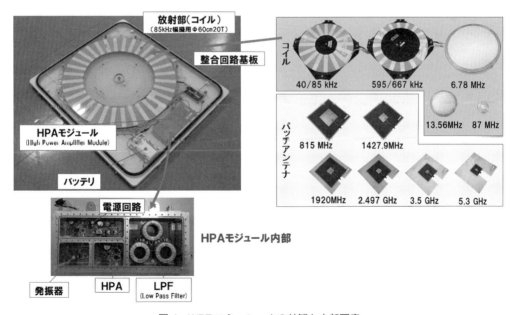

図4　WPTエミュレータの外観と内部写真

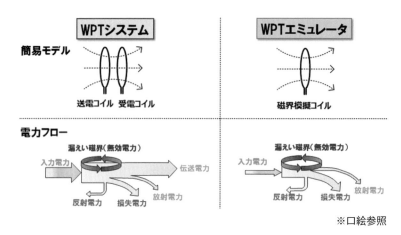

図5 漏えい磁界の模式図

ることで漏えい磁界強度が低下するが，エミュレータではこの低下がないため，大きな漏えい磁界の発生が可能となる。また，WPTエミュレータの構成は，位置ずれを起こした時のWPTシステムと近い条件であり，WPTシステムが位置ずれを起こした場合の漏えい磁界増加の懸念を明示するものでもある。

2.1 WPTエミュレータの構成

外観写真と内部構成写真を図4に示す。構成自体は非常にシンプルであり，バッテリー，発振器，ハイパワーアンプ（HPA），ローパスフィルタ（LPF），電源回路，整合回路（コンデンサ），放射部からなる。バッテリーにはスマートホンなどの充電に用いられるモバイルバッテリーを使用し，充電の汎用性を高めた。当初，実験環境において安定化電源を使用していたが，模擬周波数が数MHzに上がってくると，電源配線からの輻射が影響しはじめてきたため，バッテリーを使いエミュレータ外部の配線をなくした。その結果，完全に可搬型とすることも実現した。電源回路では定電圧レギュレータにより安定した電圧をHPAに供給している。LPFでは高調波を抑圧し，模擬したい周波数以外の成分を低減している。また，高調波を作ってしまうHPAではA級もしくはE級増幅の構成とし，発生する高調波成分を出来る限り小さくした。放射部については，模擬する周波数に応じて，磁界型／電界型のコイルもしくはパッチアンテナを計11種類製作している。整合回路は，放射部の入力インピーダンスが50Ωとなるように設計した。重要な要素となる出力電力は，整合回路入力で1W程度になるように設計している。

2.2 近傍磁界強度分布

2次コイル有無での近傍磁界強度分布電磁界解析結果比較を図6に示す。上段が2次コイルあり，すなわちWPTシステムの場合の結果であり，下段が2次コイルなし，すなわちWPTエミュレータの場合の結果を示している。2次コイルの有無では各軸成分を見ても分布に差がないことがわかる。

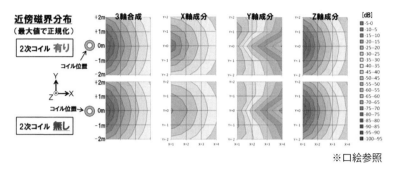

図6　2次コイル有無による漏えい磁界比較＠85 kHz

2.3 距離減衰特性

　WPTシステムとWPTエミュレータでの距離減衰特性の電磁界解析結果比較を図7に示す。実際のWPTシステムでは，漏えい磁界を閉じ込めるための金属板を1次側と2次側の外側に配置することが想定される。そこで，図7の下段ではその金属板があった場合についても比較検討を行った。金属板の有無によらず，WPTシステムとWPTエミュレータでは，距離減衰特性の傾きはほぼ同一であり，WPTシステムから1 m以遠の磁界分布はWPTエミュレータで模擬できると考えられる。

2.4 コイル間ギャップと漏えい磁界

　評価系を図8に，コイル設置条件を図9に，コイル形状を図10に，測定結果を図11に，測定環境を図12に示す。図11(b)のS21は1次側から2次側への通過特性であり，この値が大きいほど2次側への供給電力が大きいと言える。WPTシステムでは伝送効率を意味する値となる。図11(c)のS11は1次側の反射特性を示しており，この値が大きいほど1次側に入れた電力が1次側に戻ってきてしまっていることを示す。通常のWPTシステムでは，図11(b)

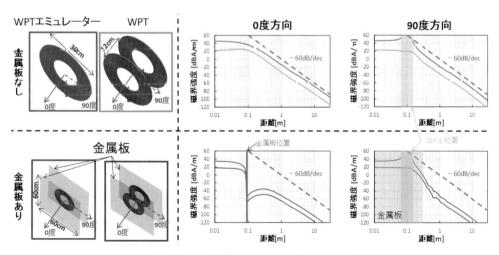

図7　距離減衰特性(電磁界解析結果)比較

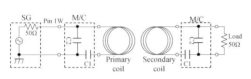
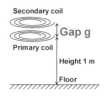
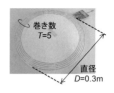

図8　WPT漏えい評価系　　　　図9　コイル設置条件　　　図10　コイル形状

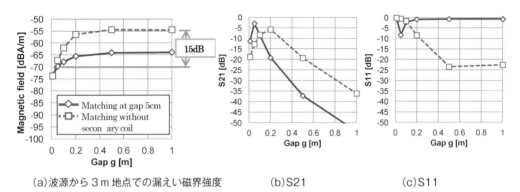

(a)波源から3m地点での漏えい磁界強度　　　(b)S21　　　(c)S11

図11　WPT2次コイル有無での特性比較@85kHz

(c)が示すように，整合が取れて反射が少ない（WPTシステムで言われる共鳴に近い）条件において，伝送電力が最大になる．一方，図11(a)に示す漏えい磁界強度は，図11(b)(c)の伝送電力や反射量と単純な相関は見られない．ここが重要なポイントである．また，図11(a)から，コイル間ギャップ5cmで整合したWPTシステムに比べ，2次コイルなしで整合させた場合（エミュレータ想定）のほうが最大で

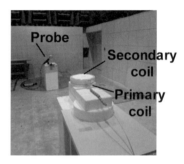

図12　測定環境

15dB大きな漏えい磁界を発生していることがわかる．すなわち，伝送電力が大きいから漏えい磁界強度が大きい（逆に言うと，伝送電力が小さいから漏えい磁界強度が小さい）とは言えないのである．

2.5　漏えい磁界強度比較

送電電力3.3kW/受電電力3kWのEV用WPTシステムと，入力電力1WのWPTエミュレータの漏えい磁界強度の距離減衰特性比較を図13に示す．わずか1Wの入力電力で3kW伝送のWPTシステム以上の漏えい磁界を発生することができている．すなわち，簡易なWPTエミュレータにより，大電力WPTシステムの漏えい磁界を分布，強度ともに模擬可能であることが示された．

第4章 走行中ワイヤレス給電システムの関連技術

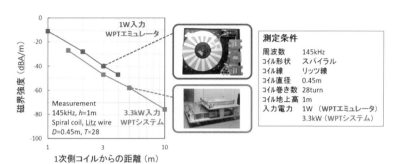

※口絵参照

図13 漏えい磁界強度比較

(a)外観　　　(b)駐車場　　　(c)基礎内部の鉄筋　　(d)階層間の金属梁

図14 鉄骨入り木造2階建て実験住宅

3　WPT漏えい電磁界評価とシミュレータ開発

図14の戸建実験住宅 House A に，家電機器用 WPT を想定した WPT エミュレータを図15，図16のように設置し，住宅内部の電磁界強度分布を測定した。この結果をシミュレーション解析で精度よく示すことができれば，実験住宅に WPT を設置して評価するという多大な手間をかけることなく，任意の住宅にて電子機器への WPT 漏えい干渉影響を検証可能となる。

(a)WPTエミュレータ　　(b)プローブ

※口絵参照

図15 漏えい磁界測定の様子

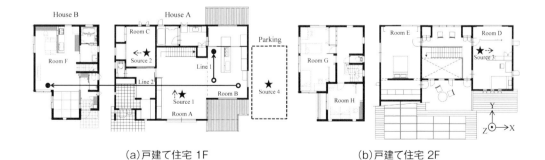

(a)戸建て住宅 1F　　　　　　　　(b)戸建て住宅 2F

図16 波源及び観測区間の位置

― 341 ―

3.1 シミュレータ構成

本検討の周波数範囲は広いため，周波数を3帯域に分割し，各帯域に適した手法を用いることとした(図17)。

3.2 シミュレーションと実測結果比較

EV用WPTが隣家へ及ぼす影響を検証するため，解析空間が48×39×10mという，隣家を含めたモデルを作成した(図18)。また，GHz帯を住宅サイズで解析する場合，解析メッシュ数が極めて大きくなり計算時間も膨大となるが，ペタFLOPS級スーパーコンピュータ(東工大様TSUBAME)上に新たに分散処理プログラムを実装して解析することで内部目標であった「1周波数12時間以内」の計算時間を実現した。図19はEV用WPTを想定した85kHzでの漏えい磁界強度分布の解析結果であり，図16(a)波源4の位置にWPTエミュレータを設置し，観測ライン2に沿って磁界強度を比較したものである。図19の壁5以遠は隣家House B内部であるが，隣家においても実測と概ね一致する結果が得られた。また，波源から1.5m付近にある落ち込みは金属製ラティスの影響であることがわかっている。解析モデルの検討により，住宅基礎部分や梁に含まれた金属などの影響が大きいことが確認されている。これら各種構造物をモデル化することで，特定地点だけではなく，1階，2階も含めた広範囲での磁界強度を絶対値で，誤差5dB未満で再現することができた。

図17 周波数帯ごとのシミュレーションシステム構成

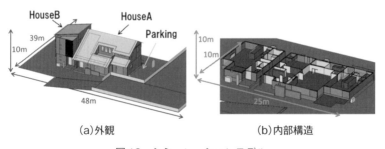

図18 シミュレーションモデル

3.3 複数波源での検証

図16の波源1, 2, 3の地点にWPTエミュレータを設置し，複数波源での振る舞いを比較した結果を図20に示す。観測区間は図16に示した観測ライン1である。シミュレーションでは各波源の位相差を30°刻みで変化させ，計144通り（＝波源1～波源2間12通り×波源1～波源3間12通り）を解析した。図20より，3波源が同時動作する場合は各波源の位相に応じて漏えい電磁界強度が変動することがわかる。1波源の場合と比較すると，漏えい電磁界強度が最大で6 dB以上増加している。観測ライン1では波源1からの距離と波源3からの距離が同程度であり，主にこれら2つの波源が干渉していると予想され，観測ライン1の前半は波源1, 後半は波源3の影響が大きいと考えられる。いずれの周波数においても測定結果と解析結果の傾向はほぼ同様であり，解析は妥当であると判断する。図21に3波源時の漏えい磁界強度分布の可視化例を示す。

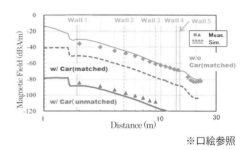

※口絵参照

図19　WPTエミュレータからの漏えい比較

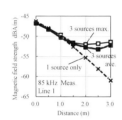 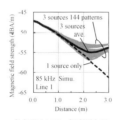

(a) 85 kHz 測定結果　(b) 85 kHz 解析結果

図20　複数エミュレータからの漏えい比較

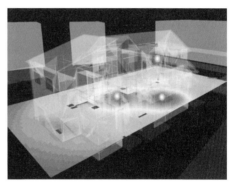

図21　実験住宅2棟での大規模電磁界解析例

3.4 商業施設モデルでの解析

商業施設モデル（図22）を用いて，WPTシステムの様々なユースケースでの漏えい電磁界分布を解析した。最大解析空間は280×280×60 mにも及ぶ。今回は，駐車場でのEV用WPT使用とイートインスペースでのモバイル機器用WPT使用を想定し（図23），EV用WPTは85 kHz動作で10台，モバイル機器用WPTは6.78 MHz動作で5台を設置し電磁界解析を行い，過去に例のない大規模電磁界解析の可能性を示した（図24）。

4　走行中WPTでの解析応用例

停車中のEV用WPTが実現した先には走行中のWPTが容易に想定される。充電時間がガソリン車などよりもかかってしまうEVでは，長距離走行を想定すると電池をたくさん積むということが端的な解ではあるが，その分重くなるため電費が悪くなり，車両価格も上昇すると

第2編 走行中ワイヤレス給電技術

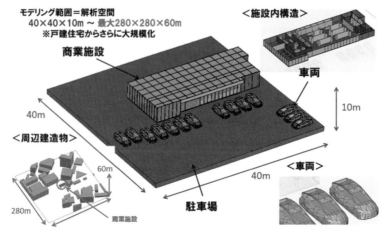

図22 商業施設モデル

いう課題がある。その面でも、走行中にWPTが出来るというのは少ない車載電池での行動範囲を広げるための解となりうる。もちろん、EVだけではなく、工場内のAGV（搬送車両）など広く適用先は考えられる。3章で示した大規模電磁界解析を使って、離散的ではあるが、走行中WPT時の漏えい磁界の解析を行ったので以下に示す。

4.1 電磁界解析条件

走行路面に複数の1次側コイルを敷設し、車両を移動しながら給電した場合の漏えい磁界を解析した。また、2次コイルに最も距離が近い1次コイルのみが送電を行い、他の一次コイルは送電を行わないものとした。コイルの直径は、1次側2次側とも同じで600 mmであり、1次側コイルは900 mm間隔で配置した（図25）。

4.2 電磁界解析結果

図26に解析結果を示す。1次側と2次側のコイルが正対している状態では漏えい磁界は最小であり、伝送効率は最大であるが、2次コイル位置がずれていくにしたがって、効率が劣化しながら漏えい磁界が増加していることがわかる。最大にずれた場合には、法規制値以上の漏えい磁界が発生している。

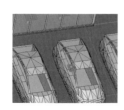
(a)駐車場

(b)イートインスペース

図23 商業施設で想定されるWPT配置

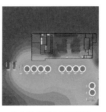
(a)駐車場10波源

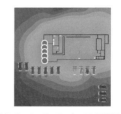
(b)イートインスペース5波源

図24 漏えい電磁界解析結果

第4章 走行中ワイヤレス給電システムの関連技術

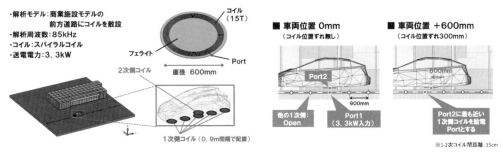

(a)解析モデル　　　　　　　　　　(b)解析モデルの断面図
※口絵参照

図25　走行中WPTの解析条件

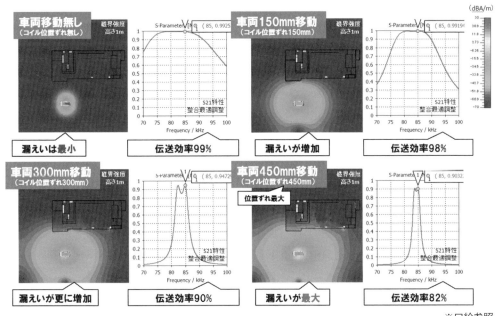

※口絵参照

図26　走行中WPTでの解析結果

5　まとめ

　WPTシステムからの干渉影響を効率的に評価するためのWPTエミュレータの開発，WPT漏えい電磁界のふるまい，スーパーコンピュータを駆使し住宅丸ごとの漏えい電磁界をシミュレーションする取り組み，大規模シミュレーションの走行中WPTへの適用例を示した。もっとも重要なことは，「伝送電力が小さい＝漏えい電磁界強度が小さい」ということではないということである。本稿に示した技術を活かして，WPTで生まれ変わった世界に貢献していきたい。

第2編　走行中ワイヤレス給電技術

　最後に，本研究は総務省 平成 27 年度電波資源拡大のための研究開発「ワイヤレス電力伝送による漏えい電波の環境解析技術の研究開発」の一部である。

文　献

1）　Q. Chen et al.："Antenna Characterization for Wireless Power Transmission System Using Near Field Coupling," *IEEE Antennas and Propagation Magazine*, Vol.**54**, No.4, Aug.(2012).

2）　Y. Kanasaki et al.："Feasibility Study of Simple Model to Emulate Electromagnetic Field Leaked from Wireless Power Transfer Systems by Using Electromagnetic Field Simulation," APMC 2014, FR3C-05, Nov.(2014).

3）　Y. Kanasaki, T. Yui, H. Uno, K. Ikeda and Y. Saito："Leakage Emulator Intended for Electromagnetic Field Leaked from Wireless Power Transfer System," WPTC 2015, P.2. 6, May(2015).

4）　K. Takagi, T. Yui, M. Anada, T. Izumi, H. Uno, H. Watanabe and Y. Saito："Analysis of Electromagnetic Field Leaked from Wireless Power Transfer System in Case-study House," WPTC 2015, P.2. 5, May(2015).

第2編　走行中ワイヤレス給電技術

第4章　走行中ワイヤレス給電システムの関連技術

第3節　磁界共鳴方式を用いた AGV（無人搬送車）および超小型電動モビリティ用ワイヤレス給電システム

株式会社ダイヘン　鶴田　義範

1　はじめに

　金属接点の接触を介さずに無線で電力を供給するワイヤレス電力伝送による充電装置は，様々な用途で導入が進み始めている。電磁誘導の原理を利用し，さらに共鳴現象により送受電間の位置自由度を高めた磁界共鳴方式を用いたシステムの導入事例も多くみられる。本稿ではワイヤレス電力伝送による充電の導入が進んでいる，工場内で使用される無人搬送車（AGV）について，その市場規模や AGV の充電をワイヤレス給電化することのメリット，電気二重層キャパシタを蓄電デバイスとして利用することのメリット，導入事例などについて述べる。また，新たな用途として検討が進められている超小型電動モビリティ向けワイヤレス充電システムについても実用例の紹介を行う。

2　AGV とワイヤレス充電の市場について

　日本産業車両協会ホームページにある統計データによると，2017 年 1 月から 12 月までの 1 年間で産業車両としての動力付運搬車は 13 万 1 千台強が生産されているが，そのほとんどがフォークリフトトラックやショベルトラックであり，蓄電池式運搬車，内燃機関式運搬車，無人搬送車を合わせても 6 千台程度の生産実績しかない（**表1**）。2000 年からのデータ推移でみても，一部の年を除いて年間 1 千台強の出荷台数にとどまっており，産業用運搬車全体からするとごく一部である。

　また，同ホームページにある無人搬送車システムの納入実績に関する発表資料では，平成 29 年（2017 年）で 2376 台（766 システム）の納入実績となっており，市場としては非常に小さく見える数値となっている（**図1**）。

　一方で，実際に工場内で使用されている AGV については工場内の生産管理部門などにより内製された，工場独自の運用に合わせたカスタム品も多くみられる。また，AGV を内製する際に必要な部品である測域センサの出荷台

表1　日本産業車両協会ホームページの2017 年生産台数と金額データ

	2017 年 1〜12 月	
	生産台数 （台）	生産金額 （百万円）
産業車両合計（動力付運搬車）	131,508	328,121
蓄電池式運搬車 （パレットトラックを含む）	6,116	12,533
内燃機関式運搬車		
無人搬送車		
フォークリフトトラック	113,932	230,683
蓄電池式	58,193	114,493
内燃機関式	55,739	116,190
ショベルトラック	11,460	84,905

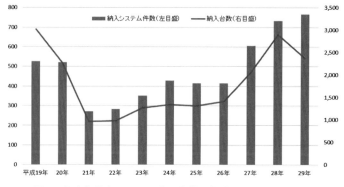

図1　無人搬送車システム納入実績の推移（日本産業車両協会）

数も，AGV以外への用途が多いこともあるが，完成品AGVの出荷台数と比較して非常に多くなっている。この測域センサ出荷台数や調査機関の報告などから推測されるAGVの実際の稼働台数は，完成品と内製分を合わせると年間五千台を超えるペースで新規導入されることで増加しており，自動化による省力化ニーズの高まりからこの稼働台数もさらに増えていくことが予想される。これら推測される実際の導入台数とAGVの耐用年数から，現在も10万台を超えるAGVが日本国内の工場で稼働していることが考えられ，新規出荷分についても毎年6000台程度が見込まれることから，これらAGVがワイヤレス給電システム導入の潜在市場であると言える（図2）。

全世界でみると，日本国内の10倍以上のAGV市場規模があると言われており，日本以上のペースで導入が進んでいる。AGVの市場規模に対してワイヤレス充電機能が搭載される運用の割合は不明であるが，世界市場でも自動化運用の要求は増加することが予想されるため，ワイヤレス充電はさらに大きな市場となることが見込まれている。

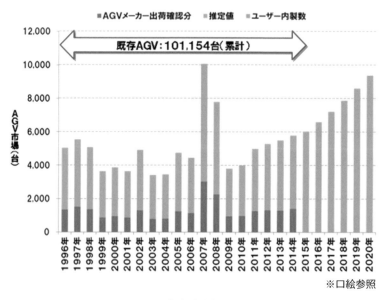

図2　AGVの推定稼働台数と市場規模

3　AGV のワイヤレス給電化の利点について

　ワイヤレス給電技術は，スマートフォンなどの携帯情報端末や電気自動車への充電で，ケーブル接続などの手間を減らすための手段として注目されることが多い。しかし，24時間稼働の工場などで使用されている AGV についても，充電作業をワイヤレス給電化することで様々な利点があると考えられる。

　様々な工場での運用状況を見てみると，AGV の充電作業は人手で行われている場合が多い。稼働を終えた AGV から蓄電池を取り外して充電の完了した別の蓄電池と交換する方法や，蓄電池を搭載したままの AGV を充電のためのエリアへ誘導し充電器と接続する方法などがとられている。

　AGV への人手による有線充電作業の問題点としては以下が考えられる（図3）。
① 蓄電池の充電場所への運搬作業及び充電作業が必要となること
② 充電器置き場や充電作業スペースの確保が必要となること
③ 充電作業時の感電の危険性があること
④ ケーブルやコネクタ部の劣化によるトラブル発生の可能性があること

　これらの問題点がワイヤレス給電による自動充電を行うことにより解消される。すなわち，充電作業のワイヤレス化により以下の利点が考えられる。
① 電池の運搬などの重筋作業がなくなる
② 充電器置き場や充電作業スペースが不要となる
③ 充電のためのコネクタ抜き差し作業がなくなり，安全性が向上する
④ ケーブルやコネクタ部の劣化に起因するトラブルの発生がなくなる

　これらの利点により生産性の向上や労務費の削減，安全性の向上が見込まれ，工場自動化の促進に貢献できると考えられる。充電作業をワイヤレス化することで，AGV が真の意味での『自動』搬送台車となると言える。

　自動化ニーズの高まりから，接触式の自動充電装置が導入されている場合もある。AGV 側に充電端子としての金属電極が装着されており，AGV が充電装置のそばに停止した際に充電装置側から機械的駆動装置を用いて電極を押し当てることにより充電経路を形成し，電力を送

図3　人手による有線充電の問題点とワイヤレス給電化の利点

第2編 走行中ワイヤレス給電技術

る方式がとられている。この接触式の自動充電装置は金属接点を押し当てることで接続する方式であるため，接点同士の接触不良や位置合わせ失敗などにより充電できなくなることを避けるために，機械的構造や設置方法，接点材料などに様々な工夫がなされている。送電装置側が高価で大掛かりな装置となっていることが多く，電極部分の定期的なメンテナンスも必要である。

4 AGV で使用されている蓄電デバイス

4.1 鉛蓄電池

AGV 用の蓄電デバイスとしては鉛蓄電池が最も多く用いられており，AGV メーカからの出荷時に標準で付属している蓄電デバイスも鉛蓄電池である場合が多い。鉛蓄電池については身近なところでは自動車に搭載されているのはもちろんのこと，蓄電デバイスとして AGV 以外の電動機器にも数多く使用されており，安価で入手が容易という大きなメリットがある。しかし，充放電を繰り返すことにより蓄電容量が低下するため，通常の運用では少なくとも 2 年ごとの交換が必要となっている。AGV 運用でよくみられる「容量を使い切ってから充電する」使い方の場合は，電池の性質上化合物（硫酸鉛）の結晶化により，容量低下が進みやすくなっている。また内部抵抗が大きいことにより充放電時の電力損失も大きく，約 40% の電力が充放電で失われるという測定結果が得られている。さらには鉛蓄電池は充電電流の制限により急速充電に対応できないものがほとんどであり，充電に時間がかかることもデメリットとなっている。

4.2 リチウムイオン電池

近年ではハイブリッド車や電気自動車などでも活用されていることからリチウムイオン電池が搭載された AGV も導入が進んでおり，鉛蓄電池からリチウムイオン電池への置き換えも行われている。リチウムイオン電池は体積あたりの蓄電容量も鉛蓄電池と比較して数倍大きく，さらに急速充電に対応している製品も販売されており，大電流での充電も可能である。しかし，鉛蓄電池と比較すると高価で現状では同じ蓄電容量では数倍以上の価格となっているため，導入には鉛蓄電池利用の場合より多くの初期投資が必要である。

5 蓄電デバイスとしての電気二重層キャパシタ（EDLC）利用の利点について

AGV 用の蓄電デバイスとしては鉛蓄電池が主流であり，一部はリチウムイオン電池も利用されていることは述べたが，ワイヤレス給電化の利点をさらに生かすための蓄電デバイスとして大容量キャパシタである電気二重層キャパシタ（EDLC）の利用が考えられ，一部では製造現場で導入されている。電気二重層キャパシタとその他の蓄電デバイスとの仕様を比較すると表2のようになる。

鉛蓄電池についてもワイヤレス給電化で充電頻度を上げ，使用した電力をすぐに継ぎ足し充

— 350 —

表2　電気二重層キャパシタ(EDLC)と他の蓄電デバイスとの仕様比較

	EDLC	Li イオン電池	鉛蓄電池
エネルギー密度（Wh/kg）	5〜10	100〜200	30〜40
パワー密度（W/kg）	10,000＞	4,000	200
等価直列抵抗（mΩ）	1	2.5	5
使用温度（℃）	−30〜70	−30〜60	−30〜80
充放電回数（@25℃）	1,000,000＞	3,000＞	300＞

電をすることで，硫酸鉛の結晶化を抑え蓄電容量の劣化を防ぎ寿命を延長させることができる。しかし，AGV の運用形態によっては蓄電デバイスとして EDLC のような大電流急速充電に耐えうるものを用いることでさらなるメリットを得られる。キャパシタは他の蓄電池と比べると蓄電容量が小さく，充電なしでの長時間連続運転には適用が困難であるが，鉛蓄電池と比較して等価直列抵抗が小さいことから充放電時の損失が小さい。蓄電容量の小ささをカバーするため充電頻度を上げることが可能であれば，充電効率の大きく改善された運用が見込まれる。充電頻度を上げることを手動充電で実現することは非常に難しいが，ワイヤレス給電による自動充電を用いれば充電頻度を上げても人手による追加作業の発生がないため，充放電損失が少なく急速充電が可能であるという，EDLC の特長を活かすことが可能となる。

　AGV の運用としては荷物の運搬作業を行わせることが主であり，その作業特性上，積み下ろしエリアでは一旦停止しなければならない。その停止時間を利用してワイヤレス給電により蓄電デバイスへ給電を行うことで，充電のための追加の時間を設けることなく充電頻度を上げることができる。給電するエネルギー量は次の給電ポイントまで動作するのに必要な分だけの電力とし，これを繰り返すことで人手による充電作業のない AGV 運用が可能となる。

　電気二重層キャパシタを用いた場合の電力損失低減効果を確認するため，従来の有線充電器と鉛蓄電池の組み合わせと，ワイヤレス給電と電気二重層キャパシタの組み合わせとで，「送電側 AC 入力」〜「受電側 AGV への出力」間の電力供給効率がどの程度違うかを比較する実験を行った。鉛蓄電池の充放電効率実測値は，新品の鉛蓄電池でも，劣化が進み蓄電容量が新品の半分ほどとなったものでも同様で，およそ 60%程度であった。また，一般的な有線充電器について AC-DC 変換効率を測定すると，出力電流設定により違いがあるが最大でも 90%強の変換効率となっている。これらより，有線充電器と鉛蓄電池の組み合わせによる電力供給効率は，およそ 56%と推定される。これに対し，電気二重層キャパシタを搭載した弊社ワイヤレス給電システムを用いた場合での「送電側 AC 入力」〜「受電側 AGV への出力」間の電力供給効率実測値は約 86%である。

　ある条件下での比較ではあるが，ワイヤレス給電と電気二重層キャパシタの組み合わせをAGV で利用することは，システム効率の大きな改善に繋がることを示している。

6 コストメリットの算出例

ここで，実際にある工場での使用状況におけるコストメリット算出例を示す。この工場でのAGV運用状況は以下の通りである。

- 稼働AGV台数：1t可搬の大型AGV 9台
- 稼働時間：8時間×3交代の24時間稼働
- 給電ポイント数：4ヵ所

上記のAGV運用を従来の有線充電器と鉛蓄電池との組み合わせで行った場合，ワイヤレス給電と鉛蓄電池との組み合わせで行った場合についても初期投資および運用コストを試算し，比較を行った。初期導入のための費用を比較すると，蓄電デバイスとして使用する電気二重層キャパシタそのものが，鉛蓄電池に比べてまだまだ価格も高く導入時には費用がかかることがわかる。また，送受電のためのワイヤレス給電システム設備は従来の有線充電器と比較すると高価であるため，その分も初期投資が多く必要となる(図4)。

しかし，これまでAGVに搭載されていた鉛蓄電池を人手で交換し，重い鉛蓄電池を充電場所に運搬し人手で充電コネクタを抜き差しするなどの作業を行っていたことがワイヤレス給電によって完全自動化され，労務費が大幅に下がることがわかる。また鉛蓄電池は1.5～2年で劣化による蓄電容量低下のため，新規に追加で購入する費用が発生する。

キャパシタは充放電の繰り返しによる蓄電容量の低下がほとんどなく新たに購入する必要がないため，追加購入のための費用は発生しない。充放電時の損失が少なく充電効率が向上することから電力料金も下がる(図5)。

これらをもとに投資回収年数を計算すると図6のようになり，この工場でのAGV運用条件での場合は2年から3年で投資の回収ができることがわかる。

蓄電デバイスとして従来通りの鉛蓄電池を使用した事例を示す。キャパシタの特徴として鉛蓄電池よりも蓄電容量が少ないことがデメリットとして挙げられることを前に述べたが，AGVの待機時間が長いなど長時間充電できないケースがある運用方法では，蓄電デバイスとしては鉛蓄電池の方が適している。

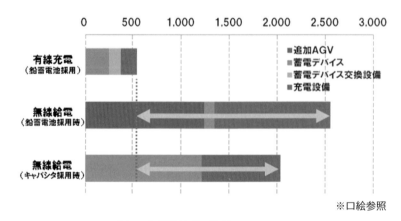

図4　初期投資額の比較(単位：万円)

第4章 走行中ワイヤレス給電システムの関連技術

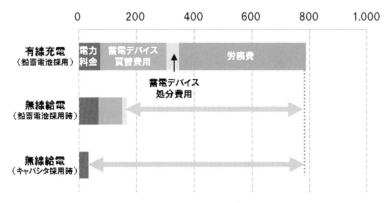

図5 ランニングコストの比較(単位:万円)

　弊社内の工場では溶接用ロボットの製造ラインにてワイヤレス給電システムを搭載したAGVが稼働しているが，上記のような待機時間が長い運用であるため蓄電デバイスとしては鉛蓄電池を使用している。充電電流の調整など鉛蓄電池向けに最適化したシステムを全14台のAGVに搭載して，ワイヤレス給電による充電作業の自動化を実現している(図7)。

7 超小型電動モビリティ向けワイヤレス充電システムの紹介

　これまで紹介したAGV向け以外にも，超小型電動モビリティに対する充電手段としてワイヤレス給電システムの活用が検討されている。超小型電動モビリティとは，自動車よりコンパ

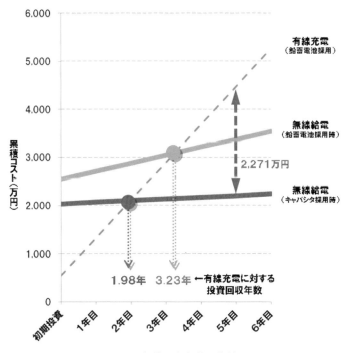

図6 投資回収年数の比較

— 353 —

図7　ダイヘンのロボット工場でのワイヤレス給電システム

クトで小回りが利き，電動車両であるため環境性能に優れ，地域の手軽な移動手段として期待されている一人乗りから二人乗り程度の車両である。国土交通省においては公道走行を可能とする認定制度が創設され，地方自治体，観光・流通関係事業者等の主導による超小型モビリティの先導・試行導入の優れた取組みを支援する補助が実施されている。

ダイヘンではタジマ EV より販売されている超小型電動モビリティ『JIAYUAN』(図8)にワイヤレス充電装置の受電側を搭載しワイヤレスでの充電を可能とした。また地上設置型のワイヤレス充電装置として『D-Broad EV CHARGING DOCK』を開発した(図9)。

普通乗用車 EV 向けのワイヤレス給電装置については，米国自動車技術会(SAE)が主導して規格化が進められているが，国内での電気自動車の普及は遅れており，ワイヤレス充電機能を搭載した普通乗用車タイプの EV が普及するにはあと数年以上かかることが予想される。ダイヘンでは電気自動車の普及促進のためにも，まずは超小型電動モビリティ向けワイヤレス充電製品を普及させ，利便性を周知させたいと考えている。

諸元
定員：2人乗り（ラゲージスペース有り）
最高速度：45km/h
一充電走行距離：90km
バッテリ容量：120Ah

図8　タジマ EV 製の超小型電動モビリティ『JIAYUAN』

第4章　走行中ワイヤレス給電システムの関連技術

図9　D-Broad EV CHARGING DOCK のシステム構成

8　まとめ

　AGVの市場規模は今後，自動化，省人化ニーズの高まりから国内外で拡大していくと思われるが，一口にAGVと言っても運用方法は用途や環境によりそれぞれ異なるため，採用される充電方法，蓄電デバイスは様々である。しかし，より高効率で安全な充電方法が求められること，そもそもAGVは自動化省人化のための機器であることから，電気自動車向けなどと同様に充電のワイヤレス化による運用は拡大していくことが予想される。また資源保護の観点からも，蓄電デバイスについても大容量のものを搭載して長時間稼働させる運用から，小容量のものを使用してワイヤレスにより充電頻度を上げる運用に変わっていくことであろう。

　ワイヤレス給電技術による充電はAGV以外の産業用途で使用されている様々な電動機器への充電システムとして普及し，生産性の向上や安全性の向上に役立つことにより，産業界のさらなる発展に貢献するものであると考える。

第2編　走行中ワイヤレス給電技術

第4章　走行中ワイヤレス給電システムの関連技術

第4節　二輪車向け非接触給電システム

埼玉大学　金子　裕良

1　はじめに

　都市部において，交通渋滞の緩和を目指して小型モビリティーを活用したパーソナルな移動を推進する街づくりが進められ，自転車・バイクなどの駐輪場や二輪車専用道路などのインフラが整備されている。小型モビリティーとして，中国など海外では電動バイクが，日本では免許がなくても利用することができる電動アシスト自転車が増加しつつある。しかし，バッテリへの充電には手間がかかり，バッテリの取り外しが不要で，漏電の危険性もなく野外での自動充電が可能な非接触給電技術は有用であり，二輪車の電動化を加速するための重要なキーテクノロジーである。

　電気自動車向けの非接触給電に関しては，広い車体底面部分に受電装置を取り付ける方向で実用化され，接触式充電同様に停車中の非接触給電の国際標準化も進みつつある。一方，電動バイクや電動アシスト自転車などの電動二輪車に関しては，充電のための受電装置の取り付け位置やスペースに制約があり，電気自動車の非接触給電技術をそのまま適用することは困難である。電動二輪車の前カゴ前面など広い面積が確保できる場所に受電装置を設置することも可能であるが[1]，受電装置を小型軽量化し地上側の駐輪設備近接の車体フレーム部分や車輪部分など地上設備との距離が最短となる場所に設置できれば，電動二輪車でも高効率で漏洩電磁界が少ない安全な給電が可能となる[2][3]。特に地面と接する車輪部分から給電できれば，現在駅前や集合住宅等に広く普及している車輪を駐輪ラックやスロープ等に載せる駐輪場設備にもそのまま設置可能であり，またこの送電装置を二輪車専用道路の地中に埋め込めば走行中の給電も可能となる。

　本稿では，車輪に巻いたコイルを媒介に走行中給電可能な磁気結合方式の非接触給電システムについて研究した2つの例（二段式非接触給電システムと中継コイル型システム）を紹介する[4]。

2　システム構成

　車輪を介した電気自動車の走行中非接触給電手法として，タイヤと地面に埋め込まれた金属板を介して電界結合方式で給電する方法もあるが[5]，電動二輪車の細いタイヤで十分な結合係数を保ち，開発が進んでいる電気自動車の走行中非接触給電（磁気結合方式）の地上側インフラと共用できるように，本研究では磁気結合方式（85 kHz）の二段式非接触給電および中継コイ

— 356 —

第4章 走行中ワイヤレス給電システムの関連技術

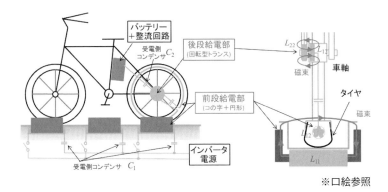

図1 二段式非接触給電システム

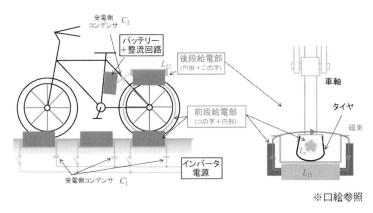

図2 中継コイル型システム

ル型システムを検討した。

二段式非接触給電システムの構成を図1に示す。地上側の電力はコの字型トランス[2]を介して車輪部の受電コイル(円形)に送電される(前段部)。走行時は車輪が回転し受電コイルから直接バッテリに電力伝送ができないため、車輪軸に回転型非接触給電トランス[6]を設置した(後段部)。システムの簡易化とコスト削減が可能なシステムとして車輪を中継器とした中継コイル型システムも検討する。中継コイル型システムの構成を図2に示す。地上側送電部と自転車本体の受電部にコの字型トランスを配置し、車輪に設置した空心コイルを中継コイルとして用いる。

両方式とも、併用して汎用駐輪ラック等での駐車中に給電することを考えて、地上側の送電装置にコの字型トランスを採用する。コの字型トランスを複数飛び石状に並べて、給電トランスを切り替えれば走行中給電も可能となる。また、車輪部の円形コイルを磁束が貫けば給電できるので、地上側がループコイル方式でも対応可能である。以下では、地上側のコの字型トランス1つに対する性能を評価し、各提案方式を比較するとともに、地上側送電装置を複数台並べて走行中給電を想定したシステムの評価を行う。

— 357 —

3 二段式非接触給電システム

二段式非接触給電システムでは,前段部の2次側と後段部1次側は共振コンデンサを介し接続し1つの回路(前段部2次側+後段部1次側回路)とする。前段部1次側と,前段部2次側+後段部1次側,後段部2次側の3つの回路に共振コンデンサを直列(S)/並列(P)に接続し,それぞれの特性を比較する。全て直列コンデンサを接続したSSS方式の回路図を**図3**(a)に,後段部2次側のみ並列コンデンサとしたSSP方式の回路図を図3(b)に示す。SSS,SSP方式における回路のコンデンサ容量の決定式,入出力特性,入力インピーダンス,トランス効率,効率最大時の負荷抵抗値(最適負荷)の理論式を**表1**に示す。表中の式から算出した共振コンデンサの値を用いると,漏れリアクタンスに比べて小さい巻線抵抗を無視した時の入出力特性の関係は,SSS方式で理想変圧器特性,SSP方式でイミタンス変換器特性となる。

評価に用いた二段式非接触給電トランスの仕様を**図4**に,LCRメータで計測したコイル定数を**表2**に示す。車輪のリムあるいはホイールに対応する部分には非金属のベークライトを

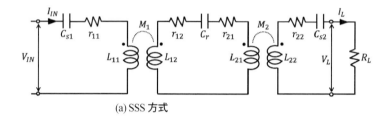

(a) SSS 方式

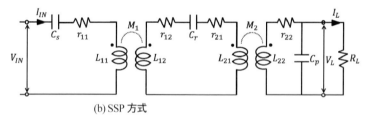

(b) SSP 方式

図3 二段式非接触給電システムの回路図

表1 二段式非接触給電システムの理論式

	SSS 方式	SSP 方式
共振コンデンサ	$C_{s1}=\dfrac{1}{\omega^2 L_{11}}\quad C_r=\dfrac{1}{\omega^2(L_{12}+L_{21})}\quad C_{s2}=\dfrac{1}{\omega^2 L_{22}}$	$C_s=\dfrac{1}{\omega^2 L_{11}}\quad C_r=\dfrac{1}{\omega^2\left\{(L_{12}+L_{21})-\dfrac{M_2^2}{L_{22}}\right\}}\quad C_p=\dfrac{1}{\omega^2 L_{22}}$
入出力特性	$\begin{bmatrix}V_{IN}\\I_{IN}\end{bmatrix}=\begin{bmatrix}-\dfrac{M_1}{M_2} & 0 \\ 0 & -\dfrac{M_2}{M_1}\end{bmatrix}\begin{bmatrix}V_L\\I_L\end{bmatrix}$	$\begin{bmatrix}V_{IN}\\I_{IN}\end{bmatrix}=\begin{bmatrix}0 & -j\dfrac{\omega L_{22}M_1}{M_2} \\ -j\dfrac{M_2}{\omega L_{22}M_1} & 0\end{bmatrix}\begin{bmatrix}V_L\\I_L\end{bmatrix}$
入力インピーダンス	$Z_{IN}=\left(\dfrac{M_1}{M_2}\right)^2 R_L$	$Z_{IN}=\left(\dfrac{\omega L_{22}M_1}{M_2}\right)^2 R_L$
トランス効率 $r_r=r_{12}+r_{21}$	$\eta_{TR}=\dfrac{1}{1+\dfrac{1}{(\omega M_2)^2}r_r R_L+\left\{r_{11}\left(\dfrac{M_2}{M_1}\right)^2+r_{22}\right\}\dfrac{1}{R_L}}$	$\eta_{TR}=\dfrac{1}{1+\dfrac{1}{(\omega L_{22})^2}\left\{r_{11}\left(\dfrac{M_2}{M_1}\right)^2+r_{22}\right\}R_L+\left\{r_r\left(\dfrac{L_{22}}{M_2}\right)^2+r_{22}\right\}\dfrac{1}{R_L}}$
最適負荷	$R_{Lmax}=\dfrac{\omega M_2}{M_1}\sqrt{\dfrac{r_{11}M_2^2+r_{22}M_1^2}{r_r}}$	$R_{Lmax}=\dfrac{\omega L_{22}M_1}{M_2}\sqrt{\dfrac{r_r L_{22}^2+r_{22}M_2^2}{r_{11}M_2^2+r_{22}M_1^2}}$

— 358 —

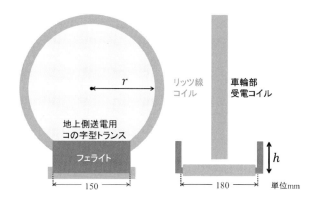

(a) 前段部

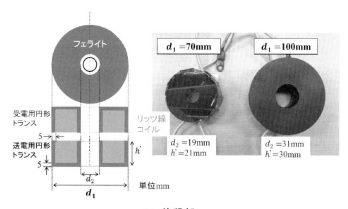

(b) 後段部

図4 二段式非接触給電トランスの仕様

表2 二段式非接触給電トランスのコイル定数(85 kHz)

前段部				後段部		
r[mm]	140		300	d_1[mm]	70	100
h[mm]	40	80		d_2/h'[mm]	19/21	31/30
N_{11}/N_{12}[T]	15/15			N_{21}[T]	8/8	24/10
L_{11}[μH]	74.0	92.2	95.1	L_{21}[μH]	19.6	290
L_{12}[μH]	135	138	345	L_{22}[μH]	18.8	51.7
M_1[μH]	16.0	23.3	35.5	M_2[μH]	13.2	103
r_{11}[mΩ]	63.0	55.4	56.3	r_{21}[mΩ]	26.2	221
r_{12}[mΩ]	147	147	350	r_{22}[mΩ]	23.7	28.4
k_1	0.160	0.206	0.196	k_2	0.689	0.841

用い，車輪の半径 r は 140 mm と 300 mm の2種類を用意した。また前段部送電側のコの字型トランスの磁極コア高さ h は 40 mm と 80 mm に，車軸付近に取り付け可能な後段部の回転型非接触トランスの直径 d_1 は 70 mm と 100 mm に変えて，給電効率等に及ぼす影響を検討した。表2より，磁極コア高さ h を大きくすると前段部の相互インダクタンス M_1 と結合係数 k_1 が増加する。車輪半径 r を大きくすると M_1 は大きくなるが2次側漏れインダクタンス L_{12} も

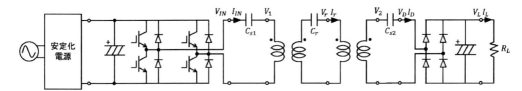

図5　二段式非接触給電システムの実験回路（SSS方式）

増加し結合係数 k_1 が減少する．また，このとき車輪コイルの長さも増加するため前段部の2次側抵抗 r_{12} が増加し，全体的なトランス効率は低下する．一方，後段部の回転型トランス直径 d_1 を大きくすると後段部の相互インダクタンス M_2 と結合係数 k_2 が増加する．

3.1　給電実験結果

上記の各システムの給電実験を行った．例として SSS 方式の回路図を図5に示す．給電実験は，電源周波数 85 kHz の矩形波電圧を入力し，整流後の出力が 100 W となるように入力電圧の大きさを調整した．また，このときの負荷抵抗 R_L はそれぞれ表1の最適負荷 R_{Lmax} の式から算出した値に調整した．

車輪半径 $r=140$ mm，回転型トランス直径 $d_1=70$ mm のシステムを用いて，地上側コの字型トランスの中心に車輪コイルの中心を合わせた標準状態における給電実験結果を表3に示す．このときの SSS 方式の入力電圧電流波形を図6に示す．磁極コア高さに関わらず，共に高効率，高力率で 100 W 給電が行えている．SSS 方式のトランス効率 η_{TR} は磁極コア高さ 80 mm で 96.1%，40 mm で 95.2% となった．SSP 方式のトランス効率は，磁極コア高さ 80 mm で 95.6%，40 mm で 94.7% となった．いずれの方式も高効率での給電が可能であるが，磁極コア高さが大きいほど結合係数が高いので効率も高くなる[7]．

次に，地上側コの字型トランスの中心から車輪が位置ずれ $x(=0$ mm ~ 150 mm$)$ した場合の給電実験結果を図7に示す．SSS 方式，SSP 方式とも位置ずれ x が大きくなると効率が低下する．特に，コの字型トランスの磁極コア高さ h が小さい場合，位置ずれに伴う効率悪化が著しい．

表3　二段式非接触給電システムの給電実験結果
（100 W 出力一定，$r=140$ mm，$d_1=70$ mm）

	SSS 方式		SSP 方式	
h [mm]	40	80	40	80
V_{IN} [V]	32.3	42.7	31.8	43.0
I_{IN} [A]	3.54	2.74	3.62	2.59
V_r [V]	46.2	45.9	33.3	36.1
I_r [A]	3.71	3.19	3.60	3.22
V_D [V]	26.1	22.5	5.37	5.58
I_D [A]	4.36	5.19	3.79	3.43
η_{TR} [Ω]	95.2	96.1	94.7	95.6
R_L [Ω]	6.75	4.79	32.2	40.9

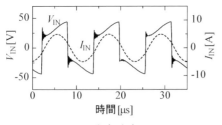
(a) $h=40$mm のとき（力率：0.8983）

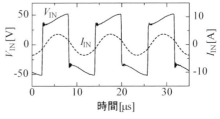
(b) $h=80$mm のとき（力率：0.8995）

図6　二段式非接触給電システムの入力波形（SSS 方式）

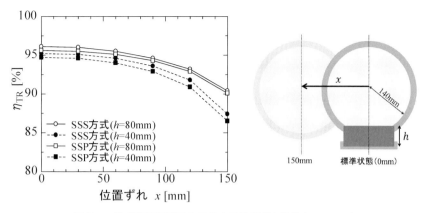

図7　二段式非接触給電システムの位置ずれ特性（$d_1=70$ mm）

3.2　負荷変動特性

磁極コア高さ $h=80$ mm のとき，SSS 方式，SSP 方式それぞれのトランス効率の負荷変動特性を図8に示す。表1の最適負荷の抵抗値を比較すると，車輪半径 $r=140$ mm，回転型トランス直径 $d_1=70$ mm のシステムでは，SSP 方式の方が SSS 方式より効率最大となる最適負荷抵抗値 R_{Lmax} が大きい。図8(a)(b)の実線で示された曲線でも，高効率の負荷抵抗範囲は，SSS 方式で低抵抗側に，SSP 方式で高抵抗側に存在している。これに対し，回転型トランス直径 d_1 を 100 mm にして，後段部の相互インダクタンス M_2 を増加させると，図8の一点破線に示すように高効率の負荷抵抗範囲が変化する。すなわち，SSS 方式では低抵抗側から高抵抗側に，SSP 方式では高抵抗側から低抵抗側にシフトする。この特性を用いて，二段式非接触給電システムでは，後段部の相互インダクタンス M_2 を調整し，最適負荷抵抗値 R_{Lmax} を変えることが可能である。また，車輪半径 r を 300 mm に変えた場合，図8の破線に示すように 140 mm に比べて全体に効率は低下する。特に，低抵抗側に最適負荷抵抗値をもつ SSS 方式は負荷抵抗増加に伴う効率低下は著しい。

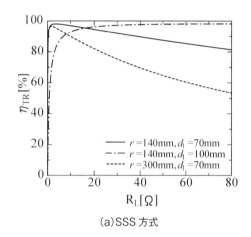

(a)SSS方式

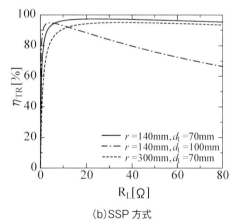

(b)SSP方式

図8　二段式非接触給電システムの負荷変動特性（$h=80$ mm）

4 中継コイル型システム

中継コイル型システムの回路図を**図9**に示す。送電側および受電側のコの字トランスは車輪部分の中継コイルとの結合のみならず，コの字型トランス同士の結合も考慮する。中継コイル型システムのコンデンサ容量の決定式，入出力特性，最適負荷など理論式を**表4**に示す。表中の式から算出した共振コンデンサ値を用いると，漏れリアクタンスに比べて小さい巻線抵抗を無視した時の入出力特性の関係は，理想変圧器特性となる。評価に用いた中継コイル型システムの仕様を**図10**に，LCRメータで計測したコイル定数を**表5**に示す。車輪コイルは二段式非接触給電システムと同じものを用い，磁極コア高さhは80 mmに固定し，車輪の半径rは140 mmと300 mmに変えて，給電効率等に及ぼす影響を検討した。

表4より車輪半径rを大きくすると相互インダクタンスM_{1r}とM_{12}は大きくなるが，中継コ

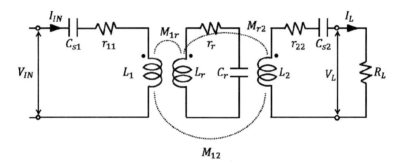

図9 中継コイル型システムの回路図

表4 中継コイル型システムの理論式

	中継コイル
共振コンデンサ	$C_{s1} = \dfrac{1}{\omega^2 \left(L_1 - \dfrac{M_{1r}}{M_{2r}} M_{12}\right)} \quad C_r = \dfrac{1}{\omega^2 L_r} \quad C_{s2} = \dfrac{1}{\omega^2 \left(L_2 - \dfrac{M_{2r}}{M_{1r}} M_{12}\right)}$
入出力特性	$\begin{bmatrix} V_{IN} \\ I_{IN} \end{bmatrix} = \begin{bmatrix} \dfrac{M_{1r}}{M_{2r}} & 0 \\ 0 & \dfrac{M_{2r}}{M_{1r}} \end{bmatrix} \begin{bmatrix} V_L \\ I_L \end{bmatrix}$
入力インピーダンス	$Z_{IN} = \left(\dfrac{M_{1r}}{M_{2r}}\right)^2 R_L$
トランス効率	$\eta_{TR} = \dfrac{1}{1 + \dfrac{1}{(\omega M_{2r})^2} r_r R_L + \left\{ r_{11} \left(\dfrac{M_{2r}}{M_{1r}}\right)^2 + r_{22} \right\} \dfrac{1}{R_L}}$
最適負荷	$R_{Lmax} = \dfrac{\omega M_{2r}}{M_{1r}} \sqrt{\dfrac{r_{11} M_{2r}^2 + r_{22} M_{1r}^2}{r_r}}$

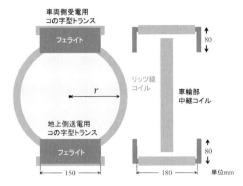

図10 中継コイル型システムのトランスおよびコイル仕様

表5 中継コイル型システムのコイル定数
(85 kHz)

r[mm]	140	300
h[mm]	80	
$N_1/N_2/N_3$[T]	15/15/15	
L_1[μH]	91.6	91.8
L_r[μH]	147	362
L_2[μH]	95.9	95.2
M_{1r}[μH]	23.1	35.1
M_{r2}[μH]	25.5	38.3
M_{12}[μH]	2.05	0.0016
r_{11}[mΩ]	56.4	60.9
r_r[mΩ]	149	392
r_{22}[mΩ]	66.7	66.4
k_{1r}	0.199	0.192
k_{r2}	0.214	0.206
k_{12}	0.021	0.000011

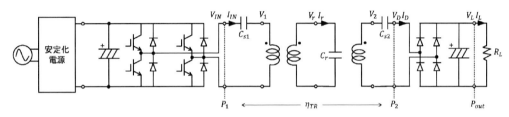

図11 中継コイル型システムの実験回路

イルの漏れインダクタンス L_r も増加するため，結合係数 k_{2r} と k_{r2} ともあまり変化しない。また，車輪半径 r が大きくなるに伴って送受電側のコの字型トランス間距離が大きくなったため，コの字型トランス同士の相互インダクタンス M_{12} と結合係数 k_{12} は小さくなる。

4.1 給電実験結果

車輪半径 $r=140$ mm のシステムで給電実験を行った。回路図を**図11**に示す。給電実験は，電源周波数 85 kHz の矩形波電圧を入力し，整流後の出力が 100 W となるように入力電圧の大きさを調整した。また，負荷抵抗 R_L はそれぞれ表1の最適負荷 R_{Lmax} の式から算出した値に調整した。地上側コの字型トランスの中心に車輪コイルの中心を合わせた標準状態における給電実験結果を**表6**に，入力電圧電流波形を

表6 中継コイル型システムの給電実験結果
(100 W 出力一定，$r=140$ mm)

h[mm]	80
V_{IN}[V]	48.9
I_{IN}[A]	2.32
V_r[V]	284.6
I_r[A]	3.67
V_D[V]	52.7
I_D[A]	2.08
η_{TR}[Ω]	96.3
R_L[Ω]	29.3

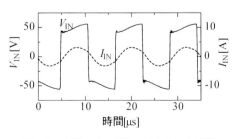

図12 中継コイル型システムの入力波形
(力率：0.8665)

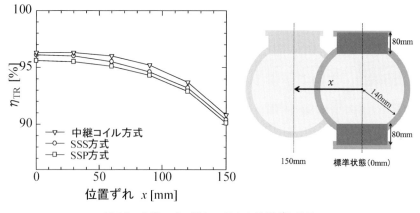

図13 中継コイル型システムの位置ずれ特性

図12に示す。トランス効率は96.3%で二段式非接触給電システムと同様に高効率での給電が可能である。

次に，地上側コの字型トランスの中心から車輪が位置ずれ $x(=0\,\mathrm{mm}\sim150\,\mathrm{mm})$ した場合の給電実験結果を図13に示す。二段式非接触給電システムと同様に位置ずれ x が大きくなると効率が低下するが，中継コイル型の方が位置ずれに伴う低下率が少ない。

4.2 負荷変動特性

車輪半径 r が140 mmと300 mmときのトランス効率の負荷変動特性を図14に示す。車輪半径を変えても効率の低下は見られず，最適負荷抵抗値 R_{Lmax} もあまり変化していない。これは車輪半径が大きくなっても結合係数にあまり変化がないためで，効率の面からは大きい車輪径の二輪車に中継コイル型システムは有効と考えられる。

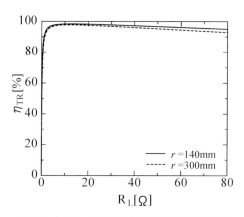

図14 中継コイル型システムの負荷変動特性

4.3 走行中給電への適用

上記の特性を考慮して走行中給電時のトランス効率を求めた[8]。地上側のコの字型トランス ($h=80\,\mathrm{mm}$) を 300 mm 間隔で飛び石式[9]に配置し，車輪をゆっくり（時速10 km以下で）移動したときのトランス効率変動を図15に示す。このとき，地上側コの字トランスには個別に高周波電源を接続し，標準状態($x=0$)で100 W出力できる入力電圧値固定で給電した。二段式非接触給電システム（SSS方式およびSSP方式）も中継コイル型システムも効率は常に85%以上で平均値も94%以上となるため，提案したシステムを用いて走行中給電は可能であると考えられる。

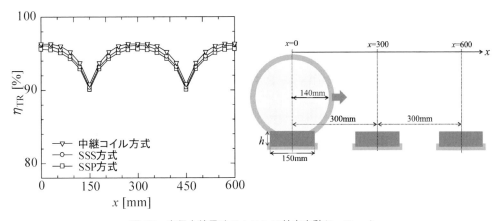

図15　走行中給電時のトランス効率変動（$h = 80$ mm）

5　おわりに

　本稿では，走行中給電可能な二輪車（電動アシスト自転車）向け非接触給電システムとして，車輪を介した2つの磁気結合方式のシステム（二段式非接触給電システムと中継コイル型システム）についてその構成と性能を説明した。二段式非接触給電システムのSSS方式およびSSP方式，中継コイル型システムのいずれの方式でも高効率で給電が可能であることを示すと共に，これらの入出力特性や位置ずれ特性，負荷変動特性の詳細についても明らかにした。また，走行中給電時の効率も検討し，提案システムが二輪車の走行中給電に適用可能であることを述べた。本研究の成果を実用化するためには，車輪材質やコイルの配置・結線方法の検討，漏洩電磁界の低減対策などの問題があり，今後解決すべき課題である。

文　献

1) 山脇敬介ほか：日本機械学会中国四国学生会第42回学生員卒業研究発表講演会，S807(2012).
2) 吉岡直人ほか：平成26年電気学会全国大会，4-091, pp.150-151(2014).
3) 金子裕良ほか：2017年自動車技術会春季大会学術講演会，280, pp.1552-1556(2017).
4) 大住征有紀ほか：平成28年電気学会産業応用部門大会，1-97, pp.345-350(2016).
5) 大平孝：電子情報通信学会技報，WPT2012-17, pp.13-16(2012).
6) 小林涼太ほか：平成26年電気学会産業応用部門大会，1-82, pp.357-362(2014).
7) 遠井敬大ほか：電学論D, Vol.132, No.1, pp.123-124(2012).
8) 大住征有紀ほか：第20回電気学会埼玉支所研究発表会，p.30(2017).
9) C. Kato et al：Proc. IEEE IECON2015-Yokohama, pp.5197-5201(2015).

第2編　走行中ワイヤレス給電技術

第4章　走行中ワイヤレス給電システムの関連技術

第5節　リニア系および回転系への電界結合非接触給電システム

株式会社 ExH　原川　健一

1　はじめに

昨今，非接触電力供給の必要性が叫ばれている。その多くが，磁界結合方式を念頭に置かれたものである。一方で，電界結合方式というものも存在している。現実には，磁界結合方式は多くの場面で検討されているが，電界結合方式の実用化は皆無である。この皆無という現実はすごいことである。検討している会社や大学はあるが，実用化にまで至っていない。筆者は磁界による遠隔加熱技術にも携わったことがあり，その問題点が身にしみてわかっている。

電界結合を検討してゆくと，諸々の制約はあるが極めて将来性のあることがわかってきた。逆に，GaN や SiC 等の次世代半導体の登場によって，高周波スイッチングが効率的に行えるようになってきた状況においては，磁界方式の問題点が目立ってきたともいえる。

本稿では，この様なことについて述べるとともに，リニア系と回転系への応用例について述べてゆく。

2　非接触給電技術について

2.1　純粋に電磁気的に送電する方法には何があるのか

送電方法には，超音波を用いる方法もあるが，純粋に電磁気的に送電する方法となると，図1に示すような四方式しかない。

第一番目の方法は，接触方法があり，コンセントプラグで使用されている。

第二番目の方法は，磁界結合方法があり，トランスなどに使用されている。

第四番目の方法は，電磁波で送る方法があり，一部分の技術は電子レンジで使用されている。光による電力伝送は，この中に含めることができる。

第三番目の方法として，電界結合方式がある。この方法で，商品化の試みがなされているが，現時点では，普及している商品は存在していない[1-3]。

これらの技術について，個別に検討してゆく。

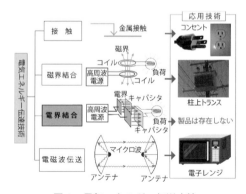

図1　電気エネルギー伝送方法

— 366 —

2.2 接触方式は何が問題なのか

旧来より使用され、安価な技術として接触方式がある。しかし、非接触給電が求められるのは、問題があるからである。問題点として次のものがある。

① 金属同士の接触面に圧力が加わることが必要である。
接触圧力が低いと「接触不良」が起き、発熱、発火の原因になる。詳細は、3.1で述べる。

② 金属同士に圧力をかけた状態で移動させると、摩擦により電極が損耗してしまう。このため、定期的な接触部の交換が必要になるとともに、切削粉が発生する。

③ 異物が混入したり、金属表面が酸化して絶縁層ができたりすると、接触不良になる。電極を長期間使用しない場合や電極に錆が発生した場合も接触不良になる。接触電極には、リン青銅等の電気的特性、ばね性、耐腐食性等を併せ持つものが使用されていて、可能な限りの対処が施されているが、さらなる改良が見られていない。

2.3 磁界方式は何が問題なのか

図2には、4つの伝送方式を周波数と伝送電力の関係で示している。接触式は、全周波数領域に関係するので、左端に記している。

磁界方式は、現時点で最も信頼でき、多用されている非接触給電技術と思われる。しかしながら、周波数の上昇につれて、コア材の透磁率が追随できなくなってくる。さらに、コイル自体が、表皮効果(近接効果)によりコイル線中に流れる電流の面積が低減してきて(抵抗が増大する)、大電力送電ではコイルが発熱してしまう。リッツ線を用いても、100 kHz 以上は効果が期待できない。コア材としてのフェライトや

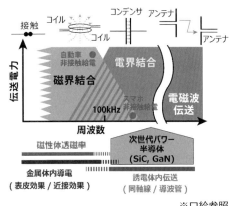

※口絵参照

図2 4つの送電方式の比較

銅線は高価かつ重い点も問題である。特に銅線は、ベースメタルと言われ、当たり前に使用されているが、枯渇の可能性のある材料であり、規格化が進んで大量消費されると価格の上昇が避けられない材料である。

伝送電力は、周波数の二乗に比例するが、周波数を増大させて伝送電力を増大させる方策は取れなくなる。電流を増大させる方法では、発熱やコア材の飽和磁束密度の壁がある。

この2つの問題は、極めて根源的な現象であるため、改善は極めて困難と思われる。強いて、改善が期待されるのは、導線がCNT(カーボンナノチューブ)で作られるようになる可能性があることである[4]。関西大学の佐伯拓准教授が、ナノ微粒子焼成金属で電気抵抗実質ゼロになる線材を開発したとの報もある[5]。

2.4 電界方式の利点

磁界方式では、磁界を生成するコイルが問題を抱えている。これに対して、電界結合は、二枚の金属を対向させて電界でエネルギーを伝達するだけであるため、磁界式に比べると極めて

第2編　走行中ワイヤレス給電技術

わずかな発熱しかない。しいて言うならば，金属板間の誘電体の誘電損失が考えられるが，空気ならば問題ない。周波数を高くするほど，インピーダンスは低下するため，電力伝送は容易になる。

　後述する線路では，電力を同軸線路等の空間を媒体とする伝送線路を用いるため，表皮効果等の問題を受けにくい。よく言われるのは，大電力化すると絶縁破壊するため，これが電界結合方式の送電電力の限界であると言われる。すなわち，電極間に電圧がかかってくるとグロー放電が起き，さらにはアーク放電が起きて電極が溶融してしまうからである。

　しかし，電極表面に絶縁層（例えばDLC膜：ダイヤモンドライクカーボン膜）をコーティングしておくと，アーク放電は発生せず，バリア放電になる。バリア放電は，放電が発生しても絶縁層がチャージアップされると放電が停止されてアーク放電には至らず，異なる場所で同じ放電が繰り返される現象である。さらに，高周波であれば，これが周期ごとにリセットされ反対側電極との間で交互に繰り返されるため，連続的に発生させることができる。電極間に放電が繰り返されるとプラズマが発生するが，このプラズマの密度によっては，導電性が付与されて空間が導体として機能し，極めて効率的な電界結合が実現できる可能性もある。

　しかし，電界結合は，電源内ではトランス等の磁気を用いた素子を用いているため，コイルの抱えている問題を引き継ぐことになる。異なるのは，磁界結合では大きなコイルを必要とするが，電源内では小さいコイルであるとともに，分散化することも可能である。しかし，磁界方式よりも高い周波数で使用するとなると，この問題は制約要素であると言ってもよい。

　高周波スイッチング素子についても言及しなければならない。電界結合は，100 kHz 以上の周波数帯で使用すると言っているが，Si　FET しかないときには，効率的な高周波源を作るのが困難であった。しかし，SiC や GaN というワイドバンドギャップ半導体を用いた素子が登場したおかげで，数 MHz 帯域でも，極めて効率の良いスイッチングが可能になってきた。特に，E 級増幅のインバータを用いれば，95％以上の変換効率が実現できる。

2.5　電界結合がなぜ使われていないのか

　電界結合の利点を述べたが，現状では電界結合を用いた製品がなく，磁界結合に比べて開発も低調である。その理由を次に述べたい。

2.5.1　低い周波数では磁界方式に対してメリットがない

　図2に示すように，100 kHz 以下の領域では電界結合より，磁界結合のほうが圧倒的に優れているため，電界結合はかなわなかった。

2.5.2　高周波スイッチングが難しかった

　高い周波数でパワースイッチング可能な素子として IGBT があり，IH 調理器などに使用されていたが，MHz 帯では効率が出なかったようである。このような時に，SiC，GaN のワイドバンドギャップ半導体が登場した。まさに，次世代パワー半導体の登場により電界結合技術が実現可能になってきた。

2.5.3 回路方式の問題点

電界結合の実用化が困難だった原因の1つに回路の問題がある。回路としては，図3に直列共振回路，図4に並列共振回路を示す。各回路は，下側に送電部，上側に受電部を置いてあり接合容量C_cで接続されている。直列共振回路には，2つの接合容量の直列合成値と，目的とする周波数で共振するインダクタンスを直列に接続したものである。接合容量も共振回路の一部を構成する。

これに対して，並列共振回路は，送電部と受電部に目的の周波数で共振する共振回路をそれぞれ設け，電源及び負荷とは共振回路のインダクタンスとトランス結合させている。このため，接合容量は共振回路の構成要素ではない。

図5は，10 cm角の電極を対向させて接合容量を形成したときに，コンデンサの電極間隔を変化させたときの2 MHzにおける送電効率を示している。電極間隔は，1 μm～10 mmまで変

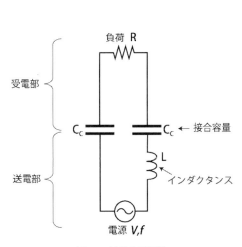

図3　直列共振回路

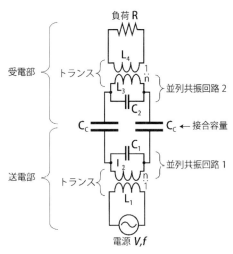

図4　並列共振回路

化させている。キャパシタンスのみの時には，電極間隔を10 μm程度離すと伝送効率が低下してきて，電極間隔が300 μm程度の時には，20%程度の効率しかなくなる。

これに対して，並列共振回路の場合には，電極間隔が100 μm程度離したところから減少し，2 mm程度離したところで20%程度の効率になる。このように，並列共振回路を用いることで，電極間隔を広げることが可能になる。すなわち，接合容量が小さくても電力送電が維持できることを意味している。

これに対し，直列共振回路は，任意の大きさ

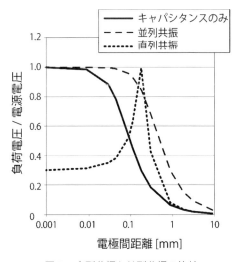

図5　直列共振と並列共振の比較

第2編　走行中ワイヤレス給電技術

の接合容量に対して共振関係が取れるインダクタンスを使用すれば，共振ピークが立って送電可能となる。電界結合の利用価値は，送電側の電極と受電側の電極を相互に動かすことで，リニア的に移動したり，回転させたり，コネクタとして使用したりできる。このため，接合容量を構成する電極間隔は変化することが多い。さらに，水分やごみ等が詰まって接合容量が変化することを前提に考えなければいけない。

　図5を見ると，直列共振では特定の間隔で共振関係を構築しても，電極間隔がずれてしまうと急激に伝送効率が低下してしまう。これに対して，並列共振回路は電極間隔の変化(接合容量の変化)に対してロバスト性がある。さらに，電極同士が接触して導通したり，水が混入して接合容量が急増(水の誘電率は，空気の誘電率の80倍)しても，並列共振回路の場合には電力を送電可能である。

　直列共振の場合には，この様な変化に対して対応できない。過去に，直列共振回路を用いた電界結合の実験も行われたが，実用化されなかったのは回路の問題があると思われる。

2.5.4　接合容量の問題

　図5から見てわかることは，電極間隔を離せないということである。「磁界結合方式では，コイル間隔を1m程度離しても送電しているではないか。電界結合では電極間距離を5mm，10mmも離せないのか。」という落胆に近い疑問がわく。電界結合でも，電極面積を大きくしたり，電極間の誘電率を上げたり，電圧や周波数を上げれば，距離を延ばすことは可能である。しかしながら，距離を離すことは放射電磁界を空間に放つことであり，電力を増大させれば，人体防護関係の指針，高周波利用の基準等に抵触し，大電力送電が出来なくなることを意味している。磁界結合は，まさにこの問題に直面している。

　であれば，接触による摩耗等の問題を回避できる微小間隔の非接触化を追求し，電磁界放射を低減して，大電力送電も可能な方向に進む方向性もあると思われる。これが，電界結合技術における1つの開発方向であり，本稿はこれに従っている。

　でも，接合容量を確保するために，微小間隔が維持できる電極構造を実現するのも大変なことである。これも，電界結合の実用化を困難にしている原因の1つである。この問題に対しては，二方式の電極を提案し3.2.3および3.2.4に記す。さらに，磁界結合方式は1つのコイルを用意すればよいが，電界結合方式では2つの電極を用意し，極性も違えて対向させなければならい点が難しいとも指摘されている。

2.5.5　社会的風潮としての非接触給電

　非接触給電に対して，社会全般に極めて強いニーズであると思われる。特に，離隔送電に魅力があると思われる。この点で，電界結合技術は近接領域の非接触給電であるため，魅力度が乏しく，検討されてこなかったと思われる。しかし，離隔送電は電磁波放射が付きまとって大電力送電電力が制限されているが，近接送電は電磁波放射が少ないため，大電力送電を可能にする。

— 370 —

3 リニア系への応用

リニア系搬送体に応用する場合には，平行二線方式，スリット付き同軸線路方式，スイッチ付き同軸線路方式等がある。これらについて，説明していきたい。

3.1 平行二線方式

磁界結合を用いた平行二線方式の例を図6に示す。2本の電線には，逆方向の電流を流し，電流が作る磁界をE型のフェライト中に集束し，ピックアップコイルに導いている。この時の，受電電圧は式(1)に従っている。

$$e = -n\frac{d\varPhi}{dt} \tag{1}$$

e は出力電圧，n はピックアップコイルの巻き数であり，$\varPhi$ はコイル鎖交磁束である。

導線には単線または，リッツ線が用いられる場合がある。どちらにせよ，周波数が高くなると電流は表皮効果(または近接効果)により，導線断面の一部にしか流れなくなり送電量に制限がある。

図7に示すように，平行二線方式は周辺に磁界および電界を形成して，周囲に影響を及ぼす。これを逃れる方法として，電波法が適用されない低周波数を用いる方法もあるが，式からわかるように，微分係数が小さくなって出力電圧が小さくなる。これを補うため，ピックアップコイルの巻き線数 n を大きくし，$\varPhi$ を大きくする。$\varPhi$ を大きくするためには，フェライトヨークの断面積を大きくするが，搬送体重量が増大してしまう。重くなれば，加速度が小さくなり，限定された加減速区間での速度も低くなる。カーブも困難になる。さらに，周辺に金属板があるところに設置することは出来ない。渦電流が発生してロスが大きくなる。同様の理由から，平行二線をシールドすることもできない。特異的な伝播モードが作られ，効率よく伝送できなくなる。複数の平行二線を隣接配置することも難しいことを付け加えておく。構造は簡単であるが，本格的に実用化してゆくには問題が多い。

平行二線方式で，周波数を高くした場合には電界結合方式を用いることができる。ただし，電界結合方式では導線表面に形成可能な絶縁層が薄くなるため，絶縁層剥離による感電等の心配をしなければならなくなる。

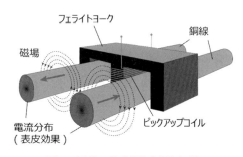

図6　平行二線式線路(磁界方式)

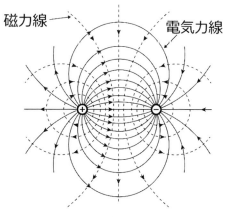

図7　平行二線周辺の電磁界

3.2 スリット付き同軸線路方式
3.2.1 スリット付き同軸線路の説明

平行二線方式に対して，スリット付き同軸線路を**図8**に示す。これは，同軸線路の外部導体にスリットを設け，任意の位置で内部導体および外部導体から受電できるようにしたものである。

図8ではTEM波伝送モードを示している。電界には，外部導体の円周方向成分がないため，スリットを線路に沿って開けても，スリット幅が小さい時には伝送に影響を与えない。さらに，放射電磁界成分も小さい。特に重要な点は，外部導体がアースされているため，電極として機能するにもかかわらず素手で触れる。これにより，金属体に直接取り付けることができるとともに，複数線路を並列配置することが可能であり，高い利便性が得られる。同軸線路というと，図8の様に，円形断面に限定されると考えがちであるが，方形断面にしたり，中心をある程度偏心させる等の形状の自由度も得られる。

ところで，漏洩同軸ケーブルというものが有るが，これは積極的に電磁波を放射させようとしているものであり，外部導体表面を流れる電流を遮断するように，ケーブルの長手方向に対して斜めにスロットが開けられている。さらに，このスロットを取り出したい周波数を考慮して周期的に配列している。スロットで外部導体表面電流が遮断されると，スロット部に変位電流が流れて放射することを利用したものである。似ているが，原理的には異なるものである。

スリット付き同軸線路から電力を取り出すためには，内導体および外導体に電界結合された電極を付けて，接合容量を形成して搬送体に電力を供給する。このため，問題となることがある。内部導体と外部導体間には，絶縁物があって内導体を支えなければいけない。ただし，電極が内導体に沿って移動するためには，絶縁体は，スリット直下にはない状態にしなければならない。このため，ゴミがスリット内に落下する可能性がある。

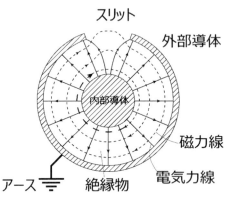

図8 スリット付き同軸線路とその電磁界

3.2.2 一実施例

図9には，1つの実施例を示している。この場合には，スリットを下に向けてゴミの侵入を防いでいる。さらに，内部導体に溝を付け，その中に電極板を挿入している。外部導体側面に

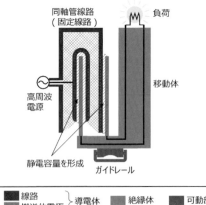

図9 スリット付き同軸線路を用いた実施例

も電極を付けており，これら電極の作る接合容量により，非接触で送電している。各電極について詳細に説明する。

3.2.3 磁石吸引電極

磁石で吸引する電極の場合について述べる。図10(a)に示すように，送電電極の溝内に受電電極を挿入する方法は，電極の両面に接合容量ができるため，効率が良い。溝幅gを狭くするほど，接合容量は大きくできるが，機械的加工精度が求められる。図10(b)に示すように，機械的精度を高めて溝幅g内に電極を入れたとしても，溝内で電極が湾曲する可能性もある。温度による湾曲，不均質な材料を用いた場合の内部応力による湾曲等が考えられる。図10(c)に示すように，溝内に永久磁石を配列し，受電電極を強磁性体で作れば，吸引力Fが働き，電

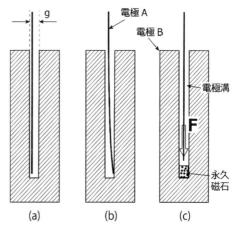

図10　磁石吸引電極についての説明

極は吸引され，非接触状態を維持できる。磁石にネオジウム磁石を用い，電極に鉄板を用いた時には，十分な引力が得られた。さらに，磁石を受電電極の正規位置に対して対称に設置すれば，常に中央に位置させる向心力が働いて自動的にアライメントされる。

別の見方をすると，図10(a)の場合には，電極は片持ち梁として固定されているが，図10(c)の場合には，ダンパー付き両持ち梁として固定され，機械的安定度が極めて高くなる。しかし，ゴミが溝内に侵入した場合には，磁石吸引によるため電極が変位してゴミをやり過ごすことができる柔軟性も兼ね備える。溝内の入り口に磁石を配置して，強磁性のゴミの侵入を防いだり，溝内の圧力を高めたり，電極全体を逆さまにして，ゴミが入りにくくすることも可能である。

電極材質としては，送電電力が大きくなれば，受電電極の中心部が強磁性体で両面が非磁性でコーティングされている必要がある。これは，送電時の表皮効果を考慮してのことである。受電電極の先端部に磁石を付け，送電電極の溝底面に強磁性体を配置する方法もある。この場合には，磁石にゴミ(特に強磁性体)が付着しても搬送体側の受電電極の清掃で済み，溝内の清掃も容易である。磁石をレール側に付けないことによるコスト低減効果もある。

3.2.4　フェザータッチ電極

電極同士を接近させるものの，金属電極同士は接触させない方式として，図11に示すフェザータッチ電極がある。HDDのヘッドが空気で浮いているが，それと同じ原理である。フェザータッチ受電電極には，極薄金属を用い，表面にはDLC(ダイヤモンドライクカーボン)等の硬度があり，絶縁性・耐圧性があり，金属との付着力も強く，摺動性の高い材料をコーティングする。送電電極表面には酸化膜を形成させる。このようにして，受電電極と送電電極が接触しても，金属同士の接触はしていない。距離が狭いため，大きな接合容量が得られる。

フェザータッチ電極は，面全体で密着するため，軽く押圧する必要がある。図11(a)(b)に

示すように，送電電極と受電電極取付台の距離がdまたはd'と変化しても，電極自体が変形して追随するために，位置合わせ精度が緩くて済む。低速走行時には，接触したまま移動するが，接触圧力が小さいため，接触部の摩耗および損失は少ない。図11(c)に示すように，やや高速に移動させると界面に空気が入り込み，非接触状態になる。図11(d)に示すように，ゴミが入り込んだ時には電極が変形し，ゴミをやり過ごすことができる。特に，電極同士を近接させる電界結合において，剛体の電極同士を近接させた場合には，硬度の高いゴミ（例えばガラス）が混入した場合には，電極間でごみが暴れ，電極に損傷を与えるとともに，急激なブレーキが働く。

実際に，フェザータッチ電極を試験器で走行させると，対向電極と受電電極間には空気が入り，数十μmのギャップを有する非接触状態に移行する（ギャップ間隔は，キャパシタンスの変化から計算で求めた。）。非接触であるから，電極面の摩耗が無く長時間使用できる。約1100時間，8時間単位で停止と走行を繰り返して電極を回転させて動かしたが，DLC膜に劣化は見られなかった（薄くシリコンオイルを塗膜していた）。

DLC膜は，F1マシンのエンジに使用される耐久性を有する。ピストン，シリンダー，カムシャフトに使用されているが，いずれも油を介在させているとはいえ圧力を受けている場所である。フェザータッチ電極に使用する場合には，殆ど圧力を加えない状態で使用するのであるから，半永久的に耐久力を有しても不思議ではない。

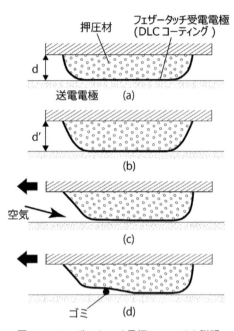

図11　フェザータッチ電極についての説明

3.3　スイッチ付き同軸線路方式

同軸線路を用いたもう1つの送電形態として，スイッチ付き同軸線路方式があり，**図12**に外観図，**図13**に内部構成を示す。

本線路からの放射はスイッチ部からのものであり，極めて小さい。同軸線路の外部導体は搬送ラインのボディそのものでありアースされている。その中に，空洞があって，その内部に内部導体がある。内部導体から外部導体に開けられた穴を通して，スイッチングモジュール内に端子が顔を出している。端子にはスイッチング

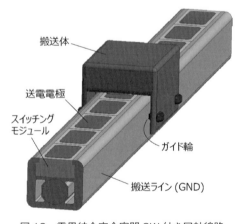

図12　電界結合完全密閉SW付き同軸線路

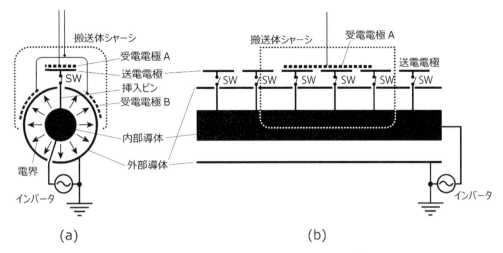

図13 スイッチ付き同軸線路における受電電極

素子(パワーFET)が付けられている。各スイッチングモジュールには，同軸線路とは別にDC線が来ており，スイッチングや後述するセンサー，通信ユニット，インバータ等の駆動に必要な電力が供給されている。スイッチング素子がONされると，内部導体と送電電極が接続される。搬送体には，送電電極に対向する受電電極と搬送ラインの側面に対向する二つの受電電極があり，これらの電極から受電される。搬送体には，共振回路があり，送電周波数の電力のみが取り出せる。

通常は，スイッチング素子はOFFとなっており，外部電極には電力が来ていないため，触っても感電することはない。さらに，搬送体からの信号が出されていて，各受電モジュールがそれを検知してスイッチをONにする。このため，搬送体直下の送電電極がON(アクティブ)になるだけであり，人が触ろうとしてもアクティブな送電電極は，搬送体があって触れない。万が一，ONになっている外部電極に人が触ったとしても，外部電極表面および搬送ラインボディには絶縁層がコーティングされているため，絶縁層を介して人体に電圧が加わる。しかし，人体には共振回路が付いていないため，電力が人体に流入することはない。このような二重安全系が施されている。

搬送体が移動するたびに，アクティブな送電電極も移動し，連続的に送電可能になる。図12には，スイッチングモジュールが連続して配置されているが，搬送体の動作モード，必要電力量等に応じて，スイッチングモジュールの数を減らし，コスト低減が可能になる。例えば，半製品を搭載した搬送体が，加工ロボットの前で停止し，加工が終了するのを待つ間に受電し，バッテリーに充電するような動作モードがこれに相当する。

スイッチ付き同軸線路方式は，完全密閉，完全非接触であるため，粉塵がある環境でも利用可能である。さらには，防水性，耐雷性を得て屋外で活用可能である。

3.4 同軸型搬送系の社会的需要からの検討

本搬送線路ができた時には，いろいろな場面で活用できると予想される。その一例を下記に示す。

第2編 走行中ワイヤレス給電技術

3.4.1 準密閉式線路(スリット付き同軸線路)

任意の位置で連続的に電力が取り出せる機能がある。連続的に送電可能なため,高速に動かすラインには適している。

- 将来エレベータへの適用(エレベータの籠への給電,リニアエレベータ駆動用給電ライン
- 工場生産設備(マスカスタマイゼーション,自律分散制御)
- ストックヤード,半導体製造工場への適用
- ビル内物流システム(宅急便の室内運搬と自動検査)
- 介護システム(天吊り型老人歩行アシスト,遠隔介護)
- 室内ロボット吊り型アシストシステム(転倒防止,給電,吊運搬設置・回収,歩行追随)
- その他

3.4.2 スイッチ付き同軸線路

連続的充電,任意場所での充電の両方に対応可能であり,蓄電池の進歩に合わせてラインを変更可能である。さらに,完全密閉であるため,屋外での利用も可能になる。

- スマートアグリ
- インフラセンシング・リペア(ドローンとの連携)
- 街頭植栽管理
- 屋外警備監視システム(鉄道沿線,高速道路沿線,工場,アミューズメント施設)
- 鉄道沿線,高速道路の緑管理システム
- スマート酪農
- スマート養殖いけす
- 海底設置給電ステーション
- プール自動清掃システム
- ビル外壁清掃システム
- 緑化壁管理システム
- 屋外警備・監視システム
- その他

4 回転系への応用

4.1 在来の回転系への電力伝送

図14には,回転系へケーブルで給電した様子を示している。図から明らかなように,回転するとケーブルがシャフトに絡みついてしまう。自動車のハンドル,ロボットの関節などは1回転前後で収まるものは,ケーブルで送電できるが,回転によりケーブル劣化が起きるとされている。風任せで右や左に何回転するかわからない中型以下の風力発電機,ケーブルリールの様にドラムを何回転も回すものにはケーブル式は使用できない。

これに対して,図15に示すスリップリングの登場でこの問題が解決される。回転軸にスリップリングが所要段数付けられている。スリップリングには,フィラメントが接触しており,

— 376 —

第4章　走行中ワイヤレス給電システムの関連技術

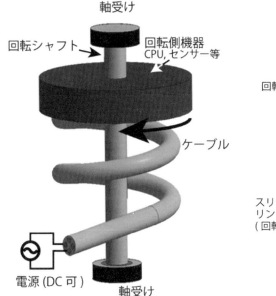
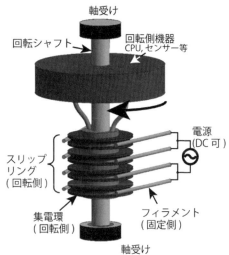

図14　ケーブルによる回転体への給電　　図15　スリップリングによる回転体への給電

電力供給が可能である。これにより，何回回転しても問題なく送電が可能になった。このため，回転系に電力を送る殆どの機械にスリップリングが使用されている。

しかし，次の問題点がある。

① 接触式のため，導電性粉が出てしまい，クリーニングが必要。さらに，フィラメントが摩耗し，一定期間で交換が必要になる。
② 金属が露出しているため，酸・アルカリ環境では金属が腐食する。
③ 水の侵入に弱く，フィラメントが浮くために送電が不安定になる。
④ 高速回転すると，フィラメントとリング間に空気が入って送電が不安定になる。
⑤ 水等の侵入を防ぐためにシールを施すと，コストが上昇する。

4.2 非接触給電方式

スリップリング式に対して非接触給電方式があるが，磁界方式と電界方式について説明する。

4.2.1 磁界方式

図16には，電磁誘導方式のコイル対を示している。コイルは，フェライトなどの高透磁率のコア材で囲われる。このコイルを対向させて送電する。本技術を用いた回転型電力送電製品も販売されているが，なぜか100 W以下の小電力にとどまっている。発熱の問題が影響しているだろうか。

また，コア材，銅コイルの重量があるため，高速回転用途には向かないと思われる。図17には，磁気共鳴方式を用いたコイルを示している。各コイルは，LC共振状態で用いられ，小さな結合度でもQを稼いで，コイル間の距離を離せる。コイル間の距離が離せることは，自

— 377 —

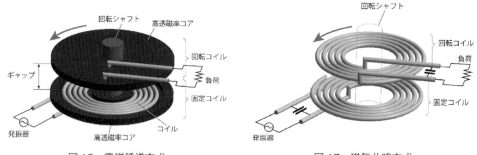

| 図 16　電磁誘導方式 | 図 17　磁気共鳴方式 |

由位置での送電が可能であり魅力的である。しかし，空間に高周波磁界を形成するため，高周波利用設備の設置基準等の制約から，電力を大きくできない。さらに，空間に磁場を形成するため，コイルを固定する材料および周辺に金属を用いることができない。これは，強度が得難く，実用される場面が限定される。

4.2.2　電界方式

図 18 には，電界結合方式を示している。一例として，回転シャフトに固定された 2 枚のリング状の回転電極板をそれぞれ周辺の固定部に固定されたリング状の固定電極で挟み込む。これら電極間で 2 組のコンデンサを形成する。この図では，発振器が固定電極に取り付けられており，負荷への電線が回転シャフトを介して回転電極に接続されている。**図 19** には，電界結合方式電力伝送軸受けの断面図を示している。図 18 では，回転電極の枚数が 1 枚であったが，図 19 では 2 枚に増加させている。この枚数は，任意に増大させることができ，接合容量を大きくすることが可能である。図 19 ではカバーに付けられたベアリングを介して，回転シャフトおよび回転電極が付けられている。

電界結合方式の問題点は，リニア系でも述べたが，電極間距離を狭くし，電極面積を大きく

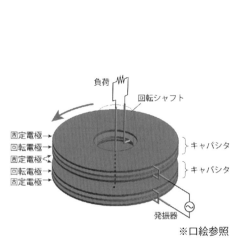

図 18　電界結合方式

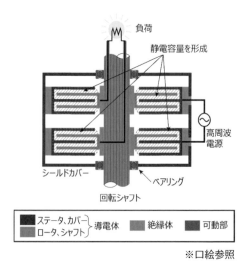

図 19　電界結合式電力伝送軸受けの断面図

する必要がある。このため，電極の取り付け精度を高めても，電極自体の湾曲により，接触してしまうことが予想され，この多重円盤型の電力伝送軸受けを実用化するうえで壁であった。空気を電極間に流して離隔する方法も検討されているが，ポンプ等の付帯設備が必要になり，自身が電力を消費することになる。

　これに対して，図20には電極端周辺に磁石を配置して，強磁性体電極を吸引し，トランポリンのように張ることができた。すなわち，片持ち梁構造の固定方法であったものが，ダンパー付き両持ち張りとして固定することができ，信頼性が格段に向上できた。磁石には，ネオジウム磁石を用い，電極には鉄板を用いることで，十分に張力を発揮できている。大電力用途では，表皮効果を考慮し，非磁性体コーティング鉄電極を用いることで対応できる。

　実際に製作した，23 cmΦの試験器では，98％の変換効率が得られ(インバータ及び整流器の効率は含まれていない。)，650 Wの送電に成功している。この電極間にオイルを満たすことも可能である。このようなものは，海底や洋上風力発電にも利用可能である。オイルを満たすと，比誘電率が上がるため，効率はほぼ100％になる。回転電極として，100 μm厚の鉄板のみが回り，質量が小さいため，高速回転にも対応できる。接触したり，損耗する箇所が無いため，ベアリング性能で高速回転できる。完全メンテフリーであり，ベアリング寿命まで伸ばすことが可能である。

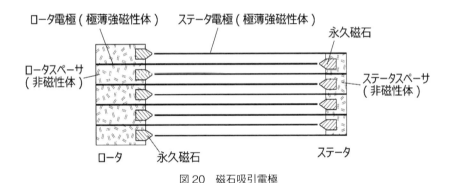

図20　磁石吸引電極

4.2.3　予想される市場

　現在，磁界式非接触方式が伸びていないため，殆どの市場がスリップリングで占められている。その世界の市場規模は，905億円(2017年)であり，毎年増加している。しかし，ユーザーはスリップリングしか選択肢がないため，困っているのが実情である。スリップリングは，インバータを使用しないため，安価であり1～10 kW程度までならば，容易に送電できる。電界結合方式でスリップリングと同等の電力を流すとすると，インバータのコストが加算されてしまう。近年，SiCやGaNを用いたFETの価格が低下してきており，インバータの電送効率も98％台のものが登場してきている。

　一方，スリップリングは水等に対して極めて脆弱であるため，特殊環境で使用する場合には，シール機能を付ける必要があり，コストが急増する。このため，特殊環境では，スリップリングを超えたコストパフォーマンスが発揮できる。工場等で使用する場合にも，メンテナンスフリーであることは極めて大きな利点である。回転電力伝送ユニットを用いる機器が，メンテナ

ンスフリーを謳えることはユーザーの共感が得られる。メンテフリーが謳えるならば，装置全体価格がわずかに上昇しても問題ない。個別の部品代が5〜10倍になったとしても，装置全体価格としては大きな変化はない。

5 まとめ

以上，電界結合技術を用いたリニア系および回転系について述べてきた。今回提案した技術は，世の中で使用されていない電界方式であり，世界に先駆けて開発したため，関連特許を広く抑えることに成功している。性能も出てきているため，製品化まで近い位置に来た。リニア系で重要なことは，安全に利用でき，コスト的にも安く，IoT性を備えた搬送系が存在していないにも関わらず，ヒアリング結果からは需要はかなりあると予想される。

今後は，老齢化の進展とともに，行きづまった状態が社会の各場面で見られると予想される。少子高齢化時代を乗り切るために，本搬送システムを発展させ，厳しい時代を乗り越えられるソリューションに発展させてゆきたい。日本での少子高齢化対応の実績が作れれば，日本よりも遅れて到来する海外の少子高齢化にも貢献できるようになり，日本の外貨獲得源にもなると思われる。

一方，自動運転技術の登場は，宅急便の配送に変革を迫ることになる。運転手がいないため，現行の荷物の個別配送ができなくなる。荷物を自動的にピックアップし，配送可能な搬送線路が施設内に張り巡らされていれば，これにも対応できる。エレベータのリニアモータ化も進むと予想され，そのための重要な給電方式として注目され始めている。ケーブルベアの代替としての可能性もあり，工場生産用途等広く利用されると予想される。この様に，いろいろな社会変化に対するソリューションとして活用できるはずである。

回転系は，正にスリップリングの代替として注目を集めてくる可能性が極めて大きい。さらに在来のスリップリングでは開拓できない用途にも，進出できるはずである。

スリット付き同軸線路，スイッチ付き同軸線路の検討およびフェザータッチ電極の試験は，ものづくり補助金事業[6]およびNEDO委託研究成果の一部である。

文　献

1）電界結合方式ワイヤレス電力伝送システム，
https://www.murata.com/ja-jp/about/newsroom/techmag/metamorphosis16/productsmarket/wireless
2）原川健一：“スマートハウスの発電・蓄電・給電技術の最前線”（田路和幸監修），シーエムシー出版．（2011.3）．
3）原川健一：“ワイヤレス給電技術の最前線”（篠原真毅監修），シーエムシー出版．(2011.11)．
4）銅の100倍まで電流を流せるカーボンナノチューブ銅複合材料，
https://www.aist.go.jp/aist_j/press_release/pr2013/pr20130723_2/pr20130723_2.html
5）電気抵抗実質ゼロに　関西大，ナノ微粒子焼成金属で実現，
https://www.nikkan.co.jp/articles/view/00485541
6）https://www.youtube.com/watch?v=KDsqoOXfApY&t=43s

第2編　走行中ワイヤレス給電技術

第4章　走行中ワイヤレス給電システムの関連技術

第6節　電界結合方式による
工場用ロボットの走行中給電

株式会社デンソー　佐々木　邦彦

1　まえがき

　本稿では，当社が工場ロボット用として提案している，短波帯（6.78 MHz帯）の電波を利用した電界結合方式による走行中ワイヤレス給電技術について解説する。

　車両の代表格である化石燃料自動車のうち，乗用車の一般的燃料タンク量，60リットルの燃料を燃焼した場合に得られるエネルギーは約2 GJになる。これは，一般的な電気自動車（以下EVという）の搭載エネルギー量の10から20倍に相当し，エネルギー収支の点での化石燃料自動車の有用性は依然として高い。しかしながら，昨今の大気汚染や地球温暖化対策の観点から，EVが世界中で急速に普及している状況であり，その普及に伴ってワイヤレス給電（Wireless Power Transfer：WPT）の制度化，標準化，製品化が進展している[1]。

　次に，エネルギーを供給する方法に目を移すと，自動車の走行用のエネルギー（燃料や電気）は駐車中に供給されているが，理想は，走りながらエネルギーを供給されることであり，その代表格は電車である。電車は，走行中にエネルギー供給され，高効率なエネルギー回生ができるという点で理想的な車両といえよう。

　鉄道好きの筆者は，純白にブルーラインのN700系（東海道・山陽新幹線）の美しさにいつも感動するが，屋根が真っ黒になっていることを見ると残念な気持ちになる。これは，架線とパンタグラフの集電摩擦，放電で生じた燃えかすが屋根に付着しているのが主な原因であり，その他，放電での電力損失，架線の摩耗による取り替えといった問題も抱えている。一部の鉄道では，架線化による運用コストに配慮して，非架線の電車（つまり，バッテリーを積んだ電車）を走らせている例もあるくらいである。このように，接触給電による損失，摩耗が，走りながらエネルギーを供給される車両の課題となっている。

　その課題を解決すべく登場するのが，走行中WPTである。この技術は，乗用車やバスを対象として，大学，研究機関での研究，開発が積極的に進められており，欧州では，民間企業でも開発が進展している。また，鉄道分野で架線を敷設できない中央リニア新幹線が導入を検討している[1]。

2　ロボットのための走行中ワイヤレス給電

　前記の潮流は，産業用ロボット，自動搬送車，ドローン等のロボット分野の車両でも例外ではない。むしろ，このロボット分野の方が切実に「走行中WPT」を求めている。

— 381 —

第2編　走行中ワイヤレス給電技術

　人間が運転に介在する自動車の稼働率（動いている時間率）はせいぜい10%程度である（商用車は除く。）。これに対して，上記のロボットの理想可能率は100%である。つまり，「ロボットは24時間稼働で自動走行するのが当たり前」という前提の装置であるが，この24時間稼働を簡単に達成できない要因がある。

　例えば，無人化を進めている生産ラインによく使用されるロボットの弱点として，移動，稼働の繰り返し動作によって引き起こされる，疲労による電源供給導線の断線がある。この断線が発生すると，製造ラインが停止し，最悪の場合は工場全体の生産が止まってしまう事態になる。このような状況に陥らないためにも，電源供給導線がないWPTは極めて重要な役割を果たせると考えられる。また，ロボットには2次電池が搭載されているため，予め充電した電池を多数用意しておき，電池切れ前に頻繁に交換をする作業が必要となるが，現場ではこの工数やコスト（作業の手間，予備ロボットの確保等）をなくすことが強く求められている。

　ここに走行中WPTを導入すると，24時間稼働でメインテナンスフリーな工場になる可能性が出てくる。このように，WPTは「停車中EV」や「スマートフォン」への給電から，動き回る車両への走行中給電へ進化を遂げようとしている。

3　ワイヤレス給電技術の制度化状況

　まず，制度化状況に目を向けよう。WPTは，高周波を利用し，磁界又は電界の共振状態を生じさせることで，非接触で高効率な電力伝送をする画期的な技術だが，高周波出力を上げていくと，他の電波機器（無線通信機，ラジオ等）への干渉影響が出てくるため，有害な干渉妨害が起きないよう，電波法第100条第1項第2号により高周波利用設備（通信設備以外）として規

表1　高周波利用設備（通信設備以外）とWPT（筆者作成）

設備名	高周波出力	利用周波数帯	電波法施行規則	無線設備規則	関係告示	許可	認証
医療用設備	50W超	10kHz以上	第45条第1号	第65条第1項	平27第207号	必要	-
工業用加熱設備	50W超	10kHz以上	第45条第2号	第65条第1項	平27第207号	必要	-
各種設備	50W超	10kHz以上	第45条第3号	第65条第1項	平27第207号	必要	-
超音波洗浄機	5kW以下	10〜50KHz	第46条第1項第6号	-	-	不要	型式指定
超音波加工機	5kW以下	10〜50KHz	第46条第1項第6号	-	-	不要	型式指定
超音波ウエルダー	5kW以下	10〜50KHz	第46条第1項第6号	-	-	不要	型式指定
電磁誘導加熱を利用した文書複写印刷機械	3kW以下	20.05〜100kHz	第46条第1項第7号	-	-	不要	型式指定
無電極放電ランプ	400W以下	200kHz帯、2.5MHz帯、13.56MHz帯	第46条第1項第8号	-	平18第315号	不要	型式指定
一般用非接触電力伝送装置	100W以下	400kHz帯、6.78MHz帯	第46条第1項第9号	-	-	不要	型式指定
電気自動車用非接触電力伝送装置	7.7kW以下	85kHz帯（79-90kHz）	第46条第1項第9号	-	-	不要	型式指定
電子レンジ	2kW以下	2.45GHz帯	第46条の7第1項第1号	-	-	不要	型式確認
電磁誘導加熱式調理器	3kW以下	20.05〜100kHz	第46条の7第1項第2号	-	-	不要	型式確認

定されている。この詳細を，**表1**に示す。同法では，高周波利用設備の運用の際に「総務大臣の設置許可」が必要とされており，工場用加熱装置，半導体製造装置など多岐にわたった高周波利用設備が設置許可のもと運用されている。その一方で，大量生産される高周波利用設備（製品）については，設置許可不要の「型式指定」，「型式確認」という特例の規定があり，古くは電子レンジ，最近では電磁誘導加熱調理機（IH調理器）がこの規定を活用している。同様の考え方で，2016年の電波法関連規則改正で，「一般用非接触電力伝送装置（100 W以下）」と「電気自動車用非接触電力伝送装置（7.7 kW以下）」がWPTとして初めて設置許可不要の型式指定に規定された。これより，その普及が非常に期待されている。

4　電界結合方式走行中WPT

WPTの給電方式には，磁界結合方式，電界結合方式及びマイクロ波伝送方式があり，一般用非接触電力伝送装置（100 W以下）では磁界結合方式と電界結合方式が，電気自動車用非接触電力伝送装置（7.7 kW以下）では磁界結合方式が用いられている。ここで提案する工場用ロボットのWPTは，一般用非接触電力伝送装置（100 W以下）の電界結合方式と原理は同じであるが，送電電力が大きく走行中給電ができることを特徴としている。

上記のWPT方式のうち，マイクロ波伝送方式は空間伝搬を介して電磁波を送受電するものであり，近接して伝送する他の2つの方式と原理的に異なっているため，深く言及せず，他の2つの方式，つまり磁界結合方式と電界結合方式について工場ロボット向け走行中給電の観点から比較をする。（**表2**）。

比較項目は，工場内に導入する設備の観点より，位置決め誤差を吸収する性能の「横位置ずれ許容性」，電気の受け渡しを行う各々の電極の設計自由度に関連する「敷設容易性」，設備投資やランニングコストに関わる「導入・運用コスト」，工場環境は工具，治具も多く置かれており，設備稼働や部品加工による摩耗粉の飛散もあるため，そのような環境下でも使用できる「環境適応性」の4つとした。

表2　工場用ロボット向け走行中給電としてのWPT方式の比較（筆者作成）

	電界結合方式WPT	磁界結合方式WPT
横位置ずれ許容性	送受電の共振系を平面電極による伝送線路形態で実現できるため，水平方向の自由度が高く，走行中給電に適する。	送受電の共振系を対向コイルで作るため，垂直方向の自由度が高く，車高の変動には強いが，水平方向の自由度は低い。
敷設容易性	給電部を薄い電極板で構成できるため，既存工場へ容易に敷設できる。	走行中給電をするには，複数のコイルを連続的に敷設する必要があり，厚みがあるため埋設の必要性も出てくる。
導入・運用コスト	絶縁した電極板を敷くので低コスト導入ができる。走行中給電区間を長くすれば，AGV稼働率が向上し，台数を削減できる。充電時間の拡大で急速充電を回避でき，電池劣化を防げる。	停止中給電をする場合，多数AGVが必要になる。また，急速充電を採用すると電池劣化による交換の多発を招く。
周辺環境適応性	漏えい磁界が少ないので周辺金属が過熱しない。	漏えい磁界による渦電流で金属が過熱される。

第2編 走行中ワイヤレス給電技術

「横位置ずれ許容性」については，電界結合方式は送受電の共振系を平面電極による伝送線路形態で実現できるため(電気回路のコンデンサと等価)，水平方向の自由度が高く，走行中給電に適する。一方，磁界結合方式は送受電の共振系を対向コイルで作るため(電気回路のトランスと等価)，垂直方向の自由度が高く，車高の変動には強いが水平方向の自由度は低い。したがって，工場用ロボットのように低い車高を正確に管理できる車両に対しては，電界結合方式が優れていると言え，走行中給電できる範囲も柔軟に設定できる。他方，一般的な自動車のように乗り心地や悪路対応のために車高を変える仕組みが前もって備わっている車両への給電では，磁界結合が適している。

「敷設容易性」については，電界結合方式は給電部を薄い電極板で構成できるため，既存工場等への導入(敷設)が容易になる。簡単に言うと電極板を敷くだけでいい，ということになる。一方，磁界結合方式は送電側コイルを埋設する必要があり，既存の工場等への導入コストが高くなる。埋設させずに置くだけだと，送電側コイルの厚さがロボットの移動の妨げになる可能性が高い。さらに，磁界結合方式で走行中給電をしようとすると，複数のコイルを連続的に敷設する必要があり，非常に手間がかかる。

「導入・運用コスト」については，電界結合方式は絶縁した電極板を敷くので低コスト導入ができ，走行中給電区間を長くすれば，ロボット稼働率が向上し，台数を大幅に削減できる。これによる給電区間(＝時間)の拡大で急速充電を削減でき，電池劣化を防ぐこともできる。一方，磁界結合方式は走行中給電化には相当数のコイルが必要でコスト高の問題や，停止中給電を併用した場合の台数増加，電池劣化が懸念される。

最後に，「周辺環境適応性」については，電界結合方式は漏えい磁界が少ないので周辺金属が過熱しない。つまり，ロボット周辺に金属が多用される工場環境に適する。一方，磁界結合方式は漏えい磁界による渦電流で金属が過熱される可能性が高い。なお，電界結合方式では近傍漏えい電界による人体への熱作用があるため，この点を考慮して設計しなければならない。

以上のように，電界結合方式 WPT は，工場環境でのロボットへの走行中給電に適した給電方式と考えられる。

5 電界結合方式 WPT の応用分野

電界結合方式 WPT の応用分野をビジネスシーンで概説する。図1に示すように，ビジネスシーンは，産業シーン(主に B2B)と民生シーン(B2B と B2C)に大別されるが，導入形態によっては双方に跨るものもある。産業シーンとしては，製造ラインロボット，搬送ロボット，工場ストア管理ロボットなどがあり，民生シーンとしては家庭用ロボット，生活支援ロボット，などがある。また，双方に跨るものとしては建築用ロボット，病院用ロボット，店舗用ロボット，掃除ロボット，宅配ロボット等があり，産業用ドローンも市場拡大が予想される応用として有望である。

なお，ドローンは他の地上系ロボットと異なり一般的に空間を飛行するため，WPT による飛行中給電は困難である(マイクロ波伝送方式による電力伝送は除く)。したがって，電界結合方式 WPT のドローンへの給電は，駐機中となる。自動操縦されたドローンが駐機場へ着陸し，

— 384 —

第4章 走行中ワイヤレス給電システムの関連技術

図1 電界結合WPTの応用分野

給電(充電)されて再び飛び立つ，といった形態を想定すると，電界結合方式WPTの水平方向位置ずれ許容性，敷設容易性が威力を発揮するであろう．

6 電界結合方式WPTの応用事例紹介

当社の電界結合方式WPTの応用事例をいくつか紹介する．

工場保管庫内搬送用ロボットを図2に示す．また，図3に当社が国際ロボット展(2017年11月)に展示した工場保管庫内搬送用ロボットを示す．図示するように，工場内の部品，製品の製造ライン間での流れを管理する「工場ストア」で利用され，部品，製品は箱(緑色)で搬送され，カートに乗せられて流れ管理される．この過程の5mの給電区間を走行する間にワイヤレスで充電される．これによって，カートに搭載されるバッテリの交換，充電を不要とすることができる．このWPTは，利用周波数：6.78 MHz帯の高周波利用設備として総務省より設置許可をいただき，現在，パイロット運用されている．

次に，床・通路走行搬送用ロボットの事例を図4に示す．工場の通路などを走行する工場用ロボットであり，部品，製品の搬送が基本となるが，検査管理，治具運搬等にも利用される．工場内通路に，5mの給電区間の電界結合方式WPTを離散配置し，運用される．WPTを適用する前は，稼働時間の12～20％が停止充電に要していたが，電界結合方式WPTの適用によって停止充電が廃止され，生産性向上に寄与できるものとなる．このWPTについても，利用周波数：6.78 MHz帯の高周波利用設備として総務省より設置許可をいただき，現在，パイロット運用されている．パイロット運用に際しては，走行路に作業員が立ち入らない構成として，人体防護指針に対応している．

— 385 —

第2編 走行中ワイヤレス給電技術

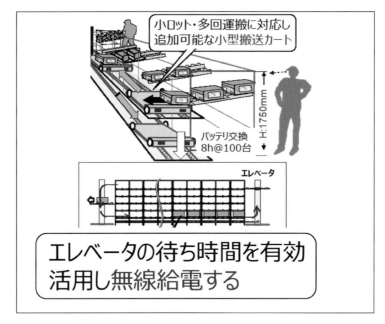

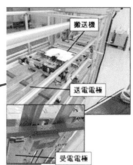

搬送機:～5台
最大電力:最大300W
周波数:6.78MHz±15kHz
給電区間:5m(5台の場合)

※口絵参照

図2 工場保管庫内搬送用ロボット[2)-4)]

　最後に，設備間搬送用多軸ロボットを図5に示す。前述の走行中給電WPTとは異なり，これ自体は走行しない。多軸ロボットは，複数の軸がシリーズにつながる形式で，3次元の駆動を可能にするものだが，従来は，軸間の給電に電源線を利用していたため，電源線の屈曲疲労による断線が問題になっていた。そこで，軸間に電界結合方式WPTを導入し，制御は無線通信に変更して，完全なワイヤレス化を目指すものである。このロボットの究極の目標は，軸先

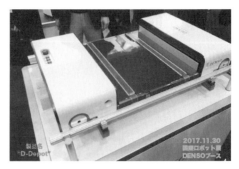

図3 工場保管庫内搬送用ロボット[2)-4)]

— 386 —

第4章　走行中ワイヤレス給電システムの関連技術

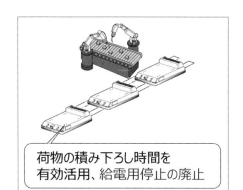

図4　床・通路走行搬送用ロボット[2)4)]

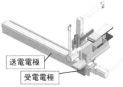

図5　設備間搬送用多軸ロボット[2)4)]

端のアクチュエータなどの駆動電力もWPTで給電することによる完全バッテリレス化であり，現在，前記の2つのWPTと同様の基本仕様で開発中である。

7　まとめ

本稿では，電界結合方式WPTによる走行中給電について，その特長と応用事例を紹介し，有用性を示した。筆者らが進める電界結合方式WPTの無線仕様は，従前の設置許可不要の規則とは別のものになるため，現状では電波法第100条に則して総務省の設置許可が必要であり，個々に測定，評価し，総務省・総合通信局に設置許可申請をすることで，運用可能となる。しかし，今後，同じ用途のWPTが増加していき，内外から様々な無線仕様での設置許可申請が多発した場合，電波利用環境の悪化が懸念されるだろう。したがって，電界結合方式WPTのための新たな制度化が期待される。電界結合方式WPTを新たな制度に進化させ，普及促進していく上での課題を表3に示す。

電界結合方式WPTは，給電のためのエネルギーの多くが送受電電極間に閉じ込められるため，他の方式のWPTに比べて漏えい電磁界は少ないが，他の無線システムへの干渉妨害の可能性がなくなるわけではない。したがって，この方式が提案する利用周波数帯，高調波周波数

表3　電界結合方式WPTの課題(筆者作成)

課題	概要
電波干渉対策	漏えい電磁界レベルは低いが，他の無線システムへの干渉妨害が懸念される。
人体曝露対策	システム近傍での誘導電界による熱作用が懸念される。
実用化課題	高周波化のための高性能半導体デバイス，電源モジュール等の開発が必要である。

第2編　走行中ワイヤレス給電技術

帯（主に，整数高調波帯）での，他の無線システムへの干渉妨害の有無の確認，干渉妨害があった場合の対策方法の検討といった，周波数共用検討を公的な場で論議する必要がある。

また，この方式は近傍で電界エネルギーが支配的になるため，誘導電界による人体への熱作用が懸念される。したがって，人体防護指針を遵守するため，近傍電磁界の振る舞いを明らかにし，対策方法を検討する必要がある。

さらに，電界結合方式 WPT の短所の1つである「高周波化（磁界結合方式の10倍程度の周波数が必要と考えられる。）」に対応するため，安く高性能な高周波半導体デバイス，電源モジュール等の開発が必要である。

磁束密度の単位に名を残したニコラ・テスラの世界システムに端を発した WPT が，MIT の実験によって再び脚光を浴びて既に12年が経った。携帯情報機器充電用 WPT，電気自動車充電用 WPT などが制度化，実用化された現在，WPT は新たな時代に向かって舵を切ろうとしている。その向かう方向の1つが走行中給電 WPT であることは，言うまでもないだろう。ここでは，工場用ロボット分野を対象にした電界結合方式 WPT を主に論じたが，一方で，増え続けるロボット自体の EMC 問題が顕在化していることも事実である。その他の方式の WPT も含め，この「新しい電波利用の仕組み」を，検証し，論議し，健全に発展させていくことが重要だと思う。

文　献

1）　高橋俊輔："ワイヤレス給電の技術動向"：CHAdeMO 協議会，(2017 年 4 月 18 日).
2）　田中聡史，市川中，杉野正芳："工場向け走行中給電技術の開発"，電子情報通信学会・無線電力伝送研究会，(2017 年 10 月 4 日).
3）　国際ロボット展，DENSO ブースより：2017 年 11 月 29 日〜2017 年 12 月 2 日
4）　杉野正芳，佐々木邦彦他："電界結合方式による工場向け走行中給電技術の開発"，電子情報通信学会・マイクロウェーブワークショップ，(2018 年 11 月 30 日).

第2編　走行中ワイヤレス給電技術

第4章　走行中ワイヤレス給電システムの関連技術

第7節　ハイパワー接触式走行中充電技術

株式会社本田技術研究所　田島　孝光

1　はじめに[1)-10)]

　地球温暖化対策として，電気自動車(EV)の開発と市場投入が急激に進んでいる。しかしながら，EVは現在も大きな課題を抱えており，その主要課題として，航続距離，充電(煩わしさ，充電時間，充電渋滞，インフラ整備等)，車載電池の資源確保と廃却，更に，車両重量の増加による走行性能の低下が挙げられる。

　このようなEVの課題解決の方策として，主に2つの方法があると考えられる。1つは，バッテリ性能の向上，またはバッテリの搭載量を増やすこと。もう1つは，図1，図2に示すように車両が走行している間に充電を行う走行中充電(ダイナミックチャージ)や走行中給電である。

　バッテリの搭載量を増やす場合の課題は，素材資源や生産量の確保や廃棄対策，バッテリエネルギ容量の増加に比例して充電時間が延びてしまう事，そして，大電力で充電する時の発熱対策等が挙げられる。更に，図3に示すようにバッテリ搭載量が増加すると，車重も増えて効率良く航続距離を延長できないという大きな課題を抱えている。

　このような課題を解決するため，走行中の

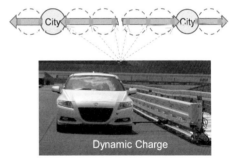

図1　走行中充電システム

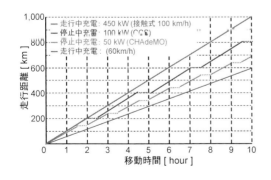

図2　EVの走行距離と移動時間

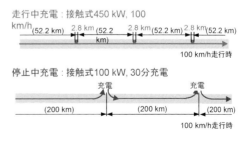

※口絵参照

— 389 —

EVに道路側から充電や給電を行うこと（Electric Road System）によって，航続距離の無限化を実現するダイナミックチャージシステムの開発が進められている。このシステムにより，図1に示すように走行中のEVに短時間でバッテリ充電を完了し，充電後はドライバの意図する経路を自由に走行することが可能となる。

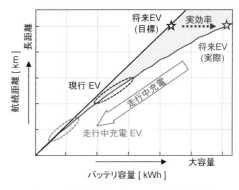

図3　航続距離とバッテリ容量の関係

2　接触式走行給電の現状

接触式は，鉄道やLRTにおいて，走行中給電は既に実用化されているのは周知のとおりである。最近では，一般公道向けに，輸送エネルギの効率化を目的として，トラック輸送での実用化検討や乗用車への適用化が進められている。**図4**はEVS-GTR（Electric Vehicles Safety Global Technical Regulation）等で紹介されている代表的な走行中充電システムを示す[2)11)-14)]。インフラの簡素化，複数台の混合走行，そして，車載システムの小型・軽量化等の検討が進められている。

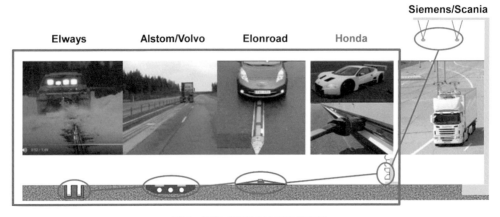

図4　接触式走行中充電の代表例

3　ダイナミックチャージシステム[1)-10)]

3.1　システム開発のキーポイント

走行中給電システムで，主に考慮すべき項目を比較した結果を**表1**に示す。走行中充電の技術開発のキーポイントは以下の通りである[15)]。

表 1 走行中給電方式の優劣比較

給電方式		非接触式			接触式		
		上	下	横	上	下	横
		マイクロ波	電磁誘導/磁気共鳴  	電磁誘導 	擦り板 	擦り板 	回転式 
イメージ							
主要開発国		日本	韓国 他	日本	ドイツ、スウェーデン	スウェーデン、フランス	日本
基本性能	給電電力・効率	M	L	L	H	H	H
	車速	L	M	L	M	M	H
	レーン拘束時間	M	L	L	H	H	H
レイアウト性	軽～大型対応	M	H	M	L	H	H
	コンパクト性	L	M	L	L	M	H
	Body対応	M	M	L	M	M	H
安全性	電磁ノイズ	M	L	L	H	H	H
	異物（爆発等）	M	L	L	H	L	H
	歩行者・二輪	M	L	L	M	M	H
利便性	位置決め	L	L	M	L	L	H
	レーンチェンジ容易性	H	L	H	H	H	H
	道路メンテ	M	M	M	H	H	H
コスト	BATT削減	M	M	L	H	M	H
	インフラ投資	M	L	M	H	L	H
	メンテ	M	L	M	H	M	H
ウェイト	車両	M	M	M	H	H	H

H:ハイスコア M:ミドルスコア L:ロースコア

※口絵参照

① 伝達できる給電電力と伝達効率，そして，それに伴う充電時間と航続距離
② 電磁ノイズ[16)17)]等の人体に及ぼす安全性
③ 給電部や路面からの異物感受性と安全性
④ 走行車両の近くを二輪車が混走可能かどうか
⑤ 送電距離と位置決め性
⑥ レーンチェンジがしやすい等の利便性
⑦ メンテナンスのし易さ（路面メンテナンスが不要）
⑧ コスト　等

以上の観点（表1）から，最も優位性があるのは接触式で横方向からの方式といえる。

3.2　システム概要

図5にダイナミックチャージシステムの概要を示す。システムは，ローコストなインフラとダイナミックチャージEVで構成される。インフラは，図5に示すように大容量蓄電池とダイナミックチャージレーンで構成される。表2，図6に示す車両は，集電アーム（回転式ローラ），ダイナミックチャージャ，瞬間充電バッテリーパック，ならびに一般的なEVシステム（モータ，インバータ等）で構成される。

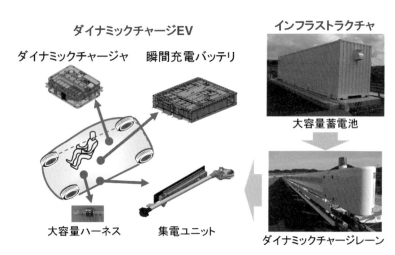

図5　ダイナミックチャージEVとインフラストラクチャ

表2　走行中充電システムの仕様

	タイプ0	タイプ1	タイプ2	タイプ3
走行中の充電電力[kW]	100	100	180	450
走行中の充電電圧[V]	DC 375	DC 375	DC 600	DC 750
走行中の充電電流[A]	300	300	300	600
距離（インフラ～車両）[m]	0.8-1.3	0.8-1.3	0.1-1.3	0.1-1.3
走行中充電の最高速[km/h]	20	70	155	150（最終目標200）

第4章 走行中ワイヤレス給電システムの関連技術

(a)プロトタイプ0

(b)プロトタイプ1

(c)プロトタイプ2

(d)プロトタイプ3

図6 ダイナミックチャージEV

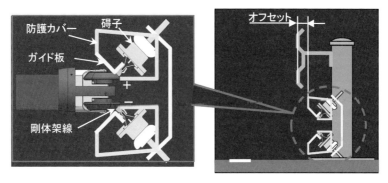

図7 集電メカニズム

3.3 大電力集電のメカニズム

図7, 図8に, 電力の集電メカニズムを示す。ダイナミックチャージレーンは, 既存のガードレールにトローリー線をアドオン(搭載)したレイアウトで構成され, 碍子を介してプラス(陽極)とマイナス(負極)のトローリー線をV字にレイアウトし, トローリー線の周囲を絶縁樹脂の防護カバーで覆っている。

V字のトローリー線に対して, 回転式ローラとブラシを内蔵した集電アームを横方法から押

図8 実際の集電状態

し付けるだけで, 高さがセンタリングされ, ローラが正規の位置で接触する。安全性については, JRIS規格(日本鉄道車両工業会規格)の基準を導入した。

3.4 ダイナミックチャージ制御

図9にダイナミックチャージシステムの制御ブロック図を示す。大容量蓄電池から，電力を直流でダイナミックチャージレーンに供給し，ダイナミックチャージレーンは，車両に直流電力を供給する。

車両側は集電アーム（**図10**，**図11**）で電力を受電し，ダイナミックチャージャによって，駆動中のモータとバッテリに同時に電力を分配する。これらの各システムは，各ECUで制御され，各ECUは統合ECUによって統括制御される。

4 ダイナミックチャージシミュレーション[6]

4.1 シミュレーション条件

乗用車と大型トラックが高速道路を走行し，ダイナミックチャージを行う場合についてシミュレーションを行った時のシミュレーション条件を**表3**に示す。

乗用車の車両重量は1,400 kg，最大出力は90 kW，最大トルクは540 Nm，巡航速度は100 km/h（日本の高速道路を想定）と200 km/h（ドイツのアウトバーンを想定）とした。また，大型トラックの車両重量は25,000 kg，最大出力は300 kW，最大トルクは1,800 Nm，巡航速度は，80 km/hとした。そして，走行中の充電電力は450 kWとした。

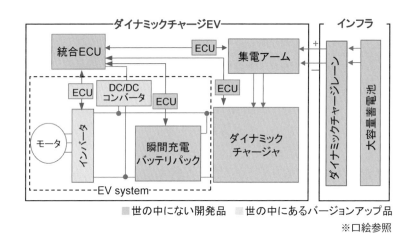

図9 走行中充電システム

図10 集電アームレイアウト

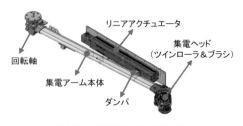

図11 集電アームの構成図

表3 車両のシミュレーション条件

	乗用車	大型トラック
車両重量 [kg]	1,400	25,000
最大モータ出力 [kW]	90	300
最大トルク [Nm]	540	1,800
電力消費	エアコン, ECU, センサ, EPS, ポンプ 等	エアコン, ECU, センサ, EPS, ポンプ 等
巡航速度 [km/h]	100 km/h, 200 km/h	80 km/h
走行中充電電力 [kW]	450 kW	450 kW

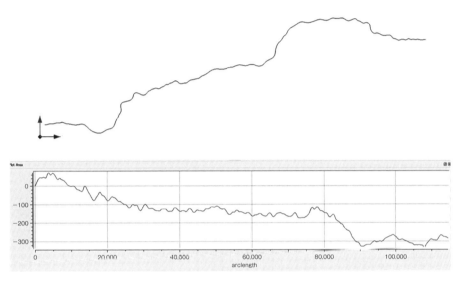

図12 高速道路モデル

シミュレーションコースを図12に示す。高速道路のエリア距離は約114 km で，標高差は380 m の走行コースとした。そして，充電電力は450 kW とした。そして，シミュレーションに用いたエネルギ消費モデルを図13に示す。

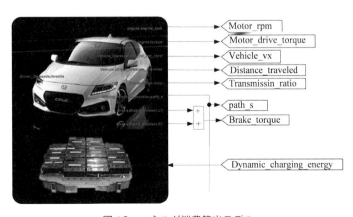

図13 エネルギ消費算出モデル

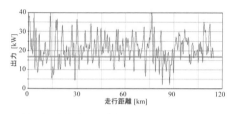
(a) エネルギ出力（モータ＋補機）

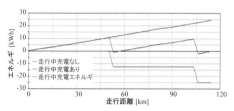
(b) 消費エネルギと充電エネルギ

※口絵参照

図14　乗用車のシミュレーション結果
（100 km/h 走行時）

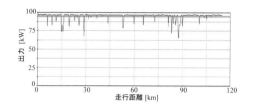
(a) エネルギ出力（モータ＋補機）

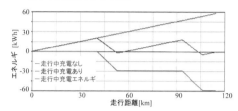
(b) 消費エネルギと充電エネルギ

※口絵参照

図15　乗用車のシミュレーション結果
（200 km/h 走行時）

4.2 ダイナミックチャージシミュレーション結果[12]

4.2.1 乗用車のシミュレーション結果

乗用車が100 km/hで高速道路を走行した場合のシミュレーション結果を図14に示す。乗用車が100 km/hで日本の高速道路のサービスエリア区間約50 km（53 km）を走行する場合は，平均消費電力21.0 kW，エネルギ消費量11.3 kWhとなり，ダイナミックチャージエネルギは，2.8 km（走行充電時間1.65 min.）の区間で12.4 kWh充電すれば連続走行が可能となる。

また，乗用車がドイツアウトバーン相当の200 km/hで高速道路を走行した場合のシミュレーション結果を図15に示す。約200 km/hで走行する場合は，平均消費電力95.6 kW，エネルギ消費量27.0 kWhとなり，ダイナミックチャージエネルギは，12.7 km（走行充電時間3.81 min.）の区間で29.3 kWh充電すれば連続走行が可能となる。

4.2.2 大型トラックのシミュレーション結果

大型トラックのシミュレーション結果を図16に示す。大型トラックが80 km/hで，53 km区間を走行する場合は，平均消費電力114.5 kW，エネルギ消費量78.3 kWhとなり，ダイナミックチャージエネルギは，15.8 km（走行充電時間11.85 min.）の区間で86.5 kWh充電すれば連続走行が可能となる。

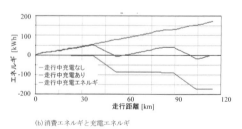

※口絵参照

図16　大型トラックのシミュレーション結果
（80 km/h 走行時）

表4 シミュレーション結果のまとめ

車両	乗用車		大型トラック
平均速度[km/h]	100	200	80
1セクション当りの走行距離[km]	53.0		
走行中充電距離[km]	2.8	12.7	15.8
EV自立走行距離[km]	50.2	40.3	37.2
最小バッテリ搭載容量[kWh]	13	30	87〜99

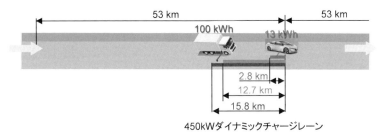

図17 各車両の走行中充電距離

4.3 シミュレーション結果の総括

　自立走行区間(通常のEV走行)とダイナミックチャージ区間の総距離53 kmを一区間とし，乗用車と大型トラックが走行した場合に，それぞれの結果をまとめたものを表4，図17に示す。

　本システムを導入し，以下のように450 kWダイナミックチャージを実施すれば，車両は停止中の充電なしで航続距離の無限大走行が可能となる。

① 乗用車クラスのEVが100 km/hで高速道路を走行した場合は，サービスエリアのある53 km区間で2.8 km充電し(通常EV走行：充電走行の比率は，18：1)，車載電池は最低約13 kWh搭載する。

② また，200 km/hで走行した場合は，53 km区間で12.7 km充電し(通常EV走行：充電走行の比率は，3.2：1)。車載電池は最低約30 kWh搭載する。

③ 大型トラックのEVが80 km/hで走行した場合は，53 km区間で15.8 km充電し(通常EV走行：充電走行の比率は，2.4：1)，車載電池は最低約87〜99 kWh搭載する。

　ここで注意すべきポイントは，走行中充電されたEVは自立走行できることも必要不可欠となるため，市街地走行できる必要最低限のバッテリ容量を搭載する必要がある。

5　ダイナミックチャージ実走テスト結果[1)-10)]

　製作した実機を用いて，ダイナミックチャージテストを実施した結果について述べる。

5.1　180 kW(Max.600 V, Max.300 A)走行中充電結果

　高車速でダイナミックチャージテストを実施した。インフラ側の出力と車両側が受け取るエネルギは，電圧DC 700 V，電流300 A，電力180 kW，車両側コンバータが駆動モータとバッ

第2編　走行中ワイヤレス給電技術

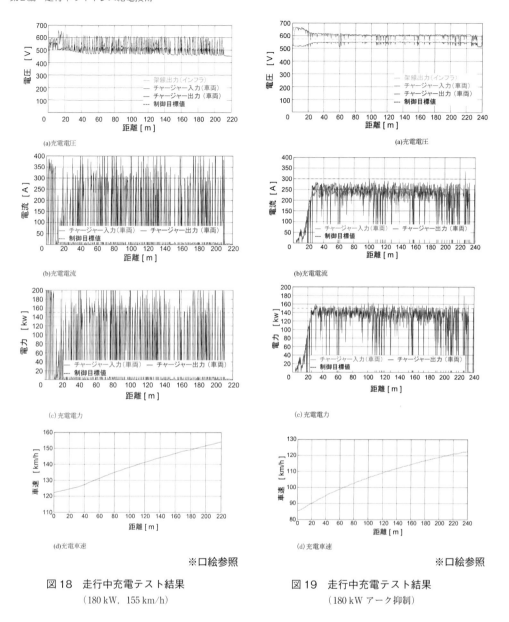

図18　走行中充電テスト結果
（180 kW，155 km/h）

図19　走行中充電テスト結果
（180 kW アーク抑制）

テリに出力する総電圧はDC 600 V，総電流は300 A，定電力制御時の制御電力は150 kWとした。

ダイナミックチャージ時の車速は，図18(d)に示すように，ダイナミックチャージレーンに車速123 km/hで進入し，モータへの駆動電力を増加しつつ，車載バッテリの充電を行ないながら，155 km/h（進入速度に対して+22 km/h）まで増速した。そして，車載バッテリの充電制御は，定電流（CC），定電力（CP），定電圧（CV）の各モードの組み合わせで実施した。

その結果を図18に示す。図18(a)は，インフラの出力電圧，車両側ダイナミックチャージコンバータの目標制御電圧（600 V），入力電圧，および出力電圧が制御されていることを示す。図18(b)は，車両側ダイナミックチャージコンバータの定電流制御時の目標電流（300 A），入

力電流，および出力電流が制御されていることを示す。そして，図18(c)は，車両側ダイナミックチャージコンバータの定電力制御時の目標電力（150 kW），入力電力，および出力電力が制御されていることを示す

アーク抑制対策を実施して，ダイナミックチャージを実施した結果を**図19**に示す。横軸は走行距離，縦軸はダイナミックチャージの電圧，電流，電力，および車速を示す。図19に示すように，瞬間的な離線も吸収制御しながら電圧，電流，電力は共に制御指令通り制御され，大幅にアークが抑制されることが確認できた。

5.2　450 kW（Max.750 V，Max.600 A）走行中充電結果

車両側が受け取るエネルギは，電圧 DC 750 V，電流 600 A，車両側コンバータが駆動モータとバッテリに出力する総電圧は DC 750 V，総電流は 600 A，定電力制御時の制御電力は375 kW として実走テストを実施した。

中速域の確認テストとして，**図20**(a)に示すように車速60 km/h ターゲットで充電した結果について述べる。

図20(b)は，インフラの出力電圧，車両側ダイナミックチャージコンバータの目標制御電圧（750 V），入力電圧，および出力電圧が制御されていることを示す。図20(c)は，車両側ダイナミックチャージコンバータの定電流制御時の目標電流（600 A），入力電流，および出力電流が制御されていることを示す。そして，図20(d)は，車両側ダイナミックチャージャの定電力制御時の目標電力（375 kW），入力電力，および出力電力が制御されていることを示す。図20の結果から，電圧，電流，電力は共に制御指令通り制御されていることが確認できた。

高速域の確認テストとして，**図21**(a)に示すように車速150 km/h ターゲットで充電した結果について述べる。

図21(a)に示すように，ダイナミックチャージ時の車速はダイナミックチャージレーンに車速50 km/h で進入し，モータへの駆動電力を増加しつつ，車載バッテリの充電を行いながら，150 km/h まで増速させた。

図21(b)は，インフラの出力電圧，車両側ダイナミックチャージコンバータの目標制御電圧（750 V），入力電圧，および出力電圧を示す。図21(c)は，車両側ダイナミックチャージコンバータの定電流制御時の目標電流（600 A），入力電流，および出力電流を示す。そして，図21(d)は，車両側ダイナミックチャージャの定電力制御時の目標電力（375 kW）　入力電力，および出力電力を示す。図21の結果から，瞬間的な離線も吸収制御しながら，車載電池のSOC（State of charge）に対して，電圧，電流，電力が制御指令に向けて制御できることが確認できた。

6　まとめ

①　シミュレーションにより，ダイナミックチャージによる自動車の航続距離無限化の要件が明らかとなった。また，450 kW ダイナミックチャージシステムによって車両の電池搭載量が大幅に削減でき，電池の供給量と電池資源の確保が可能となる。更に，今まで

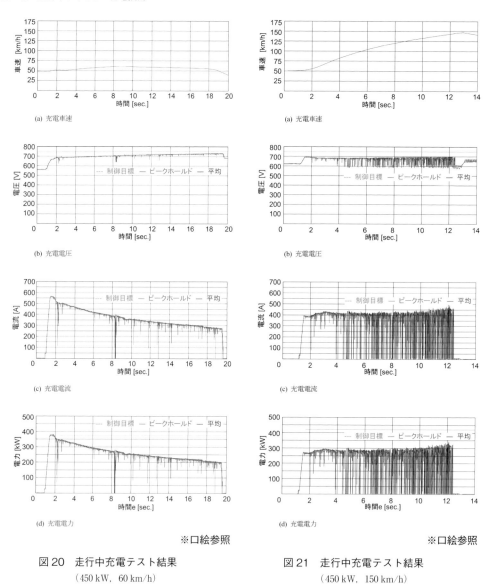

図20　走行中充電テスト結果
（450 kW，60 km/h）

図21　走行中充電テスト結果
（450 kW，150 km/h）

困難とされていた大型トラックまでの EV 化が可能となる。
② 実走テストにより，給電電力 450 kW，車速 150 km/h でのダイナミックチャージが実証できている。
③ 現在推進中である 450 kW ダイナミックチャージと，高速 200 km/h 化，信頼性と安全性の向上を進め早期実用化を目指す。
④ 将来的には，再生可能エネルギで大容量蓄電池の充電を行い，ダイナミックチャージレーンに電力を供給する。そして，同一レーン内で複数車両のダイナミックチャージを実現する。

文　献

1) T. Tajima and H. Tanaka：Study of 450-kW Ultra Power Dynamic Charging System, 2018 SAE International, 2018-01-1343, p.1-8(2018).

2) T. Tajima, H. Tanaka et al.：Study of High Power Dynamic Charging System, 2017 SAE International, 2017-01-1245, p.1-8(2017).

3) T. Tajima, T. Aruga et al.．：Study of a Dynamic Charging System for Achievement of Unlimited Cruising Range in EV, 2015 SAE International, 2015-01-1686, p.1-7(2015).

4) T. Tajima, Y. Shibahata et al.：Study of a Dynamic Charge System, 12th International Symposium on Advanced Vehicle Control September 22-26, 20149288, p.456-461(2014).

5) 田島孝光 , 中里喜美ほか：450 kW 走行中充電システムの研究，自動車技術会 2018 年春季大会学術講演会講演予稿集，p.1-6(2018).

6) 田島孝光，山内俊一，吉井亨：450 kW 走行中充電システムの実用化シミュレーション結果，自動車技術会 2017 年春季大会学術講演会講演予稿集，p.1506-1510(2017).

7) 田島孝光，田中秀興ほか：走行中充電システムの研究，自動車技術会 2017 年春季大会学術講演会講演予稿集，p.297-300(2017).

8) 田島孝光，中里喜美ほか：ハイパワーダイナミックチャージシステムの開発，自動車技術会 2016 年春季大会学術講演会講演予稿集，p.1085-1090(2016).

9) 田島孝光，野口渉ほか：高速走行中大電力充電システムによる EV 航続距離の無限化，自動車技術会 2015 年春季大会学術講演会講演予稿集，p.1383-1388(2015).

10) 田島孝光，芝端康二ほか：EV 航続距離延長技術に関する検討，自動車技術会 2014 年春季大会学術講演会前刷集，No.28-14, p.21-24(2014).

11) Siemens, Scania：http://zapzapjp.com/48954614.html

12) Elonroad：http://elonroad.com/info/

13) Volvo, Alstom：Volvo's electric roads concept points to a battery-free EV future

14) Elways：
https://newmobility.news/2018/04/12/sweden-opens-worlds-first-public-electric-road-for-charging

15) 堀洋一：走行中ワイヤレス給電が生み出すクルマ社会とキー技術．ワイヤレス給電シンポジウム 2015，講演 6, p.77(2015).

16) 久保田文人：ワイヤレス給電が与える人体や他の機器への影響，ワイヤレス給電シンポジウム 2015，講演 4, p.4(2015).

17) 和氣加奈子ほか：EV 用ワイヤレス電力電送システムに対する人体防護のためのばく露評価，自動車技術会 2017 年春季大会学術講演会予稿集,(2017).

— 401 —

第3編

自動車メーカーにおけるEV走行制御の実際

第3編　自動車メーカーにおけるEV走行制御の実際

第1節　新型プリウスPHVのシステム開発

トヨタ自動車株式会社　市川　真士

1　はじめに

新型のプリウスPHVに搭載されている新開発プラグインハイブリッドシステム[1]は，旧型のプリウスPHVと比べ，よりいっそうの高効率・低損失化と小型・軽量化を目指して開発を推進し，次世代環境車の柱となるにふさわしい環境性能を実現した。EV性能は，EV距離とEV出力ともに旧型より大幅アップを実現し，実使用でのEVカバー率の向上が可能となった。駆動用バッテリの充電は，100V及び200Vに対応したAC充電とDC急速充電にも対応し，様々なシチュエーションでの充電に対応した。さらに，世界初のソーラー充電システムを採用し，駐車中の充電で日当たり最大EV距離6.1km分の充電が可能であり，よりCO$_2$フリーなEV走行が可能となった。新型プリウスPHVでは世界トップレベルの環境性能（電費・燃費）を実現しつつ，EV走行性能を大幅に向上させ，お客様の期待に応える商品性を実現した。本稿では，新型PHVのシステムとそれらを構成するユニットを紹介する。

2　プラグインハイブリッドシステムの構成

プラグインハイブリッドシステムの構成を図1に示す。システム構成は，新型プリウスのHVユニット[2]を最大限活用し，その高いHV性能を維持しながら，EV性能を飛躍的に向上させている。これを実現するため，PCU内の昇圧コンバータの出力を向上させた。併せて，EV走行時にモータに加え発電機を駆動用モータとして利用するデュアルモータドライブシステム[3]を新規に採用し，EV出力性能の大幅向上を実現している。

駆動用バッテリシステムは，バッテリ容量及びセル数を旧型比で向上させ，EV距離及びEV出力の拡大に大きく貢献した。また，バッテリ昇温システムの採用により，冬期のEV性能向上を実現した。

充電システムは，充電器での新デバイス及び制御方式採用による高効率化と，充電システム構成を含めた更なる高効率化を実現し，EV走行時の電費向上に大きく貢献した。また，DC急速充電も可能であり，充電頻度向上に貢献した。ソーラー充電システム[4]は，専用の小型蓄電池を設けることでシステム損失を低減し，駆

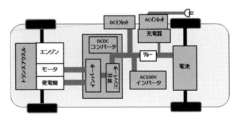

図1　プラグインハイブリッドシステムの構成

動用バッテリへの高効率な充電を実現した。停車時にはソーラーバッテリに発電電力を蓄え，所定量を蓄えられた後に駆動用バッテリへ充電することでソーラー充電システムの効率を向上させ，日当たり最大でEV距離6.1 km分のエネルギーを充電することが可能となった。また，走行中には12 V系補機電力を供給することで電力変換損失を低減し，効率向上を実現している。

3 駆動用バッテリシステム

3.1 バッテリシステムの構造

バッテリシステムの内部部品配置は図2に示すように，電池ECU等の機器類を上方に集約し，電池スタックを下方に搭載することで，バッテリの全長を抑えることができ，バッテリ後方の収納空間を確保した。また，バッテリ昇温システムの電気ヒータを電池スタックの下に配置することで，省スペースと効率的なバッテリ昇温の両立を実現した。これら部品配置，及びフレーム構造の最適化により，旧型に対し総電力量約2倍を確保しつつ，質量を約1.5倍，体積を約1.6倍に抑え（表1），フラットなラゲッジ面を実現し，ゴルフバック2個搭載可能なラゲッジ容量を確保した。

表1　バッテリシステム主要諸元

	新型	旧型	比率
総電力量[kWh]	8.8	4.4	約2倍
質量[kg]	120	80	約1.5倍
体積[L]	145	87	約1.6倍
総電圧[V]	351.5	207.2	―
セル数[個]	95	56	―

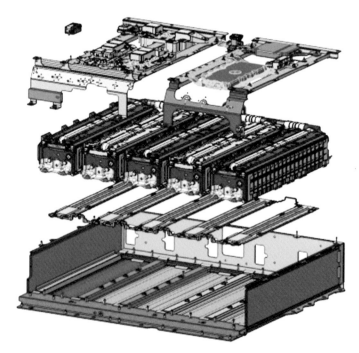

図2　バッテリシステム内部構造

3.2 バッテリ昇温システム

　一般的にバッテリは低温時に出力が低下する。そのため，バッテリ低温時は充電容量が十分に残っていても，バッテリ出力不足によりお客様の要求出力を確保するためにエンジンを始動させなければならない場合がある。そこで，バッテリ昇温の電気ヒータを図2に示すように電池スタックの下に搭載した。この電気ヒータを充電中に制御しバッテリ温度を適温に保つことでバッテリ出力を向上させ，低温時にもEV走行を楽しむことを可能とした。

　電気ヒータは，ヒータパターンに疎密を付け，35エリアに分けて発熱密度を最適化し，バッテリパック内の電池セルを均等に暖められるようにした。バッテリケースからの放熱が多く，冷めやすい四隅のヒータ出力を高く，熱がこもりやすいバッテリ中央のヒータ出力を低くした。この電気ヒータを用いたバッテリ昇温システムは，通常の充電時には，自動でバッテリ温度を目標温度に保つように動作する。また，タイマー充電機能を設定した場合，例えば出発時刻にバッテリが目標温度になるように自動でヒータ動作開始時間を演算し動作させるので，電力の無駄なくバッテリを昇温することが可能となる。

4　トランスアクスル

4.1　トランスアクスルの構造

　図3にPHV用トランスアクスルの断面図を示す。PHV用トランスアクスルは，トルクリミッタ付ねじりダンパとワンウェイクラッチ，インプットシャフト，プラネタリギヤ，発電機，

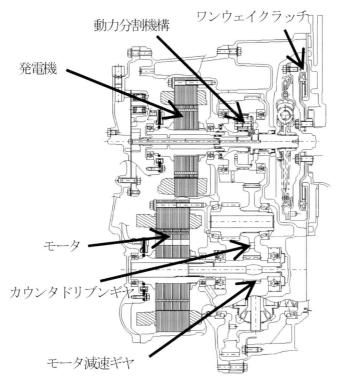

図3　PHV用トランスアクスルの断面図

モータ，リダクション機構，デフ機構を備え，4軸構造で構成される。プラネタリギヤは動力分割機構として，エンジンの出力を発電機と車両駆動力に分割する。モータとモータ減速ギヤはインプット軸とは別の軸に配置し，モータの減速機構は平行ギヤ式である。カウンタドリブンギヤは，エンジンとモータの双方から動力が入り，ディファレンシャルギヤに減速して伝達する。ワンウェイクラッチはEV走行中に，高い駆動力を求められた際に，発電機トルクの反力を受けて発電機トルクをタイヤに伝達させる為に使用される。

4.2 ワンウェイクラッチ

図4にワンウェイクラッチの内部構造を示す。薄型で高トルク容量とする為，摩擦係数に頼らないポール式ワンウェイクラッチを採用した。ハウジング，外輪，ポール，スプリング，内輪，プレート，リベットで構成され，ハウジング，外輪，ポール，スプリング，プレートが一体となり，共に回転する。内輪はエンジンとトランスアクスルの間に挟まれたプレートとスプライン勘合し，回転方向に固定される。

エンジン負回転方向時はポールと内輪が噛合うことで，回転方向に固定される。エンジン正回転方向はポールと内輪が噛合うことなく回転し，エンジン回転数が上がっていくと遠心力によりポールが浮き上がるため，ポールと内輪が接触せずに回転可能となる。ポールと内輪が遠心力で離れ始める回転数を約400 rpmとエンジンアイドリング回転数(約1,000 rpm)以下に設定したため，エンジン常用域において引摺りトルクを極めて小さくすることができ，EV走行電費を低下させることなくEV出力向上を実現した。

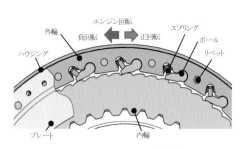

図4 ワンウェイクラッチ搭載部断面

4.3 デュアルモータドライブシステム

図5にデュアルモータドライブシステム作動時の動力分割プラネタリギヤの共線図を示す。

ワンウェイクラッチは動力分割プラネタリギヤのキャリア軸上にエンジン正方向の回転を許容し，負方向の回転を固定するように配置する。サンギヤ軸上に配置された発電機からトルク

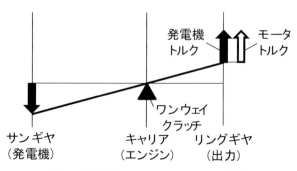

図5 共線図(デュアルモータドライブ時)

を負方向に出力させると，キャリア軸上のワンウェイクラッチでその反力を受けることができる為，リングギヤ軸上に接続されたアウトプットへ発電機のトルクを出力可能となる。その発電機トルクに加え，走行用モータのトルクを出力することで2モータ走行を実現している。
図6は，デュアルモータドライブシステムによる2モータ走行が可能な領域を示す。走行用モータ単独でのEV走行可能な領域を図中青色で示す。デュアルモータドライブ作動時は，これに発電機より出力される駆動力が加わり，赤色で示す領域までEV走行が拡大されることにより，実走行でのEV走行割合の向上に貢献している。

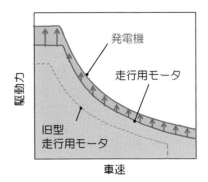

図6　EV走行の拡大領域

5　まとめ

本稿で紹介したユニット・システム・制御により実現した新型プリウスPHVの主要諸元を**表2**に示す。

図7は平成17年に国土交通省が実施した交通センサス（オーナーインタビューOD調査）の結果を基にした日本における日当たり走行距離毎の頻度を示す。これより，68.2 kmのEV距離があれば日当たり走行の約9割の使用頻度でEV走行が可能であり，日常使用のほとんどは

表2　新型プリウスPHVの主要諸元

	新型PHV	旧型PHV
EV距離（JC08）	68.2 km	26.4 km
EV最高速	135 km/h	100 km/h
燃費（JC08）	37.2 km/L	31.6 km/L
電費（JC08）	10.54 km/kWh	8.74 km/kWh

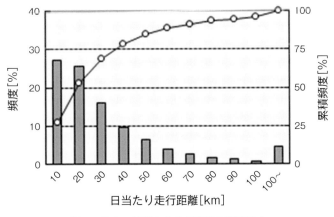

図7　日本の日当たり走行距離の頻度分布

EV走行し，長距離移動時のみエンジンを使用することが想定される。図8は，プリウスPHVにおけるJC08モードのEV距離に対するユーティリティファクター(日当たり走行距離に対するEV走行距離の割合)の関係を示す[5]。

図8のユーティリティファクターは，低頻度の長距離走行が総走行距離に与える影響が大きい事と，実走行での電費の影響により，図7のEV走行頻度より数値は低下する。また，EV距離の増加に対し，EVカバー率の増加は徐々に鈍化する。図8より，新型プリウスPHVは，旧型プリウスPHVに対し，EV距離を約2.3倍，EV出力を約1.8倍にすることにより，EVカバー率は旧型比で2倍の約60％と，平均ユーザーの過半数の走行距離をEV走行できる事が期待される。

PHVは，EV走行を楽しむことが出来る上，燃費の良いHV走行も出来るため，EV走行の航続距離を気にする必要がなく，高い環境性能を実現できる。これまで，旧型PHVの環境性能を実証試験などで確認してきたが，新型PHVはより高い環境性能を実現できるため，本車両が普及することにより環境負荷低減に貢献することを期待する。

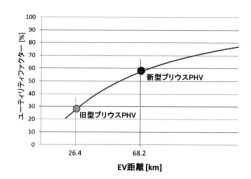

図8 EV距離とユーティリティファクターの想定値

文献

1) S. Ichikawa, H. Takeuchi, S. Fukuda, S. Kinomura, Y. Tomita, Y. Suzuki and T. Hirasawa：SAE World Congress 2017, 2017-01-1163(2017).
2) 伏木俊介，谷口真，滝澤敬次，菊地隆二，原浩二，熊谷尚憲，牟田浩一郎：*TOYOTA Technical Review*, Vol.62, 61-70(2016).
3) Y. Suzuki, A. Nishimine, S. Baba, K. Miyasaka, M. Tsuchida, H. Endo and N. Yamamura：SAE World Congress 2017, 2017-01-1151(2017).
4) 三好達也：日本AEM学会誌，Vol.25, No.4, 379-382(2017).
5) 橋元慶太，武内博明，板垣憲治：自動車技術会論文集，Vol.46, No.6, 1079-1085(2015).

第2節　クラリティシリーズ共通プラットフォームの開発

株式会社本田技術研究所　上田　稔

1　環境・エネルギ問題と次世代環境車の考え方

　Hondaはかねてより，人体への直接的な影響が懸念される排出ガスの低減，地球温暖化の原因とされるCO_2の低減，そして，石油に代わる再生可能燃料の利用促進を，一重要課題(図1)ととらえ技術開発に取り組んできた。特に地球温暖化については，ハイブリッド車をはじめとする燃費向上技術によって，積極的にCO_2低減を推進しているものの，将来的にはCO_2排出量のゼロ化，あるいは，極小化まで到達する必要がある。この課題を解決するために，今後の自動車産業には，FCV(燃料電池自動車)，EV(バッテリー電気自動車)，PHEV(プラグインハイブリッド車)といった次世代環境車が一層求められる。

　長期的かつグローバルなCO_2削減を実現するには，世界各地域の事情に合ったCO_2の排出が少ないエネルギの利用促進が重要と考え，自動車用エネルギの多様化に取り組んできた。しかしながら，ガソリン以外のエネルギインフラの整備には時間がかかると考えられる。

　環境車の真の狙いであるCO_2削減を，現実的にするためには，FCVやEVのみならず，PHEVを含めた複数種の環境車で普及台数を増加させていく必要がある。クラリティシリーズの企画は，まさにそうした，将来に向けた志から誕生した。

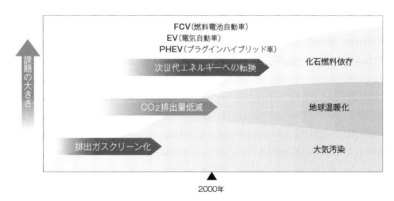

図1　環境課題と次世代エネルギー

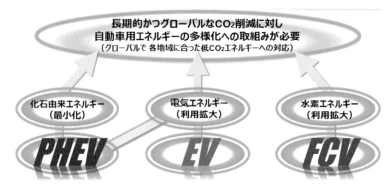

図2　自動車エネルギーの多様化

2　3 in 1 コンセプト

図2に示すとおり，多様な環境車の普及をより現実的にするためには，将来の本格量産を見据えた商品開発であるべきと考えたクラリティFCVではFCパワートレインをガソリン車と同様にフロントフード内に搭載し，同じプラットフォームでEVとPHEVを具現化する3 in 1コンセプトの狙いは地域のエネルギ事情や個人のライフスタイルに合わせてパワートレインを選択する事が可能となり，その結果環境車ユーザーの裾野を広げることである。

3 in 1つまりFCV，EV，PHEVという異なるパワートレインを全て搭載可能なプラットフォームの実現には，ガソリン車の持つ居住性や使い勝手は損なわず，安全性も両立する共通プラットフォームの開発が必要であった。

3　共通プラットフォーム具現化技術

クラリティシリーズでは，バッテリや水素タンクを搭載するため，ガソリン車以上に厳しい衝突要件が求められまる。そこで，先行するFCVを基本に開発を進め，フロントからリアまでストレートにつなげたメインフレームをはじめ，バッテリや水素タンクの効率的な保護構造を備えた専用プラットフォーム(図3)を開発した。

3.1　メインフレーム構造

メインフレームはフロントサイドフレーム，メインフレーム，リアサブフレームをストレートにつなげることで，前後方向の衝突エネルギを効果的に吸収するとともに，強固なメインフレームによってバッテリを堅牢に保護する構造とした。

3.2　フロント部

図4に示す中のフロント部はガソリン車のノウハウを活用し，パワートレインをフロントサブフレームに搭載しボディに締結している。衝突エネルギを効率的に分散する構造としている。

第2節 クラリティシリーズ共通プラットフォームの開発

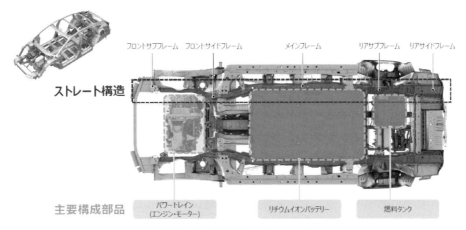

図3 EV共通プラットフォーム

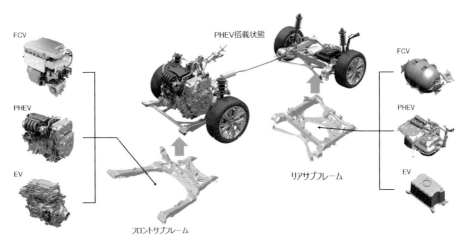

図4 共通サブフレーム

3.3 リア部

図4に示す中のリア部は骨格としても活用するサブフレームを開発し，ボディと一体となるストレート骨格構造とした。航続距離を長くするためには水素タンクやバッテリ容量を拡大する必要があるため，リアフレームを跳ね上げ，その下にタンクを収納した。リアサブフレームはメインフレームとストレートにつなげることで，後面衝突のエネルギを効果的に吸収する構造とした。

3.4 安全性と軽量化の両立

図5に示すボディには，980 MPa級に加え，1500 MPa級のホットスタンプ材などの超高張力鋼材を採用し軽量で剛性も高いボディ骨格を実現した。更に外板をアルミニウム化し，フロントバルクヘッドには樹脂も採用した。その他にもアルミニウム中空ダイキャストフロントサ

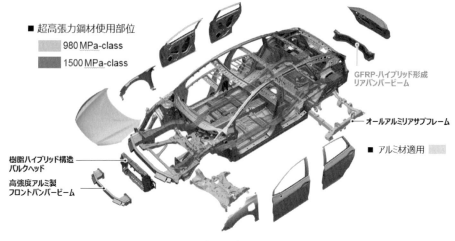

図5 強い骨格と軽量化

ブフレーム,GFRP(Glass Fiber Reinforced Plastics)リアバンパービーム,オールアルミニウムステアリングハンガーなど軽量化と衝突安全性を両立させた。

4 今後の課題と考察

今回開発した3 in 1共通プラットフォームは安全性と使い勝手を代表とした商品性の両立を実現するために多くの新技術や素材を活用した。しかし,従来車に比べれば製造コストが高く,本格普及に向けては大きな課題だと捉えている。

だが,クラリティシリーズのセダンパッケージの中で達成した各種ユニットの小型化やプラットフォーム設計要素の知見と経験は,今後の他車種展開においてより効率的な設計展開が可能だと認識できる事例になったと考える。

第3編　自動車メーカーにおける EV 走行制御の実際

第3節　三菱アウトランダ−PHEV
—電動パワートレインの進化

三菱自動車工業株式会社　半田　和功

1　背景と狙い

　バッテリーやモーターの進化とともに電気自動車(以下 EV)が現実的なものとして登場しはじめた。当社も 2009 年に電気自動車 i-MiEV を発売，EV の普及を進めてきた。それまでの EV のイメージを払拭し，大人 4 人が乗車できるスペースを持ちながら，リチウムイオン電池による一充電走行距離の拡大，永久磁石同期式モーターによる静かで力強く滑らかな走りを実現し，社会的な環境意識の後押しもあり，高い支持を得た。

　一方で，EV を使用して頂いたユーザーからは EV の良さは理解しつつあも，より大型の車両で，もっと長距離を，インフラの心配なく走りたい，との強い要望もあった。アウトランダーPHEV は，それらの要望に応えるべく EV をベースにしたプラグインハイブリッドシステムを搭載し，世界初の SUV タイプのプラグインハイブリッド車(以下　PHEV)として 2013 年に発売を開始した。この「三菱プラグインハイブリッド EV システム」は，EV のように駆動用バッテリーに蓄えた電力でモーターを駆動し走行するが，駆動用バッテリーの電力が不足してもエンジンで発電し，モーター走行を継続できる，電源・動力源にハイブリッド技術を使った EV パワートレインである。発売から毎年，進化を続け，2018 年に発売した最新モデルは，「三菱プラグインハイブリッド EV システム」を刷新し，モーター走行による気持ちよい走り味をさらに高めた。

2　三菱プラグインハイブリッド EV システム

2.1　3つの走行モード

　三菱プラグインハイブリッド EV システムには，3つの走行モードがあり，それぞれのモードを走行状態や車両状態で自動に選択して走行する。

2.2　EV 走行モード

　EV 走行モードは，大容量の駆動用バッテリーに充電した電力で，モーターを使って走行するモードである(**図 1**)。駆動用バッテリーへの充電は，外部電力から充電することができ，1 回の充電は 200 V で約 4 時間，JC08 モードで 65 km 電気だけで走行することができる。一充電での航続距離は，平日の 1 日の走行をカバーできる距離である。また最高速度 135 km/h まで走行できるポテンシャルがあり，日常生活での通勤や買い物などの市街地走行を十分満た

— 415 —

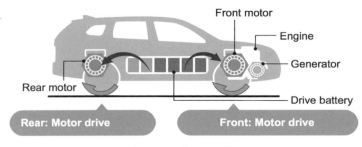

図1 EV走行モード

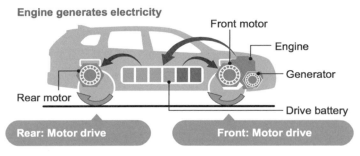

図2 シリーズハイブリッド走行モード

す性能となっている。またモーター走行は，発進から最大トルクを発揮できるモーターのトルク特性とあいまって，レスポンスよく，力強く，滑らかで静粛性の高い走行を実現する。

2.3 シリーズハイブリッド走行モード

　EVでは駆動用バッテリーの電力がなくなると走行不能になってしまうため，電力残存メーターと充電インフラを気にしつつ走行しなければならない。駆動用バッテリーの容量を補う1つの方法として，三菱プラグインハイブリッドシステムは，内燃機関で発電し，その電力で走行を継続できるシステムとした。内燃機関は，駆動用バッテリーの容量不足だけでなく，出力が不足した場合も作動し，必要な加速が実現できるようモーターへ電力を供給する。

　シリーズハイブリッド走行モード(図2)の最大の特徴は，エンジンが作動しても，エンジン駆動に切り替わるのではなく，エンジンは発電のために作動するため，EV走行モードから続くモーター走行のレスポンスのよさ，力強さ，滑らかさが損なわれない点である。他のPHEVでは，駆動用バッテリーに電力がある場合はEV走行できるものの，電力がなくなると，エンジン主体の従来の内燃機関車に戻るものが多い。三菱プラグインハイブリッドEVシステムは，EVの走りの味であるモーター走行が，エンジンがかかっても変わらないEVをベースとしたハイブリッドシステムである。

2.4 パラレルハイブリッド走行モード

　エンジンを使った走行では，中低車速域では，発電によるシリーズハイブリッド走行モードが主になるが，高速走行領域では，エンジンの動力を使ったパラレルハイブリッド走行モード

第3節　三菱アウトランダーPHEV―電動パワートレインの進化

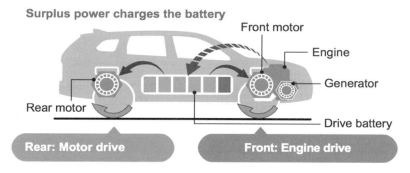

図3　パラレルハイブリッド走行モード

(図3)が選択される。特に高車速域では，走行負荷が比較的高いため，シリーズ走行では，発電損失，モーター駆動による損失が大きくなる傾向になり，エンジンを直接駆動に使ったほうが効率のよい場面が多い。エンジンを駆動に使うと，モーター走行のよさが損なわれるように感じるが，本ハイブリッドシステムでは，エンジン駆動用の変速機はなく，固定ギヤであるため，変速による不連続なエンジン回転とならない。また加速が必要な場合は，変速機のキックダウンによるエンジン回転をあげることなく，モーターでトルクブーストするため，モーター走行のように音の変化なしにトルクで加速することができる。

本ハイブリッドシステムは，外部充電の電力で十分なEV走行できるが，エンジンで駆動する場合でも，常にEVらしさであるモーター走行を意識して開発されている。

3　コンポーネント構成

この三菱プラグインハイブリッドシステムの3つの走行モードを具現化するコンポーネントについて紹介する(図4)。まず，EVのごとく，バッテリーを使ったモーター走行を主体とするため，大容量の駆動用バッテリーをフロア下に配置した。駆動用モーターは，SUVとしての性能を高めるため，フロントとリヤに搭載し，フロントモーターは前輪を，リヤモーターは後輪を，それぞれ独立して駆動する電動式の4WD構成とした。

フロントモーターに加え，エンジンと発電用のジェネレーター，トランスアクスル，さらにはフロントモーターとジェネレーターを駆動するパワーユニット(PDU：Power Drive Unit)を，エンジンルーム内に搭載する。トランスアクスルは，減速機のみで構成する。さらにエンジン駆動するための，エンジン直結クラッチを設けているが，エンジン駆動でも変速機構は持たない。

リヤには，リヤモーターとリヤモーター用のパワーユニット，駆動用バッテリーに充電するための充電器を搭載する。駆動用バッテリーの充電は，急速充電にも対応する。急速充電口は，急速充電だけでなく，V2H機器へも接続できる。また1500 Wの給電ユニットも搭載し，走行中や，コンセントがない出先での電気機器の使用を可能にする。

これらのシステム重量は300 kgを超すが，居住空間や荷室空間を損なわないように配置している。なかでも駆動用バッテリーは200 kgを超える重量物であるが，車体中央部のフロア下に

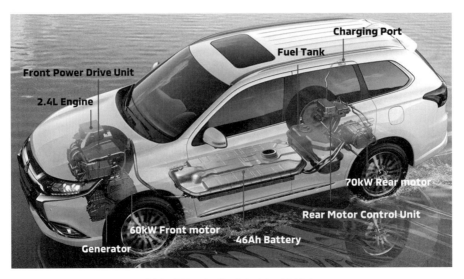

図4　EVコンポーネントレイアウト

配置することで，大幅な低重心化(-30 mm)と優れた前後重量配分(2名乗車時，約50：50)を実現する。重量は増加しているものの，この低重心化と前後重量配分は，モーター走行とあいまって，運転しやすい気持ちいいハンドリングを生み出している。

4　モーター走行の特徴

　三菱プラグインハイブリッドシステムでは，駆動用バッテリーに十分電力があれば，EV走行モードで，電力が不足する場合は，シリーズハイブリッド走行モードに移行するが，そのどちらもモーターを動力としての走行となる。車速135 km/hまでは，モーターによる走行を選択可能で，モーター走行特有のレスポンスのよい，力強く，滑らかな走行を継続できる(図5)。

　モーター走行の特徴である，「レスポンスのよさ」，「力強さ」，「滑らかさ」について，変速機をもったエンジン走行主体のハイブリッド車と比較する。モーター主体の場合，アクセルを踏み込んでからの応答遅れがなく，これが「レスポンスがよい」と感じる点である。この差は，0-100 km/h加速などの数値には表れてこない差であるが，実際には，アクセルを踏み込んでからのタイヤの一転がりが速く，ドライバーはそれをレスポンスのよさと感じている。それは全開時だけでなく，どのアクセル開度でも遅れが小さい。

　「力強さ」は，発進から発生するトルクで感じられる。変速機を持ったエンジン主体の場合でもピークGは高いが，持続時間が短いため，どちらかというと唐突な加速となる。モーター主体の場合は，はじめから最大トルクが発生しそれが継続するため，力強い加速感となる。「滑らかさ」は，最大トルクから出力を維持しながら滑らかに続く加速感であり，変速を伴うエンジン主体では出せない加速感である。エンジン主体では変速機が必要で，変速機にもよるが，変速に伴う加速変化が現れる。無段変速の場合，変速による加速変化は現れないが，初期トルクの立ち上がりの遅れや最大加速が持続せず，力強さに欠ける。

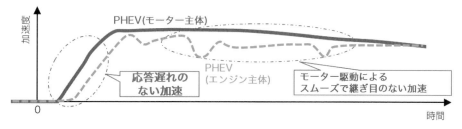

図5 発進加速度の比較

5　モータードライブの可能性

　モータードライブは，どんな車速からでも，アクセルを踏んだ分だけ，レスポンスよく，リニアに加速するため，とても運転がしやすい。さらに，アウトランダーPHEVの，フロントとリヤに独立した駆動用モーターを搭載した「ツインモーター4WD」は，フロントとリヤのトルク配分を自由に設定でき，より走破性，トレース性を実現する。ラリーで活躍したランサーエボリューションに搭載された車両運動統合制御「S-AWC(Super All While Control)」を具現化するデバイスとしても，前後独立モーターによる4WDシステムは，レスポンス，自由度，伝達効率の点で，とても親和性が高い。

　アウトランダーPHEVでは，「S-AWC」で山間路などでの左右切替し時のリニアリティが向上し，モータードライブならではの爽快なドライブフィールに，さらに磨きをかけた。

6　まとめ

　アウトランダーPHEVは，エンジンを使ったハイブリッド車としながらも，外部充電によるEV走行と，発電によるシリーズハイブリッド走行では，モーターで走行することができ，EVらしい，静かで力強く滑らかな走行を楽しむことができる。またエンジンで駆動するパラレルハイブリッド走行モードでも，変速がなく，モーターによるトルクブーストで加速するため，エンジン駆動でもEVらしい走行を楽しむことができる。

　今後も，電動化による環境性能だけでなく，EVらしさ，モーター走行のよさを引き出し，"Drive your Ambition"を具現化するクルマ作りに取り組む。

第3編 自動車メーカーにおける EV 走行制御の実際

第4節　電気自動車開発に関わる研究開発

株式会社ピューズ　吉川　正明

1　はじめに

株式会社ピューズ(以下,PUES)では,母体となった株式会社東京アールアンドデー・EV システム事業部以来,綿々と電気自動車に関わる研究開発を継続してきた。ここでは開発に関わった各世代の車両やトピックを紹介する。

1.1　TRDEX-1

1984年,車両本体,電動システムすべてをグランドアップで自社開発を開始。弊社のすべての電動車両がここから始まった(図1)。

1.2　IZA

4輪インホイールモータの制御にVCU(Vehicle Control Unit)の概念を導入,BMUの先駆けとなるSOC演算システムも採用して,以降のPUESの電気自動車のひな型となった車両である(図2)。4輪独立駆動制御,姿勢制御やスタビリティ制御にもトライした。

また,現在では普通になっている車内ネットワークも未だ黎明で,その重要さに気づかせてくれた車両でもあり,この後,社内ではCANが急速に浸透した。

図1　TRDEX-1

図2　IZA

1.3 ES600

電磁場解析を導入した自社開発のモータを採用し，電動スクータとして初の型式認定を受け，500 台ほど生産した。原付一種(ガソリンエンジン 50 cc 未満)を電動化した場合，600 W とする規格制定にも関与した(図 3)。

1.4 えれぞー

弊社では，「PUES21」として，①自社開発の機電一体型のモータ/インバータ，② BMU 内蔵のバッテリパック，③充電器/DCDC コンバータ一体型の電力変換ユニットを核とした電動 2 輪車用システム，を全世界の 2 輪車メーカにプロモーションしているが，「えれぞー」は(図 4)，PUES21 を搭載した車両である。

1.5 電気バス/電気・燃料電池トラック

ここ数年，PUES として力を入れている対象としてバス/トラックの分野がある。乗用車と比較して，例えば路線バス(図 5)や配送トラック(図 6，図 7)などは使用条件が容易に定義できるため，使用環境に合わせた充電レート，制御アルゴリズム，搭載バッテリ容量，搭載機器の最適化などが決めやすい事もあり積極的に取り組んでいるところである。

図 3　ES600

図 4　ELE-ZOO

図 5　電気バス

図6　電気トラック　　　　　　　　図7　燃料電池トラック

1.6　改造車の場合の適合について

　弊社では，電気自動車に改造後もベースとなる車輌と同等の使い方，同等の安全機能等が使え改造後も違和感がないように適合を実車で行っている。
　テストコース，シャシダイナモ等と専用の解析ツールを使用し実車適合を実施し，制御プログラム（モデル）の開発を行っている。その一例を示す。

図8　CAN解析例

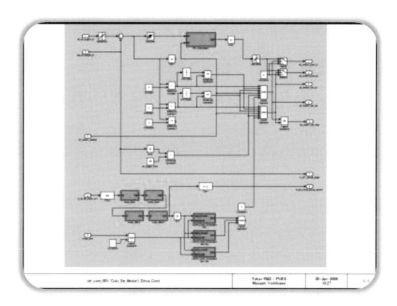

図9 制御モデル開発の一例

2　おわりに

　昨今の走行制御としては，ABSシステムとの協調および機械ブレーキとの協調回生，プリクラッシュセーフティシステムとの協調などは当たり前のように普通に実装されている。

　このように素子やデバイスなど，構成要素の進化とともに制御の分野でも高機能化してきた事がわかる。ただし，車両制御，特に電動車両の制御という意味ではこれで終わりというわけではない。

　例えば各輪の駆動力制御が細かにできることを前提とした場合，これまではSUSPENSIONのジオメトリやアライメントに依存していた部分を，低抵抗優先もしくは操安性優先に動的に変更できる可能性や，電動化により，電費計算の精度が上がるため，ナビゲーションからの情報で，エネルギーマネージメントとの連携が図れること，それにより，目的区間で発生する抵抗を予測して高効率運転が可能になる事など可能性はまだまだ広がってゆく事と思われる。

　今後は本書の趣旨である走行中ワイヤレス給電への対応を本格化させるべく，それにふさわしいシステムとは，を追及してゆきたいと考えている。そのためにも次世代の電力変換素子やネットワークなどに先鞭をつけるなど準備を進めているところである。弊社のクライアントは国内外の自動車OEM，部品メーカ，公的機関と多岐にわたっているが，近い将来市場投入される車両や機器，機能の開発などがメインであるため，我々自身でご紹介できない事案が多く，ある意味で黒子に徹した会社である。

　ただ，現在も我々の携わった製品が世の中のお役に立っており，今後もそうあり続けたいと考えている。

第3編　自動車メーカーにおける EV 走行制御の実際

第5節　電気自動車，自動運転，スマートエネルギーの技術開発と普及

株式会社 e-Gle　清水　浩　　株式会社 e-Gle　新井　英雄

1　はじめに

　エネルギーは人間が生きるためになくてはならないものである。自動車は生活になくてはならないものだ。しかし，それぞれに大きな問題を抱えている。

　産業革命以来，エネルギーは化石燃料を用いることが主体であった。これには枯渇の問題と温暖化，大気汚染に代表される環境問題がある。

　現在の自動車には化石燃料消費に伴う環境とエネルギーの問題があり，加えて事故と渋滞がある。

　20世紀半ばに原子と分子の中身を知る量子力学を科学的基盤として多くの発明があった。代表的なものは半導体であり，その応用としてのダイオード，トランジスタが生まれた。ダイオードに電流を流せばそれが発光し発光ダイオードとなり，光を当てれば電気を発生し太陽電池となる。また，トランジスタは大きな電流のオンとオフを小さな電流で行うスイッチの役目をする。1980年代になり，やはり量子力学の応用としてリチウムイオン電池，希土類磁石，そして新しい半導体も発明され製品化が行われた。さらに1990年代以降 IT が大いに発達した。

　これらの技術を利用することにより，エネルギーと自動車の持つ問題点に抜本的な解決の見通しが立ってきた。この見通しをより現実化することが e-Gle の創立の目的である。

　この目的に沿った事業活動を紹介する。

2　エネルギーをいかにふんだんに使うか

　太陽からやってくるエネルギーは実に年間100京 kWh にもなる。太陽電池はこれを10%の効率で人間にとって最も使い易い電気エネルギーに変える性能を持っている。これを陸地の1.5%の面積に貼れば，世界中の80億人が現在のアメリカ人が使っているのと同じだけの裕福なエネルギーを使うことができる。また，日本で主に技術開発が行われたおかげで，この価格は十分に安価になった。これを今後いかに大量に普及させるかが地球が豊かに生き延びるために必要である。当社ではそのために林業，農業，漁業との融合をいかに行うかの研究を行っている。

　太陽電池はその発電量が天候と季節に左右され，かつ，その需要は人間生活に依存するため，時間的に需要と供給が一致しない。これを埋め合わせるために，ここに電池や蓄熱技術を組み合わせ，あるいは需要と供給に合わせて調節することが求められる。このようにエネルギーの

— 424 —

使い方をより良く行うためにスマートエネルギーの概念が 2000 年過ぎに生まれた。当社はこの概念をいかに実用的に生かすかの研究も行っている。

3 自動車の問題をどのように解決するか

19 世紀に実用化された内燃機関自動車は幾多の改良を重ねながら人間にとって使い易い技術を生み出し，製品化されてきた。しかし，これらの改良努力にも拘わらず，問題は解決されていない。途上国を中心にしてその需要が増える一方であるため，地球全体としては問題が増えている。これらを技術的に解決するには電気自動車とその自動運転が普及することが世界的合意になっている。

電気自動車の大量普及には，性能，機能，価格の面でこれまでの内燃機関自動車に優るものでなければならない。それには冒頭で述べた 20 世紀の発明であるリチウムイオン電池，トランジスタを用いるインバーター，希土類磁石を使うモーターが欠かせない。これらをここでは電気自動車の三種の神器と呼ぶことにする。

その中でトランジスタは，古くから用いられてきたシリコンを材料とするものから青色発光ダイオードに用いられてきた GaN(窒化ガリウム)に変えると，その効率がこれまでの 90% から 99% にまで向上する。この GaN の結晶化技術は赤崎勇と天野浩の発明でノーベル賞を受賞した。

リチウムイオン電池の基本原理の発明は中島孝之，これを商品として成立させたのは西美緒であるが，1980 年からの初期の研究から 1991 年の初めての商品化を経て性能の向上が図られ，現在では電気自動車の必須の技術である。

希土類磁石は 1982 年に佐川眞人が発明し，90 年頃から製品化され，モーターの高効率化，小型化が実現された。2000 年以降はまず冷蔵庫，エアコン等の省エネ家電に使われた。現在ではほとんどの電気自動車に使われている。電気自動車が実用的に使われるには，日本で発明されたこれらの技術を基盤にその性能，機能の向上を行い，かつ低価格化にすることによって可能となる。

弊社はこれらの技術を電気自動車として有効に利用するための実用化開発を行っている。その開発技術は以下の通りである。

(1) インホイールモーター

モーターを車輪の中に挿入することにより，駆動の効率化，車室の有効利用化，高度な運動制御を可能とする。図 1 に e-Gle が開発したインホイールモーターの外観を示す。直径 400 mm，全高 90 mm の円盤状とし，ホイールの中に挿入できる構造としている。

(2) 新概念電池 NISHI-Cell

リチウムイオン電池は化学の専門家の手で電

図 1　インホイールモーターの外観

極材料,セパレーター,電解液とこれらを組み合わせるセルの開発と生産に重点が置かれてきた。これを電気自動車に利用するにはセルを集めたモジュール化とこれをさらに集合させたパック化が必要である。この過程でシステムとしての電池の重量は最大2倍,容積は4倍にもなる。

図2 試作したセルの外観写真

この過程を取り除きセルを接続するのみでパック化と同等の効果を持たせるのが NISHI-Cell の概念である。

図2に,試作したセルの外観写真を示す。同図のようにセルのサイズは500ミリリットルの飲料缶と同等のサイズとし,その両端にそれぞれ雌雄のネジを付けてこのネジを通してセルを接続するのみでパック化したと同様の性能を持たせることが特徴である。

わが社では西美緒氏,中島孝之氏らの指導を受けながらその実用化を進めている。

(3)GaN トランジスタインバーター内蔵モーター

インホイールモーターの内部にインバーターを内蔵することで,駆動系の大幅な効率向上はもとより,駆動システムの構造が単純化し,電磁ノイズの発生も抑えることが出来る。本インバーターは2018年10月末の段階で新エネルギー・産業技術総合開発機構(NEDO)の資金を得て開発中である。

以上,3つの電気自動車に欠かせない駆動技術に加えて,車体のプラットフォームの開発も行っている。これは**図3**に概念を示す構造体である。同図で車体中央の床下に車体の剛性を維持するための中空構造のフレーム構造を設置している。これをバッテリービルトインフレームと呼んでいる。その両脇の前後の車輪の間に走行に必要な充電装置などが置かれる。この部分も含めてコンポーネントビルトインフレームと呼ぶ。さらにこれにインホイールモーターを取り付けると,この台車構造のみで走行に必要な基本部分が完成する。この台車構造を集積台車と呼ぶ。この集積台車とすることで,車室空間が著しく広げられ,ホイルベースの伸長と旋回性の両立が可能で,しかも,車体重量が軽量化できる効果がある。

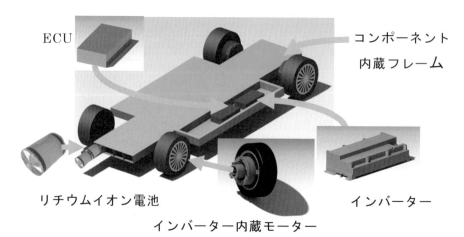

図3 車体のプラットフォームを示す概念の構造体

第5節　電気自動車，自動運転，スマートエネルギーの技術開発と普及

　さらに，インホイールモーターを全輪独立駆動することにより，これまで複雑な機械システムでしか実現出来なかったトルクベクタリングがソフトウエアのみで，しかも指令とそれに伴う運動に時間遅れが発生しないために高精度での制御ができる。この技術による急激なダブルレーンチェンジを行わせた場合の例を図4に連続写真で示す。図4(a)は制御を行わなかった

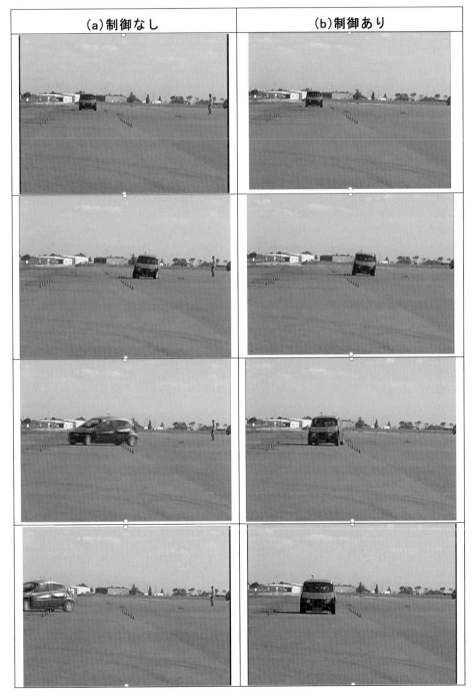

図4　急激なダブルレーンチェンジを行わせた場合の連続写真

— 427 —

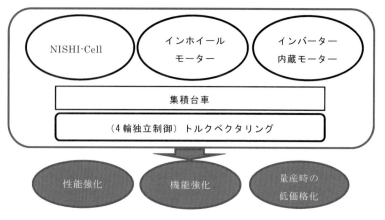

図5　完成させる電気自動車技術とその効果の関係

場合の例で，一旦車体を右側のレーンに舵を切り，急激に左側レーンに切り直した時に元のレーンに戻りきれずにコースアウトしている。図4(b)では制御を入れて同様のレーンチェンジをした場合であるが，見事に元のレーンに戻っている。

　以上の要素技術，プラットフォーム技術，制御技術を電気自動車に利用することで，走る，曲がる，止まるの性能を内燃機関自動車に比べてはるかに良好にすることができるとともに，航続距離を伸ばすことに大いに役立つ。機能的には低床で室内が著しく広い車が実現できる。しかも構造は極めて単純となるために量産化が進めば低価格化が可能である。

　完成させる電気自動車技術とその効果の関係を**図5**に示す。同図ではまず三種の神器を電気自動車用に利用する技術が示されており，これらを集積台車に搭載し，かつトルクベクタリングの制御を入れることで電気自動車の性能，機能，価格に著しい効果があることを示している。これらの技術を完成させ，広く普及させることにより，自動車が持つ環境とエネルギーの技術的解決になる。

　これに加えて，事故，渋滞の原因を無くすためには自動運転が必須である。自動運転を人間の体に例えると，目と頭脳の機能を取り付けたものである。目の機能はGPSセンサーに代表される自車の位置の確認と，カメラ，レーザー，ミリ波等を用いる障害物センサーの実用化が高い水準で進められている。また，頭脳に相当する部分はITの発達により大きな進歩を遂げている。これらの技術に加えて，足の役割をするのが駆動系であるが，その走る，曲がる，止まるの性能が十分に高いことが自動運転を実用化するために必要である。

　これらのうち，目と頭脳は世界中で開発されている最良のものを採用し，足の部分である電気自動車の性能機能との摺り合わせをすることが弊社が進めている技術開発である。

4　株式会社 e-Gle の事業戦略

　わが社の設立目標を達成するための事業戦略は技術開発とそのライセンス販売である。
　今後世界的にエネルギー関連技術と電気自動車及び自動運転自動車は急激に普及するとみている。その時，これまで内燃機関自動車に関連していた企業がどのように生き残るかに関して

は，新しい技術に乗り換えることが必須である。また，この分野に世界的に新規参入が増える。

　これらの企業にとってわが社が蓄積してきた知財やノウハウ，及び情報ネットワークは重要である。そのために，このようなニーズに対して要素技術及び車体技術をパッケージとしてライセンスを行っていくことが当社の事業内容である。

　その一環として現在行っている事業の1つは情報交流事業と名付けるものである。これは会員制で当社が開発している技術や関連する分野の情報をセミナーの形で発信するものである。月2回の割合で開催し，電気自動車及びエネルギーと関連の幅広い情報を発信している。

　同時に当社が持つ技術を広く世界にライセンスする準備をしている。

5　まとめ

　今，エネルギーと自動車関連の産業は大きく変わろうとしている。この時代において，日本が蓄積し，かつ現在も開発が続けられている関連分野の技術，ノウハウ及び情報は極めて価値がある。この価値を日本にとっての経済の好ましい循環に組み入れて行くことが日本の産業発展にとって極めて重要である。

あとがき

　本書をご一緒に監修させていただいた堀先生は，雑誌 OHM 創刊 100 周年記念号に「100 年後のクルマ」を寄稿され[1]，また本書の序文に妹尾堅一郎氏の「100 年ごとのパラダイムシフト」を引用され，本書の狙いを余すことなく書かれている。

　電気自動車の始まりは蒸気機関にやや遅れて 19 世紀の後半，フランスで大容量の強力な蓄電池が発明され，自動車に応用されたときに遡る[2]。その後 20 世紀に入り，ガソリンを燃料とする内燃機関車の時代が続いて一世紀余り，2015 年のフランクフルトモーターショーの期間中に発覚し，世界を揺るがせることになったドイツ VW（フォルクスワーゲン）によるディーゼルゲート（燃費不正）に端を発して，自動車産業に「100 年に一度」といわれる電気自動車（EV）の時代へ向かう技術革新，モーダルシフトが進行中である。

　日本では，第二次大戦後の 1940 年代後半に電気動力車として「たま電気自動車」や「EA 型電気自動車デンソー号」が製造されたが（図 1），米軍からのガソリンの大量放出などから姿を消し，以降は内燃機関が主流となった。その後，世界に先駆けて 2006 年暮れに三菱自動車から i-Miev，2010 年には日産 Lief が投入されたが，2015 年以降になって欧州，中国からの EV 新モデルの市場投入が相次いでいる。

　一方でワイヤレス給電は Tesla によりニューヨーク州ロングアイランドに 1900 年に建設された，ウォーデンクリフタワー "Wardenclyffe Tower" に始まるとされている。その後，宇宙太陽光発電所のエネルギーを地上にマイクロ波で送る SPS などの計画に引き継がれてきたが，EV については給電可能距離の制約が大きく，20 世紀初頭までバス等の狭エアギャップで運用可能な定位置給電の試行に留まっていた。2007 年の MIT チームによる，"磁界共鳴" 方式で 4 m の間隔を効率 40％で伝送できる（2 m では 90％）という報告が世界に衝撃を与えた。

　この事態を受け，乗用電気自動車をはじめとする各分野での研究が急展開した。国際標準の審議の場では IEC TC69（電気自動車）で 1995 年ころに SAE J1773 をベースにしたパドル方式の NWIP（新規格提案）が出されたが審議が停止していた。2010 年 9 月になり改めてスイスからの発議で NWIP が発行され，電気自動車へのワイヤレス充電（当初は Electric vehicle

図 1　たま電気自動車（1947）のリストア車と EA 型電気自動車デンソー号（1950）

inductive charging systems その後 Electric vehicle wireless power transfer(WPT)systems に改称)の国際標準の審議が再開され，IEC61980 シリーズとして 3 つの part に分かれて整備されてきている。ISO TC22(Electrically propelled road vehicle)においても 2013 年 10 月に日本の発議により NWIP が発行され，ISO19363(Electrically propelled road vehicle − Wireless power transfer for charging)としての審議・整備が進んでいる。その活動と並行して SAE(米国自動車技術会)では SAE J2954 が TIR を経て RP まで進んでいる。米国では安全面の規格整備は UL に委ねられているので，UL 2750 の整備も併せて進んでいる[3]。

このように駐車中(固定点)のワイヤレス充電は IEC・ISO など国際規格の審議・制定が進み，実用化が迫っている。2018 年には BMW が他社に先駆けてワイヤレス給電オプションの供給を始めている。

一方本書で取り上げた走行中ワイヤレス給電については，KAIST による OLEV 開発の他には英国(Highway England)，欧州資金を投入した FABRICS で FS(実用化評価)のレベルでの検討が進んできたが実証実験は未だ多くはない。日本では，主として大学レベルで研究が進められていて，今後 SIP の場で国家レベルでの実用化支援体制が構築される段階にある。国内，国際共に標準化の議論は未だほとんど始まっていないが，韓国からの NWIP の発議が 2019 年 3 月に採択され，国際的な標準化プロセスが端緒についたところである。

自動運転車に関してはワイヤレス給電の搭載が注目されるが本書では触れていない。EV と自動運転に関しては文献 4)に詳しい。欧州では AUDI が 2017 年 3 月に上海で行なわれた「The 17th Shanghai International Automobile Industry Exhibition」(オート上海 2017)において，レベル 4 の自動運転を実現したコンセプトカーとして Elaine を公開したのに続き，2017 年 9 月のフランクフルトモーターショーで，レベル 5 のコンセプト車 Audi Aicon A8 を公開した(図 2)[5]。公表した車体のプラットフォームには全固体電池，260 Kw 出力の 4 個のモータに加え，急速充電コネクタおよびワイヤレス受電パッドを備えていて航続距離 700〜800 km を実現するということである。

日本では 2011 年の東日本大震災でエネルギー供給が壊滅する未曾有の事態に直面し，発生直後に被災地で電気自動車が活躍したことは記憶に残っている。くしくも震災発生の 2011 年 3 月 11 日に堀先生と共同監修の『電気自動車のためのワイヤレス給電とインフラ構築』をシーエムシー出版から「地球環境シリーズ」として上梓した[6]。その時点では書籍に走行中ワイヤレス給電ないしそのインフラ構築を含める段階にはなかった。

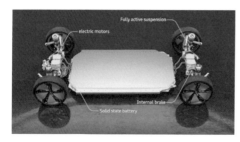 

図 2　レベル 5 自動運転車 Audi Aicon A8 のプラットフォームと拡大図(2017 年)[5]

本書の監修が進んでいる中，2019年2月11日に米国Witricity社がQualcomm Halo社の事業を買収すると発表した。磁界共鳴を用いて2mの距離でのワイヤレス給電を2007年に発表したMITをルーツに持つWitricityと，1990年にIPTシステムを開発したAuckland大学でのワイヤレス給電研究をルーツに持つHalo IPTを2011年末に買収したQualcomm Haloの2社は国際規格の場でも，産業化の場でも，ここ数年激しく競合してきた。今回の買収で，国際規格(IS)化が遅れている主たる要因で，相互接続性確保の基本となるコイル方式がWitricityの円形(Circular)コイルに集約される方向になるであろう。主要な課題が解決に向かい，国際標準化ひいてはEVへの実装，産業化が一気に加速していくことが期待される状況が生まれている。

　なお，EVにおけるワイヤレス給電を含む給電システムとEMCの現状と課題に関しては，「IoT時代の電気自動車用給電システムとEMC」[7]に詳述した。

　電気自動車の駆動エネルギー源である電池については多くの書籍が刊行されているが，他の主要な"走行"と"給電"に関してモーションコントロール技術と走行中ワイヤレス給電技術を主題にした本書は他に類を見ないものである。多くの碩学の諸先生に寄稿をいただいた本書が世界の自動車産業の変革および交通のモーダルシフトに貢献することを期待したい。

文　献

1)　堀洋一：100年後のクルマ，OHM創刊100周年記念号，101巻，11号，pp.46-48(2014年11月).
2)　鈴木直次：モータリゼーションの世紀，岩波現代選書096，岩波書店.(2016年11月).
3)　Y. Yokoi：Applications of coupling WPT for electric vehicle, Wireless Power Transfer(Chapt.10), pp177-204, edited by Shibohara, IETpress, ISBN: 978-1-78561-346-3(hardback), e-ISBN: 9781785613470(June. 2018).
4)　鶴原吉郎：EVと自動運転─クルマをどう変えるか，岩波新書1717，岩波書店.(2018年5月).
5)　.Audi Aicon Concept：
　　https://www.youtube.com/watch?v=nKV4FHOHnUs,(2017年9月11日，DPCcors)
6)　堀洋一，横井行雄監修：電気自動車のためのワイヤレス給電とインフラ構築，地球環境シリーズ，シーエムシー出版.(2011年3月，普及版2017年3月).
7)　横井行雄：IoT時代の電気自動車用給電システムとEMC，月刊EMC，No.370(2019年2月).

横井　行雄

▷ 索 引 ◁

英数・記号

1D シミュレーション	128
1 輪モデル	139
2 自由度 PID 制御系	141
2 自由度制御系	281
4WD	131
4 輪各輪油圧制御方式	**114**
4 輪同一油圧制御方式	**114**
ABS	**116**
コントローラモデル	128
制御	111
装置	96
ACEA	253
ACT	94
Antilock Brake System（ABS）	93
ARIB STD-T113	189
ARIB	189
＝電波産業会	
BBW 方式	**94, 110**
Brake Assist System（BAS）	93
Brake By Wire（BBW）システム	**92**
CarSim	128
CISPR	185, 194
＝国際無線障害特別委員会	
CISPR 11	195
C 級増幅器	328
DC/DC コンバータ	67, 291
DCM	63
DC チョッパ	155
DC リンク電圧安定化制御	287
duty	17
ECU	94
eHi ghway	171
Electric	

Highways	177
Road System	390
Stability Control System（ESC）	93
ELONROAD	170
ELWAYS	170
EMC	388
ESL	71
ESR	71
EV・PHV ロードマップ	253
EVS-GTR（Electric Vehicles Safety Global Technical Regulation）	390
EV	
走行モード	415
モード	86
～用モータ	64
E 級インバータ	331
FABRIC	**177**
FABRICS	**432**
GaN	19, 55, 67, 71
GB	191
ICNIRP	**174, 185, 198**
＝国際非電離放射線防護委員会	
IEC61980	193
IEC	185, 192
＝国際電気標準会議	
IGBT	55, 67, 71, 327
i-MiEV	415
IPM	55
IPMSM	**66**
ISO19363	193
ISO	192
＝国際標準化機構	
JMAG	66
KAIST	297
kQ 積	**247**

LQ（Linear Quadratic：線形2乗）誤差 ……… 142

Magic-Formula ……… **140**

MATLAB/Simulink ……… 128

MOSFET ……… 67, 327

MR ……… 116

効果 ……… **117**

ショックアブソーバ ……… 119

ダンパ ……… 119

流体 ……… **116**

ショックアブソーバ ……… 119

ブレーキ ……… **116**

NTP ……… 205

ODD：Operational Design Domain ……… 91

OLEV ……… 175, 297

PATH プロジェクト ……… 173, 297, 298

PHEV ……… **415**

PID 制御器 ……… 141, 279

PMSM ……… 65

POLITO ……… 177

PRIMOVE Technology ……… **175**

PSE マーク ……… 189

PWM ……… 49

コンバータ ……… 150

周波数 ……… 70

制御 ……… 70

Q 値 ……… 268

SAE ……… **190, 432**

＝米国自動車技術会

J2954 ……… 190

1773 ……… 190

SAET ……… 177

S-AWC ……… **419**

Satory 試験場 ……… 177

Segment method ……… 176

Series-Series（SS）方式 ……… 287

SiC ……… 19, 55, 67, 71

SiC-MOSFET ……… 283, 287

SIP ……… **432**

Slide In ……… 170

SOC（State of charge）……… 67, 399

SPS ……… 431

SRM ……… 65

SyRM ……… 65

T-N 特性 ……… 63

Traction Control System（TCS）……… 93

TSUBAME ……… 342

Tustin 変換 ……… 280

＝双一次変換

Twin Motor 4WD ……… **131**

T 型等価回路 ……… 269

UL ……… 190

＝アメリカ保険業者安全試験所

UL 2750 ……… **432**

UL2954 ……… 190

UNECE ……… 191

＝国際連合欧州経済委員会

V-WPT ……… **306**

V2H ……… 417

Vehicle Dynamic Control（VDC）……… 102

Vehicle Stability Assist（VSA）……… 102

VVVF インバータ ……… 150

Wardenclyffe Tower ……… **431**

WHO ……… 185

＝世界保健機関

WPT エミュレータ ……… 335

WRC ……… 194

＝世界通信会議

$+d$ 軸電機子磁束 ……… 75

あ行

アーク放電 ……… 368

アーク抑制 ……… 399

アイス路 ……… 125

アキュムレータ ……… 97, 111

圧 ……… 114

アクティブスイッチ ……… 332

アクティブ前後輪操舵機構 ……… 36

アクティブバランスシステム ……… 16

アメリカ保険業者安全試験所（UL）……… 190

安全認証機関 ……………………… 190
アンチダイブ ………………………… 23
安定性 …………………………………… 141
位相差 …………………………………… 343
一充電走行距離 ……………………… 169
一充電に対する航続距離 …………… 16
位置ずれ ……………………………… 249
一般化 kQ 積 ………………………… 247
一般用非接触電力伝送装置 ……… 383
遺伝子発現 ………………………… 205
遺伝毒性 …………………………… 205
移動型 ………………………………… 173
異物感受性 …………………………… 392
異物(爆発等) ……………………… 391
イミタンス変換器特性 …………… 358
インナーロータ極対数 ……………… 83
インバータ ……… **48, 67, 103, 110**
　内蔵モーター …………………… 426
インフラ技術 ……………………… 169
インホイールモータ … 23, 139, 286, 425
ウォーデンクリフタワー …………… 431
渦電流 …………………………… 249, 384
宇宙太陽光発電(SPS) ……………… 187
埋め込み磁石型同期モータ ………… 66
永久磁石同期モータ ……………… 50, 63
疫学研究 …………………………… 202
エネルギー回生 ……………………… 381
エネルギー密度 ……………………… 57
エヤギャップレス …………………… 307
エンジン出力アシストモード ……… 86
エンジン直結クラッチ ……………… 417
応答時間 ……………………………… 118
応答性 ………………………………… 146
　向上 ………………………………… 114
大型車給電 …………………………… 262
大型ハイブリッド車 ………………… 261

か行

回生 …………………………………… 64

協調ブレーキシステム ……………… 110
絞込制御 ……………………………… 154
車 ……………………………………… 154
制動力 ……………………………… **108**
　ECU ………………………………… 110
ブレーキ ……… 53, 108, 146, 149
・摩擦協調ブレーキ …………… **93**
モード ………………………… 63, 86
〜率 ………………………………… 146
解析メッシュ ………………………… 337
回転
　型非接触給電トランス ………… 357
　〜系 ……………………………… 366
　磁界 ………………………………… 83
　式ローラ ………………………… 393
　速度特性 …………………………… 63
　トルク …………………………… 101
外部充電 ……………………………… 417
各共振コンデンサ …………………… 287
各電力変換回路 ……………………… 291
各輪独立駆動 ………………………… 30
可視化 ………………………………… 343
荷重変換率 …………………………… 104
型式指定 ……………………………… 383
型式確認 ……………………………… 383
家庭用ロボット ……………………… 384
過渡応答特性 ………………………… 123
可変
　界磁 ……………………………… **73**
　構造制御理論 …………………… 144
　磁界 ………………………………… 73
　速特性の拡大 ……………………… 74
　漏れ磁束 ………………………… **74**
カラム構造 …………………………… 121
環境保健クライテリア …………… 207
間欠同期整流方式 …………………… 289
干渉妨害 ……………………………… 382
完全自動ブレーキシステム ……… 93
機械
　駆動方式流量制御弁 …………… 113

索-3

～式補助機構 …………… 98	クラス B 放射妨害波許容値 ……… 196
～式連結機構 …………… 113	クラッチ ……………………… 119
ブレーキ ………………… 152	クルマの電動化 ………………… 11
連結式伝達媒体 …………… 93	グロー放電 ……………………… 368
規制値 …………………………… 344	結合係数 ……………… 268, 290, 326
基底粘度 ………………………… 118	検出モード ……………………… 293
機能性流体 ……………………… 117	**建設コスト** …………………… **180**
基本波 …………………………… 335	減速度 …………………………… 91
逆起電圧 ………………………… 20	建築用ロボット ………………… 384
キャパシタ ……………… 3, 18, 97	限定的証拠 ……………………… 206
キャリア周波数 ………………… 329	コイル …………………………… 338
キャリパ組込み方式電動駐車ブレーキ（EPB）	**間ギャップ** ………………… **340**
……………………………… 105	パネル ………………………… 257
究極の駆動方式 ………………… 11	～の耐久性 …………………… 257
休憩施設 ………………………… 262	高周波
急速充電器 ……………………… 60	スイッチング ………………… 368
急速充電スタンド ……………… 254	電源装置 ……………………… 257
給電	発がん性総合評価 …………… 206
区間 …………………………… 385	**利用設備** …………… **186, 312, 382**
～での走行速度 …………… 257	工場ストア管理ロボット ……… 384
効率 ……………………… 288, 359	工場保管庫内搬送用ロボット … 385
性能 …………………………… 257	構造物 …………………………… 342
電力 …………………………… 392	航続距離 ………………………… 392
待ち …………………………… 254	航続距離延長制御 ……………… 24
モード ………………………… 294	高調波 …………………………… 335
容量 …………………………… 262	降伏せん断応力 ………………… 116
強磁性体粒子 …………………… 116	交流
共振コンデンサ ………………… 358	き電システム ………………… 149
共振条件 ………………………… 269	電気車 ………………………… 150
協調ブレーキシステム ……… **108**	等価抵抗 ………………… 325, 327
距離減衰 …………………… **339**	モータ ………………………… 50
切り替え面 ……………………… 144	コーナリングスティフネス …… 27
近接効果 ………………………… 367	コーナリング抵抗 ……………… 27
金属 ……………………………… 342	コーナリングフォース ……… 27, 131
近傍電磁界 ……………………… 388	小型モビリティー ……………… 356
空中給電 ………………………… 170	国際
矩形波制御 ………………… **20**	**がん研究機関** ……………… **201**
駆動力オブザーバ ……………… 33	電気標準会議（IEC） ……… 185, 192
組込みソフトウェア開発 ……… 128	電磁波プロジェクト ………… 206
クラス A 放射妨害波許容値 ……… 196	非電離放射線防護委員会（ICNIRP）

‥‥‥‥‥‥‥‥‥‥‥ 174, 185, 198	
標準化機構（ISO） ‥‥‥‥‥‥192	
無線障害特別委員会（CISPR） ‥‥‥‥185, 194	
連合欧州経済委員会（UNECE） ‥‥‥ 191	
極配置法 **275**	
コストダウン ‥‥‥‥‥‥‥‥ 99	
コの字型トランス ‥‥‥‥‥‥ 357	
個別許可不要な設備 ‥‥‥‥‥ 186	
コンシクエントポール構造 ‥‥‥‥ 75	
コンバータ **49, 67**	
コンバート EV ‥‥‥‥‥‥‥ 65	
コンポーネントビルトインフレーム ‥‥‥‥ 426	

さ行

サーキュラー型 ‥‥‥‥‥‥‥ 256	
サージ電圧 ‥‥‥‥‥‥‥‥ 56	
最大伝送効率 ‥‥‥‥‥‥‥ 268	
最大電力伝送効率 **246**	
最適負荷 ‥‥‥‥‥‥‥ 268, 358	
細胞実験研究 **202**	
在来線 ‥‥‥‥‥‥‥‥‥ 152	
作動	
エネルギー源 **94**	
油圧制御性 **114**	
油圧センサ ‥‥‥‥‥‥‥ 109	
産業用ドローン ‥‥‥‥‥‥ 384	
三相インバータ ‥‥‥‥‥‥ 67	
三相ブリッジインバータ ‥‥‥‥ 51	
ジェネレータ ‥‥‥‥‥‥ 48, 417	
磁界	
型／電界型 ‥‥‥‥‥‥‥ 338	
共振結合 **221**	
方式 ‥‥‥‥‥‥‥ 267, 287	
共振式 ‥‥‥‥‥‥‥‥ 172	
共鳴 **221**	
方式 **255, 347**	
結合型 **172**	
結合の kQ 積 ‥‥‥‥‥‥ 249	
結合方式 ‥‥‥‥‥‥‥‥ 366	

時間応答 ‥‥‥‥‥‥‥‥ 145	
磁気	
結合方式 ‥‥‥‥‥‥‥‥ 356	
遮蔽効果 ‥‥‥‥‥‥‥‥ 77	
分極 ‥‥‥‥‥‥‥‥‥ 117	
変調形モータ **83**	
飽和 ‥‥‥‥‥‥‥‥‥ 64	
レオロジー特性 ‥‥‥‥ 117, 118	
軸成分 ‥‥‥‥‥‥‥‥‥ 338	
磁石	
渦電流損 ‥‥‥‥‥‥‥‥ 83	
吸引電極 ‥‥‥‥‥‥‥‥ 373	
磁路間に鉄心磁路 ‥‥‥‥‥ 75	
システム作動指令 **93**	
システム作動パワー源 **111**	
次世代パワー半導体 ‥‥‥‥‥ 368	
次世代半導体 ‥‥‥‥‥‥‥ 366	
磁束密度 ‥‥‥‥‥‥‥‥ 122	
実験局（無線局） ‥‥‥‥‥‥ 187	
実行プロセス（「認知」，「判断」，「実行」） ‥‥‥ 91	
時定数 ‥‥‥‥‥‥‥‥‥ 124	
自動運転化 **106**	
技術 ‥‥‥‥‥‥‥‥‥ 180	
レベルの定義 **91**	
自動	
制御 **98**	
走行システム ‥‥‥‥‥‥ 186	
～的に線間電圧を抑制 ‥‥‥‥ 79	
ブレーキ ‥‥‥‥‥‥ 91, 114	
社会実装化 ‥‥‥‥‥‥‥‥ 261	
社会受容性 ‥‥‥‥‥‥‥‥ 259	
車上蓄電 ‥‥‥‥‥‥‥‥ 156	
車体減速度 ‥‥‥‥‥‥‥‥ 110	
車両	
運動エネルギー **108**	
運動制御 ‥‥‥‥‥‥‥‥ 30	
挙動 **113**	
検出方法 ‥‥‥‥‥‥‥‥ 292	
旋転（スピン） ‥‥‥‥‥‥ 113	
～の操縦性，安定性 ‥‥‥‥ 113	

横すべり角	32	常用ブレーキ	102
車輪横すべり角	32	ショットキーバリアダイオード	283
集積台車	428	シリーズハイブリッド走行モード	416
住宅	335	シリコンカーバイト	71
集中巻トロイダルステータ	78	自立走行区	397
集電アーム	392	シルベスタ行列	280
充電		自励式巻線界磁ロータ	78
器	57, 59	自励により磁極が形成	79
時間	392	新幹線	152
制御	181	神経膠腫	204
周波数共用検討	388	人体防護指針	385
従来損失だった高調波磁束成分	81	スーパーキャパシタ	4
主回路システム	151	スーパーコンピュータ	337
主機電池	15	スイッチ付き同軸線路方式	374
主機モータ	64	スイッチング周波数	70
出力		髄膜腫	204
実行	110	スチールベルト	307
制御指令	110	スチールワイヤ	307
密度	57	ステータ極対数	83
受動的		ストレス応答	203
〜な可変界磁	77	ストロークシミュレータ	111
〜な可変界磁技術	81	スナバ回路	56
〜に可変界磁を実現	81	スマートモビリティ	116
〜に電機子鎖交磁束量を調整	74	スミスチャート	315
手動ブレーキ	92	スライディングモード制御	143
システム	93	スリット付き同軸線路方式	372
受配電設備容量	257	スリップ率	38, 140
瞬間充電バッテリーパック	392	スリップ率制御	38
準天頂衛星	180	スリップリング	376
順突極構造	76	生活支援ロボット	384
順突極強め界磁	74	正規化インピーダンス	315
昇圧コンバータ	17, 67	制御システム	93
昇圧比	17	制御方式の共通化，統合化	114
商業施設モデル	343	正弦波 PWM	51
消磁処理	122	整合回路（コンデンサ）	338
小信号モデル	277	静止型	173
状態空間平均化法	275, 291	製造ラインロボット	384
状態空間モデル	142	制動	
冗長システム	95	時車両安定性	96
衝突回避被害軽減ブレーキ	98	指令入力	109

トルク 93, 110, 121	充電 389
～力 91	システム 389
力差モーメント 32	総合通信局 387
配分設計 113	相互接続性 188
整流回路 270	掃除ロボット 384
世界通信会議（WRC） 194	総制動力（ECU） 110
世界保健機関（WHO） 185, 201	操舵性 96
セキュリティ機能 106	送電距離 392
セグメント化平行2線伝送線路 319	双方向 60
絶縁型 68	型コンバータ 67
双方向コンバータ 69	型昇圧・降圧 DC/DC コンバータ 68
接合容量 369	総務省 346, 387
接触	**速度共線図 86**
圧力 367	側面給電 170
式走行中充電 390	ソフトスイッチング 57
不良 367	ソレノイドコイル 256
方式 367	
設置許可 383	

た行

設置許可 383	**第1世代ワイヤレス IWM 286**
セラミックス系砕石 309	**第2次空間高調波 78**
線形近似 142	**第2世代ワイヤレス IWM 289**
線形増幅回路 331	ダイオード
前後駆動力配分 131	整流 78
前後方向軸力 114	回路 272
せん断	ブリッジ整流器 325, 332
応力 117	**耐荷重性 178**
速度 118	大気圧連通機能 103
流れモード 119	**大規模計算機シミュレーション 337**
全電動化 116	**大規模電磁界解析 337**
前輪後輪2軸油圧制御方式 114	大電力集電 393
前輪～後輪制動力配分 113	ダイナミック
全輪独立駆動 427	**WPT システム 297**
ソーラー充電システム 405	チャージ 389
増圧・減圧制御 112	EV 392
双一次変換 280	システム 390
＝Tustin 変換	テスト 397
走行試験 124	レーン 392
走行中 343	チャージャ 392
WPT 381	ダイナモ試験 124
給電 192, 381, 389, 289	
区間 384	

タイヤ摩擦円	132
タイヤ横力センサ	35
大容量蓄電池	392
大流量	
制御	113
弁	100
（レギュレータ弁）	111
宅配ロボット	384
多軸ロボット	386
単位飽和関数	145
地球温暖化抑制	108
地球環境保護	108
逐次最小二乗法	**274**
蓄電	
〜器（電池，キャパシタ）	108
装置	155
〜池電車	155
デバイス	290
地上蓄電	155
窒化ガリウム	71
地表給電	170
地表集電方式	170
チャタリング	144
チャデモ	60
中継コイル型システム	362
中国のCCSA	191
超小型EV	**116**
超小型電動モビリティ	**353**
直動機構	**101, 114**
直流	
き電システム	149
チョッパ	150
電気車	150
モータ	49
直列共振回路	369
チョッパ	49
ツーピースホイール	308
強め界磁	76
定出力運転	54
定常偏差	144

ディーゼルゲート（燃費不正）	431
ディスクブレーキ	93, 116
定電圧	398
定電圧負荷	**271**
定電流	398
定電力	398
低燃費	47
低摩擦路	125
デジタル再設計	275
鉄損	83
デュアルモータドライブシステム	405
電圧	
形インバータ	151
楕円	80
方程式	**83**
電安法	189
電界結合方式	**366, 381**
電気エネルギー	**108**
充電速度	111
充電容量	111
電気自動車	47
（EV）用WPT	335
〜の三種の神器	425
用非接触電力伝送装置	383
電気	
消費量	169
鉄道	149
二重層キャパシタ	350
ブレーキ	152
電源	
系統	113
システム	15
周波数	257
電磁	
過敏症	**208**
コイル	121
石	118
ノイズ	391, 392
場解析	**121**
波漏洩	175

弁制御性能 ································· 114

誘導 ····································· 221

〜式 ··································· 172

方式 ································· 325

ヨーク ································· 121

伝送効率 ································· 337

伝送周波数 ······························ 328

伝達

インピーダンス ····················· 248

関数 ··································· 142

効率 ··································· 392

電池

〜とキャパシタの複合構成 ·········· 18

〜のモジュール構成 ············· 16

マネジメント ························· 16

電動

アシスト自転車 ····················· 356

〜化 ································· 106

・機械式常用ブレーキ ··············· 93

キャリパ ······························ 93

駐車ブレーキ ························· 93

二輪車 ······························ 356

ブレーキシステム ················· 91

ポンプ ································· 113

モータ ··························· 101, 111

回転トルク ··························· 114

性能 ································· 114

油圧ポンプ ·························· 93

リニアバルブ駆動方式 ··············· 113

天然資源保存 ···························· 108

電波

産業会（AIRB) ····················· 189

法 ····································· 189

第100条 ··························· 382

防護指針 ······························ 185

利用環境 ······························ 387

店舗用ロボット ························· 384

電流アンプ ······························ 122

電流連続モード ························· 275

電力

消費率 ································· 146

伝送効率 ···························· 246

変換回路 ·························· 268, 325

等価

スカラー抵抗 ····················· 248

直列インダクタンス ··············· 71

直列抵抗 ························ 71, 248

抵抗変換 ···························· 268

負荷抵抗 ······························ 269

同期整流方式 ···························· 289

到達モード ······························ 144

動物実験研究 ························· 202

踏力〜ストローク特性 ·············· 95, 111

道路別輸送負荷 ························· 260

特性インピーダンス ····················· 315

特性多項式 ···························· 280

吐出流量制御（ESC 他) ················· 114

飛び石(方)式 ······················ 256, 364

ドライブ回路 ···························· 55

トラクションコントロール ··············· 139

ドフム

インディスクブレーキ ··············· 105

ブレーキ ······························ 93

組込み方式電動駐車ブレーキ（EPB)

····································· 105

トランスアクスル ······················ 417

トランスミッション ····················· 48

トルク応答 ······························ 30

トルク分配式 ························· 85

トルクベクタリング ····················· 427

トローリー線 ···························· 393

な行

内閣府の特区制度 ······················ 187

内燃機関 ································· 47

鉛蓄電池 ································· 350

鉛バッテリ ······························ 57

二段式非接触給電システム ··············· 357

ニッケル水素バッテリ ··················· 58

日本工業標準調査会	192
ニュートン流体	118
入力指令	110
入力倍力装置	**93**
二輪車	**356**
熱エネルギー（摩擦熱）	**108**
熱作用	384
脳腫瘍	**202**

は行

ハードスイッチング	56
ハーフカーモデル	41
ハーフブリッジインバータ	331
ハーフブリッジ整流器	332
ハイパワーアンプ（HPA）	338
ハイブリッド自動車	47
ハイブリッドブレーキシステム	**108**
パイロット圧制御バルブ	113
発がん性	**203**
発振器	338
パッチアンテナ	338
バッテリ	47
昇温システム	405
ビルトインフレーム	426
マネジメントシステム（BMS）	57
レス化	387
発電機	108
発電容量	111
ハブベアリング	120
パラレルハイブリッド走行モード	416
バリア放電	368
パワー	
エレクトロニクス	48, 49
スプリット式 HEV	**83**
半導体	49
フロー	86
制御	291
源	91
万国電信連合（International Telegraph Union）	

	194
半自動ブレーキシステム	93
反射係数	315, 316
搬送ロボット	384
パンタグラフ	171
反転磁極	79
非遺伝毒性試験	206
光ファイバー	335
被干渉機器	335
引き摺りトルク	122
ピストン機構	113
ピストン摺動抵抗	113
非絶縁型	68
双方向コンバータ	69
非接触給電技術	366
非接触給電装置	255
非線形特性	142
ピッチング運動	40
ピッチング制御	41
病院用ロボット	384
標準	
化機関（SDO）	185
規格	187
充電器	60
表皮効果	367
ビンガム流体	117
負圧ブースタ	102
フィードバック制御	288
フェールセーフ機能	**113**
フェイルセーフシステム	**94**
フェザータッチ電極	373
フェライト	281
負荷変動特性	361
負荷率	36
輻射制限値	195
複数波源	343
不確かさ	144
不要輻射	187
プラグインハイブリッド	415
システム	405

ブラシ付 DC モータ ……… 63	摩耗粉 ……… 116
ブラシレス DC モータ ……… 51	マルチギャップ構造 ……… 79
フリスの式 ……… **246**	マルチフェーズ ……… 18
ブリッジレス整流器 ……… 332	無限大走行 ……… 397
フルブリッジインバータ ……… 330	無効電力 ……… 337
ブレーキ	**無人搬送車（AGV）** ……… **347**
システム ……… 95	免疫応答 ……… 203
ディスク ……… 103	モータ ……… 3, 47
トルク ……… 121	**走行** ……… **418**
ノッチ ……… 153	制御 ……… 20
バイワイヤシステム ……… **125**	**モード方式** ……… **289**
パッド ……… 103	目標
フィーリング ……… **116**	**回生制動力** ……… **110**
分散処理 ……… 342	制動力 ……… 97
平行 2 線伝送線路 ……… **313**	**総制動力** ……… **110**
平衡点 ……… 277	**摩擦制動力** ……… **111**
平行二線方式 ……… 371	モデルベース開発 ……… 124
米国自動車技術会（SAE） ……… **432**	**モデル予測制御** ……… **139**
並列共振回路 ……… 369	
ベクトル制御 ……… **51, 83**	

や行

ペダル	油圧
ストロークシミュレータ ……… **95**	ACT ……… 110
ストロークセンサ ……… 109	制動力 ECU ……… 110
操作性向上 ……… 101	ブースタ ……… 99
操作フィーリング ……… 113	ブレーキ ……… 125
偏差 ……… 145	遊星ギア ……… 86
変調子 ……… **83**	誘導電界 ……… 388
変調子コア数 ……… 83	床・通路走行搬送用ロボット ……… 385
忘却係数 ……… 275	油糧供給機能 ……… 103
放射電磁界 ……… **298**	ヨーモーメントオブザーバ ……… 32
	要求制動力（目標制動力） ……… 110
	横加速度限界 ……… 132
	弱め界磁制御 ……… 20, 73

ま行

ら行

マグネットトルク ……… 77	リアクトル ……… 17
摩擦	リアルタイム最大効率制御 ……… 267
制動トルク ……… 110	**力行** ……… **63**
制動力 ……… **108**	
ブレーキ ……… 108	
制御 ……… 101	
力（制動力） ……… 110	

車 ………………………… 154
リザーバー ………………… 103
リスクコミュニケーション …… **208**
離線 ………………………… 399
理想前後駆動力配分 ……… 136
理想変圧器特性 …………… 358
リダクションギア ………… 54
リチウムイオン
　キャパシタ（LiC）……… 290
　電池 ……… 156, 350, 425
　バッテリ ………………… 57
リッツ線 …………………… 281
リニア系 …………………… 366
リニアソレノイドバルブ … 111
粒子クラスター …………… 116
流体 ………………………… 116
領域 ………………………… 92
リラクタンストルク ……… 75
レーントレース性 ………… **180**
励磁インダクタンス ……… 326
レベル 5 のコンセプト車 …… **432**

ロータ内の短絡磁路 ……… 74
ローパスフィルタ（LPF）…… 338
漏えい
　磁界 ……………………… 384
　　模擬装置 ……………… 337
　電界 ……………………… 384
　電磁界 …………………… **335**
　同軸ケーブル …………… 372
路車間通信 ………………… 181
ロバスト …………………… 139
路面種類や凍結状態の推定 … 113

わ行

ワイドバンドギャップ半導体 …… **19**
ワイヤレス …………………… 3
　IWM ……………………… **286**
　インホイールモータ …… 10
　給電 ……………………… 4, 156
　電力伝送 ………………… 267
　（WPT）システム ……… 335

電気自動車のモーションコントロールと走行中ワイヤレス給電
Motion Control and Dynamic Wireless Power Transfer for Electric Vehicles

発行日	令和元年5月17日(2019年5月17日)　初版第一刷発行
監修者	堀　洋一，横井　行雄
発行者	吉田　隆
発行所	株式会社 エヌ・ティー・エス
	〒102-0091 東京都千代田区北の丸公園2-1　科学技術館2階 TEL.03-5224-5430　http://www.nts-book.co.jp
印刷・製本	倉敷印刷株式会社

ISBN978-4-86043-606-3

©2019　堀　洋一，横井　行雄　他

表紙画像：PIXTA

落丁・乱丁本はお取り替えいたします。無断複写・転写を禁じます。定価はケースに表示しております。
本書の内容に関し追加・訂正情報が生じた場合は、㈱エヌ・ティー・エスホームページにて掲載いたします。
※ホームページを閲覧する環境のない方は、当社営業部(03-5224-5430)へお問い合わせください。

NTSの本　関連図書

	書籍名	発刊年	体裁	本体価格
1	次世代永久磁石の開発最前線 ～磁性の解明から構造解析，省・脱レアアース磁石，モータ応用まで～	2019年	B5 356頁	45,000円
2	オーグメンテッド・ヒューマン ～ AIと人体科学の融合による人機一体，究極の IF が創る未来～	2018年	B5 512頁	48,000円
3	自動車のマルチマテリアル戦略 ～材料別戦略から異材接合，成形加工，表面処理技術まで～	2017年	B5 384頁	45,000円
4	自動車の軽量化テクノロジー ～材料・成型・接合・強度・燃費・電費性能の向上を目指して～	2014年	B5 342頁	37,000円
5	自動車のオートパイロット開発最前線 ～要素技術開発から社会インフラ整備まで～	2014年	B5 340頁	37,000円
6	電気自動車の最新制御技術	2011年	B5 272頁	37,800円
7	ポストリチウムに向けた革新的二次電池の材料開発	2018年	B5 372頁	42,000円
8	蓄電システム用二次電池の高性能・高容量化と安全対策 ～材料・構造・量産技術，日欧米安全基準の動向を踏まえて～	2015年	B5 280頁	43,000円
9	リチウムに依存しない革新的二次電池	2013年	B5 266頁	41,600円
10	高性能リチウムイオン電池開発最前線 ～ 5V 級正極材料開発の現状と高エネルギー密度化への挑戦～	2013年	B5 342頁	45,000円
11	モータの騒音・振動とその低減対策	2011年	B5 460頁	38,000円
12	飛躍するドローン ～マルチ回転翼型無人航空機の開発と応用研究，海外動向，リスク対策まで～	2016年	B5 380頁	45,000円
13	ワイヤレス・エネルギー伝送技術の最前線	2011年	B5 432頁	46,800円
14	感性デザイン ～統計的手法（ラフ集合），事例，I/F，マーケティング～	2018年	B5 384頁	32,000円
15	IoT時代のサイバーセキュリティ ～制御システムの脆弱性検知と安全性・堅牢性確保～	2018年	A5 224頁	3,000円
16	Juliaデータサイエンス ～ Julia を使って自分でゼロから作るデータサイエンス世界の探索～	2017年	B5 308頁	3,600円
17	不確実性人工知能～クラウド環境による新たな発展～	2017年	B5 294頁	36,000円
18	第2版　演習で身につくソフトウェア設計入門 ～構造化分析設計と UML ～	2014年	B5 340頁	29,000円
19	科学計算のためのPython ～確立・統計・機械学習～	2016年	B5 310頁	6,000円
20	感覚デバイス開発 ～機器が担うヒト感覚の生成・拡張・代替技術～	2014年	B5 418頁	45,000円
21	次世代ヒューマンインターフェース開発最前線	2013年	B5 668頁	43,800円
22	次世代パワー半導体 ～省エネルギー社会に向けたデバイス開発の最前線～	2009年	B5 400頁	47,000円

※本体価格には消費税は含まれておりません。